Original illisible
NF Z 43-120-10

HISTOIRE MORALE
DES
FEMMES

PAR

ERNEST LEGOUVÉ

de l'Académie française

HUITIÈME ÉDITION

PARIS

J. HETZEL ET Cie, ÉDITEURS

18, RUE JACOB, 18

HISTOIRE MORALE
DES FEMMES

OEUVRES DE E. LEGOUVÉ

A LA MÊME LIBRAIRIE

Une élève de seize ans. 1 vol. in-8° illustré.	7 fr.
Épis et bleuets. 1 vol. in-8° illustré.	7 fr.
Nos filles et nos fils. 1 vol. in-8° illustré.	7 fr.
La lecture en famille. 1 vol. in-8° illustré.	7 fr.

Une élève de seize ans. 7e édition. 1 vol. in-18.	3 fr.
Épis et bleuets. 3e édition. 1 vol. in-18.	3 fr.
Les pères et les enfants au XIXe siècle :	3 fr.
I. Enfance et adolescence. 19e édition. 1 vol. in-18.	3 fr.
II. La jeunesse. 16e édition. 1 vol. in-18.	3 fr.
Nos filles et nos fils. 22e édition. 1 vol. in-18.	3 fr.
L'art de la lecture. 45e édition. 1 vol. in-18.	3 fr.
La lecture en action. 12e édition. 1 vol in-18.	3 fr.
Les conférences parisiennes. 7e édition. 1 vol. in-18.	3 fr.
L'éducation morale des femmes. 8e édition. 1 vol. in-18.	3 fr.

Soixante ans de souvenirs. Tome I. 11e édition. 1 vol. in-18.	3 fr.
— — — II. — 1 vol. in-18.	3 fr.
— — — III. 10e édition. 1 vol. in-18.	3 fr.
— — — IV. — 1 vol. in-18.	3 fr.

32501. — Imprimerie Lahure, rue de Fleurus, 9, à Paris.

HISTOIRE MORALE

DES

FEMMES

PAR

ERNEST LEGOUVÉ

DE L'ACADÉMIE FRANÇAISE

HUITIÈME ÉDITION

PARIS

J. HETZEL ET Cie, ÉDITEURS

18, RUE JACOB, 18

Tous droits de traduction et de reproduction réservés.

PRÉFACE

DE LA

SEPTIÈME ÉDITION

En présentant au public la septième édition de ce livre, je voudrais le lui offrir quelque peu renouvelé. Il y a vingt-six ans, lorsque je fis de cette histoire le sujet d'un cours au Collège de France, et quelques mois après, le sujet d'un livre, la question du sort des femmes était à la fois négligée et compromise. Négligée par les hommes sérieux qui persistaient à voir avant tout dans ce grave sujet le côté poétique ou le côté frivole; compromise par l'école saint-simonienne qui, après avoir hardiment et noblement provoqué l'examen de la destinée des femmes, avait, comme à plaisir, gâté son ouvrage en arborant le drapeau de la femme libre. Un homme éminent, devenu depuis un homme célèbre, M. Laboulaye, avait presque seul ouvert la véritable route dans son bel ouvrage couronné par l'Institut, *l'Histoire du droit de succession des femmes*. Souvent guidé par ce remarquable travail, animé par le désir de continuer l'œuvre de mon père en la transformant selon l'esprit et les besoins de notre siècle; soutenu par l'homme de génie dont l'amitié est la couronne d'honneur de ma vie, par Jean Reynaud, je consacrai cinq ans de recherches et de méditations à achever cet ouvrage où, je puis le dire, je me suis mis tout entier.

L'accueil que fit la jeunesse du Collége de France à mes idées fut plein de chaleur et de sympathie; le public voulut bien reconnaître quelque valeur à mon travail, et depuis, j'eus la joie de voir une foule d'esprits distingués et même supérieurs, prendre pour sujet de leurs études la condition des femmes au dix-neuvième siècle. Dans ces quatorze dernières années, des travaux considérables ont porté la lumière sur plusieurs points de cette question si complexe. Les éloquentes inspirations de M. Pelletan, les articles si solides de M. Baudrillart, les savantes recherches de M. Jules Simon, les vives et éblouissantes pages de M. Michelet, quelques pensées profondes de Daniel Stern; et enfin, dans la *Presse*, d'ingénieuses et sérieuses études de MM. Jourdan, Sauvestre, Ulbach, ont mis à l'ordre du jour et avancé la solution de quelques parties de ce vaste problème. Je mettrai à profit tous ces importants travaux pour rendre mon livre plus digne du public.

Je voudrais encore y faire une autre addition.

Les études sur la condition des femmes m'ont inspiré non-seulement cet ouvrage spécial, mais presque tous mes ouvrages de théâtre. *Les Doigts de fée, Par droit de conquête, le Jeune homme qui ne fait rien, Bataille de dames, Médée, les Deux Reines de France*, ne sont au fond que des variations dramatiques de ce thème philosophique. — Qu'il me soit donc permis d'indiquer mon volume : *Théâtre de pièces en vers*, publié cette année, comme le complément de l'*Histoire morale des femmes*.

HISTOIRE

MORALE

DES FEMMES

DESSEIN DE L'OUVRAGE

Cet ouvrage a pour objet d'examiner la condition actuelle des femmes françaises selon les lois, et selon les mœurs, en la comparant à ce qu'elle fut et en cherchant ce qu'elle peut être.

Cette question de la destinée des femmes ne touche pas seulement les femmes; elle se lie à l'ensemble général des idées du dix-neuvième siècle, elle est un des articles nécessaires de son programme.

En effet, si nous ne nous trompons pas, le rôle principal du dix-neuvième siècle est de concilier des principes en apparence inconciliables, de faire sortir l'unité, de la fusion de termes qui semblent contradictoires :

— Accord de la liberté et de l'autorité — accord de la foi et de la liberté de conscience — accord de l'égalité et de la hiérarchie — accord, dans l'ordre des idées, du libre arbitre et de la toute-puissance divine — accord, dans l'ordre social, du capital et du salaire.

Eh bien, selon nous, le dix-neuvième siècle doit dire de même :

Accord du développement parallèle de l'homme et de la femme.

Cet ouvrage n'est donc pas une œuvre d'antagonisme, ni même un simple cri de révolte; c'est avant tout un appel à l'union des deux grandes forces de la création.

Il ne s'agit pas de faire de la femme un homme, mais de compléter l'homme par la femme.

Cette œuvre est loin d'être achevée.

Sans doute, la place actuelle des femmes dans la famille et dans la société est très-supérieure à leur condition passée ; les lois qui règlent leur sort se sont sensiblement améliorées ; les mœurs ont complété l'œuvre des lois ; le temps n'est plus où les filles étaient déshéritées par leurs pères, les sœurs dépouillées par leurs frères ; les femmes possédées comme une chose par leurs maris ; les mères subordonnées à leurs fils. Nulle histoire, cependant, n'offre encore plus de préjugés à combattre, plus d'iniquités à détruire, plus de mal à réparer, et surtout plus de bien à faire ! La femme n'est même pas définie encore clairement comme être social et moral.

Qu'est-ce qu'une femme ? question aussi complexe qu'importante ; car, de la réponse, c'est-à-dire de cette définition, dépend la solution de ce problème : Quelle place la femme doit-elle occuper dans notre siècle ?

Voyons si un coup d'œil rapide jeté sur le passé nous aidera à répondre à cette demande : Qu'est-ce qu'une femme ?

Certes, la naissance d'Ève, et les belles paroles bibliques semblent unir si étroitement l'homme et la femme qu'elles en font comme les deux parties d'un même tout ; mais enfin, tirée de lui, créée pour lui, elle est évidemment inférieure à lui.

Tous les voyageurs nous montrent chez les peuplades sauvages la femme portant les fardeaux, les armes du guerrier, le gibier du chasseur; c'est moins qu'un être inférieur, c'est une bête de somme.

Si nous entrons dans le monde civilisé, nous voyons, au moyen âge, un concile, se poser sérieusement cette question : la femme a-t-elle une âme?

Ouvrons les philosophes, les poëtes; les uns disent : la femme est un ange; les autres : la femme est un diable. Ils ont peut-être raison tous deux, mais cela n'aide pas à la définition.

Arrivons aux temps modernes, au dix-huitième siècle. Le dix-huitième siècle se résume en quatre illustres penseurs : Montesquieu, Rousseau, Voltaire, Diderot. Or, tous quatre furent, chacun à sa manière, hostiles au développement des femmes, indifférents ou aveugles à leurs véritables qualités.

Diderot[1], en leur prêchant le sensualisme brutal d'Otaïti, les dégradait par la liberté même.

Voltaire, qui a parlé de tout particulièrement, n'a pas écrit une seule ligne spéciale en faveur des femmes, et s'il a rompu une fois ce dédaigneux silence, c'est pour les immoler toutes dans la personne de celle qui lui avait dévoué sa vie : on connaît son amer sarcasme sur madame Duchâtelet.

Montesquieu[2] a formulé sa pensée sur elles dans cette phrase de l'*Esprit des lois* : « *La nature qui a distingué les hommes par la force et par la raison, n'a mis à leur pouvoir d'autre terme que celui de cette raison et de*

---

1. Diderot. *Supplément au Voyage de Bougainville.*
2. Montesquieu, *Esprit des lois*, liv. XVI, ch. 2.

cette force. Elle a donné aux femmes des agréments, et a voulu que leur ascendant finît avec ces agréments. »

Rousseau[1], en dépit de son spiritualisme, cède à l'esprit de son siècle, et dans la cinquième partie d'*Émile*, consacrée à la femme, morceau charmant de finesse, de grâce et de profondeur, il conclut comme malgré lui en ces termes : « *La femme est faite spécialement pour plaire à l'homme; si l'homme doit lui plaire à son tour, c'est d'une nécessité moins directe; son mérite est dans sa puissance : il plaît par cela seul qu'il est fort.* »

Ainsi la femme est, selon Diderot, une courtisane; selon Montesquieu, un enfant agréable; selon Rousseau, un objet de plaisir pour l'homme; selon Voltaire, rien.

La Révolution éclata : deux esprits éminents, Condorcet[2] et Sieyès[3], demandaient, l'un à l'Assemblée, l'autre dans la presse, l'émancipation domestique et même politique des femmes; mais leurs protestations furent étouffées par les voix puissantes des trois grands continuateurs du dix-huitième siècle, Mirabeau, Danton et Robespierre.

Mirabeau[4], dans son travail sur l'éducation publique, s'élève vivement contre l'admission des femmes à toute fonction sociale, et même contre leur présence dans toute assemblée publique.

Danton, disciple sensualiste de Diderot, ne voyait guère en elles que des objets de sensualité.

---

1. Rousseau, *Émile*, livre V.
2. Condorcet, *Journal de la Société de 1789*, n° 5, 3 juillet 1790.
3. Je n'ai pu retrouver dans le *Moniteur* le discours de Sieyès; mais il est cité à la date de 91, dans le remarquable ouvrage de M. Lairtuillier sur les *Femmes de la révolution*, Introduction, p. 18.
4. *Mémoire sur l'éducation publique*, p. 39 et suiv.

Robespierre[1] combattit directement et fit rejeter la proposition de Sieyès; et, depuis, pas une ligne partie de sa main, pas une parole sortie de sa bouche ne vint protester directement contre la dépendance des femmes dans la famille. Ce grand apôtre de l'égalité n'oublia dans son plan d'émancipation que la moitié du genre humain.

Vient enfin le Code civil. Le Code fut conçu et discuté dans des circonstances fatales aux femmes. On sortait du Directoire; les imaginations étaient toutes pleines encore des mille désordres où les femmes s'étaient précipitées. Le moment ne convenait pas pour parler en leur faveur, et l'esprit général des penseurs et des législateurs y convenait moins encore. Quels étaient les représentants du régime nouveau, les sept ou huit codificateurs du conseil d'État? Des jurisconsultes tout imprégnés de l'esprit aride de la loi romaine; des philosophes disciples de Montesquieu ou de l'école sensualiste du dix-huitième siècle[2]; et enfin Bonaparte. La liberté féminine n'eut pas d'adversaire plus décidé : homme du Midi, le spiritualisme de la femme lui échappe; homme de guerre, il voit dans la famille un camp, et y veut avant tout la discipline; despote, il y voit un État et y veut avant tout l'obéissance. C'est lui qui termina une discussion au Conseil par ces mots : « *Il y a une chose qui n'est pas française, c'est qu'une femme puisse faire ce qui lui plaît.* » Quand on rédigea l'article 213 : *La femme doit obéissance*

---

1. Lairtuillier, *Femmes de la révolution*, Introduction, p. 18.
2. Loin de nous la pensée d'attaquer l'ensemble de notre Code civil, qui est un grand monument législatif; mais toute œuvre humaine a un côté faible, et dans le Code le côté faible, c'est la partie morale.

a son mari, Bonaparte demanda que le maire, en prononçant ces paroles devant les époux, fût revêtu d'un costume imposant, que son accent fût solennel, et que la décoration austère de la salle prêtant à l'énonciation de cette maxime une autorité terrible, pût la graver à jamais dans le cœur de la fiancée. Enfin, dans la célèbre délibération sur le divorce pour incompatibilité, lui seul entraîna l'opinion du conseil vers l'adoption de l'article, et ses arguments portèrent tous, non pas sur la nécessité d'arracher la femme au despotisme du mari, mais sur le besoin de fournir à l'époux trompé un prétexte honnête pour se délivrer d'une femme qui l'aurait trahi. Toujours l'honneur de l'homme! Quant au bonheur de la femme, il n'en est pas question une seule fois.

Enfin arrive la Restauration, et son philosophe, M. de Bonald, pose cette maxime : *L'homme et la femme ne sont pas égaux et ne pourront jamais le devenir.*

Il me semble que la définition que nous cherchions est faite, du moins pour le passé.

Il y a dans le ciel des astres secondaires, des satellites, qui n'ont pas d'autre destination que de tourner autour d'astres supérieurs, afin de leur faire cortége; tel est le rôle de la lune autour de la terre. Eh bien, dans la pensée du monde, la femme est le satellite de l'homme; on connaît même tel astre, comme Jupiter, qui a quatre lunes pour lui tout seul; c'est l'image de la polygamie.

Résumons-nous. En dépit du christianisme qui a tant relevé la femme, tous les siècles qui nous précèdent l'ont définie: un être inférieur et relatif.

Cette définition doit-elle être celle du dix-neuvième siècle?

Les lois, qui sont sorties de cette définition, ont traité la femme en être inférieur et relatif.

Ces lois doivent-elles rester entièrement celles du dix-neuvième siècle?

Quel est le sort de la femme aujourd'hui?

Pas d'éducation publique pour les filles, pas d'enseignement professionnel; pas de vie possible sans mariage, pas de mariage sans dot. Épouses, elles ne possèdent pas légalement leurs biens [1], elles ne peuvent pas donner, elles ne peuvent pas recevoir, elles sont sous le coup d'un interdit éternel. Mères, elles n'ont pas le droit légal de diriger l'éducation de leurs enfants, elles ne peuvent ni les marier, ni les empêcher de se marier, ni les éloigner de la maison paternelle, ni les y retenir. Membres de la cité, elles ne peuvent être ni tutrices d'un autre orphelin que leur fils ou leur petit-fils, ni faire partie d'un conseil de famille, ni témoigner dans un testament; elles n'ont pas le droit d'attester à l'état civil la naissance d'un enfant! Parmi les ouvriers, quelle classe est la plus misérable? Les femmes. Sur qui tombent toutes les charges des enfants naturels? Sur les femmes. Qui supporte toute la honte des fautes commises par passion? Les femmes. Dans les classes riches, les femmes sont-elles plus heureuses? Pas toujours. Incapables pour la plupart, à cause de leur insignifiante éducation, d'élever leurs enfants ou de s'associer aux travaux de leurs maris, c'est l'ennui qui les ronge, c'est l'oisiveté qui les tue, ce sont toutes les petites passions produites par cette oisiveté même qui rapetissent leurs âmes.

1. Chacun des faits allégués dans cette énumération sera prouvé par le texte même de la loi, à mesure que se dérouleront devant les yeux du lecteur les diverses phases de la vie des femmes.

. Une telle subordination est-elle légitime? Est-elle nécessaire, telle est la question.

Les adversaires des femmes disent: La femme obéit, parce qu'elle doit obéir, et la preuve qu'elle doit obéir c'est qu'elle obéit. Ce qui fut éternellement d'institution humaine se montre, par cela seul, d'institution divine, et une subordination qui a toujours duré est une subordination équitable, car elle tient à la faiblesse même de l'être subordonné. Donc, celui qui réellement a fait la femme sujette, c'est celui qui l'a faite inférieure, Dieu; et en maintenant cette sujétion, on se conforme à la nature des êtres aussi bien qu'à la volonté de celui dont ils sortent.

Disciples légers de ces graves théoriciens, les hommes du monde soutiennent cette doctrine en la déguisant sous une ironique adoration. C'est au nom des grâces des femmes qu'ils protestent contre l'amélioration de leur sort; les instruire, c'est les déparer; ils ne veulent pas qu'on leur gâte leurs jouets. Ne reconnaissant, selon la doctrine de Rousseau, d'autre destination aux femmes que de plaire aux hommes, ils les traitent à peu près comme les fleurs auxquelles ils les comparent toujours: respirer leur parfum, vanter leur éclat, puis les rejeter quand l'un est évanoui et que l'autre est effacé, tel est leur système. Or, les deux tiers de la vie de la femme se passent à n'avoir pas encore ces charmes ou à ne les avoir plus; son sort, grâce à eux, se résume donc en deux mots: attendre et regretter.

Pour appui de ces doctrines, ils mettent en avant deux principes sacrés: « Innovez, bouleversez, disent-ils, messieurs les utopistes; nous, nous faisons ce qu'ont fait nos pères, *nous sommes les hommes de la tradition.*

Refaites la femme à l'image de l'homme ; nous, nous maintenons la différence établie par le Créateur, *nous sommes les hommes de la nature.* »

La tradition et la nature! comment résister à de si imposantes autorités? Comment? En prouvant qu'elles plaident elles-mêmes pour les femmes.

Nous pourrions d'abord répondre : Que nous importe la tradition? que nous importe l'histoire? Il est une autorité plus forte que le consentement du genre humain, c'est le droit. Quand mille autres siècles d'assujettissements viendraient s'ajouter à tous ceux qui sont déjà passés, leur accord ne pourrait abolir le droit primordial qui domine tout, le droit absolu de perfectionnement que chaque être a reçu par cela seul qu'il a été créé. Avant notre Révolution, quelques penseurs isolés s'intéressaient seuls à la liberté des noirs ; l'idée de leur émancipation n'a guère plus d'un demi-siècle de date; c'est donc à dire que leur titre à la liberté n'existait pas il y a soixante ou quatre-vingts ans, et qu'il n'a commencé d'être que quand Penn et la Convention ont commencé d'en parler? La concordance de l'humanité entière sur la sujétion des femmes ne prouve qu'une chose, la longueur de cette sujétion, et conséquemment l'impérieuse nécessité de songer à la délivrance.

Si légitime que soit cet argument, laissons-le de côté, et disons avec les théoriciens de la tradition : Oui, toute réforme a tiré sa force et sa légitimité de sa liaison avec ce qui la précédait : nier le passé, c'est se nier soi-même. *Dies posterior, prioris est discipulus :* aujourd'hui est l'élève d'hier.

Voilà bien les trois principes de cette théorie : qu'en conclure au sujet des femmes? Qu'il faut se hâter de concourir à leur développement, car leur histoire n'offre qu'une suite non interrompue d'émancipations successives, et leur destinée présente, qui est la sujétion si on la compare à l'avenir, est la liberté si on la compare au passé. Voilà donc les hommes de la tradition devenus malgré eux les hommes du progrès, puisque le progrès c'est la tradition.

Reste la nature, c'est-à-dire la différence (j'entends par différence l'ensemble des qualités particulières à l'homme et à la femme qui les différencient l'un et l'autre). A Dieu ne plaise qu'à l'imitation de quelques socialistes, il nous vienne à l'esprit de la nier et de prétendre assimiler les femmes aux hommes! ce serait le plus sûr moyen de les assujettir; car un être déplacé de son rôle naturel est forcément inférieur, donc asservi. Oui, la femme nous apparaît comme une créature profondément dissemblable de l'homme; mais, loin de voir le signe de son infériorité dans cette dissemblance, nous y trouvons la raison même de son élévation à un sort meilleur. En effet, de deux choses l'une : ou bien on circonscrit la vie des femmes dans l'enceinte du foyer domestique, et l'on proclame que là est leur royaume; alors, au nom de la différence, nous dirons : si là est leur royaume, elles doivent donc y être reines; leurs facultés propres leur y assurent donc l'autorité, et leurs adversaires sont forcés par leurs propres principes de les émanciper comme filles, comme épouses, comme mères. Ou, au contraire, on veut étendre leur sphère d'influence, leur donner un rôle dans l'État (et nous croyons qu'il leur en faut un); eh bien! c'est encore dans cette dissemblance qu'il convient de le chercher. Lorsque deux êtres se valent, c'est presque toujours parce qu'ils diffèrent, non parce qu'ils se ressemblent. Loin de déposséder les hommes, la mission des femmes sera donc de faire ce que les hommes ne font pas, d'aspirer aux places vides, de représenter enfin dans la cité l'esprit de la femme.

Ainsi, le dix-neuvième siècle doit selon nous définir la femme : un être égal à l'homme, mais différent de l'homme ; et l'objet de ce livre se résume par ces mots : Réclamer la liberté féminine au nom des deux principes mêmes des adversaires de cette liberté : la tradition et la différence, c'est-à-dire montrer dans la tradition le progrès, et dans la différence l'égalité.

Ce dessein se trouve d'accord tout ensemble avec l'histoire, avec la conscience et avec la nature. Comme l'histoire, il établit que la femme a toujours tendu à la liberté ; comme la conscience, qu'elle doit y tendre ; comme la nature, qu'elle doit y marcher par une autre route que l'homme.

Guidés par ce principe, avançons sans crainte. Dieu a créé l'espèce humaine double, nous n'en utilisons que la moitié ; la nature dit deux, nous disons un : il faut dire comme la nature. L'unité elle-même, au lieu d'y périr, sera seulement alors l'unité véritable, c'est-à-dire non pas l'absorption stérile d'un des deux termes au profit de l'autre, mais la fusion vivante de deux individualités fraternelles, accroissant la puissance commune de toute la force de leur développement particulier.

Enfin l'État y trouvera profit comme la famille.

L'esprit féminin est étouffé, mais il n'est pas mort : il vit, il éclate sourdement de toutes parts. Nous ne pouvons pas confisquer à notre gré une force créée par Dieu, éteindre un flambeau allumé de sa main : seulement, détournée de son but, cette force, au lieu de créer, détruit ; ce flambeau consume au lieu d'éclairer.

Ouvrons donc à larges portes l'entrée du monde à cet élément nouveau, nous en avons besoin.

A côté des mots égalité et liberté, notre drapeau porte le mot sublime de fraternité; mais il ne suffit pas que ce mot soit écrit sur un lambeau d'étoffe, il ne suffit pas même qu'il passe dans les lois, c'est dans les cœurs qu'il faut le graver! Les femmes seules peuvent être les missionnaires de cette parole. La liberté et l'égalité sont des sentiments virils, c'est-à-dire jaloux, soupçonneux, et qui ne parlent qu'au nom du droit. La fraternité parle au nom de l'amour, et la fraternité c'est l'âme même des femmes. Que cette âme soit donc mêlée à la vie tout entière de la France ; qu'elle vivifie la famille, qu'elle circule dans la société; qu'elle attendrisse, qu'elle apaise, qu'elle réconcilie!... L'apostolat de la société moderne ne manquera ni de saints Pierres prêts à prendre le glaive contre l'ennemi, ni de saints Pauls tonnant par la parole; mais il nous faut aussi la voix touchante du disciple bien-aimé, du frère de cœur de Jésus, de celui qui dit : Aimez-vous les uns les autres... O divin saint Jean, tes seules héritières légitimes, ce sont les femmes!

Les femmes sont filles, épouses, mères, membres de la cité. Notre ouvrage suivra ces quatre grandes divisions naturelles, en se subdivisant, comme elles, en autant de chapitres que chacune de ces conditions offre de phases distinctes; puis, dans chaque chapitre, nous mettrons en présence le passé, le présent, et, avec toute la réserve que nous commande notre insuffisance, l'avenir.

LIVRE PREMIER

LA FILLE

CHAPITRE PREMIER

NAISSANCE

Un lit de douleur est là, lit nu et grossier pour le riche comme pour le pauvre, pour les peuples du Nord comme pour ceux du Midi ; car il faut une couche dure pour cette dure opération... Une femme accouche. Auprès d'elle, son mari inquiet, sa mère tremblante, le médecin silencieux ; tous les regards sont tournés vers celui-ci : on attend. Soudain part un faible cri, premier cri de la vie, l'enfant est né. — « Qu'est-ce ? qu'est-ce ? demande-t-on avec angoisse. — *C'est une fille.* » Pendant combien de siècles, chez combien de nations, ce mot : « C'est une fille ! » a-t-il été une parole de désolation, même un signe de honte !

Chez les Juifs, la femme[1] qui avait enfanté était ex-

---

1. Si une femme enfante un mâle, elle sera impure pendant sept jours et elle demeurera encore trente-trois jours pour être purifiée de la suite de ses couches ; si elle enfante une fille, elle sera impure pendant *deux semaines*, et elle demeurera *soixante-six jours* pour être purifiée de la suite de ses couches. » (*Lévitique*, XII, 1-5.)

clue du sanctuaire pendant quarante jours si elle avait un fils; mais, si elle avait une fille, pendant quatre-vingts. Dans l'Inde, la réprobation jetée sur la fille naissante était une conséquence de la religion même. La religion indienne prêtait à la venue des enfants de bizarres et pieuses influences. Liant en elles toutes les générations par une solidarité touchante, elle voulait que les bonnes ou les mauvaises actions d'un homme ne fussent pas suffisantes pour le conduire après sa mort au séjour de joie ou au lieu de douleur : son salut ne dépendait pas de lui seul, il dépendait de ses descendants, et l'âme de l'aïeul errait, désolée, autour de la demeure bienheureuse, tant que ses enfants n'avaient pas célébré en son honneur le sacrifice funèbre, le *Sraddha*. Or, ce sacrifice de piété, cette œuvre de salut, les filles ne pouvaient pas l'accomplir. Séparées de leur famille même, inutiles aux êtres les plus regrettés, leur stérile tendresse connaissait les maux de leurs pères, y croyait, en pleurait, et ne les pouvait soulager. Aussi dès la naissance, autour du lit de douleur, quelle attente, et, selon l'événement, quel contraste ! Était-ce un fils qui naissait [1]? Avant qu'il eût crié, pour ainsi dire, quand il était encore attaché au sein maternel, le père courait chercher ce que la nature a de plus doux et ce que la terre renferme de plus précieux, du miel et de l'or. Il en enduisait les lèvres du nouveau-né, et au son des paroles saintes récitées solennellement, il lui donnait les titres les plus expressifs qui devenaient ses noms; il l'appelait *Pouttra* [2]

1. Une cérémonie est prescrite à la naissance d'un enfant mâle. On doit lui faire goûter du miel, du beurre clarifié et de l'or, en récitant des paroles sacrées. (*Lois de Manou*, t. II, p. 29.)

2. (*Lois de Manou*, liv. IX, v. 138.) Par la raison que le fils délivre

Sauveur de l'Enfer, ou bien l'*Enfant du devoir*, parce que, grâce à lui, la dette envers les aïeux se trouvait acquittée. Bien plus, la mère elle-même avait part à ces honneurs; et dans cette famille indienne, qui renfermait sept ou huit épouses de divers degrés, la *mère d'un fils* montait par la seule force de ce titre au premier rang. Était-ce une fille qui naissait, au contraire? Quel morne silence! pas de chants sacrés, pas de fête religieuse. Par quel aliment l'initiera-t-on à la vie? par le lait? par le miel? La loi religieuse ne le dit même pas. Que lui importe? c'est une fille. Quel titre lui donnera-t-on? Aucun, puisqu'elle ne représente rien; seulement que son nom[1] soit coulant et facile à prononcer, voilà tout ce que le législateur réclame pour elle. Quant à la mère, elle pleurait et elle tremblait; son séjour dans la maison de son mari devenait moins assuré par la naissance de cette enfant : la femme[2] qui ne mettait au monde que des filles pouvait être répudiée la onzième année. Voilà ce que dit Manou. A Athènes, le père d'une fille allait ordonner avec dépit de suspendre au-dessus de sa porte une quenouille de laine[3], au lieu des guirlandes d'olivier qui devaient dire à toute la cité : Un fils est né dans cette maison.

A Sparte, sur dix enfants abandonnés comme trop coûteux à élever, ou trop difficiles à établir, il y avait

---

son père du séjour infernal appelé *Paut*, il a été appelé *Sauveur de l'enfer* (*Pouttra*) par Brahma lui-même.

1. *Lois de Manou*, liv. II, v. 33.
2. Une femme stérile peut être répudiée la huitième année; celle dont tous les enfants sont des filles, la onzième. (*Lois de Manou*, liv. IX, v. 81.)
3. *Antiquités grecques*, t. II, chap. 15. — Aristophane, *Les Grenouilles*.

sept filles ; leur sexe équivalait à une difformité[1]. A Rome, le nouveau-né était placé aux pieds de son père[2], qui pouvait le relever ou l'abandonner à son gré. Que de fois le patricien, avec toute la colère de l'orgueil trompé, s'est-il détourné de la pauvre petite créature couchée à terre devant lui, vagissant, pleurant, appelant... Vain appel, c'était une fille !

Chez nos ancêtres, sous le régime féodal, la naissance d'une fille paraissait au père une calamité. L'histoire[3] rapporte qu'à Nogent-le-Rotrou, quand on présenta à Louis XI son premier enfant, Jeanne de Valois, sa colère fut telle qu'il ne voulut point la regarder, qu'il repartit aussitôt pour Paris, qu'il défendit toute réjouissance publique, et que l'enfant, relégué au château de Linières, fut pendant quatre ans privée des caresses de sa mère, et ne vit pas son père une seule fois. La naissance même d'un fils ne désarma point la haine de Louis XI contre son innocente fille : la première fois qu'il l'aperçut, il ne dit que ces mots : « Je ne l'aurais pas crue aussi laide... » Depuis, il témoignait à sa vue tant d'irritation, que la gouvernante de la pauvre enfant la cachait dans les plis de sa robe, si son père venait à passer ; et l'on dit qu'un jour, une sorte de rage aveugle le saisissant, il

---

1. Deux mots servaient à exprimer le malheur des enfants rejetés par leur père : ἀποτίθεσθαι, pour désigner l'exposition d'un enfant condamné à périr comme contrefait ; ἐκτίθεσθαι, pour marquer l'abandon d'un enfant que ses parents, trop pauvres, ne pourraient nourrir. Cet abandon menaçait particulièrement les filles ; leur éducation plus coûteuse et leur établissement plus difficile en faisaient souvent un fardeau. (*Antiquités grecques*, t. II, ch. 13.)

2. L'enfant nouveau-né n'était légitimé que quand le père l'avait levé de terre (*terra levaverat*). De là le mot *élever*. — Adam, *Antiquités romaines*, t. I, p. 76. — Denys d'Halicarnasse, liv. VIII.

3. *Histoire de Jeanne de Valois*, par Pierquin de Gembloux.

tira son épée contre Jeanne, et lui porta près de la tempe gauche un coup dont la cicatrice ne s'effaça jamais, un coup qui l'aurait tuée, si M. de Linières, son gouverneur, n'eût détourné l'arme... Dépouillez cette haine de ce que le caractère de Louis XI y ajoutait de farouche, de cruel, et vous y voyez peint au vif le cœur de plus d'un père féodal, de plus d'un grand seigneur de la Renaissance, de plus d'un courtisan du dix-septième et du dix-huitième siècle, de plus d'un noble d'hier, de plus d'un petit bourgeois d'aujourd'hui, de plus d'un homme du peuple.

L'homme du peuple, dans son langage si plein de l'esprit des choses, marque d'une sorte de ridicule et semble dépouiller d'une part de sa valeur virile l'homme qui *ne fait que des filles*. Interrogez tel paysan sur sa famille, il vous répondra : « Je n'ai pas d'enfants, monsieur, je n'ai que des filles. » Le fermier breton, dont la femme met au monde une fille, dit encore aujourd'hui : « Ma femme a fait une fausse couche. »

Il y a certes là un fait moral très-complexe et très-mystérieux ; la vanité ou le préjugé ne saurait suffire à en donner l'explication, il faut la chercher ailleurs.

Ce qui distingue l'amour paternel et maternel de tous les autres sentiments, ce qui l'élève au-dessus d'eux, c'est la prévoyance. L'amant, l'ami, le frère, le mari, peuvent aimer avec autant de passion et de dévouement que le père ou la mère, mais leur tendresse se répand presque tout entière sur l'heure présente ; la sollicitude des pères et des mères ne s'arrête au contraire jamais ni à la santé actuelle, ni aux talents et au bonheur du moment; ils voient toujours leur enfant à dix ans de distance : ce sont les sentinelles de l'avenir. Or, ce sentiment de prévoyance, dont Dieu a fait le fond de l'amour paternel, est précisément celui qui pousse le cri d'alarme à la naissance d'une fille. Tout père vraiment sensé, quand il reçoit pour la première fois dans ses bras la chère petite créature naissante, doit se demander avec une anxiété mille fois plus profonde que s'il s'agissait d'un fils, que deviendra-t-elle? La vie est si rude et si incertaine pour une fille! Pauvre, que de chances de misère! Riche, que de chances de douleurs morales! Si elle ne doit avoir que son travail pour soutien, comment lui donner un état qui la nourrisse dans une société où les femmes gagnent à peine de quoi ne pas mourir? Si elle n'a pas de dot, comment la marier, dans ce monde où la femme, ne représentant jamais qu'un passif, est forcée d'acheter son mari? Si elle ne se marie pas, comment la préserver au milieu de tant d'occasions de chute; et, si elle tombe, comment la relever, au sein de cet ordre de choses où chaque faute lui est comptée si durement? La richesse, l'éclat de la position, la santé, la beauté, les dons de l'âme ne suffisent pas pour rassurer un père; car, il le sait, la vie de sa fille ne sera qu'une vie relative; son bonheur et son développement même seront à la merci d'un autre : de là, dans le cœur paternel, le découragement. Cette enfant ne lui appartient pas plus qu'elle ne s'appartient à elle-même; jeune femme, il la perd; jeune fille, il sait qu'il la perdra; l'avenir qui manque à leur affection va parfois jusqu'à l'attiédir.

La tendresse, en effet, ne vit pas d'elle seule; s'aimer, sauf dans les courts enivrements de l'amour, ce n'est pas seulement se dire : Je t'aime; c'est travailler et penser ensemble. Une affection qui n'enveloppe pas notre vie entière par un mélange d'occupations communes, ne remplit que la moitié de notre âme; et l'amour paternel surtout, qui, en raison même de ses devoirs d'éducateur, se complète par l'espérance, l'amour paternel ne trouve que dans la présence d'un fils un aliment à tous ses besoins. Industriels, nous rêvons dans notre fils le continuateur de nos travaux. Commerçants, nous voyons d'avance son nom joint au nôtre, et un tressaillement d'orgueil nous saisit à la pensée de cette maison fondée par nous, et s'élevant à un degré nouveau de splendeur sous la direction commune de MM. *père* et *fils*. Penseurs, nous lui gardons les idées que nous n'avons pas eu le temps ou la force de mûrir, et notre postérité morale nous apparaissant comme perpétuée dans notre postérité matérielle, nous ne regrettons plus la gloire qui nous a fuis nous-mêmes, alors que nous la croyons destinée à cet être si cher. Ainsi, mais seulement ainsi, se prolonge notre existence terrestre, et nos jours, en s'enchaînant aux siens qui se nouent à leur tour à ceux de ses enfants, nous offrent presque la perspective de l'infini, au lieu de cette vue lointaine de la mort, si odieuse pour notre imagination.

Enfin, dernière et importante considération, tous, penseurs, industriels, petits bourgeois, ouvriers, nous laissons notre nom à notre fils. Or il ne faut pas croire que le nom n'ait de valeur que pour la noblesse. Il y a un arbre généalogique pour les plus obscurs, c'est l'arbre généalogique de la probité. Sortir d'une bonne souche compte dans la vie tout aussi bien que descendre d'une grande race. La devise *honneur oblige* vaut bien *noblesse oblige*, et elle représente aussi une aristocratie, l'aristocratie des braves gens.

Avec une fille, aucune de ces joies : par suite de l'organisation despotique du mariage, tout lien légal est rompu, et tout lien de société peut se rompre entre le père et sa fille mariée[1]. Par suite de son insignifiante éducation, toute communauté sérieuse de travail se trouve, sauf de rares exceptions, presque impossible entre elle et lui : les bons enseignements même, se stérilisant parfois sous l'influence maritale, le père et la mère peuvent hésiter à développer chez leurs filles une des plus pures passions d'un grand cœur, l'amour du beau, car il est mille femmes pour qui la culture de l'intelligence, la générosité de l'âme, sont des causes incessantes de luttes et de discorde avec leurs maris. Enfin un préjugé cruel, et qui doit nous arrêter un moment, fait un véritable malheur de la naissance des filles : c'est la souffrance particulière et l'espèce de honte attachée à leur célibat.

Le mot de vieille fille fait frémir les pères. Ce n'est pas assez, en effet, que ce mot signifie isolement, privation des joies les plus douces, misère parfois, il faut encore qu'il dise ridicule. Une vieille fille est, pour ainsi parler, honteuse dans la vie ; elle se sent sous le coup des regards et des suppositions moqueuses. Sa pauvreté ne paraissant pas à la malignité une raison suffisante de son célibat, on y cherche, on y trouve parfois, à force de fouiller le passé, quelque motif plus triste encore pour la pauvre victime, dans une défectuosité secrète, ou dans une faute ignorée. Pourquoi donc

---

1. Le droit du mari peut s'étendre jusque-là ; il n'en use presque jamais. Un monstre seul pourrait en user. Mais enfin, un père, en mariant sa fille, la perd beaucoup plus qu'en mariant son fils.

cependant flétrir le célibat de la femme et amnistier celui de l'homme? Le vieux garçon offre-t-il un type si digne de respect? Presque toujours égoïste, défiant, livré parfois à l'empire dégradant de quelque servante, il n'a cherché peut-être dans son célibat volontaire qu'un moyen de prolonger les désordres de sa jeunesse, ou de réserver toutes ses pensées pour lui seul; la vieille fille, au contraire, est souvent restée fille par confiance en une promesse qui l'a trompée, par fidélité à un amour qu'a suivi l'oubli, ou par dévouement pour ses parents; son isolement nous représente une vertu ou un malheur. Quelquefois aigre, parce qu'elle est aigrie; prude, parce qu'on se fait un jeu de sa pudeur, elle rachète en plus d'une circonstance ces défauts, qui sont ceux de sa position, par mille preuves de dévouement et d'affection. Il faut une famille à son cœur : orpheline, elle s'attache à ses grands parents; privée d'ascendants, elle cherche quelque sœur, quelque jeune parente à aimer, et dans cette famille qu'elle a choisie, elle prend un rôle qui tient de l'aïeule et de la gouvernante, et que les Allemands ont exprimé par un mot charmant, le rôle de *tante berceuse*. La vieille fille se charge de ce que personne ne veut faire; seule assez patiente pour apprendre aux enfants leurs lettres et leurs notes de musique, elle les habille, les conduit à la promenade, les garde à la maison, et sa mémoire a toujours dans quelque case un conte qui les amuse, comme son tiroir une friandise qui les attire. Dans son besoin d'aimer et dans son indigence d'objets d'affection, elle s'attache aux animaux domestiques, aux fleurs, aux petits pauvres du village qu'elle instruit, aux orphelines qu'elle habille; elle se sent la mère de ceux qui n'en ont pas.

Si cette défense de la vieille fille est juste, que dirons-nous donc de la fille jeune encore?

Nous avons dépeint toutes les joies qui naissent de l'association du fils et du père, et tous les sujets d'alarmes ou de mécompte qu'apporte la venue d'une fille; mais nous serions ingrats et injustes si nous ne parlions pas du charme qu'en dépit de sa position elle répand déjà dans la maison, et surtout de tout ce que la famille lui devrait de bonheur dans un meilleur ordre de choses.

Si le fils y représente l'espérance, la fille a pour mission d'y figurer la pureté, et, grâce à sa présence, comme dit l'Indien dans son poétique langage, le père participe à la vie des vierges. Aujourd'hui déjà, quand la mère pleure, est-ce le fils qui la console? Quand le père souffre, est-ce le fils qui le soigne? Le père revient le soir, brisé de fatigue, sombre de préoccupations : Qui court au-devant de lui jusque sur le seuil? qui le délivre des incommodes vêtements de la route? qui essuie son front soucieux? Sa fille; et soudain fatigue et soucis se dissipent.

De même pour l'éducation. A peine votre fils est-il sorti de l'enfance, que l'éducation publique le réclame et vous l'enlève; vous l'envoyez à cent lieues de vous, si vous demeurez en province; à l'extrémité de Paris, si vous habitez Paris; puis, selon la distance, deux jours par mois, ou une fois par an, vous êtes père, votre fils vous revient, mais désaccoutumé de vous, formé par un autre, et ne cherchant bien souvent sous votre toit que le plaisir de l'oisiveté, de la liberté et du bien-être.

Ses études achevées, ce sont les passions, les plaisirs, le jeu qui vous le disputent; la maison paternelle est une prison pour lui : vous êtes son geôlier, ou, qui pis est, son caissier. Sans doute vos reproches le touchent, les larmes de sa mère l'affligent, mais pour une heure ; il a la fièvre, la fièvre de la vie, il faut qu'il vive ; n'avez-vous pas vécu, vous aussi ? Voilà le fils jusqu'à ce qu'il soit homme. Une fille, au contraire, si l'organisation de la famille s'accordait avec son idéal, serait à vous, ne serait qu'à vous, et représenterait l'éducation domestique. Vous étiez père, vous deviendriez créateur ; car, créer, ce n'est pas donner un corps, c'est former une âme, et vous pourriez élever votre fille. Une fois cette tâche entreprise et accomplie, ne craignez plus que son cœur vous abandonne quand une autre maison deviendra la sienne ; car elle ne vous quittera que pour devenir mère à son tour, et repassant alors comme institutrice le chemin qu'elle aura parcouru comme élève, chacune de ses épreuves dans cette voie nouvelle sera un souvenir reporté vers vous, chacun de ses souvenirs un mouvement de reconnaissance.

Enfin la vieillesse vient pour les parents, et avec la vieillesse, l'isolement, la tristesse, les infirmités. Votre fils ne vous abandonne pas ; mais, emporté par ce besoin d'activité qui fait le fond de la vie de l'homme, ses visites sont plus rares, ses paroles plus brèves : l'homme ne sait pas consoler. Que votre fille, au contraire, soit veuve ou libre, elle s'établit à votre chevet ou derrière votre fauteuil de malade, et ramène dans les cœurs les plus incrédules la croyance à la Divinité à force de bonté vraiment divine. Qui de nous n'a pas rencontré dans la vie quelqu'une de ces Cordélia agenouillée devant un père infirme ou affaibli de raison ? Par une contradiction vraiment touchante, la fille alors devient la mère ; souvent même, les intonations tendres et caressantes réservées pour l'enfance, les paroles qui n'appartiennent, ce semble, qu'à la bouche des mères, sont parfois échangées entre eux avec une grâce charmante, car le vieillard s'aperçoit de ce renversement des rôles, et un demi-sourire plein de mélancolie et de tendresse va dire à sa fille : « Ce sont des enfantillages, je le sais, mais je suis si heureux d'être ton enfant ! »

Tels sont en partie les bienfaits par lesquels les filles combattent, dans le cœur paternel, le préjugé qui frappe leur naissance ; mais comme ce préjugé tient à des raisons matérielles, à des institutions, il faut des institutions pour le détruire. Dès ce début, en effet, et dans ce berceau d'enfant, pour ainsi dire, nous avons trouvé et entrevu toutes les chaînes qui attendent les femmes : insuffisance de l'éducation pour la fille riche ; insuffisance du salaire pour la fille pauvre ; exclusion de la plupart des professions ; subalternité dans la maison conjugale ; et ainsi se démontre la nécessité de toutes les réformes dont la suite des idées amènera le développement. Ces changements sont difficiles, mais le perfectionnement de la famille est à ce prix. Alors seulement, la fille, mêlée à la vie morale et matérielle de ses parents, comptera comme une compagne et comme une aide dans cette maison où elle pèse trop souvent comme une charge ; elle en sera la joie, ainsi que le fils en est l'orgueil, et, à nos yeux, se dessinera une première image de cet idéal que nous poursuivons, l'unité naissant du développement des différences.

CHAPITRE II

DROIT D'HÉRITAGE

La question du droit d'héritage se présente après celle de la naissance. Sur ce point, heureusement, la conquête est achevée, et l'inégalité entre le fils et la fille demeure seulement comme un souvenir du passé. Mais à ce passé, à ce souvenir se rattache plus d'un utile enseignement. Cette première amélioration légitime toutes les autres espérances de progrès; elle nous montre que partir de bien bas n'empêche pas d'arriver bien haut; elle nous fait assister à toutes les phases d'un perfectionnement; elle met à nu, dans les vicissitudes de sa marche, le principe despotique de la famille romaine, le principe rudement héroïque de la famille barbare, le principe politiquement égoïste de la famille féodale, le principe vaniteux de la famille nobiliaire, et de la sorte nous comprenons mieux, par le contraste, le principe d'affection qui doit présider au développement de la famille moderne. C'est une sorte de drame historique dont la famille est le sujet, la fille, la sœur et le frère les personnages principaux; c'est l'histoire d'un progrès.

Qu'une fille succède aux biens de son père; qu'à raison de sa faiblesse même et de son exclusion des emplois extérieurs, son père lui doive une part au moins égale à celle du fils: c'est une loi tellement écrite aujourd'hui dans tous les cœurs, qu'elle semble devoir être écrite d'avance dans tous les codes; pourtant presque toutes les anciennes législations la repoussaient.

A Athènes, les filles n'arrivaient à la succession paternelle qu'à défaut d'enfants mâles; et même, dans ce cas, l'héritage semblait plutôt entre leurs mains un dépôt qu'une propriété; car si elles se mariaient et avaient un fils, ce fils devenait, par une fiction légale, l'enfant adoptif de l'aïeul mort, et, à ce titre, il dépossédait sa mère de la succession[1]. A Rome, où le père[2] était tout, où les enfants, confondus devant lui dans leur néant, sans distinction de rang, de sexe ni d'âge, pouvaient rigoureusement être appelés des membres que le père soignait, négligeait ou retranchait à son gré; à Rome où un père pouvait tuer ou vendre son fils[3] aussi bien que sa fille, une telle annihilation des enfants n'amenait cependant pas entre eux l'égalité. Si un père voulait déshériter son fils, il ne lui suffisait pas d'instituer un héritier, il fallait qu'il écrivît en toutes lettres : *Je déshérite mon fils*[4]. La loi, prévoyante et touchante sur ce point, sentait qu'en forçant ce père à tracer ainsi lui-même l'arrêt, elle lui imposait le frein le plus sûr, et que plus d'un, hésitant devant cette décision fatale, reculerait

---

1. Isée, *Succession de Pyrrhus*. — Idem, *Succession d'Apollodore*.
2. « Paterfamilias appellatur qui in domo dominium habet. » (Ulpien.)
3. Denys d'Halicarnasse. — Laboulaye, *Histoire de la succession des femmes*, ch. 2. — On trouvera souvent le nom de M. Laboulaye cité par nous; il ne l'est pas encore assez. C'est son excellent ouvrage qui nous a fourni ou indiqué la plupart des textes relatifs à l'hérédité des filles, et ses idées, toujours justes et souvent fortes, nous ont servi de guide.
4. *Institutes* de Justinien. « Si quis filium in potestate habet, curare debet ut eum nominatim exhæredem faciat. Alioquin, si cum silentio præterierit, inutiliter testabitur. Sed non ita de filiabus; si non fuerant scriptæ hæredes testamentum quidem non infirmabatur. Sed nec nominatim eas personas exhæredare parentibus necesse erat, sed licebat inter cæteros hoc facere. » (liv. II, titre 13.)

plutôt que de charger sa propre main d'exécuter la sentence de sa colère. Or, cette ingénieuse protection ne s'étendait pas sur l'être qui avait le plus besoin d'être protégé, sur la fille. Le père n'avait qu'à écrire : *J'institue un tel mon successeur*[1], et sa fille était de droit déshéritée. Ce n'est pas tout : qu'un père romain eût trois fils et trois filles, et qu'il voulût les priver de ses biens, il ne le pouvait, relativement à ses fils, qu'en désignant chacun d'eux séparément, nominativement, par leurs qualités et leurs titres respectifs; mais pour ses filles, tant de soins n'étaient pas nécessaires : il suffisait qu'en bloc, comme pour la foule des héritiers inférieurs, tels que cousins, oncles, etc., le père écrivît ces termes que je rapporte dans toute leur naïve dureté: *Cæteri exhæredes sint*[2] : *Que le reste soit exhérédé*, et les filles restaient sans pain. Heureusement ces lois iniques trouvèrent un ennemi plus puissant que tous les codes du monde, la fille elle-même. Elle n'avait pas d'armes cependant; sa seule défense était son dénûment; mais telle est la force native de son touchant personnage, que seule elle renversa toutes ces législations, et je ne sais rien dans l'histoire des femmes de plus remarquable que de voir cette tendre et faible créature, abandonnée ainsi par les lois humaines et jetée au dernier degré de l'échelle, montant pas à pas, vertu à vertu, douleur à douleur, jusqu'au rang qu'elle occupe aujourd'hui au foyer domestique, brisant, non, le mot briser n'est pas juste, faisant évanouir devant elle, par le seul effet de sa douce vue, toutes les résistances ennemies, forçant les

---

1. *Institutes*, ibid.
2. *Id.*, ibid.

pères à devenir pères, la loi à devenir protectrice, et envahissant doucement, mais irrésistiblement, la place préférée d'où le législateur avait voulu l'exclure! L'établissement de la loi Voconia mit en lumière toute cette puissance cachée de la fille[1]. Sous la préture de Caïus Sacerdos, vivait à Rome, vers l'an 600, un riche citoyen nommé Annius Asellus. Asellus avait acquis, dans le commerce, une fortune considérable, et vingt ans de travail, mille fatigues endurées, n'avaient eu qu'un seul but, l'enrichissement d'une fille qu'il adorait. Cependant un obstacle, en apparence invincible, s'opposait à ce qu'il lui laissât son héritage, et enlevait le fruit de ses efforts à celle qui en était l'objet : c'était la loi Voconia[2] portée pour arrêter le luxe des femmes, et qui défendait à un père de laisser par testament à sa fille, fût-elle fille unique, plus d'une certaine partie de sa fortune[3]. Voilà donc toutes les tendres prévoyances d'Annius, tous ses rêves paternels déconcertés ; un seul moyen lui restait, moyen terrible, car il lui enlevait sa position, son rang; Annius n'hésita pas.

La loi divisait les citoyens romains en six classes[4]. Les cinq premières étaient composées de tous ceux qui payaient le cens; on les nommait *censi*, la sixième, de tous les prolétaires, gens sans considération comme sans fortune, et naturellement exclus de tous les droits ou priviléges civiques ; ils formaient le milieu entre l'homme libre et l'esclave, entre le citoyen et l'étranger; on les

---

1. Cicéron, *Seconde harangue contre Verrès.*
2. Montesquieu, *Esprit des lois*, liv. XXXIII. — Laboulaye, *Histoire du droit de succession des femmes.*
3. Cette somme était fixée à 100,000 sesterces.
4. Montesquieu, *ibid.*

nommait *ærarii*. Appartenir a une des cinq premières classes était un honneur et un avantage ; faire partie de la dernière était une sorte de honte : la place même des *ærarii*, au théâtre, les désignait au dédain public, et la loi Voconia, comme pour consacrer leur pauvreté, permettait à tous les pères de cette catégorie de laisser la totalité de leurs biens à leurs filles ; on n'admettait pas que de tels misérables pussent posséder plus de quelques sesterces. Eh bien ! Annius se rangea dans cette classe flétrie, il se fit *ærarius*. Quelle protestation plus énergique contre l'exhérédation des filles ! Renoncer à ces priviléges si chers aux Romains, au droit de suffrage, aux distinctions municipales, rejeter enfin tous les honneurs attachés à la fortune, non pas pour sauver son enfant, mais seulement afin de pouvoir lui laisser tous ses biens ! Et ce n'était pas un fait isolé, une exception d'amour paternel. Cicéron nous l'apprend dans le traité *De finibus :* les fidéicommis, les biens dénaturés, les ventes fictives, protestaient de toutes parts contre cette loi injuste, et rendaient à la fille ce qui appartient à la fille. Mais voici qui est encore plus digne d'attention : par une coïncidence naturelle, tandis que la tendresse des pères se soulevait contre la législation, la loi elle-même, vaincue, ce semble, par la fille, s'adoucissait et désarmait les pères assez cruels pour user des droits qu'elle leur avait donnés. En effet, dès le milieu de la République, plus de testateur souverain : quand le père néglige d'exclure nominativement sa fille, le préteur casse le testament[1] ; quand le père déshérite sa fille, le préteur donne à l'enfant un droit touchant de

---

1. *Institutes*, II, 13.

plainte[1] : « Pourquoi mon père a-t-il été si cruel envers « moi? Qu'ai-je fait de criminel?.... Cette exhérédation « me flétrit...... Qu'on m'interroge, qu'on me juge. » Et le préteur la juge en effet, et si l'enquête est favorable, le testament est annulé, et le père qui a déshérité une telle fille est déclaré un être privé de raison[2]. Quinze ans plus tard, un père ne peut plus[3], même avec de justes motifs, exclure totalement sa fille de son hérédité; les enfants ont une légitime. Une légitime à la fille romaine! La fille romaine copropriétaire du bien paternel! c'était le renversement de tout le passé; Justinien lui porta le dernier coup[4], et ainsi sur les débris de cette famille tout artificielle de la société romaine, s'élève pour la première fois, aux yeux du monde, l'image de la famille fondée sur l'affection.

Le progrès se poursuit sous la domination des barbares.

La famille, en Germanie[5], avait un tout autre principe que la famille romaine. Le père y était chef, mais dans l'intérêt seul de la famille, et non, comme à Rome, pour l'extension de sa propre puissance. Les familles barbares, sans cesse en guerre les unes contre les au-

1. *Institutes*, II, 18.
2. *Institutes*, *De inoff. test.* II, 18.
3. *Institutes*. — Laboulaye, *Histoire du droit de succession des femmes*, sect. I, ch. 4.
4. *Novelle* 118.
5. Parmi tous les traits qui signalent cette différence, citons celui-ci qui les résume tous. En certains cas, un père germain ne pouvait vendre l'alleu sans le consentement de son fils. Les enfants étaient copropriétaires avec leurs pères, car Dieu seul peut faire un héritier, dit énergiquement la loi ripuaire. A Rome, la loi ne considère que le père dans la famille; les Germains ne regardent que l'ensemble de la famille même.

tres, avaient chacune forcément besoin d'un maître qui fût dictateur pour être protecteur. De là réunion de toutes les forces dans une seule main et dans une main virile; de là toutes les propriétés[1] territoriales léguées au fils, ou, à son défaut, au plus proche parent mâle; de là les vêtements de guerre, l'argent, les esclaves, le prix de l'insulte[2] réservés à l'héritier mâle; de là, enfin, l'exclusion des filles de l'hérédité de l'alleu; mais ce n'était qu'une législation d'état de siége, pour ainsi dire. Que la guerre cessât, et la loi devait tomber. Vers le septième siècle, lorsque le tumulte de l'invasion commence de s'apaiser, nous entendons sortir du sein de ces nations guerrières une voix qui s'élève tout à coup contre cette exhérédation des filles, voix de révolte et en même temps de supplication, voix éclatante de force et toute trempée de larmes, qui commence une révolution avec l'accent du missionnaire qui convertit; car c'est au nom de la tendresse qu'elle parle :

« A ma douce fille[3]! s'écrie un barbare en écrivant
« son testament. Il règne parmi nous une coutume an-
« cienne, mais impie, qui défend aux sœurs de partager
« avec leurs frères l'héritage paternel; mais moi, son-

---

1. Lois des Thuringes. — Loi salique, LXII. — « Dum virilis sexus exstiterit, femina in hæreditatem aviaticam non succedat. » (Loi ripuaire, LVI. *Collection des historiens français.*)

2. On sait que toute insulte se payait chez les nations germaniques. Le prix de l'insulte devait appartenir à celui qui la vengeait.

3. Marculfi formulæ. « Dulcissimæ filiæ, etc. Diuturna, sed impia, inter nos consuetudo tenetur, ut de terra paterna sorores cum fratribus portionem non habeant; sed ego, perpendens hanc impietatem, sicut mihi a Domino æqualiter donati estis filii, ita et cætera a me sitis æqualiter diligendi, et de rebus meis post meum decessum æqualiter gratulemini; ideoque per hanc epistolam te, dulcissima filia mea, contra germanos tuos, filios meos illos, in omni hæreditate mea, æqualem et

« geant à cette iniquité, vous aimant tous également,
« puisque Dieu vous a tous également donnés à moi
« comme mes enfants, je veux qu'après ma mort vous
« jouissiez tous également de ma fortune. Ainsi, et par
« cet écrit, ma chère fille, je t'institue ma légitime héri-
« tière, et te donne dans toute ma succession part égale
« avec tes frères, mes fils; je veux qu'après ma mort tu
« partages avec eux et l'alleu paternel, et les acquêts,
« et les esclaves et les meubles, et qu'en aucune façon
« te n'aies une part moindre que la leur; et maudit soit
« celui qui voudrait porter atteinte à mon testament. »

Quoi de plus touchant que cette page dans sa simplicité? Quel charme dans cette première ligne : *A ma douce fille!* Quelle affection dans chacun de ces mots! Quel besoin de reconnaissance dans cette accumulation : Je veux que tu aies l'alleu, et avec l'alleu les esclaves[1], et avec les esclaves les acquêts. On voit le père écrivant; et ce qui émeut surtout dans ce testament, c'est qu'il ne témoigne pas du cœur d'un seul père. Formule inspirée à Marculfe par un souvenir individuel, il devint bientôt l'expression des sentiments de tous; une nation entière proteste et gémit dans ces lignes : nouvelle manifestation de l'idéal que nous poursuivons.

cætera legitimam esse constituo hæredem, ut tam de alode paterna, quam de comparato, vel mancipiis, aut præsidio nostro, vel quodcumque morientes reliquerimus æqua lance cum filiis meis, germanis tuis, dividere, vel exæquare debeas, et cætera in nullo penitus portionem minorem quam ipsi non accipias, sed omnia inter vos dividere, vel exæquare æqualiter debeatis. Si quis vero, etc. » — Les formules de Marculfe sont tout à la fois des souvenirs et des compositions, comme il nous l'apprend dans sa modeste dédicace : « Quæ apud majores nostros didici, vel ex sensu proprio cogitavi, in unum coacervavi. »

1. Pourquoi faut-il que ce mot d'esclaves et cette idée d'esclavage viennent faire tache dans ce morceau touchant?

Tout à coup, cependant, ce progrès s'arrête. Que s'est-il donc passé? La féodalité a paru. Aux yeux de l'historien, la féodalité a tous les caractères d'un grand système : c'est la constitution de l'état politique par la constitution de la propriété; c'est le premier pas vers l'unité nationale par la formation de sept ou huit grands centres destinés à se fondre en un seul; et au milieu des discordes produites par la passion de s'agrandir, s'élève un principe qui sert de lien à tout et prépare l'avenir, la hiérarchie. Mais cette hiérarchie, créant à la fois pour les mêmes individus le servage et la suzeraineté, la féodalité n'offre aussi, d'un autre côté, qu'un amoncellement de servitudes entassées les unes sur les autres, une réunion d'esclaves se dédommageant d'être serfs en étant tyrans. Or, dans cette prison à mille étages, il s'en trouve un dernier plus sombre que tous les autres : là sont reléguées les femmes..... je me trompe, il en est encore un dernier sous ce dernier : là sont reléguées les filles. On le conçoit : le vice de cette époque, vice nécessaire peut-être, étant la soif de l'agrandissement, tous les esprits tendant à une constitution, soit de propriété, soit de petite royauté, les créatures les plus faibles devaient servir de premières victimes à cette passion. Aussi, la féodalité créa-t-elle un personnage nouveau dans le monde, le représentant monstrueux de cette monstrueuse préoccupation, le fils aîné[1]. Les barbares disaient : Pas de filles devant les fils; la féodalité dit : Pas d'enfant devant le fils aîné. Pour l'enrichir, c'est-à-dire pour grossir la puissance de la famille que seul il repré-

[1]. La loi indienne parle du fils aîné, mais en ces termes : « L'aîné, *lorsqu'il est éminemment vertueux*, peut prendre possession du patrimoine en totalité. » (Manou, liv. IX.)

sente, on trouve mille moyens de déshériter les filles; une faute de leur part suffit pour qu'on les dépouille. « Fille noble qui a eu des enfants sans être mariée est privée, de droit, de sa part dans la succession paternelle[1]. » C'est saint Louis qui parle ainsi. « Si une fille, pendant la vie de son père et de sa mère, mais à leur insu, est devenue grosse, elle est déshéritée à jamais. » Ce sont les Assises de Jérusalem[2] qui disent cela. « Si un héritier a une sœur, il doit la marier, mais à son pouvoir, raisonnablement, et pourvu qu'elle n'ait pas fait esclandre à son lignage[3]. » Ainsi prononce la Coutume. Or, qu'entendait-on par faire esclandre à son lignage? Non-seulement vivre d'une façon mauvaise, déshonnêtement, mais se marier contre la volonté du testateur, ou même[4] faire folle largesse. Ainsi, que le fils aîné se déshonorât par des rapts et des adultères, que celui qui portait le nom de la famille et restait chargé de sa dignité s'avilît en excès honteux, il était fils, il était aîné, il demeurait héritier. Mais qu'une pauvre fille, qui ne comptait pas dans cette famille, qui devait en quitter le nom demain, fût coupable d'un défaut qui touche à une vertu, la prodigalité, soudain la voilà déchue de ses droits, privée de son bien, réduite à s'aller ensevelir dans quelque couvent. Et qui la jugeait? Son frère. Qui lui succédait? Son juge. N'est-ce pas l'oubli des plus saintes lois de la justice? N'est-ce pas dépraver ce frère même par la facilité de la tentation? Aussi la spoliation ne se bornait-elle pas là. Saint Louis avait dit: Un père

---

1. Établissements de saint Louis.
2. Assises de Jérusalem. — Cour des nobles.
3. Établissements des Normands.
4. Ibid.

noble ne saurait donner à sa fille plus que sa part dans la succession; mais s'il lui donne moins, elle peut à la mort de son père réclamer le surplus[1]. Arrive une coutume empruntée à une loi lombarde[2], qui déclare qu'une fille mariée et dotée n'aura plus le droit de venir en partage de la succession paternelle, que sa dot forme tout son bien, *cette dot fût-elle un chapel de roses*[3]*!* Ce n'est pas tout; de peur que l'aîné ne fût troublé dans la possession de sa fortune, on faisait renoncer les filles, par contrat de mariage, à la succession future; et comme le droit commun, qui commençait à prendre faveur, ne reconnaissait pas ces renonciations, on lui opposait un pouvoir devant qui tout fléchissait au moyen âge, le serment. Oui, des pères, des frères[4], forçaient les jeunes fiancées, la veille de leur mariage, à jurer sur le salut de leur âme, sur leur part dans le Paradis, qu'elles ne prétendraient jamais à l'héritage paternel. Sans doute tous les frères n'usaient pas de ces moyens odieux; plus d'un, généreux par cela même qu'il était fort, et puisant dans la grandeur de sa position une idée héroïque de son rôle de protecteur, étendait sur sa famille, sur ses sœurs, une main paternelle, qui donnait souvent plus qu'elle n'avait reçu. Mais, en dépit de ces exceptions, le principe était là pour corrompre les faibles et pour armer les corrom-

1. Établissements de saint Louis.
2. Laboulaye, *Histoire du droit de succession des femmes*. — Loi lombarde, II, tit. XLV : Si pater filiam suam vel frater sororem ad maritum deducit, in hoc sibi sit contenta quantum aut pater aut frater in die nuptiarum dedit, nec amplius requirat.
3 Coutumes de Bretagne. — Laboulaye, Michelet.
4. Coutumes. — Laboulaye, liv. IV. « Quamvis pactum patris ut filia, dote contenta, nullum ad bona paterna regressum haberet, improbat lex civilis; si tamen juramento non si, nec dolo præstito, firmatum fuerit ab eadem, omnino servari debebit. » (Coutumes, II, *De pactis*.

pus. On en vit qui, pour s'enrichir, attentèrent non-seulement aux biens de leurs sœurs, mais qui vendirent pour de l'argent l'honneur de celles qui portaient leur nom; et l'autorité du fils dans l'époque féodale était si absolue, que souvent le père et la mère eux-mêmes se taisaient en face de ce hideux trafic. Une ballade bretonne du quatorzième siècle[1] témoigne de ce fait d'une manière saisissante:

LE BARON DE JAUIOZ

I

Comme j'étais à la rivière à laver, j'entendis soupirer l'oiseau de la mort.

— Bonne petite Jina, vous ne savez pas, vous êtes vendue au baron de Jauioz.

— Est-ce vrai, ma mère, ce que j'ai appris? Est-il vrai que je sois vendue au vieux Jauioz?

— Ma pauvre petite, je n'en sais rien; demandez à votre père.

— Mon petit père, dites-moi, est-il vrai que je sois vendue à Loys de Jauioz?

— Ma chère enfant, je n'en sais rien; demandez à votre frère.

— Lannik, mon frère, dites-moi, suis-je vendue à ce seigneur-là?

— Oui, vous êtes vendue au baron, et vous allez partir à l'instant; le prix de la vente est reçu, cinquante écus d'argent blanc et autant d'or brillant...

II

Elle n'était pas loin du hameau qu'elle entendit sonner les cloches. Alors, elle se mit à pleurer. — « Adieu, Sainte-Anne, adieu, cloches de mon pays, cloches de ma paroisse, adieu! »

---

1. *Chants populaires de la Bretagne*, publiés par M. de La Villemarqué, t. I, p. 340.

III

— Prenez un siége, asseyez-vous, en attendant l'heure du repas.

Le seigneur était près du feu, la barbe et les cheveux tout blancs, les yeux comme deux tisons.

— Voici une jeune fille que je demande depuis bien longtemps... Allons, mon enfant, que je vous fasse apprécier une à une toutes mes richesses.

Venez avec moi, ma belle, compter mon or et mon argent.

— J'aimerais mieux être chez ma mère, à compter les copeaux à jeter au feu.

— Descendons au cellier goûter du vin doux comme miel.

— J'aimerais mieux boire de l'eau de la prairie dont boivent les chevaux de mon père.

— Venez avec moi de boutique en boutique acheter un manteau de fête.

— J'aimerais mieux une jupe de toile, si ma mère me l'avait faite.

— Que n'ai-je eu un abcès à la langue le jour où j'ai été assez fou pour vous acheter, quand rien ne peut vous consoler !

IV

— Chers petits oiseaux, dans votre vol, je vous en prie, écoutez ma voix.

Vous allez au village, et moi je n'y vais pas ; vous êtes joyeux, moi bien triste.

Faites mes compliments à tous mes compatriotes, à la bonne mère qui m'a mise au jour, au père qui m'a nourrie, et dites à mon frère que je lui pardonne.

V

Deux ou trois mois après, sa famille était couchée, on entendit à la porte une voix douce : — « Mon père, ma mère, pour l'amour de Dieu, faites prier pour moi... votre fille est sur les tréteaux funèbres... »

Cette touchante et amère légende en dit plus contre

la famille féodale que l'éloquence la plus indignée. Qui oserait encore nous proposer une institution où trouvent place de telles souillures, comme un type idéal? Sans doute, la famille moderne, fondée sur le principe de l'égalité, a plus d'un écueil à craindre; la hiérarchie, qui établissait des degrés entre le frère et les sœurs, entretenait dans les relations une disposition salutaire et conservatrice, le respect extérieur. Mais que vaut ce respect dans les affections, si ce n'est comme gardien de l'affection même? Cette révérence matérielle est-elle autre chose que la forme choisie, l'enveloppe pieuse des sentiments de tendresse dont nous devons être animés? Qu'importe donc l'enveloppe si elle est vide? Qu'importe ce respect de paroles, et surtout cette hiérarchie, si elle étouffe les sentiments naturels au lieu de les préserver? C'est ce qu'elle faisait! Transformant trop souvent les cadets en ennemis cachés de l'aîné, l'aîné en maître reconnu des plus jeunes, dégradant l'un par l'égoïsme et les autres par l'envie, elle introduisait dans le monde un sentiment affreux, et qui n'avait été jusqu'alors qu'une exception monstrueuse..., la haine fraternelle! Oui, la famille féodale a déshonoré le mot le plus touchant des langues humaines, le mot que Jésus a rendu presque divin en le faisant servir de lien universel entre les hommes; elle a déshonoré le nom de frère!

Son influence fatale s'est prolongée dans les âges suivants, et, au milieu du seizième siècle, on la retrouve toujours vivante et toujours corruptrice des sentiments naturels.

Un grand exemple vient ici nous servir de preuve.

Il est dans la famille, telle que les cœurs épris de l'idéal peuvent la rêver, il est un être qui joue un rôle tout à fait à part, et dont l'influence morale sur le jeune homme a quelque chose de charmant, c'est la sœur. Est-elle plus jeune que son frère, c'est presque une fille pour lui. Est-elle plus âgée, c'est presque une mère. Dans l'un et l'autre cas c'est une sauvegarde. Si le frère est l'aîné il la protége ; et, acquérant dans ce rôle de protecteur d'une femme je ne sais quelles délicatesses féminines, il devient pur comme elle dès qu'il est auprès d'elle. La sœur est-elle plus âgée, c'est elle qui le conseille, elle qui l'encourage dans ses rêves de gloire ou d'héroïsme... (un jeune homme est presque toujours un grand homme pour sa sœur) ; c'est elle surtout qui sera l'éternel messager de paix entre ses parents et lui. Qui de nous, dans un de ces jours de rébellion où l'on jure de quitter la maison paternelle, qui de nous ne se souvient d'avoir senti tout à coup sa main saisie doucement par la main d'une sœur, de s'être laissé entraîner malgré soi vers une chambre où l'on avait fait le serment de ne plus rentrer, et de s'être précipité, à la voix touchante de la conciliatrice, dans ces bras paternels qui sont toujours si pressés de se rouvrir ? Quand la mort nous enlève nos parents, auprès de qui les retrouvons-nous par le souvenir ? Auprès de notre sœur. Nos entretiens avec elle évoquent les jours qui ne sont plus, les êtres que nous pleurons, et il nous semble, en la pressant sur notre poitrine, que nous embrassons tout à la fois en elle et notre père et notre mère, et notre jeunesse évanouie !

Eh bien, ce portrait de la sœur, avec son cortége d'influences délicates et bienfaisantes, s'est réalisé une fois dans l'histoire sous les traits de Marguerite de Navarre, sœur de François Ier[1]. François et Marguerite avaient

---

[1]. Nous empruntons ces détails au *Recueil des lettres de Margue-*

été élevés ensemble par leur mère, Louise de Savoie, au château d'Étampes. Les mêmes goûts de poésie et de science les unissaient, et comme elle était de deux ans plus âgée, il se mêlait à sa tendresse cette nuance de sollicitude maternelle qui va si bien à la jeunesse des sœurs. Quand François fut amené prisonnier à Madrid, elle n'eut qu'une pensée, le sauver. Elle arrive, après mille périls de terre et de mer, et trouve son frère mourant, sans connaissance; le sentiment de son abandon le tuait! Que fait-elle? Éclairée par le génie du cœur, elle ordonne d'élever, dans la chambre du malade évanoui, un autel décoré de tous les ornements religieux, de la croix, du calice et de l'hostie; elle assemble tous les compagnons de captivité du monarque, tous les hommes de sa suite à elle, et les réunit autour du prêtre, qui commence la célébration de l'office divin; les chants sacrés éclatent, la prière du prêtre devient la prière de tous; Marguerite prie aussi, mais l'œil fixé sur le lit de son frère. Tout à coup le monarque agonisant, arraché de sa léthargie par les pieux concerts, rouvre les yeux, et lui, qui mourait de son isolement, il trouve à ses côtés sa famille dans sa sœur, la France dans ses compagnons, son peuple dans cette foule agenouillée, et enfin Dieu lui-même, Dieu consolateur, dans le prêtre qui prie pour sa délivrance... il est sauvé! Rien de plus charmant que cette guérison fraternelle; rien, sinon peut-être la manière dont Marguerite délivra son frère après l'avoir guéri. Comme Charles-Quint se défiait de son éloquence, il avait interdit aux conseillers de la couronne de lui donner audience: « Ah!

rite de Navarre, publiées par M. Génin, et à la piquante introduction dont il les a fait précéder.

dit-elle, *il ne m'est pas permis de parler aux hommes, eh bien, les femmes ne me sont pas défendues, et je leur parlerai au double.* » En effet, elle leur parla si bien, qu'elle noua amitié avec la sœur de Charles-Quint ; qu'elle l'intéressa au sort du prisonnier ; qu'elle l'exalta au récit des talents et des vertus de François, et qu'elle le lui fit épouser secrètement. Dès lors la délivrance était certaine. Charles-Quint pouvait bien retenir éternellement captif *le roi, son frère*, mais *le roi son beau-frère......* Le traité de Madrid fut signé. Quand François Ier revint en France, qui lui inspira l'idée d'immortaliser son règne par tant d'admirables monuments d'art ? Marguerite. Quand François tomba frappé d'une maladie mortelle, qui le ranima un instant à force de dévouement et de courage ? Marguerite. Plus tard, lorsque, revenue à Pau, elle apprit la rechute de son frère, elle allait chaque jour s'asseoir au milieu de la route, sur une pierre, pour apercevoir de plus loin le messager, et elle disait : « Ah!
« quiconque viendra m'annoncer la guérison du roi
« mon frère, ce courrier fût-il las, harassé, fangeux et
« malpropre, je l'irai baiser et accoler comme le plus
« beau gentilhomme du royaume, et s'il a faute de lit,
« et n'en peut trouver pour se délasser, je lui donnerai
« le mien et coucherai sur la dure. » François mourut, et Marguerite le suivit de près.

Certes voilà une image bien accomplie de la sœur, et la poésie ne saurait ici rien ajouter à la réalité. Or, quelle fut la récompense d'une si vive tendresse ? François Ier, dans le partage des biens de leur maison, ne donna rien à sa sœur, qu'une pension *viagère* et *révocable* de vingt-cinq mille livres par an.

Il naquit une fille à Marguerite de son premier mariage. François Ier s'empara de cette enfant, et l'enferma, durant toute son enfance, au château de Plessis-lès-Tours, de peur qu'on ne la mariât à un prince qu'il n'eût pas choisi.

Lorsque cette enfant eut atteint sa douzième année, François Ier la fiança violemment, malgré les prières de Marguerite, au prince de Clèves.

Enfin, à celle qui l'avait sauvé deux fois, il n'assura rien dans son testament, rien, pas même cette misérable pension de vingt-cinq mille livres; et, comme Marguerite ne pouvait absolument pas (ce sont ses propres expressions) tenir sa maison sans cette rente, elle fut contrainte de la demander, à titre de grâce, à son neveu le roi Henri II, ou plutôt à son ennemi mortel et tout-puissant alors, le connétable de Montmorency[1].

François Ier était-il donc un monstre? Non, c'était un frère féodal. Il aimait sincèrement Marguerite, mille faits le prouvent; mais il l'aimait comme pouvait aimer un fils aîné dans cette constitution de la famille. S'approprier tout le patrimoine commun; séquestrer sa nièce, si sa nièce lui faisait ombrage; intervenir violemment dans le mariage de cette enfant, tout cela lui semblait un des droits et presque un devoir de sa position de chef de famille et de souverain. C'était la loi qui viciait les mœurs.

Heureusement le progrès est toujours quelque part; Dieu ne s'arrête pas, il ne s'agit que de chercher sa trace. Dans cette organisation écrasante, il y avait un petit coin où les sentiments naturels s'étaient réfugiés, où la justice vivait dans les familles, où était déposé le

---

[1] *Lettres de Marguerite de Navarre* (édition Génin).

germe de l'avenir... Où donc? Chez le peuple! Comme il ne se trouvait parmi eux ni grand nom à perpétuer, ni domaine seigneurial à maintenir intact; comme leurs enfants n'étaient pas pour eux des instruments d'orgueil ou des soutiens de puissance, mais des objets de tendresse, ces braves gens restaient pères tout simplement, tout à leur aise, et s'ils eussent songé au droit d'aînesse, c'eût été, j'imagine, en faveur de la fille ou du dernier-né, comme étant plus faible, et parce que les petits enfants sont plus affectueux que les grands. Aussi, chez eux, fils et filles, aîné et cadet, tous partageaient l'héritage quand le père mourait, comme ils avaient partagé le pain quand le père vivait; car le père roturier ne disait pas : Mon fils; il disait : Mes enfants. Du reste, force leur était bien de se montrer bons pères, car les nobles ne leur eussent pas permis de marcher sur leurs brisées en prenant des airs d'exhérédateurs. C'était un privilége de pouvoir déshériter sa fille; c'était un droit de demoiselle noble d'être déshéritée. « Si un homme roturier, disent les Établissements de saint Louis, a deux enfants, dont l'un soit sage et gagnant bien sa vie, et dont l'autre, jeune fille débauchée, ait quitté la maison paternelle pour se livrer au libertinage, les deux enfants *partageront également la succession.* » Ainsi, c'est comme marque d'infériorité que la noblesse imposait aux roturiers la douce loi de la clémence paternelle; ainsi la noblesse elle-même entretenait et forçait à vivre, entre les frères, ces sentiments d'égalité qui, quelques siècles plus tard, devaient si terriblement éclater contre elle, et faire sauter l'édifice féodal et nobiliaire, comme ils avaient renversé déjà l'organisation romaine.

La révolution française acheva l'œuvre. « Réjouissez-

« vous, s'écrie *la Mère Duchesne* dans son langage éner-
« gique et pittoresque, réjouissez-vous, belles filles du
« pays de Caux, vous n'aviez pour vous que votre bonne
« mine et vos attraits, et ça ne pèse pas lourd dans ce
« temps-ci; mais voilà la loi sur l'égalité des partages
« qui est une fameuse idée! Vous ne serez plus séques-
« trées dans des cloîtres à maudire les créateurs de vos
« jours. Vous ne serez plus les premières servantes de
« vos frères[1]. »

Le Code civil consacra ce progrès immense en établissant l'égalité complète des droits de succession entre la fille et le fils aussi bien qu'entre les fils eux-mêmes. Le fils a encore bien des avantages : enfant, il coûte plus; homme, il possède davantage; son éducation distrait du bien de la famille trois fois autant que l'éducation de sa sœur, et le métier que cette éducation lui assure le rend deux fois plus riche qu'elle. La réforme de l'éducation (et c'est un point que nous allons immédiatement aborder) établira donc seule l'égalité complète.

Nous nous sommes longuement étendu sur ce sujet de l'héritage, parce que l'histoire tout entière de la sujétion des femmes ne nous offrira aucun argument aussi solide pour leur liberté. Voilà la première inauguration du principe de l'égalité dans la famille; et ce principe se trouve tout ensemble une loi de concorde et une loi d'affranchissement. Sommes-nous moins respectés comme pères depuis que nous ne pouvons plus dépouiller nos filles? Sommes-nous moins aimés comme frères depuis que nos sœurs, comme le dit énergiquement *la Mère*

---

1. Extrait de la feuille de *la Mère Duchesne*. Lairtuillier, *Femmes de la révolution.*

Duchesne, ne sont plus nos servantes? Les esprits superficiels crient, je le sais, à la ruine du respect filial et de l'autorité familiale; répondons-leur par *les Fourberies de Scapin*, *l'Étourdi* et *l'Avare* : tous ces crimes de lèse-majesté paternelle datent du bon vieux temps, et l'on applaudissait sous Louis XIV ce que nous repousserions avec horreur, le spectacle d'un fils qui s'associe à un fripon pour voler son père ou le faire bâtonner.

Il ne faut donc pas craindre de le dire, nous valons mieux que nos pères sur ce point, et l'idéal de la famille s'est élevé d'un degré dans la conscience publique. A qui est dû en partie ce progrès? A la loi d'égalité entre les frères et les sœurs. Maintenant c'est à l'éducation de légitimer et de compléter cette égalité.

CHAPITRE III

L'ÉDUCATION

L'expérience est une bonne maîtresse d'école pour la théorie. Préoccupé de la question si délicate de l'éducation des filles, je me rendis un jour chez un philosophe pratique de mes amis qui élève ses enfants lui-même à la campagne. Quand j'arrivai, il se promenait dans son jardin avec le comte de B..., jeune homme de vingt-huit ans environ, ennemi-né par la tournure de son esprit de toute idée de réforme, et apportant dans la conversation ce laisser-aller railleur et ce bon sens de surface qu'on prend si souvent pour de la raison. J'allais amener l'entretien sur le point qui m'intéressait, et déjà l'insuffisance de l'éducation privée pour les filles, la nullité de l'éducation publique devenaient le sujet du discours, quand au détour d'une allée nous entendîmes une voix fraîche et jeune qui appelait : « Mon père ! mon père ! — Mes amis, dit notre hôte en riant, avant tout les affaires sérieuses; ma fille m'appelle, j'y vais. » Il se leva, en effet, prêtant l'oreille et cherchant à reconnaître de quel côté venait la voix. Tout à coup un bruit de feuilles froissées et des pas qui se rapprochèrent rapidement annoncèrent l'arrivée du nouvel auditeur; puis les branches les plus basses qui formaient comme une salle de verdure s'écartèrent, et au milieu de nous sauta légèrement une grande jeune fille de quatorze ans qui s'écria : « Mon père, viens donc me... » La parole s'arrêta sur ses lèvres lorsqu'elle nous aperçut. Elle touchait à ce moment qui sépare pour les femmes l'enfance de l'adolescence, moment difficile, où les hommes commencent à les saluer avec respect, et où ce respect les embarrasse fort. Aussi, un peu confuse de sa brusque entrée, la jeune arrivée se tenait silencieusement au milieu de nous, tandis que son père (ces pères ne sont qu'orgueil), heureux de la voir si belle, et heureux encore de la faire voir, ne se hâtait point de la tirer d'embarras. Enfin : « Eh bien, grande enfant, lui dit-il, que me voulais-tu donc? — Je ne te voulais rien, mon père. — J'étais bien certain de ta réponse; et c'est parce que tu ne me veux rien que tu es arrivée ici, courant si fort que tu ne peux pas encore reprendre haleine. Voyons, pourquoi venais-tu? — Mon père, répondit-elle en se rassurant assez vite, comme toutes celles à qui l'on n'enseigne point l'embarras, je viens te demander de la part de ma mère combien de distance nous devons mettre entre Saturne et Uranus. — Tu trouveras le calcul écrit dans mon cabinet, près de la sphère céleste. Va, mon enfant. » La jeune fille s'éloigna.

« Mon ami, dit le comte avec étonnement, pourquoi votre fille est-elle venue vous demander la distance de Saturne à Uranus?

L'HÔTE (*riant*).

Pour le savoir, mon ami.

LE COMTE.

Sans doute; mais à quoi bon?

L'HÔTE.

Pour établir sur notre terrasse avec des proportions exactes son petit système du monde.

LE COMTE.

Comment, son système du monde?

L'HÔTE.

Ne vous ai-je pas conté cette mienne invention? J'en suis cependant très-fier. Quand j'eus montré à ma fille les premiers principes de l'astronomie...

LE COMTE.

Votre fille sait l'astronomie!

L'HÔTE.

Non pas, non pas, elle l'apprend; nous n'en sommes encore qu'au premier cours, mais demain nous commencerons le second. Lors donc que les principes furent à peu près sus, j'imaginai, pour qu'elle ne les oubliât pas, de planter sur notre terrasse...

LE COMTE.

Voyons, vous raillez, n'est-ce pas? Que voudriez-vous que votre fille fît de l'astronomie?

L'HÔTE.

Ce qu'on fait de toutes les sciences; ce qu'on fait de l'histoire, de la physique, de la chimie.

LE COMTE.

Vous lui apprendrez peut-être aussi la chimie?

L'HÔTE.

Pourquoi non?

LE COMTE.

Il ne lui manquerait plus que de savoir le latin.

L'HÔTE.

Elle l'a commencé, et comprend déjà l'office qu'elle entend chaque dimanche à l'église.

LE COMTE.

Elle apprend le latin! elle saura le latin!

L'HÔTE.

Toutes les jeunes filles n'apprennent-elles pas l'italien, l'anglais?

LE COMTE.

C'est très-différent; ce sont des langues vivantes.

L'HÔTE.

Eh bien?

LE COMTE.

Eh bien, c'est très-différent; je ne sais pas pourquoi, mais cela se sent. D'ailleurs l'anglais se parle, l'italien se chante; mais une langue morte, la langue des pédants de collége! Comment! cette charmante jeune fille conjuguera, déclinera, et répétera ces affreux verbes en *ire* et en *are*, qui ont fait tant d'imbéciles! Comment, il sortira des infinitifs et des supins de cette jolie bouche! Ne voyez-vous pas que vous défigurez un des plus délicats ouvrages de la nature? Adieu son naturel, son caractère de femme. Pourquoi une femme est-elle charmante? parce qu'elle ne raisonne pas.

L'HÔTE.

Achevez.... parce qu'elle déraisonne.

LE COMTE.

Parce que c'est un oiseau qui chante, un enfant qui joue, un cœur qui aime surtout. Est-ce qu'une femme qui sait le latin peut aimer?

L'HÔTE.

C'est impossible, témoin Héloïse, qui n'écrivait à Abelard qu'en latin.

LE COMTE.

Ne me dites pas cela, vous me la gâtez. D'ailleurs si Héloïse avait le vice du latin, du moins elle n'avait que celui-là; mais l'astronomie! la chimie! la philosophie! peut-être aussi..... Est-ce qu'une femme peut être spirituelle avec tout ce fatras?

L'HÔTE.

C'est impossible, témoin madame de Sévigné, qui passait sa vie à lire Nicole et Arnauld.

LE COMTE.

Tant pis pour elle. D'ailleurs, qu'est-ce que madame de Sévigné avec tout son génie? une mère auteur. Elle a mis son amour maternel en lettres et son cœur en postscriptum. Voilà où vous allez avec votre manie d'éducation avancée. Ce n'était pas assez que les femmes fussent savantes, il faudra qu'elles soient écrivains.

L'HÔTE.

Eh! quand quelques-unes écriraient, où serait le mal? Ne leur avez-vous pas dû depuis quelques années assez de pages éloquentes et de poésies délicates pour hésiter à briser la plume entre leurs mains? D'ailleurs le plus sûr moyen de modérer le désir d'écrire chez les femmes est peut-être de les instruire. Voyez-vous que leurs ouvrages soient jamais le résultat ou le résumé de travaux et d'études? Non, leurs livres ne peignent que leur active et dévorante oisiveté, leurs romanesques voyages dans les abîmes de l'âme. Ce n'est pas la science qui tient la plume chez elles, c'est l'imagination..... L'imagination, cette qualité toute-puissante chez les êtres puissants et actifs, mortelle chez les natures faibles et oisives; cette ardeur fiévreuse qui nourrit l'esprit inoccupé de rêves, le cœur vide de chimères, et dévore ceux qu'elle ne fait pas vivre; l'imagination, cette conseillère perfide des matinées paresseuses, cette compagne de l'ennui qu'elle caresse et entretient, cette fée malfaisante qui désenchante de tout ce qui existe par tout ce qu'elle invente, et qui n'invente que des impossibles! Que vous, jeune homme, qui ne rêvez que plaisir et séduction, vous la regrettiez, soit; moi, je suis père, et elle m'épouvante. Quand je regarde ma fille, quand je vois percer à travers sa physionomie juvénile les éclairs de l'âme orageuse des femmes, quand je vois appparaître dans ses regards déjà profonds la rêverie, la mélancolie, une sorte de terreur me prend; et, éclairé par ma tendresse, je m'écrie: De la nourriture pour cette jeune tête! une nourriture forte, substantielle! Plus la femme est une créature mobile, impressionnable, facile à tourner au bien et au mal avec les mêmes qualités, plus il lui faut pour contre-poids une éducation sérieuse et solide. Les médecins nourrissent-ils les gens nerveux avec des fruits et des massepains? Mais c'est étouffer leur âme, dit-on, c'est émousser leur sensibilité! Depuis quand la connaissance des belles choses, depuis quand l'étude habituelle et intelligente des œuvres de Dieu a-t-elle effacé chez la Créature son plus beau trait de ressemblance avec le créateur, la faculté d'aimer? Étouffer leur âme! Oui, l'âme des salons, la sensibilité factice et maladive. Oh!

celle-là y mourra, je le crois, je l'espère; mais l'âme telle que les femmes l'ont fait éclater dans les grandes révolutions, comme sous la Terreur, l'âme des filles, des épouses et des mères, celle-là trouvera, n'en doutez pas, soutien et aliment dans la puissante étude de la nature. Ce qui est grand nourrit ce qui est grand.

LE COMTE.

Mais, enfin, qu'embrasse ce programme d'éducation pour la fille?

L'HÔTE.

Ce que comprend le charmant livre de Fénelon : *L'Education des filles!* ou, si vous l'aimez mieux, ce vers de Molière, dans *Les femmes savantes:*

Je consens qu'une femme ait des clartés de tout.

Des clartés de tout! on ne peut ni plus dire, ni mieux dire.

LE COMTE.

Mais, c'est assimiler les femmes aux hommes; c'est méconnaître cette loi de la différence qui fait tout le charme de la vie et toute la richesse de la création. Comment pouvez-vous croire que les mêmes études puissent convenir à deux êtres si différents? Regardez-les : cette tête délicate et gracieuse peut-elle loger le même cerveau que ce front mâle et cette figure barbue? Ce corps blanc et faible peut-il renfermer le même cœur que cette vigoureuse organisation musculaire? Cette voix suave et argentine est-elle destinée à exprimer les mêmes sentiments que cet organe rude et sonore? De deux choses l'une, ou la fille ne profitera pas de votre éducation, ou elle en profitera : si elle n'en profite pas, elle s'y hébétera; si elle en profite, elle cessera d'être elle-même. Donc, dans les deux cas, elle périra.

L'HÔTE.

Elle y renaîtra, vous dis-je! Je crois, comme vous, que la loi de la différence est le fondement même de la création; mais cette loi n'éclatera jamais mieux dans toute sa grandeur que par une forte éducation donnée aux femmes. De même que des plantes différentes tirent d'une même terre des sucs différents; de même que deux êtres ne s'assimilent pas les mêmes substances dans les mêmes aliments, mais semblent y prendre seulement celles qui conviennent à leur nature particulière; ainsi la femme et l'homme ne profiteront pas de la même manière d'une leçon dont ils profiteront tous deux. Enseignez sans crainte l'histoire et les lettres à la jeune fille comme au jeune homme, elle n'y apprendra pas la même chose : ce qui, chez l'un, se convertira en raison et en force, nourrira, chez l'autre, le sentiment et la finesse; et ainsi, la diversité de leur nature se développera par l'identité même de leurs objets d'études. Entendons-nous cependant. Je dis identité dans les objets d'études, mais non dans le mode d'enseignement. En apprenant aux femmes les mêmes choses qu'aux hommes, il ne faut pas les leur apprendre de la même façon. Il faut les élever aussi bien que nous, mais autrement.

LE COMTE.

Expliquez-moi ce mot : autrement.

L'HÔTE.

Deux exemples vous l'expliqueront. L'étude de l'histoire, et surtout de l'histoire de France, doit certainement être mise au premier rang de l'éducation des femmes. Mais, au lieu de les fatiguer par d'arides résunés, ou de charger leur mémoire de récits de guerres, de considérations politiques, de détails sur les traités de commerce, ou sur les finances, introduisez-les dans le monde des faits, des mœurs, des passions, c'est-à-dire dans la vie morale et intime. Que le passé leur parle de ce qui les intéresse dans le présent, et elles pénétreront dans les plus secrètes profondeurs du passé.

Il est un autre objet d'étude où je voudrais appliquer l'esprit des femmes, dans l'intérêt de cette science même, c'est l'histoire naturelle.

Madame Necker de Saussure, dans son beau livre sur l'éducation, a déjà indiqué une partie des progrès que pourrait réaliser dans cette science le génie des femmes; mais il est souvent un objet capital où leur concours serait un véritable bienfait, c'est la domestication des espèces animales. Le monde des créatures nous reste encore presque entier à conquérir; sur les milliards d'insectes différents qui peuplent l'univers, nous n'en avons utilisé qu'une espèce, les vers à soie; cinq ou six quadrupèdes, huit ou dix variétés de volatiles forment toutes nos richesses sur ce point : les femmes seules, par leur talent d'observation, leur esprit pratique, leur propreté, leur douceur patiente, leur instinct naturellement éducateur, multiplieraient ces dominations pacifiques; et la fermière, comme la femme riche, trouvant dans cette science, l'une un guide pour le gouvernement de la ferme, l'autre une distraction pour son oisiveté, feraient de leur perfectionnement individuel un progrès pour l'humanité. Si les filles du canton de Jersey eussent reçu quelques notions d'histoire naturelle, la vaccine eût peut-être été découverte deux cents ans plus tôt.

LE COMTE.

Bon Dieu! voulez-vous donc que les femmes apprennent aussi la médecine?

L'HÔTE.

Je voudrais plus; je voudrais que l'État établît un cours public de médecine hygiénique pour les mères. Toutes elles devraient savoir ausculter leurs enfants, connaître les symptômes des maladies éruptives, donner les premiers soins dans une convulsion, faire bien ce qu'elles font mal. Combien de mères ont perdu leurs enfants pour n'avoir pas su distinguer la toux particulière du croup?

LE COMTE.

Et savez-vous ce qui adviendra quand vous aurez réussi à entasser toutes ces sciences dans la tête d'une femme? c'est que la femme aura disparu et qu'il ne restera plus qu'une pédante : mille exemples vivants et non vivants sont là pour le prouver.

L'HÔTE.

Qu'importent ces exemples? La femme est-elle donc elle-même aujourd'hui? Songez-vous d'où elle vient, comment on l'a élevée, cette pauvre émancipée d'hier? Nos grand'mères ne savaient pas lire et en faisaient gloire. Les femmes de notre âge portent encore la trace de la servitude intellectuelle des âges précédents, ce sont des parvenues en fait d'instruction; mais quand une fois la liberté et son souffle puissant aura passé sur cette race et l'aura régénérée; quand l'exception d'aujourd'hui étant devenue la règle de demain, la science sera le partage de quelques-unes, l'instruction le partage de toutes, alors filles et femmes, dépouillant, même sans le savoir, ces dehors de pédantisme qui ne sont que des airs d'affranchis devenus maîtres, et marchant librement dans cette voie nouvelle comme dans leur naturel domaine, prêteront l'appui de la science à leur délicatesse, et peut-être l'appui de leur délicatesse à la science. Il est un objet d'étude que nous n'avons fait qu'indiquer, et qui se prêterait merveilleusement au génie féminin : c'est l'astronomie. Science de l'infini, elle appartient de droit à ces prêtresses de l'inconnu, comme les appelaient les Germains. Je n'oublierai jamais un spectacle dont j'ai été le témoin. J'assistais à une leçon d'astronomie donnée à une jeune fille et à son frère ; pour la première fois s'ouvrait à leurs regards le grand livre céleste : ils étaient assis tous deux devant leur maître ; les soleils plus innombrables que les grains de sable de la mer, les mondes recommençant par delà les mondes, Dieu sans bornes dans sa puissance comme l'espace dans son étendue, l'infini, en un mot, tel était le tableau que l'on déroulait devant eux. Le jeune garçon, immobile, les yeux fixes, les sourcils contractés, écoutait et regardait ardemment.... il voulait comprendre. La jeune fille, elle, ne faisait que sentir : pâle, les narines agitées, les yeux pleins de larmes, elle se levait malgré elle de son siége et s'avançait vers son maître comme attirée par la terreur même ; les paroles semblaient évoquer devant elle une apparition pleine d'épouvante et de charme...... Il cherchait Dieu, elle le voyait !

Ainsi se matérialisa, pour ainsi dire, devant moi, ce génie particulier de la femme qui mêle à tout l'inspiration et le sentiment, pour qui toute étude scientifique est un degré de plus qui la rapproche du ciel ! »

Notre hôte s'arrêta après ces mots, et le comte gardait le silence en homme vaincu, sinon convaincu; il essaya pourtant une dernière attaque, et reprit d'une voix railleuse :

« Admirable programme ! Seulement il offre un léger inconvénient.. il tue la famille. Qui gardera les enfants, pendant que la mère regardera les astres ? Qui gouvernera le ménage et veillera, comme dit Molière, à mon pot dont j'ai besoin, pendant que la femme fera des expériences de chimie ? Vos filles savantes seront peut-être des apôtres, pour parler votre langage, mais des épouses et des mères.... non ! il est vrai que ces devoirs sont bien terrestres pour des astronomes. »

Je m'étais tu jusqu'alors pour laisser parler notre hôte; mais en entendant cet éternel sophisme, sous lequel on accable les femmes depuis tant de siècles, je m'écriai malgré moi :

« La voilà, je la reconnais cette vieille tactique qui, comme le dit aussi Molière,

Immole la victime avec un fer sacré !

Parle-t-on d'instruire les épouses et les mères : Prenez garde, disent tous les hommes de cette doctrine, vous allez renverser la famille. Parle-t-on de leur donner des droits : Prenez garde, vous allez détruire la nature féminine; et ainsi, cachant leur envieux despotisme sous un masque de respect, interdisant aux femmes tout développement intellectuel ou vital, sous le prétexte de leur laisser l'empire dans la famille, et les asservissant ensuite dans la famille, sous le prétexte de leur laisser leur caractère de femmes, ils transforment la tyrannie même en un hommage menteur ! Eh bien, je vous le dis, c'est au nom de la famille, au nom du salut de la famille, au nom de la maternité, du mariage, du ménage, qu'il faut réclamer pour les filles une forte et sérieuse éducation ! Définissons donc enfin, une fois pour toutes, ces titres vénérés dont on a fait tant d'instruments de sujétion, les titres d'épouse et de mère ! Certes nul ne s'incline plus que moi avec respect devant ces fonctions ménagères, subalternes en apparence, sublimes en réalité ; car elles se résument en ces mots : Penser aux autres. Mais ces fonctions comprennent-elles tous les devoirs de la femme ? Être épouse et mère, est-ce seulement commander un dîner, gouverner des domestiques, veiller au bien-être matériel et à la santé de tous, que dis-je, est-ce seulement aimer, prier, consoler ? Non ! C'est tout cela ; mais c'est plus encore : c'est guider et élever, par conséquent c'est savoir. Sans savoir, pas de mère complétement mère ; sans savoir, pas d'épouse vraiment épouse ! Il ne s'agit pas, en découvrant à l'intelligence féminine les lois de la nature, de faire de toutes nos filles des astronomes et des physiciennes. (Voit-on que les hommes deviennent des latinistes pour avoir employé dix ans de leur vie à l'étude du latin ?) Il s'agit de tremper vigoureusement leur pensée par une instruction forte pour les préparer à entrer en partage de toutes les idées de leurs maris, de toutes les études de leurs enfants. On énumère tous les inconvénients de l'instruction, et l'on met en oubli tous les périls mortels de l'ignorance. L'instruction est un lien entre les époux, l'ignorance est une barrière. L'instruction est une consolation, l'ignorance est un supplice. L'ignorance amène mille défauts, mille égarements pour l'épouse. Pourquoi telle femme est-elle dévorée d'ennui ?

Parce qu'elle ne sait rien. Pourquoi telle autre est-elle coquette, capricieuse, vaine? Parce qu'elle ne sait rien. Pourquoi dépense-t-elle, afin d'acheter un bijou, le prix d'un mois de travail de son mari? pourquoi le ruine-t-elle par les dettes qu'elle lui cache? pourquoi le soir l'entraîne-t-elle, fatigué ou malade, dans des fêtes qui lui pèsent? Parce qu'elle ne sait rien, parce qu'on ne lui a donné aucune idée sérieuse qui pût la nourrir, parce que le monde de l'intelligence est fermé devant ses pas..... A elle donc le monde de la vanité et du désordre! Tel mari qui se moque de la science eût été sauvé par elle du déshonneur.

Ainsi, monsieur le comte, ne redoutez pas le savoir pour les épouses et pour les mères; lui seul les rendra dignes de leur rôle! Mais ne dût-il jamais leur servir pour cet objet, je dirais encore, on le leur doit!

Un fait m'a toujours frappé et blessé : toutes les vertus que l'on cultive chez les jeunes filles, toutes les occasions de s'instruire qu'on leur donne, ont toujours pour objet le mariage, c'est-à-dire le mari. On ne voit et l'on n'élève dans la jeune fille que l'épouse future. A quoi lui servira tel talent ou telle qualité quand elle sera mariée? dit-on sans cesse. Son développement personnel est un moyen, jamais un but. La femme n'existe-t-elle donc point par elle-même? N'est-elle fille de Dieu que si elle est compagne de l'homme? N'a-t-elle pas une âme distincte de la nôtre, immortelle comme la nôtre, tenant comme la nôtre à l'infini par la perfectibilité? La responsabilité de ses fautes et le mérite de ses vertus ne lui appartiennent-ils pas? Au-dessus de ces titres d'épouses et de mères, titres transitoires, accidentels, que la mort brise, que l'absence suspend, qui appartiennent aux unes et n'appartiennent pas aux autres, il est pour les femmes un titre éternel et inaliénable qui domine et précède tout, c'est celui de créature humaine : eh bien, comme telle, elle a droit au développement le plus complet de son esprit et de son cœur. Loin donc de nous ces vaines objections tirées de nos lois d'un jour! C'est au nom de l'éternité que vous lui devez la lumière! »

Cette déclaration de principes coupa court aux sarcasmes du comte. Me tournant alors vers notre hôte : « Mon ami, lui dis-je, un mot encore. Vous avez parlé en père et en philosophe; laissez-moi parler en citoyen. Nul défaut dans votre réforme d'éducation, sinon d'être individuelle, donc exceptionnelle. Or, l'exception ne compte que comme un espoir quand il s'agit d'un besoin général. Qu'importe qu'un colon affranchisse ses esclaves! ce sont tous les esclaves qu'il faut affranchir. Qu'importe que la tendresse d'un père élève sérieusement sa fille! ce sont toutes les filles qu'il faut élever. Cette œuvre, la société seule peut l'accomplir, une loi l'ordonner.

Il existe des écoles primaires pour les femmes : Qu'on achève, qu'on crée une instruction secondaire, et des écoles professionnelles. L'État paye une Université pour les hommes, une École polytechnique pour les hommes, des écoles des arts et métiers pour les hommes, des écoles d'agriculture pour les hommes, des écoles normales pour les hommes! Et pour les femmes, que fonde-t-il?... Des écoles primaires! Pourquoi s'arrêter là?

— Ah! bon Dieu! s'écria le comte, mais que demandez-vous donc? Vous voulez donc des lycées pour les femmes!

— Nous avons un grand malheur en France, repris-je,

c'est que nous sommes toujours dupes des mots. Les meilleures choses périssent parfois, chez nous, à cause de leur nom. Sous quel titre et sous quelle forme se produira cet enseignement? Ces institutions s'appelleront-elles lycées, athénées, conservatoires?... Je ne le sais pas, et je n'ai pas besoin de le savoir! mais ce que je sais, c'est qu'il est impossible que la France abandonne l'éducation des filles françaises à l'esprit étroit et mercantile des institutions particulières!... car, en définitive, il n'y a rien à innover, il ne s'agit que de faire bien ce qui se fait mal. Paris et la province sont pleins de couvents, de pensions de tous degrés, de cours publics de toutes valeurs, où l'on élève les jeunes filles. Mais comment? Je m'en rapporte à tous les pères! A Dieu ne plaise que je demande la destruction de l'enseignement privé! c'est pour le régénérer, c'est pour le contraindre à s'élever que je dis : L'État doit créer pour les femmes un enseignement supérieur qui les initie à tous les grands objets de la pensée moderne! L'État doit créer pour les femmes des écoles professionnelles qui les préparent à l'exercice sérieux et intelligent des professions auxquelles elles sont propres! Il faut enfin que la France fasse de nos filles des Françaises! Ne craignez pas l'affaiblissement de leur foi; un peu de science éloigne de Dieu, beaucoup de science y ramène.... Les femmes ne perdront pas leurs croyances dans l'étude, elles n'y perdront que leurs crédulités!... Vienne donc au pouvoir un homme d'État qui fonde cette institution, il fera plus pour son pays que s'il l'avait doté de bien des kilomètres de chemins de fer. Briser la barrière d'ignorance qui empêche l'union de tant de cœurs dans la famille, ce sera aussi percer son isthme de Suez! Enfin, voici une dernière considération qui en résume beaucoup d'autres. Savez-vous pourquoi il faut bien élever les femmes? Parce que c'est le meilleur moyen de bien élever les hommes!

Je m'arrêtai : le comte sourit, mon hôte me tendit la main ; le père et le citoyen ne faisaient plus qu'un.

CHAPITRE IV

LA SÉDUCTION

Si l'on nous disait qu'il existe un pays où la chasteté est mise à si haut prix pour les femmes qu'on l'appelle leur honneur; si l'on nous disait que la perte de cette vertu, anéantissant, ce semble, toutes les autres aux yeux du monde, flétrit non-seulement la coupable, mais sa famille, et qu'on a vu des filles tuées par leurs pères rien que pour cette faute; si l'on ajoutait que cette faute, lorsque la femme est mariée, la conduit devant les tribunaux ; lorsque la femme est servante, la fait chasser de sa place ; lorsque la femme est ouvrière, l'exile souvent de sa manufacture ; lorsque la femme est riche, la condamne au célibat, car l'homme qui oserait l'épouser serait accusé à son tour de se vendre lui-même ; si l'on nous disait de plus que, dans cette contrée, les femmes sont jugées si légères d'esprit et si faibles de caractère, qu'elles restent mineures pendant tout le temps de leur mariage ; si l'on nous apprenait que, chez ce peuple, la jeunesse des hommes n'a qu'un but, ravir cette vertu aux femmes ; que tous, pauvres et riches, beaux et laids,

4

nobles et roturiers, jeunes et vieux, poussés, ceux-ci par l'ardeur des sens, ceux-là par l'ennui, d'autres par la vanité, se précipitent à la poursuite de cette vertu, comme des limiers sur une bête de chasse; qu'enfin, par un contraste bizarre, le même monde, qui accable d'anathèmes les femmes lorsqu'elles succombent, élève sur une sorte de pavois ceux qui les font succomber, et honore leur succès du nom réservé aux actions les plus glorieuses, le nom de *conquête;* certes, si un tel tableau nous était offert, et qu'on nous demandât de préjuger le caractère de la loi de ce pays, nous dirions : Le législateur n'aura eu qu'une pensée, défendre la femme contre l'homme et contre elle-même; voyant d'un côté tant de périls, tant de faiblesse et tant de souffrances expiatrices, de l'autre tant de puissance et d'impunité, il se jettera entre le corrupteur et sa victime; armé pour ceux qui sont désarmés, il rétablira énergiquement les droits de la justice et de la pudeur; toute fille séduite sera punie, mais tout séducteur le sera deux fois plus, car il fait le mal et le fait faire.

Voilà le langage que tout honnête homme prêterait au législateur; voici ce que dit notre Code :

La fille, dès l'âge de quinze ans, répond seule de son honneur.

Toute séduction est impunie[1].

Toute corruption est impunie[2].

Toute promesse de mariage est nulle.

Les enfants naturels restent à la charge de la mère.

---

1. En termes de législation, le séducteur est celui qui corrompt pour son compte; le corrupteur celui qui corrompt au profit d'un autre.

2. Nous parlerons, deux pages plus loin, des peines dérisoires qui frappent la corruption.

Un tel abandon de la pudeur publique ne se rencontre chez aucun peuple civilisé, ni même barbare. L'adolescence de la jeune fille et la pureté de la jeune femme ont été toujours, pour les législateurs, l'objet d'une sollicitude paternelle. Les lois entouraient la vierge d'une sorte de protection affectueuse et respectueuse, comme si ce trésor de la chasteté faisait de celle qui le porte un vase d'élection; et l'on défendait dans cet âge et dans cette vertu la seule image terrestre d'une pureté qui rappelle le ciel. La belle loi de Moïse est connue de tous : La fille a crié et n'a pas été entendue[1]. Chez les Germains, le prix de l'outrage fait à une vierge (le *vergheld*) était de deux cinquièmes supérieur à celle du guerrier. Tout homme, même libre, qui touchait la main d'une femme libre, payait 600 deniers; celui qui lui touchait le bras, 1200; celui qui lui touchait le sein, 1800; dénouer seulement ses cheveux (*eam discapillare*) entraînait une amende considérable.

Le viol et le rapt appelaient des peines terribles sur les coupables : un Wisigoth qui ravissait une femme et la violait, lui était livré comme esclave, avec tous ses biens.

Childebert, dans une de ses constitutions, s'exprime ainsi : « Qu'aucun de nos grands, après avoir commis
« un rapt, ne pense nous fléchir; mais qu'il soit pour-
« suivi comme un ennemi de Dieu, quel que soit le
« bourg où il se trouve; que le juge du lieu assemble
« des hommes d'armes et le tue; s'il se réfugie dans une
« église, que l'évêque le livre, et qu'on le tue ! »

---

[1]. Moïse supposait la violence de la part de l'homme, si la fille n'avait pas été entendue.

La séduction seule, bien plus, le projet de séduction était considéré comme un crime, et l'homme, convaincu d'avoir essayé de séduire une femme ou une fille, était abandonné au père ou au mari pour qu'ils en disposassent à leur gré.

La loi canonique[1] définissait la corruption, même sans violence (*volente virgine*), du nom de *stuprum*, et le *stuprator* était condamné, ou à épouser la jeune fille corrompue par lui, ou à lui donner une dot si le père ne voulait pas l'accepter pour gendre, et à défaut de remplir une de ces deux conditions, il était frappé de verges, excommunié et enfermé dans un monastère pour y mener une pénitence perpétuelle (*ad agendam perpetuam pœnitentiam*).

Enfin, le droit coutumier faisait peser sur la tête de tout séducteur la loi rigoureuse de la recherche de la paternité, et une fois qu'il était reconnu pour père par la justice, il était soumis à toutes les charges paternelles.

Ainsi, religion juive et religion chrétienne, lois civiles et lois canoniques, Francs et Germains, Germains et Français, tous ont défendu énergiquement cette pureté dont on demande un compte si sévère aux femmes, et dont la perte ruine les familles et souvent l'État lui-même.

Le Code a paru, qu'a-t-il fait? D'abord des quatre grands crimes qui portent atteinte aux mœurs, la *séduction*, la *corruption*, le *rapt* et le *viol*, il a amnistié les deux premiers, c'est-à-dire les deux plus fréquents, les deux plus commodes, les deux plus démoralisateurs.

En effet, quelle digue a-t-il établie contre la corrup-

---

1. Liber quintus Summæ hostiensis, p. 364. — *De stupratoribus*

tion? Voici le texte de la loi : « Quiconque aura
« attenté aux mœurs en excitant, favorisant, ou faci-
« litant *habituellement* la débauche ou la corruption
« d'un individu au-dessous de l'âge de vingt et un ans,
« sera puni d'un emprisonnement de six mois à deux
« ans, et d'une amende de cinquante à cinq cents francs. »
(C. P., 434.)

On doit le remarquer, il faut que ce soit *habituellement*,
par métier. Donc, une femme ou un homme perdu s'in-
troduisant chez des gens honorables, corrompent-ils
leur fille au profit de quelque acheteur ? La loi ne sévit
pas contre eux : ils corrompent par accident, une fois
n'est pas coutume; et si cet essai lucratif les a mis en
goût de poursuivre, ils en ont la faculté, pour cinq cents
francs une fois payés, et deux ans de réclusion, c'est à
peine un droit de patente.

Quant à la séduction, à celle du moins qu'exercent les
hommes, la loi déclare qu'elle n'existe pas quand une
jeune fille a passé l'âge de quinze ans; c'est elle, dès lors,
qui est toujours censée séduire. Que l'homme qui la
déshonore soit vieux et elle jeune ; qu'il soit débauché et
elle pure ; qu'il soit riche et elle pauvre; n'importe, elle
a quinze ans, son rôle d'Ève a commencé. En vain direz-vous que l'âge de quinze ans est celui qui a le plus
besoin de défense; qu'à ce moment, les passions qui
fermentent rendent la jeune fille complice involontaire
de tous ceux qui lui parlent de tendresse ; que sa beauté
qui se développe, son innocence même, appellent tous
les désirs et toutes les séductions autour d'elle : la loi
vous répond (nous expliquerons cette réponse) que le
plus sûr moyen de la défendre, c'est de l'abandonner.

Restent le rapt et le viol.

4.

La loi sur le rapt est sévère et juste.

La loi sur le viol donne lieu à une remarque importante.

Notre Code est admirable comme code pécuniaire; et si la pureté des jeunes filles, comme nous l'avons vu n'éveille guère ses soucis, par compensation, quelle touchante sollicitude pour leur argent [1] !

Pour mettre ce fait dans tout son jour, comparons les peines qui frappent, d'un côté la propriété, de l'autre les délits contre les mœurs : ici le viol, là le vol; ici le manque de foi à une promesse de vente, là l'infidélité à une promesse de mariage.

D'abord, deux sortes de majorité : majorité du cœur majorité de la bourse : la première commence à quinze ans, mais la seconde est reculée jusqu'à vingt et un. Une jeune fille est censée pouvoir défendre son cœur six ans plus tôt que son argent. La loi n'admet comme coupable qu'un seul rapt d'honneur, le viol ; mais elle définit, poursuit et châtie deux manières de dérober l'argent [2], le *vol* et le *dol;* il y a des filous d'écus, il n'y a pas de filous de chasteté.

Le *viol* [3] commis sur une fille qui n'a pas quinze ans est puni des travaux forcés *à temps?* si la fille a plus de quinze ans, de la réclusion.

---

1. Il est bien entendu que nous n'attaquons en rien la sollicitude du législateur pour la propriété, mais son incurie pour les intérêts moraux.

2. Sous ces deux chefs viennent se ranger mille manières de voler; le Code pénal emploie vingt et un articles, de 279 à 300, pour les caractériser toutes, et il termine par l'article 401, dont voici les termes: *Les autres vols non spécifiés dans la présente section, les larcins, les filouteries,* ainsi que les tentatives de ces mêmes délits, seront punis, etc., etc.

3. Code pénal, art. 331, 332.

LA SÉDUCTION.

Le *vol* est *puni de mort*[1], s'il a été commis la nuit avec violence et avec armes : il est puni [2] des travaux forcés à perpétuité, s'il est commis sur les chemins publics ; des travaux forcés à temps[3], s'il est commis sans violence, mais avec effraction.

La *promesse de vente* équivaut à la vente même [4], lorsqu'il y a consentement des parties sur le prix et sur l'objet.

La *promesse de mariage* est nulle, même quand tout y est spécifié, l'objet, l'époque, le prix même, hélas ! quand ce prix, c'est-à-dire la personne, a été livrée avant le contrat. En vain serait-il prouvé que l'homme a proposé de lui-même cette promesse, qu'il n'a séduit cette jeune fille qu'avec cette espérance, qu'il la lui a montrée comme prochaine, comme certaine, la loi ne tient compte d'aucune circonstance déterminante ; l'homme a le droit de venir dire à la justice : « Voici ma signature, cela est vrai, mais je la renie ; une dette de cœur est nulle devant la loi, comme une dette de jeu. »

Si, au moins, c'était une dette d'honneur devant le monde ! Non, celle qui reste déshonorée, c'est la victime.

Si, au moins, la jurisprudence corrigeait l'indifférence de la loi et l'injustice du monde ! Non, le juge est sans pitié aussi bien que le législateur. Voici des preuves.

Une fille, blanchisseuse [5], de réputation intacte, et même honorée pour sa conduite, porte du linge chez

---

1. Code pénal, anc. art. 381.
[La peine de mort en cette circonstance est abolie aujourd'hui.]
2. Code pénal, art. 382, 383.
3. Code pénal, art. 384, 385.
4. Code civil, art. 1589.
5. Ordonnance du 11 octobre 1844, affaire Cœur.

un étudiant, au mois de juillet 1844. L'étudiant était couché; il se lève brusquement, se précipite sur elle, lui déchire ses habits, la meurtrit, la menace de la jeter par la fenêtre si elle lui résiste, et n'échoue dans ses projets que parce que cette fille, indignée, s'arrache de ses bras et va demander du secours. Quelle peine frappe ce misérable appelé devant la justice? Aucune : il n'y a eu ni viol, ni outrage public à la pudeur.

Un jeune homme [1] entre en relation avec une jeune ouvrière; il en fait sa maîtresse habituelle; il loge avec elle pendant dix-neuf ans, et permet qu'elle prenne son nom; pendant cette union naissent cinq enfants qu'il présente lui-même à l'état civil, qu'il met dans une pension où ils sont appelés de son nom. Ces dix-neuf ans écoulés, cet homme veut se marier : il chasse la femme et les cinq enfants; la femme réclame au moins une pension alimentaire pour elle et pour eux; il refuse. Indignée, elle s'adresse au tribunal, le tribunal la repousse. Cet homme ne doit rien à cette femme, il ne l'a pas violentée; il ne doit rien à ces enfants, il ne les a pas reconnus.

Une fille de vingt-quatre ans [2], une servante, est entraînée dans une chambre où se trouvaient cinq jeunes gens : c'était le soir; ils l'entourent, ils la prient, ils la menacent. Après une lutte de trois heures, la malheureuse, épuisée, consent à s'abandonner à l'un deux, en demandant, pour seule grâce, que la lumière soit éteinte pendant qu'elle va se dépouiller de ses habits. La lumière est soufflée. Aussitôt la fille Fournier fait le signe de la

---

1. Tribunal civil de la Seine, 1re chambre, 15 avril 1847, affaire Dentend.
2. Affaire de la fille Fournier, 1846.

croix, et, profitant de l'obscurité, se jette par la fenêtre entr'ouverte! Une terrasse se trouvait au-dessous; elle s'y brise, en tombant, le poignet et plusieurs dents. Les jeunes gens courent à la fenêtre : « Elle s'est sauvée ! » s'écrient-ils, et ils se mettent à sa poursuite. Effrayée, elle se relève, se précipite de nouveau de la terrasse dans la rue, et, toute sanglante, la tête fendue en trois places, elle se traîne chez un portier qui lui donne asile. Quel châtiment frappe ces cinq coupables? Quatre sont absous, le propriétaire de la chambre est condamné seul à deux mois de prison. Il n'y a eu ni viol, ni outrage public à la pudeur.

Qu'on ne regarde pas ces jugements comme des faits exceptionnels triés à grand'peine pour le service d'une thèse, au milieu de mille autres faits contradictoires : ils sont l'esprit même de la jurisprudence, ils résument ce qu'elle appelle ses principes. Ainsi, de toutes parts, dans la pratique et dans la théorie, dans le monde et dans la loi, pour les classes riches comme pour les classes pauvres, abandon de la pureté publique, rênes sur le cou à tous les désirs effrénés ou dépravateurs ! Ce qui en advient, c'est que tous les penseurs qui percent cette légère couche de décence dont la police recouvre notre société, reculent épouvantés comme s'il pénétraient dans un vaste lupanar. Économistes, statisticiens, tous n'ont qu'un cri ; il semble qu'ils aient entrevu Sodome ! la dépravation y apparaît sous toutes ses formes, patentée, clandestine, intermittente, éternelle. Des manufacturiers [1] séduisent leurs travailleuses, des

---

[1]. Ces détails m'ont été attestés par le commissaire de police d'un des quartiers les plus populeux de Paris.

chefs d'atelier chassent les jeunes filles qui ne veulent pas s'abandonner à eux, des maîtres corrompent leurs servantes. Sur 5,083 filles perdues que comptait le grave Parent-Duchâtelet, à Paris, en 1839, il y avait 285 domestiques séduites par leurs maîtres et renvoyées. Des commis-marchands, des officiers, des étudiants, dépravent de pauvres filles de province ou de campagne, les entraînent à Paris, où ils les abandonnent et où la prostitution les recueille : Duchâtelet en comptait 409. Dans tous les grands centres d'industrie, à Reims [1], à Lille, il se trouve des compagnies organisées pour le recrutement des maisons de débauche de Paris ; des proxénètes, postées à l'entrée des manufactures, guettent le temps du chômage ou de la faim, les jours de désespoir, de maladie, et, le pacte une fois fait avec la misère, elles expédient leur marchandise humaine vers la capitale. Dans l'intérieur des usines, même dépravation : un travail commun réunit les hommes et les femmes côte à côte ; un seul dortoir les rassemble souvent comme des bohémiens, et parfois un même lieu [2] sert pour les deux sexes, à la satisfaction des besoins les plus secrets. Pour achever le mal, d'infâmes vieilles femmes, assises auprès des plus jeunes, s'étudient, tout en travaillant avec elles, à les éclairer sur le prix de leur beauté, leur en enseignent l'usage, les font rougir de leur candeur, et la jeune fille se hâte de se déshonorer, puis de s'en vanter, pour échapper ainsi aux sarcasmes tout en satisfaisant à ses passions attisées. Enfin, dans les hôpitaux mêmes, au chevet des jeunes ouvrières pauvres, se glissent de hi-

---

1. Voyez *Condition des ouvriers*, par M. Villermé, t. I, passim.
2. Voyez *Condition des ouvriers*, par M. Villermé, t. I, Industrie cotonnière.

deuses habituées des prisons et des hospices, qui escomptent à la convalescente sa santé qui revient, sa beauté qui renaît, et l'achètent d'avance pour quatre ou cinq francs par semaine, pour la revendre ensuite à prix d'or.

En face de tels excès, où donc les législateurs trouvent-ils le courage de leur silence et de leur incurie? Avec quels arguments apaisent-ils leur conscience? Sur quels principes établissent-ils la double théorie de l'indulgence pour la corruption et de l'impunité pour la séduction? Quant à la corruption, ils se taisent; pour la séduction, ils s'appuient, qui le croirait? sur deux préceptes de morale et sur une règle d'ordre public :

La recherche de la paternité est interdite, comme impossible et scandaleuse.

Tout contrat qui a pour objet une chose honteuse est nul de droit.

Accorder à une fille coupable une action judiciaire contre son séducteur, c'est offrir une prime d'encouragement à la débauche.

Ah! si ces prétextes de moralité, ces mensonges de justice n'étaient pas émis de bonne foi; si l'on ne savait que le cœur humain est habitué à se payer de tels sophismes, il faudrait, au lieu de les combattre comme des erreurs, les stigmatiser comme des infamies. Une prime à la débauche! Mais quelle prime plus honteuse, plus énorme, pouvez-vous lui accorder que cette impunité même laissée à l'homme? Quoi! vous ne voyez pas qu'en désarmant la jeune fille, vous armez le séducteur! Vous ne voyez pas qu'en ajoutant à toutes ses ressources de richesse, d'adresse, d'expérience, d'ardeur sensuelle, d'ardeur vaniteuse, la sanction de votre acquittement, vous vous faites vous-mêmes son intermédiaire ou son complice, et que vous démoralisez la conscience publique qui innocente toujours ce que vous absolvez! Qu'on châtie la jeune fille coupable, soit; mais châtiez aussi l'homme. Elle est déjà punie, elle, punie par l'abandon, punie par le déshonneur, punie par les remords, punie par neuf mois de souffrances, punie par la charge d'un enfant à élever; qu'il soit donc frappé à son tour, sinon ce n'est pas la pudeur publique que vous défendez, ainsi que vous le dites, c'est la suzeraineté masculine dans ce qu'elle a de plus vil, le droit du seigneur!

Pour la recherche de la paternité, le prétexte est plus visible encore. On la proscrit comme impossible et scandaleuse, soit; mais pourquoi donc alors autoriser la recherche de la maternité? Est-il si facile de convaincre une mère, après vingt ans, que tel enfant soit le sien? Vous prouverez peut-être sa grossesse, son accouchement; mais que de difficultés pour établir l'identité de l'enfant! Quant au scandale, de quel côté est-il le plus grand? Un homme est marié, père de famille: tout à coup survient un inconnu qui, se prétendant son fils, se jette au travers de cette honorable fortune, pour en usurper la moitié. Certes, le coup est cruel; mais on ne songera qu'à plaindre cet homme: c'est un malheur, ce n'est pas une honte. Qu'au contraire il s'agisse d'une femme, toute sa vie est brisée, flétrie, le passé comme le présent, l'avenir comme le passé; elle est perdue dans l'esprit de son mari, perdue dans le cœur de ses enfants, perdue, que ce soit vérité ou calomnie, car le monde verra dans son acquittement non la marque de son innocence, mais la preuve qu'on manquait de preuves pour la condamner. Ajoutez que, de toutes les fautes humaines, la faute de la maternité est la seule qui ne se prescrive pas. Le vol, le meurtre même s'innocentent avec le temps; mais une femme, après quarante ans de vertu expiatrice, peut tomber pour toujours sous le coup porté par son fils lui-même.

Résumons-nous.

L'intérêt de l'enfant, la moralité publique, tels sont les deux prétextes allégués en faveur de ce système. Nous répondons : Pourquoi tant de souci des enfants contre la mère, et si peu contre le père? Pourquoi cette sollicitude en faveur de la morale publique s'éveille-t-elle si vivement quand il s'agit d'attaquer la femme, et s'éteint-elle si vite quand il s'agit de la défendre? Évidemment il y a là sophisme et iniquité. Aux yeux de tout homme sincère, la séduction, surtout dans les classes ouvrières, s'exerce mille fois plus de l'homme sur la femme que de la femme sur l'homme. Il faut une loi contre la séduction. Quelle forme revêtira cette loi? Accordera-t-elle une action à la fille séduite? frappera-t-elle seulement le séducteur? permettra-t-elle la recherche de la paternité? Il ne m'appartient pas de le décider; mais ce qui est certain, c'est qu'elle existera : car il est impossible qu'une société vive avec un tel cancer au cœur; car les politiques comme les moralistes, les statisticiens comme les philosophes, les médecins, les administrateurs, les fonctionnaires de l'État comme les penseurs, tous stigmatisent avec indignation cette doctrine fatale de l'impunité. L'impunité, assurée aux hommes, double le nombre des enfants naturels; or, la moitié des voleurs et des meurtriers sont des enfants naturels. L'impunité nourrit le libertinage; or, le libertinage énerve la race, bouleverse les fortunes et flétrit les enfants. L'impunité alimente la prostitution; or, la prostitution détruit la santé publique et fait un métier de la paresse et de la licence. L'impunité, enfin, livre la moitié de la nation en proie aux vices de l'autre: sa condamnation est dans ce seul mot. Qu'on n'allègue pas la loi anglaise et ses fâcheuses conséquences; la mauvaise application d'un principe ne détruit pas le principe même. Si la loi anglaise est mal faite, refaites-la, refaites-la jusqu'à ce qu'elle soit bonne, et quand elle ne devrait jamais l'être complétement, établissez-la; car, au-dessus des inconvénients de telle ou telle disposition, au-dessus des obstacles qui surviennent dans la pratique, au-dessus des sociétés mêmes, s'élèvent des principes qui veulent être respectés à tout prix, et le plus sacré de ces principes, c'est la pureté de l'âme humaine.

CHAPITRE V

JEUNESSE; AGE DU MARIAGE

Il n'y a qu'un pas entre l'adolescence et la jeunesse. Pour les jeunes filles comme pour les plantes au mois de mai, chaque heure vaut un jour, chaque jour vaut un mois, tant ils sont féconds et mûrissants. La nature ne marche plus alors par progrès lents et insensibles : c'est en une nuit que l'arbuste à peine bourgeonnant hier se couvre de feuilles et de fleurs; c'est en une saison, sous le regard, pour ainsi dire, que l'adolescente devient jeune fille, que la jeune fille devient fiancée. Quel père ne se sent saisi d'un mélange d'étonnement, d'orgueil et de crainte, à l'aspect de cette métamorphose, qui chaque jour lui fait apparaître dans sa fille un être nouveau, transforme sa tendresse en une sorte d'affection respectueuse, et le frappe de douleur en le forçant à penser que le moment de la séparation approche, qu'il accourt, qu'il est venu.

La loi fixe l'âge de mariage à quinze ans, la coutume à dix-sept ou dix-huit; tous deux, selon nous, se hâtent trop.

Chez tous les peuples, l'âge du mariage des jeunes filles est la mesure de la condition des femmes. Manou[1] ne voit en elles que des instruments de plaisir; il les marie à huit ans. Numa[2] veut les livrer maniables et façonnables au mari; il les marie à douze. Lycurgue[3] ne cherche en elles que de vigoureuses génératrices; il les marie à vingt. Si nous les voulons libres dans leur choix et libres dans leur vie, reculons encore ce moment. Pour la loi, qui ne considère que le corps, la fille de seize ans est une femme parce qu'elle peut être mère; mais pour le physiologiste et pour le moraliste, ce n'est qu'une enfant.

On a souvent observé que les premiers-nés sont généralement chétifs, et, parmi la noblesse, l'esprit des cadets et la sottise des aînés avaient justement passé en proverbe. Pourquoi? Parce que les femmes se mariaient et se marient trop jeunes. Une fille de seize ans et même de dix-huit n'a que l'apparence de la force, la gestation l'énerve, l'allaitement l'épuise. Elle n'est pas plus propre au rôle de mère qu'à celui de femme! En effet, qu'épouse la jeune fille de seize ans, est-ce son mari? Pas le

---

1. Lois de Manou, liv. II. — Il faut faire la part du climat; mais huit ans dans l'Inde équivalent au plus à quinze ans dans nos contrées.
2. Plutarque, *Vie de Numa*.
3. Idem, *Vie de Lycurgue*.

moins du monde; grâce à nos mœurs elle ne le connait pas, et grâce à son âge, elle ne peut pas le connaître. Elle épouse un visage, si son fiancé est beau; une fortune, s'il est riche; un habit, s'il est élégant; mais lui, son être moral, lui, travailleur ou penseur, je l'en défie, car elle est forcément étrangère à ce qui fait le fond du cœur et de la vie de cet homme, aux travaux qui remplissent l'une, aux pensées qui animent l'autre; elle épouse, comme dirait la géométrie, un x.

Deux causes à ce malheur. D'abord la vanité de beaucoup de parents qui se font un point d'honneur de marier leurs filles très-jeunes; il s'établit, à ce sujet, une sorte de joute entre quelques familles. Puis un étrange amour-propre masculin, qui a décrété qu'un homme était toujours de dix ans plus jeune qu'une femme, et qu'une fille de vingt-quatre ans et même de vingt-deux ne pouvait plus prétendre qu'à un homme mûr.

Je ne sais si je m'abuse, mais il me semble que nous nous créons de singulières illusions sur le déclin relatif des femmes et sur le nôtre. Nous sommes très-sévères pour elles, mais par compensation nous nous montrons fort indulgents pour nous. Législateurs même de ce qui est hors des lois, nous avons habilement converti nos défauts d'âge mûr, en qualités. L'embonpoint pour nous s'appelle de la noblesse; les rides donnent du caractère au front et à la bouche; la calvitie élargit le crâne en le dévoilant; il n'est pas jusqu'aux cheveux gris, qui, trahissant des méditations profondes, ne transforment tout homme entre deux âges en penseur; et enfin, établissant, ainsi que l'a spirituellement observé madame de Genlis, la supériorité de notre décadence jusque dans la langue, nous disons d'une rose qui passe, qu'*elle se fane*, et d'un chêne qui meurt, qu'*il se couronne*.

La nature sanctionne-t-elle notre décret? borne-t-elle le règne des grâces extérieures de la femme à de si courtes années, que le déclin commence pour elle dix ans plus tôt que pour l'homme? Nous ne le croyons pas.

En effet, si ce charmant et premier coloris de la figure ne va guère plus loin que l'adolescence de la jeune fille, bien des avantages nouveaux viennent le remplacer. La taille d'une femme ne se dégage et ne se dessine qu'après vingt-deux ans; ses mains ne sont jamais aussi belles qu'à vingt-cinq ans; son cou, à cet âge, s'élance plus élégamment, ses épaules s'élargissent, sa poitrine se développe, et toutes les formes de son corps s'harmonisent en un ensemble de mouvements souples et gracieux qui n'appartiennent pas à la première jeunesse. Les statuaires antiques, ces adorateurs intelligents de la beauté, ont merveilleusement rendu cette progression de la nature. La délicieuse Vénus de Naples qui figure la jeune fille adolescente; Diane à la Biche, sa sœur aînée; la Vénus de Milo, leur souveraine, nous reproduisent, dans trois types parfaits, ces trois âges successifs de la beauté de la femme. N'est-ce pas à vingt-cinq ans, et à vingt-cinq ans seulement, qu'apparaît la seconde et durable grâce du visage, la physionomie? N'est-ce pas alors que le feu intérieur de l'intelligence éclate dans le regard; que la finesse de l'esprit se révèle dans les narines plus mobiles et plus nettement accusées; que l'âme surtout, l'âme dévouée et tendre, se répandant sur les lèvres, dans le sourire, dans les larmes, nous montre la femme avec tout l'éclat dont Dieu l'a parée en la créant? Enfin, et là se trouve le point principal, une femme n'est en pleine richesse de sentiments et d'intelligence qu'à vingt-cinq ans. Donc, fût-il vrai qu'une loi douloureuse de la nature la condamne, à être à la fois jeune et vieille, fût-il vrai que sa beauté intérieure ne s'épanouit qu'au sein d'une organisation physique dont le déclin commence, comme le parfum d'une fleur qui ne s'exhalerait que d'une corolle à moitié flétrie, la femme jeune par la pensée et jeune par le cœur aurait le droit, au nom de ce cœur et de cette pensée, de réclamer un compagnon jeune comme elle. Heureusement, nous l'avons vu, elle le peut aussi à d'autres titres, et la jeune fille qui recule son mariage jusqu'à vingt-deux ans ne perd pas le privilége d'épouser **un jeune homme**

Une difficulté réelle se présente cependant. Comment s'écouleront sans amour pour la jeune fille, ces quatre années, les plus romanesques de la vie, de dix-huit ans à vingt-deux? Comment les parents les rempliront-ils?

Le péril est grand; mais les ressources sont nombreuses. Périls et ressources, il importe de tout examiner.

Les parents ne peuvent se le dissimuler, la passion est là, imminente, menaçante. Leur fille n'est plus la même; un trait d'affection, un récit touchant lui arrache de plus abondantes larmes; son bonheur même est rêveur : par quel moyen empêcher ce cœur de s'émouvoir, de choisir et de se tromper? A cet âge, en effet, l'objet aimé n'est presque pour rien dans la tendresse. Semblables aux enfants qui admirent dans d'informes jouets tout ce que se figure leur riante imagination, nous portons alors en nous un idéal si vivant de l'amour que nous le prêtons au premier être sur lequel s'arrête notre aveugle sympathie. A dix-huit ans nous sommes tous des Pygmalions; nous adorons notre ouvrage. De là tant d'amers retours quand l'illusion cesse. Nous reprochons à la statue d'être froide : elle l'a toujours été, c'est notre cœur seul qui était brûlant; nous la brisons parce qu'elle est de marbre : elle l'était hier comme aujourd'hui, notre main seule était vivante. Et cependant l'âme, guérie mais désenchantée, et laissant une partie d'elle-même dans la guérison, a perdu la plus exquise joie de la tendresse, la croyance à son éternité.

En présence d'un tel péril, la mère prudente n'hésite pas. Au lieu d'écarter de ses entretiens avec sa fille le nom de l'amour comme s'il n'existait pas, ou de l'anathématiser comme s'il était le génie du mal, elle le lui représente sous ses véritables traits, c'est-à-dire hôte naturel des grandes âmes, créateur de tout ce qui se fait peut-être de plus beau dans le monde! Les jeunes cœurs se perdent moins par la passion que par ce qui lui ressemble. Si donc la jeune fille apprend que rien n'est plus mortel à ce sentiment divin que les caprices éphémères qui osent s'appeler de son nom, si elle l'entrevoit tel qu'un de ces rares trésors qu'on n'acquiert qu'en les conquérant, qu'on ne garde qu'en les méritant; si elle sait que le cœur qui veut être digne de le recevoir doit se purifier comme un sanctuaire et s'agrandir comme un temple, alors, soyez-en sûr, cet idéal sublime, gravé en elle, la dégoûtera, par sa seule beauté, des vaines images qui le profanent ou le parodient : on n'adore pas les idoles quand on connaît Dieu.

Ce n'est pas tout : la mère, pour satisfaire à ce besoin de tendresse qu'elle découvre dans sa fille, peut appeler à son aide une des plus belles lois de l'âme humaine. Nous ne saurions anéantir nos passions, mais il nous est possible de les diriger; elles sont dans notre cœur comme une source vive qui bouillonne, jaillit, s'épanche malgré nous, mais dont notre main détourne et conduit le cours à son gré : en d'autres termes, la même passion peut se satisfaire presque également sur deux objets différents, et le mal ou le bien dépend plus souvent de l'objet de la passion que de la passion même. La chaleur de cœur qui précipita saint Augustin dans les plus sensuels désordres de la licence est celle qui l'éleva aux mouvements les plus spiritualistes de la piété; sainte Thérèse n'est pas autre chose, qu'Héloïse regardant le ciel. Ainsi, mères sages, ne vous effrayez pas de ce besoin d'affection qui fermente dans le cœur de votre fille, et n'y voyez pas toujours un fiancé pour soudain et inévitable dénoûment : elle aime, elle veut qu'on l'aime; eh bien, ouvrez-lui la vaste carrière de la charité! que la bienfaisance, au lieu d'être pour elle une satisfaction de cœur presque égoïste, une aumône qu'on jette en passant, devienne un état et entre dans la pratique habituelle de sa vie comme la prière, comme l'étude, comme le soin de sa propre personne. Tant d'heures chaque jour pour cette occupation, et toujours les mêmes heures; donnez-lui une, deux, trois familles à visiter et à soutenir [1]. Pour fortifier cet enseignement pratique, conduisez-la dans les manufactures, et là, ne lui épargnez pas les spectacles terribles et hideux : la leçon ne peut jamais être assez rude, car elle ne saurait être trop bien sue; montrez-lui, à elle

---

1. On nous reprochera peut-être de ne parler ici que pour les jeunes filles de la classe riche; mais les filles du peuple et des campagnes se marient, en âge moyen, à vingt-trois ans (voyez Villermé, *Condition des ouvriers*). Nos observations ne peuvent donc porter sur elles.

que défendent contre les plus légers souffles de l'air de riches et chauds vêtements, à elle qui prolonge son sommeil jusqu'au matin dans un lit moelleux, montrez-lui de pauvres petites filles de six ans arrachées au repos, dans l'hiver, avant le jour, et transportées à la manufacture pleurantes et grelottantes sur les épaules de leurs mères[1]. Faites-lui voir, dans les grandes villes industrielles, les jeunes filles pauvres de son âge, frappées par mille maladies cruelles, la taille déformée, le cou gonflé de scrofules, les doigts dévorés d'ulcères, les membres contournés. Si la première vue la fait reculer d'horreur, persistez; il ne s'agit pas d'une visite de curiosité, c'est un devoir qui commence. Alors entrera à flots dans son âme cet amour le plus pur et le plus fécond des amours, l'amour du pauvre! Devant ces dures réalités s'évanouiront, comme honteuses d'elles-mêmes, les douleurs factices et les attachements artificiels. Elle verra la vie et le mariage, qui jusqu'alors ne lui apparaissaient que comme des rêves charmants, sous leur face austère, avec le mari soucieux, les enfants malades, les couches douloureuses. Quand on a dix-huit ans, on se donne tout entier dès qu'on se donne. Cet exercice continuel de la charité, ce commerce de tous les jours avec la misère remplira sa vie et son cœur jusqu'aux bords; l'amour de tous éloignera l'amour d'un seul.

Après la charité, l'étude.

Le monde accuse sans cesse l'indifférence des femmes pour les études sérieuses, et l'on en donne pour preuve leur empressement à rejeter leurs livres de travail, ou

---

1. Villermé, *Condition des ouvriers*, manufactures de Lille, de Reims, et *passim*.

même à abandonner l'exercice de leurs talents dès le lendemain de leur mariage : rien ne marque mieux leur bon sens. Que leur importe que Tibère ait succédé à Auguste et qu'Alexandre soit né trois cents ans avant Jésus-Christ ? En quoi cela touche-t-il au fond de leur vie? la science n'est un attrait ou un soutien que quand elle se convertit en idées ou se réalise en actions; car savoir, c'est vivre, ou, en d'autres termes, c'est penser et agir. Or, pour atteindre ce but, l'éducation des jeunes filles est trop frivole dans son objet et trop restreinte dans sa durée. Presque jamais l'étude, pour les jeunes filles, n'a pour fin réelle de perfectionner leur âme ou de leur donner l'amour désintéressé de la science et de l'art; tout y est disposé en vue de l'opinion des autres. Un maître d'histoire est un maître de bienséance comme un maître à danser; un maître de musique est un maître de vanité. Rien pour la pratique solitaire du travail, c'est-à-dire pour le cœur ou pour la pensée. Comment en serait-il autrement? On enlève les jeunes filles à l'étude au moment où l'étude devient féconde, lorsque commence la seconde et réelle éducation, celle que chacun se fait à soi-même, lorsque l'esprit, reprenant une à une toutes les études précédemment ébauchées, les perfectionne, se les approprie, et transforme ce qui n'était qu'un dépôt pour la mémoire en une nourriture pour la réflexion. Reculez l'âge du mariage, et avec lui se reculent les bornes mêmes de l'intelligence féminine: devant les yeux de la femme se déploient toutes les richesses du vrai, toutes les splendeurs du beau; son imagination s'ouvre en même temps que sa raison se forme, et sur ce double soutien s'élève et s'affermit son caractère.

Enfin, après l'étude et avec l'étude, le plaisir. Pour la jeunesse, le plaisir est un besoin. Vouloir différer l'entrée de sa fille dans le monde jusqu'au moment de son mariage, c'est lui inspirer le désir de se marier pour aller au bal ou au théâtre. Si vous voulez retenir vos enfants auprès de vous, amusez-les. Ce n'est pas un droit pour eux, mais c'est une nécessité pour vous. Arrive un âge où il faut se montrer (qu'on me pardonne cette expression familière qui seule traduit ma pensée), où il faut se montrer coquet pour ses enfants, surtout pour les filles qui ne vous quittent pas; coquet de sa personne afin de leur dissimuler les imperfections de la vieillesse, coquet de son esprit pour leur rendre la maison aimable et douce, coquet d'imagination pour leur créer des plaisirs et des jeux. Heureusement les frais d'invention sont faciles : il ne s'agit pas de luxe à étaler; un déjeuner improvisé dans les bois, une danse avec le piano pour orchestre, et voilà la joie dans tous les cœurs. Que craignez-vous? des rapports trop habituels avec les jeunes gens? Il n'est pas de plus sûr remède contre la séduction [1]. Nous écartons les hommes des jeunes filles avec un soin si inquiet qu'elles les rêvent irrésistibles. Voulez-vous qu'ils soient sans danger, faites-les connaître. Que redoutez-vous encore? la coquetterie? la coquetterie qui veut inspirer des sentiments qu'elle n'éprouve pas est un vice affreux et détestable; mais vouloir plaire innocemment, c'est une manière d'aimer son prochain. Ouvrez donc, ouvrez à larges portes le monde du plaisir innocent à cette ardeur qui

---

1. Les États-Unis le prouvent. On y voit une liberté de commerce complète entre les jeunes gens et les jeunes filles, sans que cette liberté, c'est l'opinion de tous les voyageurs, amène aucun désordre habituel.

est encore de l'innocence; laissez marcher de pair l'âge de l'insouciance et l'âge des amusements, ils vont si bien ensemble!

La nature nous donne à ce sujet une leçon charmante. Quand les fourmis sont petites, elles ont toutes des ailes; le temps des amours arrive, elles s'élèvent dans les airs en couples bourdonnants et s'unissent pendant leur vol; puis l'œuvre de la fécondation terminée, elles redescendent sur la terre, et là, elles-mêmes, avec leurs pattes de devant, elles tirent et font tomber leurs petites ailes, légers instruments de leurs amours aériens. Plus de courses à travers le ciel, plus de volages tendresses, la vie sérieuse a commencé pour elles, elles sont mères.

Voilà notre modèle. Que la jeune fille n'arrive au mariage que l'esprit déjà libre de ses frivoles désirs satisfaits; qu'elle apporte dans sa condition nouvelle un caractère formé par une vie de travail et de charité; que son organisation, pleinement développée, puisse suffire aux fatigues qui l'attendent; qu'elle soit enfin une épouse, une mère, et non un enfant, c'est-à-dire qu'elle ait vingt-deux ans et non pas dix-huit.

CHAPITRE VI

LE CONSENTEMENT

Deux êtres vont s'unir: cette union a pour principal objet la fusion de leurs cœurs et de leurs existences; c'est une association indissoluble, et portant sur chaque minute de leur vie. Quel est, ce semble, le premier devoir des parents dans cette circonstance? Demander à chacun de ces deux êtres : Consentez-vous à vivre unis? Eh bien, il a fallu des siècles de lutte pour que la fille eût droit d'intervenir dans ses propres fiançailles.

Ouvrez la Bible, que voyez-vous dans le mariage de Lia et de Rachel? Un fiancé qui demande; un père qui répond; quelqu'un qui donne, quelqu'un qui reçoit : quant à la jeune fille, elle est absente ou muette, et on la promet, on la livre, on l'emmène sans que nous ayons entendu sa voix.

Les traditions de la Mythologie antique nous montrent les cinquante filles de Danaüs mariées deux fois : la première, elles sont tirées au sort comme des objets en loterie; la seconde, elles sont données en prix dans une sorte de tournoi.

Montesquieu cite cette coutume des Samnites : « A cer-« taines époques, dit-il, ils assemblaient tous les jeunes « gens de leur contrée, et les soumettaient à un juge-« ment public; puis le jugement porté, le jeune homme « qui était déclaré le meilleur prenait pour sa femme la « fille qu'il voulait; celui qui avait les suffrages après « lui, choisissait encore, et ainsi de suite[1]. »

De quoi parle-t-on? de choses ou d'êtres humains?

On met ces jeunes Samnites en montre comme les Danaïdes, on les distribue ainsi que des parures; et Montesquieu, ce grand esprit si voisin de nous, ne trouve pas une parole pour flétrir cette odieuse livraison de la jeune fille. Bien plus, frappé seulement de tout ce que les hommes y gagnent, il ne s'aperçoit pas de ce que la

---

[1]. *Esprit des lois*, liv. VI, chap. 7.

femme y perd, et cette loi lui semble ingénieuse et même grande. « Peut-on trouver, s'écrie-t-il, une plus belle « institution? »

En Grèce, tant que le père vivait, il mariait sa fill sans qu'elle pût apporter aucun obstacle à sa volonté[1] A défaut d'enfant mâle, l'héritage paternel tombait-il entre ses mains, elle prenait le nom d'ἐπίκληρος, attachée à l'héritage, dépendante de l'héritage. En effet, le destin de cette succession devenait le sien; toute jeune orpheline athénienne appartenait de droit comme épouse à celui qui eût hérité de son père si elle n'eût pas vécu[2]; elle était la propriété de ce parent; et si elle en avait plusieurs du même degré, elle devait épouser... lequel?... le plus âgé. Ce droit du parent héritier rompait même jusqu'au mariage contracté par la jeune fille antérieurement, légitimement, avec le consentement de son père, et, fût-elle mère, elle voyait ce parent entrer en maître dans sa maison, l'arracher à son mari et à ses enfants : elle était forcée de l'épouser[3].

Une seule exception limitait cette iniquité. Lorsque le mari de la jeune héritière était un de ses parents du deuxième ou troisième degré, elle pouvait rester sa femme malgré la revendication contraire du parent héritier, mais elle abandonnait à celui-ci la moitié de la suc-

1. *Revue de législation : Organisation de la famille athénienne*, octobre 1845.
2. *Ibidem.*
3. Isée, *Succession de Pyrrhus*. — « Selon votre jurisprudence, des femmes qui habitaient avec leurs maris, des femmes qui ont été mariées par leurs pères, pouvaient être revendiquées, en vertu de la loi, par les plus proches parents, si leur père venait à mourir sans laisser de frères légitimes, et plusieurs maris se sont déjà vu enlever leurs épouses dans leurs propres maisons. »

cession[1]. Que devenait le consentement de la fiancée au milieu d'une telle législation? Donnée, laissée, reprise, elle était même léguée. Un père, s'il n'avait pas de fils pour héritier, pouvait, par testament, léguer sa fille avec son héritage à un étranger : que dis-je? un mari pouvait léguer sa femme à un ami, et la mère de Démosthène fit ainsi partie d'une donation testamentaire faite par son mari à Démophon[2].

Rome était digne d'Athènes. Non-seulement un père romain mariait sa fille malgré elle[3], mais encore il avait le droit de rompre l'union formée par lui-même, et de reprendre sa fille au mari qu'il lui avait donné, qu'elle aimait, et dont elle avait des enfants.

C'est impossible, dira-t-on. Oui, impossible moralement, impossible humainement, impossible paternellement, mais incontestable historiquement. « Mon père[4], « s'écrie une jeune fille romaine, dans Plaute, si mon « mari Cresphonte était un malhonnête homme, pour- « quoi m'avoir donnée à lui? S'il est honnête, pourquoi « nous séparer malgré lui et malgré moi? »

Un autre ouvrage de théâtre, le *Stichus*, nous fait voir deux jeunes femmes dont les maris sont absents depuis trois ans, et que le père veut contraindre à se remarier. « Mon tourment, dit la plus jeune qui s'appelle Pinacia,

---

1. *Revue de législation*, ibid.
2. *Démosthène contre Aphobus.* — « Mon père légua ma sœur à Aphobus, et légua ma mère à Démophon. » — *Idem*, pour Phormion. Pasius étant mort après avoir fait son testament, Phormion, en vertu de ce testament, épousa sa veuve. »
3. Loi des douze Tables.
4. Laboulaye, sect. I, ch. 2 : « Injuria abs te afficior indigna, pater; « nam si improbum esse Cresphontem existimaveras, cur me huic « locabas nuptiis? Sin est probus, cur talem invitum, invitam cogis « linquere? »

« c'est que mon père veuille se conduire si déloyalement
« envers nos maris absents et nous arracher à eux;
« voilà qui me déchire, qui me consume, me déses-
« père[1]. »

A quoi sa sœur plus âgée lui répond : « Ne crains
« rien, ma chère sœur, mon père ne voudra pas agir
« ainsi; mais enfin, s'il le veut, nous devons obéir, car
« nous sommes forcées de faire ce que nos parents or-
« donnent. »

Ce droit inique était si ancré dans les mœurs romaines, qu'on ne put pas l'en arracher d'un coup, et qu'il y fallut revenir à plusieurs fois avec précaution. Antonin, qui songea le premier à y porter atteinte, proposa cette innovation sous forme de conseil et en recommandant surtout de ne pas exiger du père, mais de lui persuader (*ut patri persuadeatur*), qu'il voulût bien se relâcher sur ce point de la puissance paternelle[2].

Les Sagas scandinaves nous offrent sur ce sujet

---

1.   *Pin.* — Spero quidem, et volo; sed hoc, soror, crucior,
Patrem tuum, meumque, adeo unice qui unus
Civibus ex omnibus probus perhibetur,
Eum nunc improbi viri officio uti;
Viris qui tantas absentibus nostris
Facit injurias immerito
Nosque ab his abducere volt :
Hæ res vitæ me, soror, saturant :
Hæ mihi dividiæ et senio sunt.
Paneg. — Neu lacruma, soror : neu tuo id animo
Fac quod tibi tuus pater facere minatur.
Spes est eum melius facturum,
Neque est cur nunc studeam has nuptias mutarier.
Verum postremo in patris potestate est situm;
Faciundum id nobis quod parentes imperant.
(PLAUTE, *Stichus.*)

2. « Si quis filiam suam, quæ mihi nupta sit, velit abducere, an ad-
« versus interdictum (l'interdit était le droit du père) exceptio danda sit,
« si pater, concordans matrimonium, forte et liberis subnixum, velit
« dissolvere ? Et certo jure utimur ne bene concordantia matrimonia

des fiançailles la sanglante et farouche légende d'Halgerda[1].

« En Islande, vivait chez son père une fille, belle de visage, grande de taille, altière de cœur, et d'une chevelure si magnifique qu'elle tombait en anneaux bien au-dessous de sa ceinture : son nom était Halgerda; son surnom, Langbrok, la *mâle vierge*. Un habitant du pays voisin, Thorwaldus, vient la demander en mariage à son père. On agite les conditions; le père les accepte, mais sans en parler à Halgerda, car il craignait son refus. Les pactes matrimoniaux conclus, le gendre paya à son beau-père le prix de mundium. Le *mundium* était le pouvoir du chef de famille germain sur les membres de sa famille, et quand il transmettait son pouvoir au mari, le mari lui en payait le prix. Thorwaldus acheta donc ainsi Halgerda, et, l'affaire terminée, il retourna chez lui.

Le lendemain Halgerda voit entrer son père, qui lui dit : — Tu es fiancée à Thorwaldus, j'ai reçu le prix du mundium.

— Je vois bien maintenant, répondit-elle, que ta tendresse pour moi n'est pas telle que tu me la vantais, puisque je ne t'ai point paru digne d'être consultée sur cette affaire.

— Et moi, reprit le père, je ne donne pas à ton insolence le droit de faire obstacle à mes conventions, et si nous sommes divisés de sentiment, c'est ma volonté et non la tienne qui prévaudra.

« jure patriæ potestatis turbentur; quod tamen sic erit adhibendum, ut
« patri persuadeatur, ne acerbe patriam potestatem exerceat. »(*Ulp.*,
lib. I, § 5. — Laboulaye, *Droit romain*.)

1. *Niuls-Saga*, chap. I, 9, 10 et suiv.

— Mon père, toi et ta race vous avez l'âme orgueilleuse, quoi de surprenant que j'imite ma famille?

Après ces mots, elle s'éloigne, et rencontrant son précepteur Thiostolfus, homme d'un caractère inflexible et sauvage, elle lui exposa son malheur.

— Prends courage, lui dit-il, tu seras mariée de nouveau, et cette fois on te consultera.

L'union se célèbre, et un mois plus tard, une querelle s'élève entre les époux; le mari, dans un instant de colère, frappe sa femme au visage, de façon à faire jaillir le sang.

Halgerda s'assoit devant sa maison, la figure sanglante et l'âme ulcérée. Son précepteur Thiostolfus passe et la voit dans cet état.

— Qui t'a traitée ainsi?

— Mon mari; et toi, mon précepteur, tu n'étais pas là pour me défendre.

— Du moins, je te vengerai.

Quelques heures après, Halgerda le voit revenir, portant devant lui une hache teinte de sang.

— Ta hache est teinte de sang, lui dit-elle, qu'as-tu fait?

— J'ai fait en sorte que tu pusses épouser un autre homme.

— Tu dis donc que Thorwaldus est mort?

— Je le dis.

Sans ajouter une parole, Thiostolfus part et va chercher asile chez un parent d'Halgerda, et elle, rentrant dans son appartement, ouvrit son écrin, en tira des bijoux qu'elle distribua à ses serviteurs qui tous pleuraient de la voir partir, puis elle se dirigea vers le pays de son père.

— Pourquoi, lui dit-il en la voyant, ton mari ne t'accompagne-t-il pas?

— Il est mort.

— Comment?

— Par la main de Thiostolfus, mon précepteur.

— Ce qui est fait est fait, dit le père.

Deux ans s'écoulent, un riche habitant d'une île voisine, Glumus, vient demander la main d'Halgerda.

— Je dois vous avouer, dit le père, qu'un premier mariage, que j'avais imposé à ma fille, n'a pas fini très-heureusement.

— Cela ne m'arrêtera pas, répond Glumus; la destinée d'un homme n'est pas celle de tous.

— Soit; mais, avant tout, il faut qu'Halgerda connaisse toutes les conditions, il faut qu'elle vous voie et que l'acceptation ou le refus soient laissés à sa décision.

Halgerda paraît, elle est accompagnée de deux femmes; un manteau bleu, d'un tissu très-fin, est jeté sur ses épaules; autour de sa taille brille une ceinture d'argent où viennent s'enrouler ses longs cheveux tombant de chaque côté de sa poitrine. Son front s'incline avec grâce vers tous ceux qui sont présents; elle demande ce qu'il y a de nouveau. Glumus se lève :

— Je suis venu vers votre père, dit-il, afin de vous emmener à titre d'épouse, si telle est votre volonté.

— Je vous reconnais, reprit Halgerda, pour un homme éminent; mais, d'abord, je veux savoir les conventions du pacte.

Glumus lui ayant énuméré les propositions faites de part et d'autre :

— Mon père, dit Halgerda, vous avez cette fois si généreusement agi avec moi, que j'accéderai à votre désir.

— Dressons donc le contrat, reprit Hoskuldus; mon frère et moi nous appellerons des témoins de notre promesse, mais toi, tu seras ton témoin à toi-même, tu promettras seule pour toi.

On célébra le mariage par un festin royal auquel le précepteur assista, la hache sur son épaule, et les deux époux partirent pour le pays de Glumus.

Cet étrange récit nous fait deviner que les familles du Nord virent naître plus d'un drame mélancolique ou sombre, à propos de l'exclusion des fiancées de leurs propres fiançailles; et nous retrouvons cette loi inique dans toute sa rigueur chez les Francs et chez les Germains.

Là, en effet, non-seulement une fille avait besoin du consentement de son père ou de son plus proche parent pour se marier; mais, veuve, il lui fallait l'adhésion des parents de son mari mort : elle avait été achetée par lui ainsi qu'Halgerda, elle était entrée dans l'ensemble de ses biens, et, comme telle, elle appartenait à ses héritiers. La veuve qui voulait cesser de l'être rassemblait donc dans sa chambre nuptiale neuf témoins et les parents de son mari, puis, les mains étendues sur son lit, qu'elle avait recouvert de sa courte-pointe et de son tapis, elle disait : « — Je vous prends tous à témoin que, pour avoir la paix de la part des parents de mon mari, je leur ai donné l'Achasius, prix du mundium, et que je leur rends le lit conjugal, avec son marchepied pour y monter, les couvertures pour le décorer, et même les siéges que j'ai tirés de la maison de mon père. Après cette cérémonie, on descendait dans le mail : d'un côté étaient les nouveaux époux; de l'autre le plus proche parent du mari mort, portant à la main une épée et une chlamyde; au milieu, l'homme de la loi : — Approchez-vous, leur disait-il. Toi, Reparius (c'était le titre du parent du mari mort), promets-tu de donner ta pupille, celle que tu diriges et défends, promets-tu de la donner à cet homme de race franque, ici-présent? — Je le promets. — Remets-lui donc, avec ton droit de direction et de défense, l'épée et le vêtement de guerre. Et toi, homme de race franque, qui as reçu cette épée et ce vêtement, reçois en même temps sous le mundium marital Sempronia avec ses meubles, ses immeubles et tout ce qui lui appartient[1]. »

Sous la féodalité, nouvelle tyrannie. Qui mariait la jeune fille vassale de quelque royal fief? Son père? Oui; mais avant son père? Son seigneur. Oui; mais avant son seigneur? Le roi. Trois consentements pour que la fille pût consentir. Lorsque, du temps de saint Louis, une jeune vassale de quelque royal fief était recherchée en mariage, il fallait que son père allât demander à son seigneur la permission de la marier; le seigneur requérait du roi la permission de le permettre, et ce n'était qu'après toutes ces adhésions successives, qu'enfin on l'appelait, elle, à ce contrat qui engageait toute sa vie. Parfois même on lui arrachait ce reste de participation à son sort, et une loi sans pareille disait : « Tout sei-
« gneur pourra contraindre sa vassale à prendre le mari
« qu'il voudra, dès qu'elle aura douze ans accomplis[2]. »

Une enfant de douze ans ! quelles malédictions seraient aussi accablantes qu'un tel chiffre !

Restait cependant pour la jeune fille une dernière servitude plus affreuse encore : c'est le droit de marquette,

---

1. Nous empruntons cet intéressant passage à M. Laboulaye, *Histoire de la succession des femmes*.
2. Littleton.

le droit du seigneur. En vain les défenseurs du passé nient-ils ce privilége comme une fable, ou l'expliquent-ils comme un pur symbole : le grave du Cange et Boetius l'établissent comme un fait, dans des taxes qu'il suffit de citer sans les traduire[1]. Ce n'était là, du reste, qu'une conséquence forcée de tout le système féodal, qui faisait, avant tout, reposer le vasselage sur la personne.

Les jeunes gens payaient de leur corps en allant à la guerre, les jeunes filles en allant à l'autel ; et quelques seigneurs ne croyaient pas plus mal faire de lever une dîme sur la beauté des jeunes fiancées que de demander moitié de la laine de chaque troupeau. Leurs vassales étaient leur chose.

Rien ne prouve mieux cette croyance que l'unique et étrange restriction apportée au droit de mariage. Le seigneur ne pouvait contraindre sa vassale à se marier quand elle était sexagénaire, car la personne qui doit service de son corps est quitte de ce service lorsqu'elle est si déchue (je laisse au texte de la loi sa crudité caractéristique), lorsqu'elle[2] est si déchue qu'elle semble à moitié pourrie.

Voilà comment les Romains, les Grecs, les barbares et la féodalité ont entendu le droit de la femme sur sa personne, et son consentement à son propre mariage. Heureusement, au milieu de cette série de siècles et de peuples oppresseurs de la jeune fille, s'élève un exemple

---

1. Du Cange : « *Marcheto, Marchetum.* Marcheto mulieris dicitur virginalis pudicitiæ violatio et delibatio. » — Boetius : « Quidam dominus quem vidi, primam sponsarum carnalem cognitionem ut suam petebat. » (Lib. XVII.)

2. Laboulaye, *Histoire de la succession des femmes.*

charmant de liberté et de dignité humaine : cet exemple, soyons-en fiers, c'est la Gaule qui nous le donne.

En Ligurie, quand plusieurs prétendants demandaient la main d'une jeune fille, ses parents les réunissaient dans la salle de festin. A la fin du repas, la jeune Ligurienne paraissait sur le seuil, tenant à la main un vase plein d'un doux breuvage; tout le monde attendait en silence. La jeune fille s'avançait d'un pas, puis jetant les yeux autour d'elle, elle s'approchait de celui qu'elle avait préféré et lui versait à boire : c'en était fait, elle avait choisi, ils étaient époux.

Tel est le récit du passé. Où est le modèle du présent? Notre loi imite-t-elle la loi antique et barbare, ou relevons-nous de nos pères les Gaulois? Les jeunes filles aujourd'hui se marient-elles, ou les marie-t-on?

Si l'on ne considère que les faits extérieurs, l'interrogation est à peine possible. La fiancée signe elle-même son contrat; le prêtre à l'autel, le maire à la maison commune, ne consacrent son union que quand elle a dit : J'y consens, et un *non* sorti de sa bouche annulerait tous les préliminaires accomplis. La loi a donc fait tout ce qu'elle pouvait faire. En est-il de même des mœurs? Pour en avoir la certitude, il nous faut aller plus loin que la réalité extérieure. La réalité, en effet, n'est presque toujours que la moitié de la vérité: derrière le consentement matériel de la jeune fille, derrière son *oui* verbal, peuvent se cacher bien des *non* de cœur. Écartons donc le voile si souvent trompeur des faits, descendons dans les âmes, et demandons-nous si la réalisation du mariage est en accord avec le pouvoir légitime que la jeune fille doit avoir sur elle-même.

Qu'est-ce aujourd'hui que le mariage?

L'union de deux créatures libres s'associant pour se perfectionner par l'amour.

Cette définition suppose le concours de deux volontés : celle de la fille d'abord ; puis, comme les illusions de la jeunesse et de la passion pourraient la détourner du but de l'union conjugale, il s'établit au-dessous de son pouvoir un pouvoir relatif, mais sacré, borné au droit d'éclairer et de surveiller, mais fort de toute l'autorité que donnent et la raison et la tendresse : c'est le pouvoir des parents.

Ces deux pouvoirs s'exercent par des moyens et sur des points opposés.

L'un, c'est celui de la fille, considère surtout le présent ; l'autre, l'avenir.

La sympathie ou la répulsion instinctive sont les mobiles du premier.

La vigilance, la défiance, la critique, sont les devoirs du second.

Celui-là s'inquiète du fond même du mariage, de l'union des âmes.

Celui-ci s'occupe des circonstances accessoires, mais importantes, la fortune, la naissance, la position des familles. En deux mots : la fille choisit, les parents consentent ; ou, en termes plus justes, la fille choisit, les parents l'aident à choisir.

Le but ainsi tracé, quel est le rôle des parents ? Exclure d'abord de leur maison tout homme que son caractère rend indigne de leur enfant, rassembler ensuite autour d'elle, s'ils le peuvent, plusieurs hommes différents de position, mais égaux par l'amour du travail qui fait vivre, et par la probité qui fait bien vivre, puis la laisser libre dans son choix, laisser son cœur aller où il la porte.

On ne sait pas assez combien la liberté est un sentiment éducateur et favorable à la raison : la contrainte exalte notre confiance en nos propres forces; mais dès qu'un être jeune et droit se sent chargé de lui-même, cette responsabilité le remplit d'une salutaire terreur, et dans ce silence de toute voix étrangère, il interroge, il écoute, il juge la voix intérieure qui s'élève. A peine donc cette voix entendue, le premier mouvement de la jeune fille sera, soyez-en sûr, de courir à ceux qui lui ont toujours servi de guides, et de leur dire : « Mon âme a parlé, je crois, mais parlez à votre tour; éclairez-moi, éclairons-nous. » Chacun d'eux alors s'oubliera pour ne penser qu'à l'autre; les parents apporteront au conseil les sages avis de leur expérience, la fille les lumières que donne la tendresse, et il sortira de l'alliance sympathique de ces trois âmes, de cet harmonieux accord de confiance et de prudence, d'amour et de crainte, d'instinct et de réflexion, il sortira, disons-nous, une résolution, aléatoire sans doute comme toute détermination humaine, mais qui devra cependant appeler les bénédictions du ciel, car elle a pour base l'amour du bien et la simplicité du cœur.

Les sceptiques nous répondront que ce n'est là qu'un rêve, et voudront nous accabler sous le mot d'impossible ! Raison de plus pour tendre à ce but. L'homme n'arrive à faire tout ce qu'il peut qu'en aspirant même à ce qu'il ne peut pas, et l'idéal est une image placée devant nous par la Providence pour que nous la poursuivions toujours, que nous ne l'atteignions jamais, et que la poursuite de la perfection nous entraîne dans les champs sans limites de la perfectibilité.

Avouons-le, le monde nous offre un spectacle bien

différent de ce tableau. *Je marie ma fille*, tel est le mot de presque tous les parents, et le mot dit la chose. Alléguant toujours la jeunesse des fiancées, comme si cette jeunesse n'était pas le premier abus à réformer, ils substituent trop souvent leur goût ou les intérêts de leur vanité à l'intérêt de leurs enfants. Une jeune fille de noblesse ne peut se marier qu'à un titre, une fille riche qu'à un million. Toutes les classes, se concentrant égoïstement en elles-mêmes, ne permettent pas à la sympathie de s'étendre au delà de leur cercle étroit, et dans ce cercle même elles commandent le choix qui satisfait le mieux à leurs mesquines passions. Une jeune fille pleurait dans le sein de sa mère sur la laideur de son fiancé : « J'en conviens, repartit la mère, tu as raison ; mais dans ce mariage, tout est si bien, excepté lui !... » Et cette mère persista, et cette fille se maria, et l'on jura qu'elle avait consenti parce qu'elle avait dit oui. Une maxime insensée leur sert d'excuse : « Un homme, dit-on, est toujours assez bien. » Pour les étrangers, soit ; mais pour sa femme, non. Une mère prudente rompit le mariage de sa fille pour un motif qui paraîtra bien frivole à quelques personnes graves, et qui, je l'avoue, me semble décisif. La fille semblait triste et préoccupée. « Qu'as-tu ? — Je ne sais. — As-tu découvert quelque défaut dans ton fiancé ? — Non. — Son caractère te déplaît-il ? — Non. — Qu'as-tu donc ? — Eh bien ! le jour du contrat, quand il s'est avancé vers moi pour m'embrasser, j'ai éprouvé... — De la répugnance ? — — Oui... — Tu ne l'épouseras pas !... » s'écria la mère. Et elle fit bien. Les empressements d'un être qui déplaît peuvent changer, pour la femme, le mariage en une véritable torture ; chaque fois qu'elle voit ce visage s'approcher du sien, toute sa personne tressaille de répulsion. Les femmes, plus délicates de sensations que nous ne le sommes, s'indignent alors de ce privilége du mari comme d'une profanation de la tendresse. Ce qui, pour l'homme, ne serait qu'un sujet passager de dégoût, leur inspire à elles un sentiment d'horreur, horreur mêlée de je ne sais quel mépris pour elles-mêmes, qui exaspère leur âme jusqu'à la haine, et exalte parfois leur haine jusqu'au crime!

Malheur donc aux parents qui usent de leur irrésistible ascendant moral pour imposer à leur fille un mari qui lui déplaît; sur eux retombe la responsabilité de ses fautes! Dans cette question fondamentale de la déplaisance ou de la sympathie, la jeune fille est juge suprême, tribunal sans appel. On voit entre un jeune homme et une jeune fille mille convenances extérieures de fortune, d'âge, d'éducation, et l'on se demande avec surprise pourquoi elle ne l'aime pas : c'est parce qu'elle ne l'aime pas; c'est parce qu'il manque entre eux cette affinité qui ne tombe pas sous les sens, qui s'exerce de l'âme à l'âme, et fait précisément le lien des êtres : au contraire, tel autre moins beau, moins jeune peut-être, a pour lui l'avantage invisible, et emporte ce jeune cœur du premier regard. Une femme aimait un homme petit et contrefait, une de ses amies lui en témoignait son étonnement : « Vous a-t-il jamais dit qu'il vous aimât? répondit-elle. — Non. — Eh bien! vous ne pouvez pas me juger. » Le mot est profond. Il y a, en effet, tel homme qui n'est connu que de la femme qu'il aime, ou plutôt il n'est tout lui-même qu'auprès d'elle, et l'attrait qui les unit est d'autant plus puissant que, caché à tous les yeux et sorti des sources les plus profondes du cœur, il n'existe que pour les deux êtres qui l'éprouvent; elle voit en lui son ouvrage, il adore en elle sa créatrice.

Le droit de la fille et la dignité paternelle elle-même exigent encore l'abolition d'une loi immorale et cruelle : ce sont les sommations respectueuses. Respectueuses! Quel mensonger abus de la parole que ce mot! Respectueuses! L'action la plus mortelle au respect filial! Respectueuses! La déclaration publique faite à un père qu'on méprise ses commandements! Cette loi n'a pu être proposée que par un homme qui n'avait pas de famille. Le caractère auguste des parents, la liberté des enfants, la morale publique, le bon sens, la repoussent avec la même énergie. Ou les enfants majeurs sont en état de choisir, ou ils ne le sont pas : s'ils ne le sont pas, exigez le consentement des parents; s'ils le sont, donnez-leur la possession d'eux-mêmes, et détruisez ce système inique qui, en réalité, ne pèse que sur les filles. En effet, que le fils fasse des sommations respectueuses, il n'encourt de la part du monde qu'une légère défaveur, bientôt effacée; mais si la jeune fille l'imite, on peut dire qu'elle se déshonore; la pudeur et l'affection filiale semblent également outragées par cet emportement d'une passion qui se dévoile elle-même aux yeux de tous. La jeune fille, affranchie par la loi, se trouve réenchaînée par l'usage : elle peut dire non, elle ne peut pas dire oui. Est-ce de la liberté? est-ce de la justice? Entre la jeune fille majeure qui a fait un choix et les parents qui le réprouvent, le tort doit-il toujours s'attribuer à la jeune fille? Souvent, au contraire, chez les parents, les motifs de résistance, au lieu de partir d'une sollicitude respectable même quand elle s'abuse, n'ont-ils pas pour principe des projets ambitieux, des calculs intéressés? L'honneur enfin ne se trouve-t-il point parfois du côté de la fiancée comme l'amour? Pourquoi donc la placer, elle innocente, entre cette cruelle alternative, ou de faire outrage publiquement à ceux qu'elle révère, ou de sacrifier son bonheur, peut-être une promesse sainte, à leur volonté injuste? Il faudrait que, dans des circonstances semblables, les parents en appelassent à un conseil de famille, que la jeune fille majeure y parût avec eux, qu'ils exposassent devant cette assemblée d'amis, elle les raisons de son choix, eux les motifs de leur refus, et que, si le suffrage général lui donnait gain de cause, elle fût dispensée des sommations respectueuses. Ainsi la loi ne ferait pas peser sur les pères un outrage, et ne permettrait pas aux enfants un crime de lèse-majesté paternelle !

Les devoirs et les droits de la fille et des parents sur ce point délicat se trouvent exprimés d'une manière charmante dans une légende tirée d'une des grandes épopées indiennes; la poésie peut servir ici de guide à la raison.

Dans le royaume de Nishadadda[1], commandait un jeune homme du nom de Nala; c'était le lion entre les hommes. Dans un royaume voisin, sous les yeux de son père, croissait en silence, au milieu de cent jeunes compagnes, la belle Damayanti; elle brillait dans ce charmant cortège (ainsi parle le poëte) comme les éclairs qui se détachent sur un ciel pur et sans nuage. Damayanti n'appartenait pas à la caste des prêtres; fille des rois, elle descendait de cette race héroïque et guer-

---

1. Extrait du *Mahabaratta*. Voy. le *Catholique* de M. le baron d'Eckstein.

rière que les Brahmanes et la loi de Manou ont fini par anéantir, et dont un des plus sacrés usages accordait à la jeune fille le droit de choisir son époux. Cependant les compagnes de Damayanti exaltaient sans cesse la beauté de Nala, et Nala trouvait toujours sur les lèvres de ses compagnons le nom de Damayanti. Il s'en émut, elle l'aima, et un jour qu'enfoncé dans les profondeurs des forêts, il poursuivait une troupe de cygnes sauvages, un de ces oiseaux à l'aile d'argent lui parla en ces mots : « Prince, épargne-moi, et j'irai chanter tes louanges en présence de Damayanti pour qu'elle n'aime jamais que toi. » Le prince pardonna, l'oiseau partit, et arrivant avec ses frères au milieu de la troupe des jeunes filles, il attira Damayanti à sa poursuite, puis, quand elle fut seule : « Damayanti, lui dit-il, écoute-moi. Il est un prince nommé Nala, semblable aux dieux Gémeaux et d'une beauté incomparable. O femme à la taille légère, j'ai vu des dieux, des demi-dieux et des hommes, et je n'ai rien vu de semblable à celui qui t'aime. Tu es la perle des femmes; il est la couronne des hommes : ton hymen avec ce noble mortel sera aussi charmant que toi-même. » Ainsi se forma entre ces deux jeunes cœurs, par l'intermédiaire du messager céleste, le premier lien d'amour. Damayanti devient rêveuse; son père s'en aperçoit, et, pour connaître ou déterminer le choix de sa fille, il appelle à sa cour tout ce que les royaumes voisins comptent de princes célèbres par leur valeur ou leur beauté. Nala est du nombre. Damayanti à sa vue tressaille et fixe à trois jours le moment solennel où elle descendra de son trône, et, selon les prérogatives de sa caste, ira mettre la main dans la main de celui qu'elle aime. Le jour est venu.

Mais un événement étrange vient renverser les espérances des deux amants. Quatre demi-dieux, épris de Damayanti, prennent pour la tromper les traits, le corps de Nala, et ils entrent avec lui dans la salle, le front couronné comme lui : on dirait cinq frères célestes. Damayanti paraît à son tour, elle jette vivement les yeux sur les prétendants : ô ciel ! cinq Nala sont devant elle; même costume, même visage, même expression de tendresse. Elle reconnaît le pouvoir des dieux et baisse la tête. Comment distinguer celui qu'elle aime, parmi les rivaux divins qui se sont rendus semblables à lui? Alors, par une inspiration subite, joignant les mains et éclatant à la fois en sanglots, en prières et en paroles de commandement : « Comme il est vrai, s'écrie-t-elle, que de pensée ni d'action je ne suis point coupable, je demande, en vertu de mon innocence, que les gardiens de l'univers se revêtent de leur forme céleste, et que je reconnaisse enfin le souverain des hommes! » Le charme est rompu : sereins et lumineux, sans poussière à leurs pieds, sans une goutte de sueur à leur front, couronnés de fleurs éclatantes, tels apparaissent à tous les yeux les quatre habitants du ciel d'Indra. Mais quelle métamorphose dans le jeune Nala! sa couronne est flétrie, ses pieds sont poudreux, son visage est baigné de sueur, et, près de fléchir, son corps est le *seul qui projette de l'ombre!*

A cette vue, Damayanti descend de son trône; elle saisit le bord du manteau de son amant et s'en fait un voile; elle découronne sa propre tête, et place sa fraîche guirlande sur la tête fatiguée du jeune homme; puis, lui prenant la main, elle lui dit : « Je suis ton épouse! »

Tout est véritablement exquis dans cette légende, et

les enseignements y abondent encore plus que les beautés. Ce père, qui rassemble autour de sa fille tous ceux entre qui elle peut choisir ; ce manteau sous lequel Damayanti va se cacher, comme pour dire à Nala : Je veux vivre abritée par toi ; cette couronne fraîche qu'elle lui pose sur la tête, image charmante des consolations que l'épouse apporte à l'époux, surtout cette muette acceptation de la souffrance commune et des sentiers pleins de poussière ; tous ces traits délicats redisent sous mille formes un seul mot qui comprend tout, l'amour ! Tous ils répètent : Il faut que la fiancée puisse dire à son fiancé : « J'aime mieux la terre avec toi que le ciel avec les dieux. » Qu'importe, en effet, à la jeune Indienne, le front éternellement pur des habitants célestes et leur inaltérable beauté ! Ce qui l'attire, cette créature humaine, c'est le visage baigné de sueur, *c'est le corps qui projette de l'ombre!* Car, là seulement, il y a pour elle à guérir, à consoler, à aimer. Loin donc de nous ces théories insensées, qui veulent poser pour base du mariage la raison seule ; c'est y poser l'adultère. L'homme qui arrive au mariage avec une âme refroidie et rassasiée, peut se contenter du commerce de cette paisible déesse de la raison ; mais la jeune fille n'a pas encore aimé, elle ; il faut qu'elle aime. L'amour sert de fondement légitime à toutes les associations humaines : la patrie, la famille, la société, l'humanité, ne sont des organisations complètes que le jour où être concitoyens, être parents, être hommes, signifie s'aimer : comment donc établir l'association éternelle de deux âmes sur un autre sentiment que l'amour ? Et, par amour, nous n'entendons pas cette affection froide et sans sexe, qui se compose d'un mélange d'estime, de reconnaissance, de considération et de mille autres sentiments inférieurs, nous entendons l'amour! Qu'il soit honnête, honorable, solide, mais qu'il soit lui! Lui seul, en effet, peut soutenir la femme dans cette noble carrière de devoirs et de douleurs ; lui seul, précepteur sublime, lui donne la force qui sait souffrir, et la force qui sait soulager. Or, il n'est pas d'autre juge possible de ce sentiment que celui qui l'éprouve ; le poser comme pierre d'assise du mariage, c'est donc proclamer le principe qui nous a servi de guide dans ce sujet délicat du consentement... Les parents aident à choisir, la fille choisit.

CHAPITRE VII

HISTOIRE DE LA DOT ET DU DOUAIRE
FIANÇAILLES. — MARIAGE

Entre le consentement et le mariage, il se passe encore deux faits importants : — la constitution de la dot et du douaire ; — les fiançailles. L'histoire sera ici une leçon.

Quand l'étude des siècles passés nous met sous les yeux quelque odieuse tyrannie, l'indignation saisit d'abord si vivement notre âme, que nous ne sommes plus capables que de maudire; on ne trouve plus sous sa plume et dans son cœur que des paroles de haine, on oublie presque la victime à force d'exécrer le bourreau. Mais qu'importe à la cause de l'humanité l'indignation de l'écrivain, si cette chaleur stérile ne satisfait que lui-même ? Sans doute c'est pour le haïr qu'on étudie le despotisme, mais c'est surtout afin de deviner le secret et la marche de sa ruine; il faut, plus occupé encore des opprimés que des oppresseurs, démêler comment les victimes d'hier ont brisé leurs chaînes, pour dire aux victimes d'aujourd'hui : Voilà comment il faut briser les vôtres ! Les malédictions ne sont que d'aveugles transports qui désespèrent celui qui souffre, en lui présentant l'humanité comme éternellement dévouée à la souffrance ; faites-lui donc voir, non pas comment l'humanité succombe, mais comment elle s'affranchit ; montrez-lui la Providence venant en aide aux esclaves de toutes sortes au moment où leur cause semblait le plus perdue ; montrez-lui ces esclaves convertissant, à force d'adresse ou de courage, leurs instruments de servitude en des instruments d'indépendance, faisant des armes avec leurs chaînes : de cette sorte vous le soulagerez, vous le secourrez, vous l'instruirez, et vous serez vraiment historien. Jamais, par exemple, droit ne fut plus infâme que la marquette ; les langues humaines n'ont pas de termes assez forts pour la stigmatiser. Eh bien, sa monstruosité même révolta tellement tous les cœurs, que, dès le début, on fut forcé de la changer en une redevance pécuniaire[1]. Qu'arriva-t-il de là ? Que cette conversion partielle de l'impôt de la personne en un impôt d'argent s'étendit bientôt de ce droit en tous les autres, et attaqua le fondement du système féodal. La personne de la vassale, cessant d'être engagée dans cette circonstance, se dégagea bientôt dans tout le reste. Partout l'argent se substitua à l'individu :

---

[1]. Quand les convives se seront retirés, nous dit Grimm, le nouvel époux laissera entrer le maire dans le lit de sa femme, *sinon il la rachètera pour 5 schellings 4 penny*. Le droit de rachat devint le droit commun ; une paire de bestiaux, une mesure de froment, servirent de prix rédempteur.

c'était la ruine de la féodalité, qui reposait avant tout sur le vasselage personnel. La jeune fille avait payé pour se marier, elle paya pour rester fille, elle paya pour pouvoir choisir un mari, elle paya pour hériter du fief, elle paya pour se dispenser de le servir. Ensuite on discuta sur l'étendue du prix, puis sur le prix lui-même ; le payement pécuniaire se changea à son tour en une redevance de pur respect ; enfin, de toutes ces chaînes, il ne resta bientôt plus que ce qui reste encore aujourd'hui, l'innocente apposition de la signature royale sur les contrats de mariage des grands seigneurs.

L'histoire de la dot et du douaire nous offre l'exemple plus remarquable encore d'une liberté sortant du fond même d'une servitude.

Il y a un droit plus odieux que la marquette même, c'est le droit qu'avait le père de recevoir le prix du *mundium*, c'est-à-dire le prix de sa fille[1]. Rien ne proclame si énergiquement, ce me semble, que la fille est une esclave et le mariage un marché : c'est la mesure de la barbarie d'un peuple. La loi indienne dit : « Le père ne doit pas même accepter un présent du fiancé[2] de sa fille, car il semblerait qu'il la vend. » Ce mot n'est pas trop fort. Recevoir un prix de son enfant, se faire payer pour

---

1. On a vu dans Halgarda le père recevoir ce prix. Répétons une fois encore que le mundium était le pouvoir du père sur ses enfants, et qu'en mariant sa fille il transmettait ce pouvoir à l'époux, moyennant payement.

2. Un père qui connaît la loi ne doit pas recevoir la moindre gratification en mariant sa fille ; car le père qui accepte un tel présent est considéré comme ayant vendu son enfant. » (Loi de Manou, liv. III, 51.) — « Quelques hommes instruits disent que le présent d'une vache et d'un taureau fait par le prétendu est une gratification simple donnée au père ; c'est un tort. *Toute* gratification, faible ou considérable, reçue par le père, constitue une vente. » (Lois de Manou, V. 53.)

les soins dont on l'a entourée, donner à un autre homme plein pouvoir sur elle comme sur une chose, être intéressé personnellement, pour sa propre bourse, à la confier, non au meilleur, mais au plus riche, il se trouve là un calcul qui révolte tous les sentiments du cœur, et qui désenchante jusqu'à la présence de la jeune fille dans la maison paternelle; elle n'y a plus été élevée comme un être que l'on aime, mais comme un produit que l'on exploite. Eh bien, l'émancipation de la fille était tellement dans les droits de l'humanité et dans les desseins de Dieu, que ce prix du mundium devint un des premiers instruments d'indépendance de la femme. Admirable transformation du mal en bien. Pour la produire, la Providence tourne contre nous, ou plutôt à notre profit, nos vices eux-mêmes ; ici vivait une coutume barbare, elle la métamorphose en un bienfait; et, greffé par elle pour ainsi dire, l'arbre sauvage nourrit de ses fruits et protége de son ombre les fils de ceux que ses épines déchiraient et qu'empoisonnaient ses baies amères. Ainsi du mundium. Dans l'origine, le prix du mundium appartenait à celui qui avait le pouvoir sur la fille, au père ou au frère. La Providence n'abolit pas cette coutume, elle la transforme; le mundium est respecté, son prix toujours compté fidèlement par l'époux; seulement, au lieu de le remettre au père, on le donne... à qui ? à la fille. Tout est réparé par ce seul fait : plus d'acheteur, plus d'esclave ; mais à sa place une jeune fiancée recevant de la main, non d'un maître, mais d'un époux, le don d'actions de grâces.

Cette innovation revêt, chez les peuples barbares, les formes les plus affectueuses, les plus reconnaissantes Chacun des pas de la fiancée hors de la maison paternelle rencontre un hommage ; chaque fleur qu'elle détache de sa couronne de vierge renaît, pour ainsi dire, en un présent plein de grâce et de tendresse. C'est d'abord le *morgenghabe*, ou don du matin, offert à la jeune épouse au moment du réveil, prix et témoignage de sa virginité. Si le mari mourait, et que ses héritiers contestassent le morgenghabe à la veuve, il lui suffisait de jurer, *per pectus suum*, par son sein, que son mari lui avait alloué telle somme pour don du matin, et aussitôt on lui en confirmait la possession. Ce corps pris à témoin, quand il s'agissait de l'abandon de soi-même, et cette autorité sans appel accordée à la femme pour le présent de l'affection, n'ont-ils pas un caractère singulier de grandeur et de grâce? Venait ensuite l'*oscle (osculum)*, don accordé à la jeune fille pour le premier baiser qu'elle laissait prendre à son fiancé. On trouve le témoignage de cette coutume dans les lois espagnoles. Dona Elvire était fiancée à un cavalier qui lui donna en présent des habits, des bijoux, et une mule harnachée ; mais le mariage étant venu à manquer, le cavalier redemanda ses dons. De là, procès devant l'adelantado de Castille, qui décida que, si la dame avait embrassé le cavalier, elle garderait les présents. La dame aima mieux tout rendre.

Telle fut l'origine du douaire chez les nations germaniques et dans la féodalité. Obligatoire et fixé à une certaine somme, comme nous le verrons plus tard, le douaire devint pour l'épouse une véritable part dans la succession, un lien d'héritage entre elle et son mari.

Venons à la dot. Dans le principe, le père ne donnait de dot à sa fille chez aucun peuple, puisque, presque partout, il recevait un prix pour la livrer. Jacob paye à

Laban, par plusieurs années de son travail, le droit d'épouser Rachel[1]. Vulcain se promet de réclamer la somme qu'il a donnée au père de Vénus[2]. Rien de plus simple, la jeune fille était alors une propriété que le père transmettait au mari; mais quand la civilisation, en se développant, eut donné à la femme une sorte de personnalité et des droits individuels, quand le mariage ne la livra plus à la merci de l'époux, celui-ci dut réclamer une somme pour s'indemniser de ses frais; de là l'institution de la dot. Je n'en vois cependant pas de traces dans la Bible; mais les temps les plus reculés de la Grèce abondent en témoignages de cet établissement. Pénélope avait reçu une dot de son père Icare[3]. Les lois d'Athènes et de Sparte constatent cette coutume; et il faut même qu'elle ait donné lieu à quelques excès, puisque Solon défendit qu'une femme apportât en dot à son mari autre chose que trois robes et quelques meubles de peu de valeur[4]. Mais, malgré cette loi, la dot de la jeune fille athénienne fut bientôt constituée avant le mariage par un écrit public[5]; elle était hypothéquée sur les biens du mari, et, à la dissolution du mariage, revenait à la femme[6]. A Rome, même dans le principe, le père ne recevait pas de dot en mariant sa fille, mais il ne lui en donnait pas. Peu à peu les édits des préteurs l'obligèrent à cette constitution, et en firent la condition du mariage

---

1. *Genèse*, XXIX.
2. *Odysée*, VIII, v. 319.
3. *Odyssée*, II, Télémaque dit : « Si mon père est mort, Il me faudra rendre beaucoup à Icare, père de ma mère. »
4. Plutarque, *Vie de Solon*.
5. Isée, *Succession de Pyrrhus*.
6. *Revue de législation : Organisation de la famille à Athènes*, octobre 1845.

légitime, des justes noces[1]. C'était un grand pas, ce n'était pourtant que le premier. Cette dot, d'abord, appartint complétement au mari; il put la vendre, la donner, et son droit de propriétaire était même si absolu, qu'il avait action contre la femme si elle en détournait quelques objets[2]. Mais les conséquences forcées du principe de la dotation firent la femme propriétaire, et le mari, forcé de restituer en cas de divorce, ne fut plus qu'un usufruitier[3].

Quelles améliorations notre Code a-t-il ajoutées à ces deux institutions? Pour la dot, il en a merveilleusement surveillé l'emploi, la conservation et la restitution; la sollicitude la plus jalouse des intérêts de la femme ne saurait aller au delà de ses prévoyances; mais pourquoi n'a-t-il pas emprunté aux préteurs romains la belle ordonnance qui obligeait tout père riche à doter sa fille? Le refus d'une dot est à la fois pour la jeune fille une injure et une condamnation au célibat. Les parents, grâce à ce pouvoir, tiennent leurs filles à leur merci; car il n'y a pas pour la femme de profession lucrative, ses talents ne sont pour elle que des sujets de dépenses; elle consomme, elle ne produit rien; il lui faut donc une dot pour se marier, et le père la lui doit au même titre que sa part d'héritage.

Pour le douaire, notre législation en a aboli l'obligation; c'est un tort dans un pays où l'on ne reconnaît pas de droit de succession aux époux entre eux. Que les époux

---

1. Plaute : « Me germanam sororem meam in nuptias dare tibi sic
« sine dote dedisse, magis quam in matrimonium. »
2. « Ob res amotas, vel dotales, vindicatio et condictio viro competit. » (Laboulaye, *droit romain*, liv. II, chap. 2.)
3. Laboulaye, *ibidem*.

héritent légalement l'un de l'autre, ou que le douaire soit obligatoire, sinon la femme ne paraît plus qu'une étrangère pour le mari.

Les fiançailles se présentent dans l'histoire sous deux caractères différents.

D'une part, elles figuraient un contrat; de l'autre, un commencement de vie conjugale.

Comme contrat, c'était d'abord une sorte de pacte commercial entre le père et le fiancé; promesse d'achat pour l'un, promesse de vente pour l'autre, avec arrhes déposées; la perte de ces arrhes punissait celui des deux contractants qui manquait à sa parole, et dédommageait l'autre.

Tel fut longtemps l'esprit des législations antiques. Quand la fille intervint plus directement dans les fiançailles, les arrhes changèrent de destination et de destinataire : c'était la fille qui contractait; les arrhes lui appartinrent.

Chez les nations germaniques et au moyen âge, les fiançailles s'élevèrent d'un degré, et devinrent un contrat moral, un engagement d'honneur. On pouvait se fiancer, ou par la parole, ou par écrit, ou par message[1]. Ces trois modes s'exprimaient par cette phrase : « Je te « reçois et je me donne à toi en fiançailles. » Des arrhes déposées aux mains d'un tiers, un anneau mis au doigt de la jeune fille, consacraient matériellement l'union; mais ces arrhes avaient moins pour objet de dédommager la délaissée que de punir le coupable; les peuples voyaient, au-dessus du tort personnel causé à la fiancée, un parjure à punir, la morale publique à venger. De là toute

---

1. Summa Hostiensis, lib. IV, *De sponsalibus.*

une série de peines afflictives : la rigueur de l'engagement était telle qu'une infirmité éternelle comme la perte d'un membre, ou mortelle comme la lèpre; un déshonneur public, comme la prostitution de la fiancée; un abandon de plus de trois ans, pouvaient seuls le briser. En dehors de ces causes légitimes de rupture, toute atteinte à la parole sainte était rigoureusement punie; partout d'abord, perte des arrhes ; chez quelques tribus barbares, amende considérable; chez quelques autres, condamnation à remplir la promesse ; chez les Bourguignons, peine de mort. Une veuve libre se fiance à Frédégésile ; les présents sont donnés, puis soudain, sans autre motif que la passion, Frédégésile rompt ce lien, et se fiance de nouveau à Balthamodus : « Que les coupables, « dit Gondebaud, *capitis amissione plectantur*, soient « punis par la perte de la tête. »

L'Église, prolongeant les effets des fiançailles même après leur rupture, établit entre les deux fiancés une sorte de parenté, désormais ineffaçable comme la parenté naturelle. Épouser le frère ou le père de celui ou de celle à qui l'on avait été fiancé, c'était commettre un inceste; les époux ainsi unis étaient excommuniés, leurs enfants illégitimes[1]. Avouons-le, si excessives que paraissent de telles conséquences, il y a dans cette religion de la promesse une extrême grandeur qui nous émeut malgré nous. Quoi de plus propre à maintenir dans les âmes le respect de soi-même et la probité de la parole! Quelle leçon plus éloquente de déférence envers les femmes ! Quelle protection plus salutaire que cette assimilation des promesses qui leur sont faites aux plus sérieux et aux

---

1. Summa Hostiensis. lib. IV p. 285, 286.

plus inébranlables contrats! La femme alors est vraiment un être sacré, le mariage une chose sainte.

Notre loi a brisé toutes ces traditions : nul souci de l'honneur des hommes, nulle préoccupation de la dignité des femmes : serments trahis, promesses violées et foulées aux pieds, l'impunité couvre tout; une promesse de mariage, une promesse écrite, signée, n'est qu'un lambeau de papier dont on rit en le signant, ou un appât sur lequel on spécule. Que dis-je? Un homme peut s'introduire dans une famille, demander la main d'une jeune fille, l'obtenir, se montrer aux yeux de tous avec le titre et les priviléges de son fiancé, se faire accorder par elle, dans la liberté d'un commerce familier, ces purs témoignages d'affection qui sont comme un premier abandon de la personne; puis, le jour venu, quand l'autel est déjà paré, lui faire, sans autre raison que son caprice, l'outrage mortel d'un refus, et la compromettre aux yeux du monde; il le peut, sans qu'aucune peine flétrisse ou punisse cette cruauté, sans qu'il soit défendu à un tel homme de venir huit jours plus tard présenter une autre fiancée au même autel. Sans doute la liberté dans le consentement subsiste jusqu'au dernier moment; sans doute il est aussi contraire à une sage prévoyance qu'à la liberté, de faire de la promesse de mariage le mariage même : unir violemment un homme à une jeune fille, ce ne serait bien souvent qu'assurer le déshonneur de l'un et le malheur de l'autre. Mais la foi jurée a son droit aussi; mais l'honneur doit avoir ses sauvegardes. Une rupture soudaine imprime souvent une sorte de tache sur le front de la fiancée, et le monde y soupçonne toujours pour cause une faute secrète. Si donc le fiancé veut briser, sans motif légitime, cette union commencée, qu'il la brise; mais qu'une peine notable punisse la violation du serment, et que le respect de la loi pour l'indépendance individuelle ne soit pas l'absolution complète du parjure.

Les fiançailles sont encore un prélude de la vie conjugale, et, à ce titre, elles ont une part notable dans la moralité du mariage. L'intervalle qui s'écoule entre la promesse de l'union et l'union même, donne aux deux fiancés le temps de se connaître, et purifie d'avance la possession par l'amour. Libres et liés, ils s'étudient tout en goûtant les chastes douceurs d'une affection naissante, et le mariage, vers lequel ils descendent la main dans la main, nous apparaît alors, non plus comme une union matérielle, mais comme la consécration suprême de la fusion des âmes. L'Espagne, l'Angleterre, l'Allemagne surtout ont conservé aux fiançailles ce caractère poétique et moral. Les fiançailles forment au delà du Rhin[1] une véritable époque dans la vie : dès qu'une promesse a été échangée entre deux jeunes gens, le fiancé devient le fils de la maison chez son beau-père futur; causer avec sa fiancée, lui écrire, sortir même avec elle, sont autant de priviléges attachés à son titre seul, car ce titre est un engagement sacré. Souvent le jeune homme, encore sans profession assurée ou trop pauvre pour réaliser son projet de mariage, part pour les pays étrangers, afin de commencer l'œuvre de sa fortune; il part l'anneau au doigt, l'amour au cœur, et sa fiancée l'attend quelquefois plusieurs années sans être ni oublieuse ni oubliée. Quelquefois aussi l'achèvement

---

[1]. La poésie allemande abonde en détails charmants sur cette époque des fiançailles.

de ses études ou l'apprentissage de son état retient le jeune homme dans une ville voisine, et le seul jour du dimanche est à lui, je veux dire à eux. Comme il arrive dès le jour levé! Comme elle est déjà sur la route bien avant qu'il arrive! Et pendant toute cette journée, que de questions! que de projets! quel vivifiant échange de douces espérances, de nobles désirs, d'aspirations vers le beau et le bien! Prolonge, prolonge ces mois d'attente, ardent jeune homme, tu ne seras jamais ni plus heureux ni meilleur. La possession même de la femme aimée ne vaudra pas pour toi ces heures chastes et pures. L'amour est semblable à l'année, sa plus belle saison est son printemps. Tout n'est encore que promesses et que fleurs, il est vrai; mais ces impalpables parfums suffisent à vous nourrir plus délicieusement que les fruits les plus savoureux, et même au milieu des riches moissons de l'été, au sein des abondantes récoltes de l'automne, la pensée se reporte toujours avec un bonheur mêlé de regret, sur ces limpides matinées d'avril, où l'oiseau chantait moins doucement sur les feuilles que notre amour dans notre cœur.

Sans doute de telles coutumes ne sont pas sans périls, et nulle part l'autorité paternelle ne doit être plus sévère dans son choix, plus rigoureuse dans sa vigilance; mais le mariage ne peut se régénérer qu'avec de telles fiançailles pour préludes.

Que dirons-nous donc de nos usages? Il n'y a plus de fiançailles, il y a des accords. Il n'y a plus de fiancé, il y a des futurs. A peine l'engagement est-il pris qu'on se précipite vers la réalisation, comme si tous ces gens n'étaient travaillés que d'une crainte, celle de se connaître! Dans leur impatience fébrile, qui ressemble à la conscience d'une mauvaise action ignorée, ils se hâtent d'abréger encore les quelques jours que la loi et l'Église ont posés comme intervalle entre les accords et le mariage ; trois semaines leur paraissent un trop long espace pour donner à ces deux inconnus qui ne se quitteront plus le temps de s'étudier : à force d'argent, on réduit ces trois semaines à quinze jours, ces quinze jours, on les réduit à onze ; pendant ces onze jours même on mesure les heures d'entretien aux jeunes futurs ; on prend soin surtout qu'ils ne se parlent jamais sans témoin. S'ils allaient se déplaire ! si le mariage allait se rompre ! Car presque toujours les craintes des parents sont portées sur ce point. Que le mariage soit heureux pour la jeune fille, la question n'est point là, il faut qu'elle se marie. Quant au jeune homme, son rôle de fiancé se réduit généralement à quelques visites officielles qu'il maudit bien justement (car le ridicule s'y trouve joint à l'ennui), à l'envoi quotidien d'un bouquet commandé une fois pour toutes, et qu'il se hâtera de supprimer dès le lendemain de son mariage ; puis les heures qui lui restent, il les emploie à ranger sa vie et ses tiroirs, à congédier sa maîtresse, à brûler les lettres indiscrètes, et bien assuré désormais de ne plus aimer, il se prépare à son personnage d'époux.

La célébration du mariage répond à ces préliminaires. Partout, chez tous les peuples, la religion et les lois ont solennisé ce moment des noces par des cérémonies poétiques, touchantes, profondes. Chacun connaît le beau chant nuptial, *Spargite nuces*, avec les mille détails charmants de la fiancée romaine, dont on partageait les cheveux avec le javelot[1], souvenir de la conquête des

---

1. Plutarque, *Questions romaines*.

Sabines, et qu'on enlevait des bras de sa mère pour lui faire passer le seuil de l'époux sans que ses pieds le touchassent. Le législateur de l'Inde, dans son brillant langage, appelle l'union d'un jeune homme et d'une jeune fille qui s'aiment, le mariage des musiciens célestes[1]. Dans la rude Lacédémone, où tout devait être conquis, le jeune homme enlevait sa fiancée, et, comme le dit énergiquement Amyot, « Non point petite garse, à peine
« en âge d'être mariée, mais grande fille vigoureuse, et
« déjà mûre pour porter enfants. A peine arrivait-elle
« chez son époux, qu'entrait aussitôt l'amie commune
« qui avait moyenné le mariage; elle s'approchait de
« celle qui était vierge encore, lui rasait les cheveux jus-
« qu'au cuir, la revêtait d'un habillement d'homme, avec
« la chaussure de même, et la couchait sur une paillasse
« seule et sans lumière[2]. »

Quelle rudesse ! mais quelle force ! Quelle image pénétrante de la vie où entrait la femme ! Quel symbole de son association avec son mari, que ce vêtement d'homme dont on la couvrait ! On retrouve là, dans toute son énergie, l'admirable *idem passuram et ausuram* des Germains, dont parle Tacite.

« Une fois l'épouse restée seule, le nouveau mari,
« n'étant ni ivre ni plus délicatement vêtu que de cou-
« tume, mais ayant sobrement soupé comme à son ordi-
« naire, entrait secrètement dans sa maison, et, déliant
« la ceinture de l'épousée, se plaçait à côté d'elle; il y
« restait une heure, puis retournait dormir avec ses ca-
« marades; et pendant plusieurs semaines, même pen-

---

1. Manou, liv. III.
2. Plutarque, *Vie de Lycurgue*.

« dant plusieurs mois, il n'avait pas le droit de venir
« voir sa femme qu'à la dérobée, en cachette, quand elle
« voulait l'y aider ; la pudeur et la réserve semblaient à
« Lycurgue les vraies gardiennes de l'amour. » Telle
était la loi spartiate, et cette austérité dans la tendresse,
ce mystère dans ce moment solennel, me plaisent mille
fois plus que l'apparat révoltant de nos cérémonies nuptiales. Est-il un spectacle plus sauvage que ce qu'on
appelle une noce? N'est-ce pas une sorte de condamnation au pilori, d'exposition? Une jeune fille est là, au
milieu de vingt hommes, qui l'examinent curieusement,
épient son sourire, interprètent son silence, calomnient
sa pureté par leurs doutes ou la flétrissent par leurs plaisanteries ; le soir vient, et à la vue de tous ces hommes
dont les regards la suivent, elle entre dans la chambre
nuptiale, tandis qu'eux restent dans la chambre voisine,
assistant par la pensée à chacun des détails de cette heure ;
puis la mère sort, et cette jeune fille, à qui peut-être
on a prononcé à peine le mot d'amour, dont il y a huit
jours son fiancé n'avait pas encore serré la main, se voit
livrée à cet homme, dont la brutale violence compromet
quelquefois en une seconde le bonheur de toute leur
vie ! Quelle impression, en effet, ne doit pas produire,
sur l'esprit d'une jeune fille tremblante, délicate, nerveuse, cette grossière attaque? Ne comprend-on pas
quelle image de l'amour va se graver dans son esprit? Il
en est à qui cette sauvage prise de possession a inspiré
une telle horreur, qu'elles en sont restées frappées d'incurables souffrances ; il en est que ce souvenir seul
éloigne à jamais de leur mari devenu pour elles un objet
de répulsion. Est-ce ainsi que dans le monde s'approchera de la jeune femme l'homme qui tentera de lui

plaire? Est-ce sous cette forme qu'il lui représentera l'amour? Comment pourra-t-elle résister quand, au lieu d'une agression nocturne et soldatesque, elle rencontrera des regards pleins de respect, qu'elle entendra des paroles suppliantes et prononcées tout bas, qu'elle verra des transports de joie et des larmes de reconnaissance pour une fleur donnée ou pour un serrement de main? Alors, étonnée, enivrée, vaincue par la surprise même, elle se trouvera sans défense contre ce sentiment qu'elle calomniait : c'est le mari qui aura préparé le triomphe de l'amant.

Nous voici arrivés aux limites de la vie de la jeune fille, et déjà commence à nous apparaître le personnage de l'épouse; mais avant de poursuivre, jetons un coup d'œil en arrière pour embrasser d'un regard la route parcourue. La naissance, l'héritage, l'éducation, la séduction, l'âge du mariage, le consentement, le douaire, la dot, les fiançailles, la célébration du mariage, ces dix sujets d'études qui comprennent les phases les plus importantes de la vie de la jeune fille, ont servi de texte à nos recherches sur le passé et sur le présent. Qu'avons-nous trouvé partout? L'inégalité pour la fille. Mais en revanche, qu'avons-nous constaté? La marche vers l'égalité; c'est-à-dire à la fois le mal et le mieux, un progrès fait et un progrès à faire, la nécessité d'aller en avant, sanctifiée par le consentement universel. Poursuivons donc notre route, la main sur la conscience et l'œil sur le passé.

LIVRE DEUXIÈME

L'AMANTE

Entre la jeune fille et l'épouse, ou, pour mieux dire, à côté de toutes deux, et tour à tour se confondant avec elles ou s'en détachant, s'élève un personnage plein de poésie et d'intérêt. Plus libre que l'une et plus engagé que l'autre, tenant de la jeune fille parce que, comme elle, il ne subit pas le joug d'un nom étranger ; semblable à l'épouse parce que déjà sa vie est mêlée à une autre vie que la sienne, il nous représente l'union de l'homme et de la femme dans ce qu'elle a de plus intime et cependant de plus général, c'est-à-dire en dehors de toutes les conventions civiles, de tous les règlements législatifs, de fortune, de ménage et d'enfants : ce personnage est le personnage de l'amante.

Dépositaire seul de l'affection, il peut nous indiquer le but divin de la société conjugale en dehors du but secondaire de la reproduction.

Comment, en effet, définir le mariage? Une société qui a pour objet la perpétuation de notre espèce? Non, ce n'est là qu'une fin commune aux animaux de toute sorte, et que l'homme ne peut accepter comme le dernier mot de la Providence. Le mariage, selon la belle expression de Modestin, est : *Juris humani et divini com-*

municatio, une association pour la poursuite des choses humaines et divines.

Or, cette association suppose nécessairement l'influence de la femme sur l'homme, comme celle de l'homme sur la femme ; cette influence suppose à son tour un sentiment qui la produit et lui imprime un caractère particulier : ce sentiment, c'est l'amour. Avant donc d'aborder l'histoire de l'épouse et du mariage, nous devons nous demander qu'est-ce que l'amour? qu'est-ce que l'amante? est-ce notre guide vers le bien? est-ce notre conseillère dans le mal? est-ce un pur instrument de plaisir?

Ces mystères délicats ne peuvent être éclaircis que par l'histoire même de l'amante. Chercher quels caractères différents ont prêtés à cette personne idéale les civilisations différentes, voir avec quelle physionomie elle s'est dessinée peu à peu dans la conscience de l'humanité, quel rôle lui ont assigné les poëtes et les philosophes, ces deux éclaireurs de la civilisation, ce sera presque avoir déjà tracé à moitié le modèle de l'épouse. Commençons cette tâche difficile.

Socrate, qui a entrevu tout ce qu'il n'a pas défini nettement, prononça un jour, dit Xénophon, ces belles paroles :

« Il existe deux Vénus : l'une céleste, qui s'appelle Uranie ; l'autre terrestre et populaire (πάνδημος), qui a nom Polymnie. Uranie préside à toutes les affections pures; Polymnie attise tous les attachements sensuels et grossiers. »

Ces mots nous placent au cœur même du débat, et voilà le personnage de l'amante, qui se partage à son tour en deux êtres différents. Ces deux Vénus, c'est l'âme et le corps, c'est la femme, ange et démon, c'est l'amour bienfaiteur et tentateur ; et la lutte éternelle de ces deux divinités dans le monde va devenir l'histoire de la femme, tour à tour représentée par Uranie et par Polymnie, par l'*amante* et la *maîtresse*.

Toutes les mémoires sont remplies de l'hymne admirable qui s'échappa des lèvres de Platon en l'honneur de Vénus Uranie. Pour la première fois se montrait aux hommes, dans les paroles du disciple de Socrate, cette image inconnue de l'amour éducateur et moralisateur ; pour la première fois, le patriotisme, la vertu, le génie, étaient présentés au monde comme les glorieux fils de l'amour, et le poëte philosophe anima tellement de sa propre vie cette affection nouvelle, que les siècles reconnaissants la nommèrent de son nom. Aucun homme, avant ou après lui, n'eut cette gloire singulière, de découvrir un des sentiments de l'âme humaine, et de lui servir de père. Mais, par une contradiction étrange, Platon, après avoir institué le culte, oublia les prêtresses ; les femmes furent déclarées indignes de s'agenouiller devant les autels de l'amour platonicien, ou du moins de les desservir ; à elles les voluptés basses et grossières, le temple de Vénus Pandémos : Uranie n'eut pour adorateurs que les hommes seuls ; ce ne fut que par eux et sur eux que s'exerça son noble empire[1]. L'amour exista en Grèce, l'amante n'exista pas, la femme ne put jamais être que maîtresse.

A Rome, le spectacle change, mais sans que le rôle de la femme s'élève : le culte de l'amour idéal de Platon s'éteint et disparaît ; le culte de l'amante ne paraît pas encore. Qu'y a-t-il de commun entre Vénus Uranie, et

---

1. Voyez, dans le traité de Plutarque sur l'amour, et dans les Dialogues de Platon, la peinture de cet amour étrange.

Lesbie, Délie, Ariane, Didon même; âmes voluptueuses ou passionnées, tendres ou ardentes, mais n'ayant jamais dans leur passion d'autre objet que leur passion même, et poursuivant avec une impétuosité aveugle la satisfaction égoïste de leurs désirs? Ni souci de la grandeur de celui qu'elles aiment, ni souci de leur propre élévation : il manque à leur amour un mot qui est l'amour platonicien même, le mot de vertu. Lisez tous les poëtes élégiaques de Rome, Horace, Tibulle, Properce, Catulle : la femme, dans leurs vers, est toujours cette créature sensuelle, voluptueuse et avide, au cœur de marbre, au corps de feu, au front hardi et stupidement fier, *la courtisane*. Leurs poëmes ne sont peuplés que de noms avilis, de tendresses marchandées, et Tibulle a résumé avec une énergie sublime, dans l'élégie quatrième, les transports étranges et farouches qui précipitaient les jeunes âmes romaines dans cet amour dévorant et maladif. Repoussé par la courtisane Némésis parce qu'il n'a plus d'or, il s'écrie : « Oh! pour ne pas souffrir ce que je
« souffre, je consentirais à n'être qu'une pierre sur un
« mont glacé, une roche qu'userait sans cesse l'onde
« naufrageuse de l'Océan. Le jour m'est amer, la nuit
« plus amère encore; tous les instants de ma vie sont
« trempés de fiel : à quoi me sert qu'Apollon m'inspire?
« Némésis demande son salaire, *et sa main se creuse pour*
« *qu'il y tienne plus d'argent.* Laissez-moi donc, Muses,
« si vous êtes inutiles à mon amour; je ne vous cultive
« pas pour chanter les révolutions des astres, je cherche
« par mes vers un accès facile auprès de ma maîtresse.
« De l'or! voilà ce que je veux, et ce qu'il me faut ac-
« quérir, même par le crime et par le meurtre, pour ne
« pas rester gisant comme un misérable devant une

« porte fermée. J'irai donc, j'arracherai les offrandes
« suspendues aux temples des dieux, et je commencerai
« par celui de Vénus. Oh ! le pouvoir créateur qui donna
« la beauté à une femme rapace a fait de l'amour un
« dieu infâme[1] ! »

Quel cri de malédiction que ce cri d'amour ! Quel ana
thème que cet hymne ! L'empire de la femme y apparaît immense et maudit, comme l'empire du mal. L'a-
mour n'est encore qu'une fatalité. Il fallut une religion
nouvelle, un monde nouveau, pour que les nations
modernes le sentissent et le figurassent comme un
bienfait.

Dante nous donne le premier ce divin modèle. Ève la
tentatrice, Némésis la maudite, ont disparu; à leur
place se dessine Béatrix, c'est-à-dire la femme ange de
salut, l'amante.

Arrêtons-nous devant cette grande œuvre un moment;
car lui aussi, comme Platon, il a créé un amour idéal
qu'on devrait nommer l'amour dantesque, comme on
dit l'amour platonique.

Que représente la *Divine Comédie?* Un pécheur sauvé
par son amour, une vie de désordre épurée par un souvenir. Dante sortait à peine de la jeunesse quand Béatrix
qu'il aimait lui fut enlevée[2] : longtemps cette chaste et
tendre mémoire avait suffi pour écarter toute passion
mauvaise de l'âme où elle habitait. La fougue des sens
l'emporte cependant, et précipite Alighieri de désordre
en désordre; mais au milieu du chemin de la vie (*nel*

---

1. Élégie IV, liv. 2. Ceux qui connaissent la poésie latine savent
que ce mélange de mépris et de passion pour les femmes se retrouve
dans tous les élégiaques.

2. Voyez dans *la Vita nuova* l'histoire charmante de cet amour.

mezzo cammin del vita) il se sent saisi, comme saint Augustin, du dégoût de cette existence impure, et devant lui s'élève de nouveau, semblable à un doux astre qui l'éclaire, le souvenir de son premier amour : Béatrix, qui le suit du haut des cieux, qui lit dans son âme, forme le dessein de le sauver... Comment?... (L'idée est profonde et charmante.) Par son propre génie, par la poésie. Donc, descendue des sphères supérieures vers le séjour des païens, elle va chercher Virgile : « O belle « âme de Mantoue, lui dit-elle[1], mon ami est si empêché « sur cette plage déserte de la vie, qu'il semble comme « perdu; je crains de m'être levée trop tard de mon « trône céleste, pour courir à son secours; va donc, et « aide-le si bien, que j'en sois consolée. Conduis-le à « travers tous les cercles de l'enfer, pour que son âme « pécheresse se purifie d'abord par la terreur. »

Après ces mots, Béatrix s'éloigne. Il semble que, par un tendre respect, Dante n'ait pas voulu ternir cette céleste figure en la mêlant à la troupe coupable; seulement, quand il se sent défaillir de terreur devant quelque terrible supplice, Virgile lui dit : *Tu verras Béatrix*, et le courage lui est rendu.

De l'enfer, le poëte entre dans le purgatoire. Tout à coup un nuage de fleurs, qui tombe et remonte sans cesse, lui annonce l'approche de Béatrix. Le remords de ses désordres le saisit, et, tremblant comme un enfant qui se cache dans le sein de sa mère, il se retourne vers Virgile; mais Virgile a disparu : il est seul, seul avec elle pour la première fois depuis dix ans. Il n'ose lever

---

1. Nous nous sommes efforcé, dans ce court résumé de la *Divine Comédie*, de ne nous servir que des paroles mêmes de Dante, de sorte que ce soit à la fois une analyse et une traduction.

les yeux; Béatrix, l'œil triste, et dans une attitude royalement austère, laisse tomber de sa bouche, après un moment de silence, ces amères et ironiques paroles : « Comment avez-vous daigné monter jusqu'ici, on est « si pur et si heureux sur la terre! » Les anges implorent la grâce du coupable par un hymne touchant; mais elle, avec ce douloureux ressentiment qui naît de la tendresse : « Ne priez pas pour lui! Dieu l'avait créé si pur, « que toute habitude droite eût opéré en son cœur des « effets merveilleux. Longtemps je le soutins dans la « bonne voie par mes yeux de jeune fille; mais, à peine « eus-je quitté la vie, qu'il s'arracha à moi, qu'il se donna « à d'autres, et il tomba si bas, que je n'eus d'autre res- « source pour le sauver que de lui faire voir les races « ennemies. »

Comme Dante se taisait : « Dis, dis, ajouta-t-elle avec « un redoublement de véhémence, n'est-ce pas vrai? « Parle! car il faut que ton aveu se joigne à mon accusation. » La honte et la peur mêlées ensemble poussèrent hors de sa bouche un oui si faible, qu'il fallut « le secours des yeux pour l'entendre. — « Où donc, « reprit-elle, sur quels autres fronts as-tu trouvé de « meilleurs guides vers le bien, pour les avoir suivis? — « Les choses présentes avec leurs faux attraits char- « mèrent mes regards aussitôt que votre visage eut dis- « paru. — Il fallait fuir et te réfugier dans mon souve- « nir; mais non, tu as ployé l'aile comme un jeune « oiseau qui attend le coup du chasseur. Eh bien! donc, « pour ton châtiment, regarde-moi, et que ma beauté « nouvelle te fasse rougir de ce que tu as poursuivi, en « te montrant ce que tu as abandonné! » Il la regarde en effet, et elle lui apparaît si belle, les autres êtres qu'il a aimés lui semblent si hideux, que le dégoût de lui-même le pénètre comme un fer brûlant : il tombe évanoui aux pieds de celle qu'il a outragée. En se réveillant : « Où est-elle! où est-elle! » s'écrie-t-il. Elle est devant lui; mais tendre, compatissante, le visage désarmé de tout reproche. Plus d'épreuves, plus de châtiment; elle le console par ses doux regards, et lui, les yeux fixés sur elle, il apaise en la contemplant *sa soif de dix ans!*

Alors commence leur voyage à travers le paradis, image de l'ascension céleste de toute âme qui a pour aile l'amour!

Chacun se rappelle l'entretien de saint Augustin et de sa mère à Ostie, quand tous deux, l'œil fixé sur l'immensité du ciel, ils montent par la pensée, d'astre en astre, jusqu'au séjour de Dieu, et qu'un soudain transport de leur cœur les amène un moment face à face devant le roi des créatures et des mondes! Ainsi s'élevaient ensemble les deux âmes de Dante et de Béatrix dans les contrées supérieures. Comme sainte Monique, c'est Béatrix qui est le guide; comme sainte Monique, elle lit les questions de celui qu'elle aime sur sa figure, et lui répond avant qu'il ait parlé; comme sainte Monique, elle réfléchit le ciel dans ses yeux, et c'est dans ses yeux qu'Alighieri le contemple : *Ella guardava suso, ed io in lei.* « Elle regardait en haut, je regardais en elle. » Cependant à mesure qu'ils montent, la beauté de Béatrix resplendit davantage; chaque pas qu'elle fait faire à Dante vers le ciel ajoute un rayon à l'auréole qui la couronne, et ils arrivent enfin devant les premiers anges du triomphe du Christ, devant le Sauveur! « Ah!
« s'écrie le poëte, toutes les langues que Polymnie et ses
« sœurs ont nourries de leur lait le plus doux ne pour-

« raient raconter la millième partie de la beauté, du sou« rire de Béatrix, quand elle me présenta au groupe
« céleste et qu'elle s'écria : Tu es racheté. » Il était racheté en effet; maintenant qu'il a goûté de la beauté
divine, il peut retourner sans crainte achever sa vie sur
la terre. Béatrix va s'asseoir au troisième cercle, sur le
trône où l'ont placée ses mérites, et celui qu'elle a sauvé
lui adresse ce sublime adieu : « O femme, en qui fleurit
« toute mon espérance, toi qui as daigné, pour mon sa« lut, laisser la trace de tes pas sur le seuil de l'enfer,
« tu m'as mis d'esclavage en liberté : la terre n'a plus
« de dangers pour moi; je conserve vivante dans mon
« sein l'image de ta pureté, afin qu'à mon dernier jour,
« mon âme s'échappe de mon corps, agréable à tes
« yeux ! »

Tel est le modèle inconnu de la femme que le génie
du Dante posa sur le seuil de la poésie et de la civilisation moderne. Cette créature qui devient plus belle à
mesure que celui qu'elle aime devient plus pur; ces deux
cœurs emportés l'un par l'autre dans l'infini du bien,
nous présentent un spectacle à la fois si réel et si idéal,
qu'on y sent tout ensemble l'amante telle que la terre la
donne, l'amante telle que le ciel la promet; et que les
divins voyageurs entraînent après eux les âmes qui les
contemplent, jusque dans les régions célestes !

La poésie provençale[1] et la chevalerie ajoutèrent un
trait de plus à cette influence de la femme aimée.

L'amante, chez le Dante, conduit au ciel; chez les
troubadours, elle conduit à la gloire, gloire du poëte,

---

1. La poésie provençale a commencé à fleurir avant Dante, mais
sa belle période s'est prolongée encore après lui.

gloire du guerrier, gloire du défenseur de la patrie.

« Qui s'étonnerait, dit Bernard de Ventadour[1], que je
« chante mieux que nul autre troubadour? j'aime tant! »
L'amour était le génie.

« Il y a des hommes, dit encore Bernard, qui, s'il leur
« vient quelque bonne aventure, en sont plus orgueil-
« leux et plus sauvages; moi, quand Dieu m'envoie un
« regard de ma dame, je me sens encore plus de ten-
« dresse pour ceux que j'aimais déjà!... » L'amour était
la source de tous les autres amours.

« Quels prodiges j'accomplirais, s'écrie Guillaume de
« Saint-Dizier, si elle m'accordait seulement un des che-
« veux qui tombent sur son manteau, ou un des fils qui
« composent son gant!... » L'amour était l'héroïsme!

« J'étais un pauvre chevalier, dit Raimbaud de Va-
« queiras, et je suis un riche seigneur, nous avons con-
« quis le royaume de Thessalonique; mais je me sentais
« bien plus puissant quand j'aimais et que j'étais aimé. »
L'amour était l'ambition des grandes choses, et restait
plus grand que cette ambition même.

L'empire de l'amante embrassait donc la vie tout entière. Juges des actions de leurs amis, arbitres de leurs
pensées, consolatrices, conseillères, les femmes semblaient vraiment alors les créatrices de l'homme. Le
troubadour appelle sa dame, *mon Seigneur*. Toute l'histoire de cette époque est la légende de Pygmalion re-
tournée.

Ainsi se personnifie, pour la première fois dans
l'amante, le culte de Vénus Uranie; mais ce triomphe ne
pouvait être ni sans partage, ni sans combat, car Uranie

---

1. Fauriel, Raynouard.

ne représente que l'âme; donc, à côté de l'amante s'éleva la maîtresse, à côté d'Uranie, Polymnie. Le troubadour Perdigon fit antagonisme avec Bernard de Ventadour; Boccace, Arioste, avec Dante et Pétrarque, et, dans cette lutte, le caractère des deux amours, et les sentiments qui naissent à leur suite, se dessinèrent avec une énergie nouvelle.

La tendresse spiritualiste se mélangea toujours de respect pour la femme; l'adoration sensuelle n'alla presque jamais sans un mépris secret et même sans une sorte de haine pour elle.

La tendresse spiritualiste, par une concordance morale, plus étrange, mais explicable cependant, s'allia dans les hommes illustres avec un patriotisme austère. (L'amour idéal idéalise tous les autres sentiments.)

Presque tous les chantres de l'amour sensuel, au contraire, se trouvèrent être indifférents et quelquefois traîtres à la cause de la patrie. L'ambition, l'ardeur belliqueuse, la passion de la gloire, eurent parfois place dans leurs cœurs; rarement la grandeur et le désintéressement : ce ne furent pas des âmes de citoyens.

Les faits ici nous servent de preuves.

Perdigon, le premier parmi les troubadours, avait exprimé dans un *canzone* ces sentiments grossiers[1]. « Femmes, ne prétendez pas me faire languir : je veux trouver tout de suite profit avec vous, femmes que j'aime tendrement; quiconque me dit non est sûre d'être quittée par moi. » Eh bien! ce même Perdigon appela sur son pays les désastres de la croisade albigeoise. Perdigon s'unit avec l'abbé de Citeaux et l'évêque de Tou-

---

1. Fauriel, *Histoire de la littérature méridionale*, t. I.

louse pour exciter les colères pontificales; Perdigon se fit l'exécuteur des sentences catholiques : c'est l'apostat de la gloire guerrière comme de la gloire poétique de la Provence.

Dante et Pétrarque, les deux chastes poëtes de l'amante, sont les plus ardents patriotes de l'Italie. La *Divine Comédie* est toute pleine de cris de colère contre les oppresseurs de la patrie. Dante pense à son pays au milieu de l'enfer; il y pense au milieu des joies du paradis : l'image de l'Italie le suit dans tous les mondes. Bien plus, ses soudaines transformations en Guelfe et en Gibelin, que sont-elles, elles-mêmes, sinon les agitations éperdues d'une âme vraiment italienne, qui, désespérée à la vue des douleurs de l'Italie, se tourne en suppliante vers tout ce qui peut la sauver, et adore d'avance, comme l'élu de Dieu, tout pacificateur?

Pétrarque est le digne frère d'Alighieri. Dans sa lettre à Rienzi bat le cœur d'un peuple tout entier. Laure et Rome, voilà les deux objets de toutes ses pensées. Son amour pour la langue latine n'est lui-même qu'une forme de son amour pour la patrie; il lui semble, en se servant de l'idiome des Catons et des Brutus, qu'il ressaisit quelque chose de cette antique et glorieuse république romaine qu'il rêve pour sa chère Italie : cœurs de platoniciens, cœurs de patriotes.

Quel est, au contraire, à la même époque, le défenseur de Vénus Pandémos? Un Florentin transfuge de Florence, un courtisan du roi Robert, un homme qui choisit pour cadre à des peintures licencieuses une des plus grandes calamités de son pays, un écrivain qui flétrit et méprise les femmes mêmes qu'il adore, l'auteur du *Décaméron*, Boccace. Laure et Béatrix étaient de simples filles de la bourgeoisie que Dante et Pétrarque élevèrent au-dessus des reines elles-mêmes; Boccace aime une fille de roi; il la représente sous les traits d'une sorte de courtisane [1].

Toujours l'insulte et les dédains mêlés à ces sensuels hommages! *Crudelis et immemor voluptas;* le voluptueux est ingrat et cruel.

L'Italie, dans les temps qui suivent, perd chaque jour davantage le sentiment de sa nationalité : aussi quels sont ses poëtes? Le charmant, le licencieux Arioste; le Tasse, demi-chrétien et demi-païen. L'héroïne de la *Jérusalem* n'est-elle pas Armide; Armide qui emprunte à Vénus Pandémos jusqu'à sa ceinture tissue

> Di teneri degni, e di cari vezzi,

et fait de Renaud ce qu'Omphale fait d'Hercule. Que nous sommes loin du guide céleste de Dante! La peinture même des amours virginales d'Olinde et de Sophronie a je ne sais quoi de galant et de grossier à la fois. Attaché sur le même bûcher qu'elle, Olinde se réjouit

> Del rogo esser consorte, se del letto non fui,

de partager son bûcher, n'ayant pu partager son lit.

Quand les flammes l'enveloppent, il regrette que son âme ne s'exhale pas dans la bouche de celle qu'il aime :

> L'anima mia nella bocca tua io spiri.

---

[1]. Boccace aimait la princesse Marie, la fille du roi Robert. C'est elle qu'il nomma Fiametta dans le *Décaméron*. Son dernier ouvrage fut une amère satire contre les femmes.

Seul, au milieu de cette Italie sensualiste, l'austère Michel-Ange soutient la grande tradition poétique du Dante. Ses sonnets et sa chaste vie sont dévoués à une autre Béatrix; mais fils tardif d'un âge qui n'est plus, il vit et meurt seul, semblable à un de ces débris gigantesques du passé dont le présent s'éloigne avec une sorte de honte et de crainte; plus semblable encore à un exilé dont les jours s'écoulent, il est vrai, dans sa patrie selon l'espace, mais qui a perdu sa patrie selon le temps.

Vers le milieu du quinzième siècle, la lutte entre les deux amours s'était engagée en France. D'un côté, l'obscène et satirique *Roman de la rose*, Matheolus, Guillaume Alexis et son *Blason des amours*; de l'autre, une femme pure, jeune, belle, pleine de génie poétique et de science, Christine de Pisan[1]. Comme toujours, l'amour de la patrie se rencontre dans le même cœur avec l'amour platonicien. Au milieu des affreuses guerres civiles du règne de Charles VI, Christine écrit des lettres toutes trempées de larmes, à Isabelle, au duc de Bourgogne, au duc de Berri; leur criant comme Pétrarque : La paix! la paix! la paix! Tout ce sang français qui coule lui arrache des cris de douleur comme s'il s'écoulait de son propre flanc. Quand Jeanne d'Arc paraît, Christine sort du monastère où ses derniers jours avaient cherché abri, pour chanter l'hymne de la reconnaissance publique à l'héroïque libératrice; et tandis qu'une prêtresse de la Vénus vulgaire, Isabeau, présidait aux désastres de la France,

---

1. La vie de Christine de Pisan et ses ouvrages mériteraient une analyse détaillée, si notre sujet nous le permettait. Son livre des *Trois vertus*, la *Cité des dames*, ses huit lettres contre le *Roman de la rose*, ses poésies, sont autant de protestations en faveur de l'amour idéal. Jamais les femmes n'ont eu un plus digne apologiste et un plus noble modèle.

la France se régénérait, sauvée et célébrée par la chaste veuve et la chaste vierge, Christine et Jeanne d'Arc.

Sous Henri IV, Christine eut une noble héritière dans la célèbre descendante des Pisani.

Combattre le sensualisme de Rabelais, de Villon, de Marot, de Gauthier; débrutaliser son siècle, pour prendre sa propre expression; réformer la société par l'amour, en réformant l'amour par la chasteté; replacer les femmes à la tête de la civilisation, en commençant une croisade contre le vice au nom du sentiment, telle est l'œuvre qu'ose rêver cette femme de vingt ans! D'accord avec elle, la Providence envoie pour soutien à cette cause le plus grand génie de la France : cette femme, c'est la marquise de Rambouillet; cet homme, c'est Corneille! En effet, Chimène poursuivant la vengeance d'un père sur la tête d'un amant, Émilie faisant de son amour la récompense du patriotisme, Pauline demandant à Sévère le salut de Polyeucte, ne nous représentent-elles pas des sœurs sublimes de Béatrix, des modèles divins de cet amour inspirateur des grandes choses et compagnon des grandes vertus? Le mot de *gloire* s'applique pour la première fois aux femmes aussi bien qu'aux hommes; il veut dire pureté pour les unes, comme honneur pour les autres : Pauline, Chimène, parlent de leur gloire, et madame de Sévigné, cette séduisante honnête femme, qui sut joindre tout le piquant de la légèreté au charme austère de la vertu, madame de Sévigné, élève de Corneille, aimait *sa gloire* avec passion[1]. Disons-le donc, quand le maître et l'élève

---

1. Nous renvoyons le lecteur, sur ce sujet, aux mémoires si intéressants de M. Walckenaer.

contestaient à Racine sa supériorité dramatique, ni l'élève n'écoutait la partialité, ni le maître n'obéissait à la jalousie; mais, pour tous deux, cet idéal sublime des passions théâtrales qui devait servir d'idéal à la vie se trouvait comme profané, rapetissé par la peinture complaisante, raffinée et égoïste de l'amour tel que nous l'offrent Roxane, Hermione et Phèdre. Où se trouve dans Racine l'amour éducateur? L'amour est tombé du ciel sur la terre.

Aussi les mâles vertus, les sentiments patriotiques respirent dans chacun des vers de Corneille. Dans Racine, ni cœur de héros, ni cœur de citoyen.

Les héroïnes de Corneille sont souvent des femmes de la classe privée, Camille, Chimène, Pauline, Théodore; mais le poëte les fait reines par le cœur. Racine place presque tous ses personnages sur le trône, Hermione, Roxane, Phèdre; mais, par leur amour, il les ramène au niveau des femmes ordinaires. De là plus de vérité et de généralité sans doute, mais moins de grandeur et d'idéal. Enfin, chose digne d'attention, quoique déjà remarquée, Racine, si admirable dans la peinture de l'amour jaloux, est fade et froid dès qu'il veut faire parler l'amour jeune et tendre. Quoi de plus maniéré que Junie ou Aricie? Les peintres de l'amour austère ont seuls trouvé, ce semble, l'art de peindre les amours virginales. Corneille écrit à trente ans les divines tendresses du Cid; à soixante la délicieuse et poétique scène de Psyché, et de sa plume s'échappent, dans la suite du *Menteur*, ces vers que lui pourrait envier le chantre de *Roméo* :

> Le ciel, entre les cœurs, par un secret pouvoir,
> Sème l'intelligence avant que de se voir;

Il prépare si bien l'amant et la maîtresse,
Que leur âme, au seul nom, s'émeut et s'intéresse :
On s'estime, on se cherche, on s'aime en un moment :
Ce que l'on s'entre-dit persuade aisément ;
Et sans s'inquiéter d'aucunes peurs frivoles,
La foi semble courir au-devant des paroles.
La langue en peu de mots en explique beaucoup ;
Les yeux, plus éloquents, font tout voir tout d'un coup ;
Et de quoi qu'à l'envi tous les deux nous instruisent,
Le cœur en entend plus que tous les deux n'en disent.

Sous Louis XIV, l'idéal qu'avait rêvé la marquise de Rambouillet tombe ; la Vénus vulgaire reparaît, et le luxe éblouissant des royales tendresses dissimule à peine, sous une élégance extérieure, la grossièreté profonde des mystères de Versailles et de Marly. Plus de culte chaste pour les femmes, dès lors plus de rôle bienfaiteur pour elles, plus de respect. A côté des *Amours des Gaules* de Bussi-Rabutin et des *Contes* de la Fontaine, brillent les *Satires* de Boileau ; on prête aux femmes tous les vices, on leur interdit tous les travaux : la vénérable madame de la Sablière est travestie par Despréaux en une astronome de gouttière ; Molière lui-même, le grand Molière, tout en ne frappant que sur les excès de la doctrine spiritualiste, achève de ruiner le spiritualisme. Partout la maîtresse remplace l'amante.

Après Louis XIV, la Régence, c'est-à-dire le temple de Vénus corinthienne avec ses cinq cents prostituées pour prêtresses, transporté au milieu de la société française comme un tabernacle. Le torrent nous entraîne. Les vilenies de Crébillon fils, les théories de Diderot, le dédain moqueur de Voltaire, le dédain philosophique de Rousseau et de Montesquieu pour les femmes achèvent le triomphe d'Aphrodite Pandémos; pour poëtes de l'amour, les élèves de Properce, Chaulieu, Bertin, Parny, André Chénier lui-même, qui ne fait souvent qu'unir le génie d'un Grec au cœur d'un Romain : il chante comme Anacréon et aime comme Tibulle. La femme n'est plus célébrée qu'à titre d'instrument de plaisir.

Mais tout à coup la Révolution éclate, et avec elle éclatent aussi mille traits inconnus de grandeur féminine. Soudain part du cœur d'un jeune homme un cri qui devient le cri de la conscience publique. Dans ses vers, échos des nobles âmes, l'idéal de la femme remonte sur l'autel avec son divin caractère d'inspirateur : cet hymne de reconnaissance, je suis fier de l'écrire, c'est le *Mérite des femmes*.

Plus d'un talent supérieur avait déjà chanté les femmes, pourquoi donc aucun d'eux n'entendit-il ses vers répétés en chœur par autant de voix sympathiques? C'est que la poésie de ce jeune homme n'était pas seulement celle d'un véritable poëte, c'était celle d'une grande cause. En acquittant la dette publique envers les héroïnes de la Révolution, son œuvre, supérieure pour ainsi dire à son mérite même, allait se rattacher en arrière à la belle tradition de Pétrarque et du Dante, et réédifier pour l'avenir l'image effacée de l'amour spiritualiste, de l'amante, guide inspiré et consolateur.

Enfin, dans des temps plus voisins de nous, quand l'école nouvelle régénéra et créa peut-être en France la véritable poésie lyrique, qui fut le guide de cette jeune armée? Béatrix! Les *Méditations*, dans leur ravissant mélange de piété et d'amour, ne semblent-elles pas un dernier chant de la *Divine Comédie?* Où l'auteur des

Feuilles d'automne a-t-il puisé ses plus impérissables poésies, si ce n'est dans le culte chaste des saintes tendresses de la famille? Qu'est-ce que l'exquise création d'Éloa? qu'est-ce que tous ces accents inspirés qui s'échappèrent de tant de jeunes lyres, sinon l'écho de cette belle parole de Pétrarque à Laure : « Toute vertu me vient de toi, comme tout arbre de sa racine. »

Ainsi s'est établie et prolongée, dans le monde, la lutte des deux Vénus, des deux amours. Un enseignement ressort pour nous de cette exposition : autant le rôle de l'amante a été grand pour la femme et bienfaiteur pour l'homme, autant l'empire de la maîtresse a été souvent fatal à l'un et mêlé de honte pour l'autre. Qu'en conclure? Qu'on doit jeter l'anathème sur l'un des deux amours? condamner toute affection qui regarde le corps? Non : les deux amours ont un rang et des droits inégaux, mais tous deux ont leurs droits et leur rang; tous deux représentent par un côté le dessein de Dieu sur l'union de l'homme et de la femme; tous deux sont donc légitimes. Il ne faut point proscrire la Vénus terrestre, car nous sommes sur la terre; mais il faut la purifier en l'alliant à la Vénus céleste, car nous aspirons au ciel. Qui peut sceller cette alliance? Le mariage. Le mariage est le seul sanctuaire où il y ait place pour ces deux cultes; il purifie l'un et anime l'autre, il confond l'amante et la maîtresse dans un seul personnage, qui est l'épouse. Nous voici donc amenés, par la suite des idées mêmes, à l'examen de la société conjugale.

LIVRE TROISIÈME

L'ÉPOUSE

CHAPITRE PREMIER

La vie de l'épouse offre au moraliste une tâche plus difficile encore que la vie de la jeune fille : les maux y sont plus réels et en même temps plus contestés, les remèdes plus nécessaires et cependant plus contradictoires. Quand on parle d'affranchir les jeunes filles, on a pour alliés tous les pères; quand on parle d'améliorer le sort des femmes, on a pour adversaires tous les maris. Soi-même, on hésite devant sa propre pensée; en obstacle aux plus légitimes désirs de réforme, viennent se poser de très-graves questions d'ordre général : l'unité dans le gouvernement domestique, l'éducation des enfants, le soin de la pureté morale des femmes. Demander l'égalité pour la jeune fille, ce n'est que réclamer pour elle l'accès à tout ce qui est beau et grand; sa robe virginale ne se souillera d'aucune tache dans ces sentiers nouveaux, et l'on peut porter une telle réforme dans la famille sans lui rien faire perdre de sa sainteté ni de sa douce paix. Mais appeler les épouses à l'égalité, c'est peut-être ébranler les fortunes, jeter la discorde dans l'union, compromettre l'avenir des enfants; plus encore, précipiter les femmes elles-mêmes dans une dégradation de mœurs mille fois plus fatale pour elles que la sujétion : la raison semble donc d'abord absoudre la dépendance de l'épouse.

Mais lorsqu'au nom de cette raison même, on soumet ces théories générales de domination au contrôle des faits, lorsque, interrogeant sa conscience, on se demande ce que doit être le mariage, et que l'on compare ce type idéal gravé dans le cœur de tout honnête homme avec la réalité que nous présente le monde ; lorsque, descendant au fond des ménages, on voit tous les malheurs qui naissent de la seule omnipotence masculine, l'ignorance des femmes dans les affaires qui les touchent le plus, leur exclusion de l'administration de leurs propres biens, le vide et l'ennui de leur existence, leur incapacité pour défendre leurs enfants si elles deviennent veuves, leur impuissance à les protéger si elles ont pour maris des spéculateurs, des prodigues ou des débauchés ; lorsque l'on voit enfin le mari lui-même se corrompre par l'exercice de ce pouvoir, et y perdre le sentiment de la dignité féminine; alors, devant de tels faits, on commence à douter de la légitimité de cette suprématie, et l'on sent le besoin de soumettre à l'analyse les principes sur lesquels elle prétend s'appuyer.

Ces principes, quels sont-ils? — L'unité dans la direction de la famille. — L'autorité.

Disons-le d'abord, nous reconnaissons et nous respectons profondément le caractère conservateur de ces deux principes; mais réclament-ils réellement la toute-puissance du mari? C'est ce qui demande examen.

Il y a deux espèces d'unités : les unités riches et les unités pauvres.

L'arithmétique les comprend toutes deux. Un billet de banque est une unité, un centime est aussi une unité. De même dans les gouvernements. Tantôt l'unité est le résultat d'une volonté unique agissant à la place de toutes les autres qu'elle absorbe, comme en Turquie, c'est l'unité centime. Tantôt, comme dans les États américains, par exemple, l'unité est la fusion fraternelle de toutes les volontés en une seule ou en plusieurs qui les représentent : c'est l'unité million. Or, l'unité qui embrasse une collection d'êtres est d'autant plus véritable et d'autant plus forte, que tous ces êtres s'y trouvent représentés; c'est la différence d'un faisceau d'armes à une seule arme, ou mieux encore d'un chœur de voix à une seule voix. Tous ne font qu'un; mais tous sont dans cet un. Dès lors la conséquence se tire d'elle-même pour le ménage. Y établir l'unité, ce sera faire appel aux deux forces qui le composent, et toute théorie qui étouffera une des deux au profit de l'autre, sera le renversement de l'unité véritable. Nous sommes donc amenés à réclamer une part de pouvoirs pour l'épouse au nom d'un des deux principes qui semblent la lui refuser.

Passons au second principe, au principe d'autorité. L'autorité, depuis 89, a évidemment changé de caractère. Avant 89, elle venait d'un droit primitif appelé droit divin, et avait pour objet unique l'avantage de celui qui la possédait. L'État, c'est moi, disait Louis XIV. Pourquoi un roi était-il maître? Parce qu'il était roi.

Pourquoi un mari était-il maître? Parce qu'il était mari. Titre valait droit.

La civilisation moderne repose sur une autre règle.

L'autorité est établie, non plus au profit de celui qui l'exerce, mais de celui qui la subit.

Elle tire sa légitimité et sa raison d'être, non d'elle-même, mais de ses bienfaits.

Elle n'est pas un droit, elle est un devoir, ou plutôt elle n'est un droit qu'en tant qu'instrument d'un devoir.

Qu'en résulte-t-il pour le ménage comme pour l'État ?

D'abord, que le pouvoir n'appartenant primordialement à aucun être, le mari ne l'obtient qu'à titre du plus digne ; puis, que ce pouvoir n'étant sacré que s'il est salutaire, et n'étant salutaire, comme toute chose humaine, que s'il est surveillé, l'autorité du mari doit avoir des bornes et subir un contrôle au nom de la règle même du principe d'autorité. Or notre code conjugal viole ce principe ; car le mari administrateur a un pouvoir sans limites et sans surveillance. Un général est sujet à la dégradation, un ministre à la mise en accusation, un roi même à la déchéance : seul, le mari gérant est inamovible[1] et inviolable.

En présence de ces rigoureuses déductions, toute hésitation cesse, et l'on ne sent plus que le désir d'aller plaider la cause des sujettes devant les maîtres eux-mêmes, de citer les maris au tribunal des maris. Voilà en effet les premiers qu'il faut convaincre. Il y a souvent plus d'irréflexion ou d'habitude dans leur résistance que d'esprit de domination ; ils ne sont ce qu'ils sont, que parce qu'ils ignorent ce qu'ils pourraient être. C'est donc

---

1. Les mots *inamovible* et *sans limites* peuvent sembler trop absolus, puisque la femme a le droit, dans certains cas, de provoquer la séparation de biens ; mais nous montrerons plus bas combien l'ignorance où sont les femmes de leurs propres affaires leur rend difficile cet acte judiciaire.

dans leur cœur qu'il s'agit de renouveler l'idéal du mariage, en les faisant rougir de celui qu'ils se proposent, en les pénétrant de respect pour celui qu'ils doivent se proposer; il faut leur persuader de descendre, je me trompe, de monter de leur rôle de maîtres à celui d'initiateurs à la liberté. Une fois les âmes placées dans cette sphère, les émancipations légales naîtront d'elles-mêmes; les sujétions pèseront plus à ceux qui les imposent qu'à celles qui les subissent : car, pour un cœur vraiment juste, élever ceux qui l'environnent, c'est s'élever lui-même, et la pensée de ne sentir autour de soi que des êtres libres comme soi, la conscience de marcher côte à côte, à hauteur de cœur, avec la compagne de sa vie, renferme mille joies pures et fières que ne connaîtra jamais le stérile orgueil du commandement.

Un fait vient encore nous donner espoir et courage dans la poursuite de ces réformes, c'est la vue des progrès immenses déjà réalisés depuis dix-huit siècles dans la condition de l'épouse.

Semblable à une personne vivante, dont l'existence se déroulerait siècle à siècle au lieu de s'écouler par années, le personnage de l'épouse, dans l'Occident, se développe à nos yeux avec toutes les vicissitudes de fortune, de métamorphose intérieure, d'améliorations successives qui nous intéressent dans le récit d'une destinée individuelle; c'est une figure abstraite qui devient un être, et nous voyons se dégager un à un les principaux traits de ce type idéal qu'il appartient à notre siècle de compléter.

Chaque peuple, chaque civilisation formule un progrès.

A Rome, l'administration, la possession et la propriété des biens étaient dévolues, en quelques circonstances, à la femme comme au mari : voilà l'émancipation matérielle inaugurée.

Dans le même temps s'élève un précepteur des âmes, Jésus. Il régénère le cœur des femmes en le dotant à la fois de l'amour et de la chasteté. Voilà l'émancipation morale qui commence.

Les nations barbares se précipitent sur le monde romain : qu'y venaient-elles faire? S'éclairer, mais éclairer; donner et recevoir. Dans le commerce de l'altière Germaine, le type de l'épouse acquiert la dignité, la fierté et la force.

Arrive la féodalité, machine toute-puissante comme organisation matérielle : la femme y poursuit, dans le ménage, la conquête de ses droits pécuniaires, et à côté du ménage, comme nous le verrons, la continuation de son perfectionnement intérieur.

Cependant le besoin de l'idéal, déposé dans son cœur par le christianisme, l'enrichit de deux affections inconnues à l'antiquité, l'amour céleste qui fait les sainte Thérèse, l'amour humain qui fait les Héloïse.

Avec le monde moderne naît la chevalerie, qui complète l'œuvre; elle inspire à la femme le goût du beau; elle lui indique son véritable rôle dans le monde, l'excitation aux grandes choses, et quand du quatorzième siècle jusqu'au nôtre la science et la conscience essayent de l'élever chaque jour à une place plus haute, elle se trouve toujours par son âme au-dessus de la place obtenue.

Tel est le récit que nous allons prendre pour base de toutes nos demandes de réforme : récit d'une éducation et d'un affranchissement; histoire d'une âme qui s'éveille et d'une destinée qui se fait; biographie qui sera en même temps un enseignement. Qu'est-ce, en effet, que l'histoire, sinon la voix de Dieu parlant par les actions de l'homme? Et quel progrès plus légitime que celui qui n'est que la conséquence de dix-huit siècles de progrès?

CHAPITRE II

POUVOIR DU MARI SUR LES BIENS

La première question qui se présente à nous est la question des biens. Ce seul point, en effet, résume par un côté tous les autres; car rien ne marque la subalternité morale aussi vivement que la dépendance pécuniaire. Comment la loi punit-elle le prodigue? En lui ôtant l'administration de ses biens. Comment la loi enchaîne-t-elle l'incapable? En lui ôtant l'administration de ses biens. Comment la loi domine-t-elle le mineur? En lui ôtant l'administration de ses biens. Ne plus pouvoir posséder[1], c'est être assimilé au mort civilement et moralement; car posséder, c'est user, c'est donner, c'est secourir, c'est agir, c'est vivre! Les questions de délicatesse et de dignité se trouvent donc liées étroitement aux questions d'argent, et livrer au mari la fortune de la femme, c'est la condamner elle-même à une éternelle minorité morale, c'est le créer, lui, maître absolu des actions et presque de l'âme de sa compagne.

Ces conséquences établies, examinons dans la question

---

1. J'emploie ici le mot *posséder* dans le sens d'être possesseur, et non pas dans le sens d'être propriétaire. La possession entraîne avec elle l'idée d'usage.

des biens ce que les législations passées ont fait pour l'épouse, ce qu'a fait notre loi.

Rome, grâce à sa constitution particulière et à son origine[1], nous présente un singulier exemple d'émancipation féminine. A Rome, en effet, il se pratiquait deux espèces de mariages fort différentes : la première, nommée *per coemptionem* (par vente), livrait la femme, corps et biens, au pouvoir de son mari, ou bien, si elle était patricienne, un acte religieux, la confarréation, remplaçait la vente, mais sans rien changer aux effets. La jeune fille noble paraissait avec son fiancé devant le grand pontife de Jupiter, accompagnée de dix témoins; sa coiffure s'élevait en forme de tour, comme celle des vestales; elle portait sur la tête de la marjolaine et une couronne de verveine; un voile de pourpre ornait son visage; une ceinture de laine de brebis serrait sa tunique blanche. Alors, s'approchant du grand prêtre, elle recevait de sa main un gâteau de fleur de farine, d'eau et de sel, qu'elle partageait avec son mari; après cette sorte de communion, elle ne faisait qu'un avec lui, c'est-à-dire

---

[1] Qu'étaient, en effet, les épouses romaines? Des filles sabines, c'est-à-dire des femmes civilisées ravies par des barbares, et ces barbares admiraient en elles des êtres qui leur étaient supérieurs (voyez Plutarque, *Vie de Romulus*) : elles seules, en effet, étaient intervenues entre les deux peuples; elles avaient désarmé la vengeance de leurs frères et de leurs pères, en les conduisant dans leurs nouvelles demeures, et en leur montrant qu'elles y étaient maîtresses*. Les ravisseurs avaient expié leur victoire par leur respect; ils avaient enlevé ces femmes, comme les Grecs à Troie, les images de Pallas, pour les adorer; aussi un traité solennel, provoqué par Romulus lui-même**, avait assuré la position des nouvelles épouses : les Romains*** s'engageaient à ne jamais contraindre leurs femmes à préparer la nourriture

* Plutarque, *Vie de Romulus*.
** Idem, *ibid*.
*** Denys d'Halicarnasse, liv. II.

qu'elle s'absorbait en lui : propriété de ses biens présents, droit sur ses biens à venir, administration des revenus, aliénation des immeubles, puissance même sur sa personne, tout passait du père au mari[1]. Elle était *dans sa main*, selon l'énergique expression de la loi romaine. Mais, à côté de ce mariage par coemption et par confarréation, se pratiquait une autre union bien plus en rapport avec le principe de la famille romaine. Souvent la femme, au lieu d'entrer dans la famille de son mari[2], restait dans la famille de son père (c'était une suite de cette formidable puissance paternelle dont nous avons parlé). De là une étrange conséquence pour la femme ; son indépendance comme épouse sortit de sa sujétion comme fille. D'abord, son père vivant, elle eut et dut avoir une dot pour subvenir à ses dépenses dans le ménage : première propriété ; puis, son père mort, les biens de l'hérédité vinrent l'enrichir ; elle en jouissait, elle les régissait et les régissait seule ; le mari n'y avait aucun droit ni de gestion, ni d'usage. Généralement il se trouvait dans la maison un esclave affecté à

domestique, ni à tourner la meule pour moudre le grain ; leur seul office devait être de filer de la laine. Bien plus, des lois civiles et religieuses consacraient leurs priviléges, et pendant les fêtes solennelles instituées en leur honneur, et nommées *Matronalia*, tout homme qui les rencontrait devait leur céder le pas. On sent qu'assise sur de telles bases, la position de la femme dans la maison conjugale prenait naturellement un caractère singulier, sinon d'indépendance complète, au moins de dignité grave, et l'épouse romaine obtint le beau nom de matrone qui exprime à la fois sa vertu et son autorité.

1. « Mulier viri conveniebat in manum, et vocabantur hæ nuptiæ « per coemptionem, aut per confarreationem. » (Gaïus, III, 24.—Boetius.)

2. Duæ formæ sunt uxorum : una matrumfamilias earum quæ in « manu convenerunt ; altera, earum quæ tantummodo uxores haben- « tur. » (Laboulaye, sect. II, chap. 2.

cette gérance, et qui ne dépendait que de l'épouse; c'est à elle qu'il rendait tous les comptes, à elle qu'il remettait le prix de vente, soit des bestiaux, soit des grains : on l'appelait l'esclave dotal[1]. Possédant ainsi un patrimoine indépendant; libre et par le fait de sa fortune, et par le fait de cette administration, la femme prenait rang d'égale, souvent même, et à tort, rang de supérieure dans le ménage. Parfois le mari, pour obtenir quelque somme d'argent, était forcé à des concessions qui diminuaient la puissance maritale[2]; d'autres fois il cherchait, soit à corrompre, soit à tromper[3] l'esclave dotal, ruses et corruptions qui, une fois découvertes, l'amoindrissaient aux yeux de sa femme, maîtresse désormais de lui et par ses besoins et par ses expédients. Enfin de grandes affaires entreprises par le mari[4] l'obligeant parfois à des emprunts, il avait recours à sa femme. Elle lui ouvrait sa bourse, mais à des taux usuraires de complaisance; car, il faut bien le dire, opprimée par la loi dans plus d'une circonstance, comme, par exemple, dans la tutelle perpétuelle, elle se dédommageait de la servitude par le despotisme, et achetait, par ses prêts conjugaux, droit de caprices, d'humeurs fantasques, et même de pis encore. Quand le mari voulait se plaindre, la femme s'armait, comme d'une épée de guerre, de son acte de prêt : plus d'épouse, une créancière; et l'esclave dotal, chargé d'ordres impitoyables, venait poursuivre le pauvre mari, qui n'avait qu'à baisser la tête et à se

---

1. Plaute, *Asinaire*, actes I et IV. « Dotalem servum Sauream uxor tua adduxit, cui plus in manu sit quam tibi. »
2. Idem, *ibid*.
3. Idem, *Aululaire*, acte III.
4. Idem, *ibid*.

taire. Plus d'une voix de colère s'élevait contre un tel ordre de choses; plus d'un Romain maudissait la fortune qu'il avait recherchée en se mariant, et s'écriait avec une douleur comique, comme le personnage de l'*Asinaire* de Plaute[1] : « Pas de dot! pas de dot! Les femmes qui ont des dots vous égorgent; tu t'es vendu pour avoir une dot! »

Caton[2] le Censeur, poursuivant de ses amers sarcasmes cet assujettissement du mari, demandait à grands cris l'établissement de cette loi Voconia, qui devait mettre des bornes à de telles fortunes et à de tels excès. Mais, en dépit de Caton, en dépit de ces excès, en dépit même de la législation romaine, l'indépendance matérielle des épouses allait toujours s'affermissant; car cette liberté, vicieuse dans ses conséquences parce qu'elle était enclavée dans un système de despotisme, représentait une des prérogatives les plus légitimes de l'épouse, le droit de décision dans ses propres intérêts, la possession de ses propriétés, l'habitude et le maniement des affaires, et tout ce qui découle de cet affranchissement matériel, un rang plus digne dans la maison, et plus de sérieux dans toute la conduite.

Le code barbare et le code du moyen âge n'adoptèrent ni la rigueur ni l'indulgence de la loi romaine; l'épouse ne fut ni esclave, comme dans le mariage *per coemptionem*, ni libre comme dans l'autre union; elle fut mineure, mais mineure protégée, *pupille*.

La loi barbare nommait le mari administrateur; mais il ne pouvait vendre les biens de la femme sans son

---

1. Plaute, *Aululaire*, acte III, sc. 5. — *Ménechmes*, acte IV.
2. Aulu-Gelle, XVII, 6.

consentement et même sans celui de son plus proche parent[1].

La féodalité emprunta aux coutumes barbares une institution vraiment émancipatrice, vraiment paternelle, et qui donna un rôle à la femme dans la maison, en l'intéressant à sa propriété. Cette institution admirable fut les acquêts.

Quelle chute! dira-t-on. Tomber des hauteurs de l'enthousiasme sur un mot de procureur!

Vilain mot, belle chose. L'un de nos vices en France est ainsi de repousser les plus fécondes idées pour quelques duretés de syllabes, de rendre les faits responsables des mots qui les expriment, et de ridiculiser de salutaires études pour un certain concours de sons harmonieux. Personne n'a été plus dupe et plus victime de ce dédain des mots que les femmes : *syllogisme* les a exclues de la philosophie; *protoxyde* ou tout autre, des sciences na-

---

[1] « Si qua mulier res suas, consentiente viro suo, communiter venundare voluerit, ipse qui emere vult, faciat notitiam ad duos vel tres parentes ipsius mulieris, qui propinquiores sunt, et si in præsentia de ipsis parentibus suis illa mulier violentiam se pati dixerit, non sit stabile quod vendiderit. » (Leg. Luitprand, 4.)

Malgré la sollicitude habituelle de la loi, la veuve était forcée de payer les dettes de son mari mort, même sur sa propre fortune, et si la pauvreté l'en empêchait, elle ne pouvait se remarier, *à moins que le second mari n'acquittât les obligations du premier*... Mais cette charge ne pesait que sur les épouses roturières; or, la Providence, qui prend de toutes mains pour réaliser le bien, fit passer le droit des épouses nobles aux épouses bourgeoises, comme elle s'était armée du privilége des filles roturières* pour enrichir les filles nobles, et bientôt toutes les femmes, après la mort de leur mari, furent déchargées de l'obligation de payer des dettes en renonçant à leurs droits sur les meubles. Voici comment se faisait cette renonciation. Le jour de l'inhumation, la veuve suivait le corps jusqu'au lieu de la sépulture, la taille

* « On dit communément que femme noble a droit de prendre tous les meubles et de payer toutes les dettes ou de renoncer aux meubles pour être quitte des dettes. » (Grand Coutumier.) — Voy. *suprà*, art. de *la Fille*.

turelles ; *hypothèque* leur a fait fuir la connaissance de leurs droits matrimoniaux. Les mots, ces conciliateurs destinés à nous mettre en communication avec les idées, sont devenus des épouvantails qui les en ont éloignées. Ainsi ce mot d'acquêt semblera peut-être bien grossier ; moi, je le trouve noble, harmonieux, touchant, car il signifie association, travail, affranchissement ! Créer les acquêts, décider comme la loi ripuaire et la loi féodale, que la femme aura droit à une part des biens acquis pendant le mariage, c'était la reconnaître l'associée du mari, c'était proclamer son influence dans la prospérité de la maison ; c'était faire enfin du mariage non plus la réunion d'un inférieur et d'un supérieur, mais l'assemblage de deux êtres libres poursuivant un but commun à intelligence égale.

Héritière de ces lois de progrès, notre loi civile semble d'abord vouloir les développer dans toutes leurs

entourée d'une ceinture et un trousseau de clefs à la main* : c'étaient toutes les clefs de la maison. Arrivée près de la fosse, et le corps y ayant été descendu, l'épouse déliait sa ceinture et la laissait tomber à terre ; elle prenait le trousseau de clefs et le jetait sur la fosse : dès lors plus de dettes communes, car elle avait dépouillé la corde dont elle se ceignait les reins pour le travail, et elle avait rejeté les clefs gardiennes des meubles de la maison conjugale. Cette cérémonie accomplie, elle retournait chez elle ; là, comme si la loi n'eût pu se résoudre à la voir quitter cet asile sans qu'elle emportât au moins un souvenir, il lui était permis de prendre, quoique ayant renoncé aux meubles, son plus beau lit garni**, sa plus belle robe de parure et les plus beaux de ses joyaux, ou au moins sa robe de chaque jour, son vêtement ordinaire pendant la dernière maladie de son mari (touchante allusion à ses soins), son lit tel qu'il était garni d'habitude, avec courtine, s'il y en avait, un coucher pour une demoiselle suivante; et de plus (car désormais la voilà contrainte de faire ses affaires elle-même), une bête vive ou palefroi de monture.

* Grand Coutumier.
** Beaumanoir, chap. XIV.

conséquences. Elle proclame cette belle règle qui renverse à jamais la vieille théorie de l'infériorité féminine : *Tout individu des deux sexes qui atteint l'âge de vingt et un ans est déclaré majeur*.

Mais, à peine cette parole émancipatrice prononcée pour les jeunes filles, le législateur l'annule pour les épouses; il contredit sa propre loi, il dément son principe, il déclare que toutes les femmes qui se marieront (c'était dire presque toutes les femmes) retomberont en minorité. Que dis-je ! cette minorité même, il la crée plus indestructible que la première, il la fait peser sur l'épouse de cinquante ans comme sur celle de dix-huit, et, mettant en avant l'intérêt de la famille et l'incapacité féminine, il exproprie[1] la femme pour cause d'utilité publique. En vain les faits protestent-ils contre cette prétendue incapacité, en vain la réalité dit-elle : A qui est due la prospérité de la plupart des maisons de commerce? Aux femmes. Qui établit, qui gouverne les mille magasins de modes et d'objets de goût? Les femmes. Par qui se soutiennent les maisons d'éducation, les fermes, souvent même les manufactures? Par les femmes. N'importe; le code refuse à l'épouse la prévoyance qui conserve, l'intelligence qui administre, jusqu'à la tendresse maternelle qui économise, et la charte conjugale devient l'expression de cette phrase dédaigneuse : La femme la plus raisonnable n'atteint jamais au bon sens d'un garçon de quatorze ans.

Voici cette charte.

---

1. Par ce mot *exproprier*, j'entends expropriation de l'usage, c'est-à-dire des revenus. On m'opposera le régime dotal, paraphernal, etc.; mais ce ne sont là que des tolérances de la loi : la règle, c'est le mariage par communauté.

Le législateur établit comme règle du mariage le mariage par communauté : or, sous ce régime, le mari administre non-seulement tous les biens communs, mais encore les immeubles particuliers de la femme [1]. Y a-t-il un bail à faire, lui seul a le droit de le signer : est-ce qu'une femme a assez d'intelligence pour faire un bail ? Son mari est-il absent, elle ne peut pas vendre le bien de la communauté, même pour l'établissement de ses enfants, sans l'autorisation de la justice : est-ce qu'une femme est capable de vendre un bien ? Le régime paraphernal lui assure-t-il le gouvernement de ses propriétés ? Entravée jusque dans son indépendance, elle ne peut pas les aliéner sans le consentement de son mari [2]. Ne dirait-on pas, à lire ces lois, que les hommes sont des êtres impeccables, qui n'ont jamais contracté une dette, et que les femmes ont des mains ardentes où s'évanouissent, comme dans un creuset, argent, maisons et terres ? Les codificateurs ont été jusqu'à écrire cette disposition [3] : « Un mari ne pourra par aucune convention, même par contrat de mariage, donner à la femme le pouvoir général d'aliéner ses immeubles. » Il n'est pas permis à son maître de l'émanciper. Dira-t-on que cette concentration de la fortune dans une seule main n'a pour but que l'intérêt des enfants, et non la sujétion de la femme ? Mais s'il en était ainsi, quel eût été le premier soin du législateur ? Veiller sur le maître qu'il est forcé de créer ; entourer d'obstacles et dominer par une inquisition perpétuelle cette puissance exorbitante ; empêcher que ce pouvoir ne devînt le despotisme. — Il

---

1. Code civil, art. 1425, 1427, etc.
2. Id., art. 1476.
3. Id., art. 223.

n'en fait rien; il ne songe qu'à rendre plus étroite la dépendance de l'épouse; il ne lui alloue pas même une somme proportionnée à sa dot, pour ses dépenses et ses besoins! Donc, qu'une jeune fille riche se marie sous le régime de la communauté avec un homme pauvre qu'elle enrichit, que son contrat ne lui assure pas une pension personnelle, et, si son mari est avare, elle pourra demeurer dans une sorte de misère à côté de cette opulence qui est la sienne; elle se verra forcée de lui demander de l'argent pièce à pièce, de vivre d'aumônes pour ainsi dire. On répond par la prévoyance du père qui règle toujours cette allocation. Et si la pauvre enfant n'a pas de père? S'il ne se trouve pas un ami auprès d'elle à ce moment où la confiance est plus qu'un plaisir, où elle est un besoin, où ce mot de communauté séduit les jeunes cœurs, la voilà donc livrée sans défense à toutes les tentations de sa générosité? La loi ne doit pas supposer le père, mais le remplacer : or, comment le remplace-t-elle? En ajoutant mille tyrannies vexatoires et inutiles à tout son système de dépendance générale. La femme, même séparée de biens[1], même séparée de corps, ne peut, sans la permission de son mari, aliéner ses immeubles (un anneau resté dans la chair après la chaîne brisée)[2]. La femme ne peut disposer par donation entre-vifs de la plus légère partie de ses biens. Une dette de gratitude la lie-t-elle envers un vieillard qui n'a pas le temps d'attendre son testament, désire-t-elle assurer le sort d'une amie que la misère frappe, veut-elle sauver un parent qui l'a élevée? Elle ne le peut pas: il lui

---

1. Code civil, art. 1549.
2. Id., art. 505.

faut une autorisation pour être reconnaissante. Bien plus, la femme *ne doit pas recevoir*[1] *une donation sans la permission maritale!* Lui défendre de donner, c'est une tyrannie; mais lui défendre de recevoir, c'est une injure. Que craint-on? qu'elle n'ait pas assez souci de sa dignité pour refuser une dotation imméritée? Non, c'est pis encore; il y a dans cette défense je ne sais quel odieux soupçon de récompense et d'argent gagné qui en fait un outrage. L'honneur du mari pourrait souffrir, dit-on, de ce présent? Mais l'épouse n'a-t-elle donc pas son honneur, elle aussi? N'a-t-elle pas un cœur surtout, un cœur où l'on frappe sans pitié à propos de tout ce qui lui appartient. Si une femme possède quelques bijoux, quelques meubles qui soient pour elle des objets d'affection ou de souvenir, le mari peut les prendre, les vendre ou les donner à sa maîtresse. Le texte est formel : « Le mari est libre de disposer des meubles de la communauté à titre gratuit, au profit de *toutes personnes*[2]. »

Descendons chez les femmes du peuple, quel spectacle frappe nos yeux? Un débauché, un ivrogne vend le lit où dort sa femme, le berceau où couche son enfant, la table où se mange le repas, la huche où se serre le pain, tout, enfin, tout, pour aller en dépenser le prix avec quelque vile créature; et lorsque la malheureuse mère, qui voit ses enfants en guenilles et affamés, accourt éperdue chez l'homme de la justice, et lui demande avec désespoir de forcer au moins son mari à leur laisser un grabat, l'homme de la loi lui répond : « Le mari peut vendre tous les meubles de la commu-

---

1. Code civil, art. 934.
2. Id., art. 1422.

nauté. » Le croirait-on, si un magistrat lui-même ne l'avait écrit et imprimé[1]? Des femmes ont vu vendre ainsi jusqu'à trois fois le pauvre mobilier acquis par elles à la sueur de leur front. Dès que la maison était vide, le mari partait; dès que l'industrie de la femme l'avait remeublée, il revenait et vendait tout de nouveau.

Voilà les fruits de ce fatal système d'omnipotence administrative; il déprave le mari, qui se croit maître par droit divin, détruit parfois la paix intérieure (car la moitié des querelles domestiques sont des querelles d'argent), il ruine souvent la femme et les enfants. Que le mari soit un joueur, un spéculateur, ou même seulement un prodigue, la femme voit les biens communs, qui composent quelquefois tous ses biens, se dissiper en folles dépenses. Elle prévoit la ruine, la faillite même, et elle ne peut rien, rien pour elle, rien pour sa famille. La loi, il est vrai, lui permet de poursuivre en justice la séparation, si la mauvaise gestion de son mari met sa dot ou ses droits en péril. Mais, est-ce qu'elle connaît cette gestion? Est-ce que l'exclusion même qui crée le mal ne l'empêche pas de le sonder? Est-ce qu'il n'arrive pas mille fois que la femme n'apprend sa ruine que le jour où elle est ruinée? Est-ce qu'elle sait ce que c'est que la justice? Toutes les tyrannies se touchent, se justifient l'une l'autre. L'éducation des femmes, encore toute factice, leur a si bien inculqué l'horreur des choses sérieuses; nous avons si bien intéressé leur vanité et leurs vertus mêmes à leur ignorance, que le seul mot d'af-

---

1. *Travail et salaire,* par M. Tarbé, substitut du procureur du roi, page 249.

faires les épouvante. Une femme entrer dans un greffe, paraître devant un tribunal! Elle se croirait plus que ridicule, déshonorée! Souvent enfin sa bonté commande son silence, et craignant par un acte public de flétrir son mari, elle aime mieux dévorer ses larmes, courber la tête sous la ruine qui s'approche, et voilà toute une famille réduite à la misère par cette autorité et cette unité qui devaient la soutenir !

A tant d'excès, à tant de douleurs, on oppose pour excuse une règle d'ordre, le besoin d'un chef.

Nous croyons, comme tous les gens sensés, qu'une certaine partie des biens doit être remise à un seul gérant; mais pourquoi la gérance maritale ne subit-elle aucun contrôle? Tous les pouvoirs sociaux sont inspectés; pourquoi le mari gérant est-il seul, nous le répétons, inviolable et inamovible?

Cette injustice est réelle, dira-t-on, ces malheurs incontestables; mais que faire? comment les prévenir sans renverser la famille même?

Rien de plus simple : il ne s'agit de rien renverser ni même de rien créer, il ne faut que combiner, et modifier, en les combinant, trois chapitres de la loi conjugale[1]. Car le progrès, c'est-à-dire l'avenir, se trouve presque toujours en germe dans le présent; le progrès ne détruit pas, il développe et généralise.

---

1. Ces trois chapitres sont : le § 2 de la section IX de la clause de séparation de biens; la section IV du chapitre 3 des biens paraphernaux, et quelques articles de la communauté. Le défaut des deux premiers régimes est d'investir la femme de dix-huit ans de la possession de ses biens et de rompre le lien de communauté. Nous avons longuement développé les vices du dernier système, mais il implique cependant un esprit de fusion très-important à conserver dans une juste mesure.

Un fait a toujours frappé les hommes qui réfléchissent, c'est qu'il n'y a pas de majorité pour l'épouse; la femme, après vingt ans de mariage, est aussi mineure que la jeune fille qui entre en ménage à dix-huit ans.

La justice et le bon sens s'élèvent contre cette loi : il faudrait que le mari, au début de l'union, fût nommé, il est vrai, gérant même des biens personnels de la femme, qui ne tombent pas dans la communauté, mais avec obligation de lui remettre cette gérance au bout de cinq ans; ces cinq ans, il les emploierait à l'initier au gouvernement de ses propres affaires, à lui enseigner l'administration de sa fortune, elle serait élève et non subalterne, il serait éducateur et non pas maître[1].

Quant à la masse de la communauté, que le mari en soit nommé l'administrateur, rien de plus juste, mais administrateur contrôlé, surveillé, responsable. Ici encore, pour réaliser le progrès, il ne faut que se souvenir ou regarder, c'est-à-dire appliquer ce qui fut ou ce qui est.

La république romaine et la féodalité avaient établi, l'une sous le nom de tribunal domestique, l'autre sous le titre d'assemblée de parents, un conseil de famille chargé de protéger l'épouse contre l'époux. Cette institution manque dans notre Code. Il nous faut un conseil de famille conjugal. Composé d'amis et d'amies, de parents et de parentes, cette assemblée, sur la demande de deux de ses membres et de la femme, aurait le droit d'appeler à sa barre l'époux accusé de dilapi-

---

1. Les États-Unis nous offrent dans un grand nombre de provinces l'application de ce système. La loi accorde aux Américaines des États du sud et de l'ouest l'administration entière de leurs biens. (Miss Martineau, *Mœurs des Américains*, t. I, *Civilisation*.)

dation ou d'incapacité. Si l'enquête le condamnait, et si la femme, au contraire, avait donné des preuves irrécusables d'intelligence dans le maniement de ses propres affaires, la direction de la communauté pourrait temporairement être ravie à l'incapable et remise au plus digne.

A ceux que ce contrôle du pouvoir marital effrayerait nous répondrons qu'agir ainsi, c'est simplement traiter le mari comme le tuteur, protéger la femme comme la mineure, et appliquer au ménage une institution déjà acceptée pour la famille.

A ceux qui se révoltent à l'idée d'une femme élue chef de la communauté, nous répondrons que cette élection, naturellement fort rare, puisqu'elle ne pourrait être faite que par le conseil de famille, dans des circonstances exceptionnelles, en cas d'incapacité reconnue du mari, en cas de capacité reconnue dans la femme, introduirait dans le ménage ce qui peut seul assurer sa prospérité, l'emploi des deux forces qui le composent.

Enfin, aux personnes que ces raisons ne convaincraient pas, nous répéterons ce que nous avons déjà dit : Puisque la famille est le royaume des femmes, il est juste qu'elles y puissent être reines. Or, sur quoi règnent-elles aujourd'hui ? Sur les enfants ? le père seul exerce l'autorité paternelle. Sur le mari ? le mari est seul chef de la communauté. Sur elles-mêmes ? la femme doit obéissance à son mari. Sur les domestiques ? le chef de la maison peut en chasser ou y introduire qui il veut. Sur les immeubles ? la femme ne peut pas même les administrer. Sur les meubles ? les siens ne lui appartiennent pas. Or, je voudrais qu'on m'expliquât ce que c'est que la famille sans le mari, la femme, les enfants, les domestiques, les immeubles et les meubles.

Passons au pouvoir sur la personne.

CHAPITRE III

POUVOIR DU MARI SUR LA PERSONNE DE LA FEMME

Saint Augustin écrit dans ses *Confessions*[1] : « Ma
« mère obéissait aveuglément à celui qu'on lui fit épou-
« ser; aussi lorsqu'il venait chez elle des femmes dont
« les maris étaient bien moins emportés que le sien,
« mais qui ne laissaient pas que de porter jusque sur
« leur visage des marques de la colère maritale, ma
« mère leur disait : C'est votre faute, prenez-vous-en à
« votre langue; il n'appartient pas à des *servantes* de
« tenir tête à leurs maîtres; cela n'arriverait pas si,
« lorsqu'on vous lut votre contrat de mariage, vous
« aviez compris que c'était un contrat de servitude que
« vous passiez. »

Ce court récit est précieux, car il nous montre dans toute son énergie l'omnipotence primitive du mari sur *la personne* de la femme.

Cette omnipotence se témoignait par trois priviléges principaux :

Droit de correction, que nous retrouvons écrit dans la loi féodale;

---

1. *Confessions de saint Augustin*, liv. IX, chap. 9.

Droit absolu sur les actions de l'épouse ;

Droit sur le corps même : le mot *devoir conjugal* explique ce droit.

Une belle légende scandinave vient nous montrer sous une forme poétique l'indignation et la résistance de la femme en face de ce dernier droit.

Quelle était cette sœur que Dieu envoyait à l'épouse chrétienne du fond des glaciers de la Norwége ? Grande, blanche, fière, une chasteté hautaine brille sur son front ; ses membres, endurcis par le froid, n'ont rien de la mollesse lascive des souples corps des femmes de l'Orient, et la pureté de son amour se lit dans ses grands yeux bleus, limpides, lumineux et sereins. Elle rappelle cette Cimmérienne qui apporta un jour à son mari la tête d'un centurion romain [1] qui avait osé l'outrager, en disant : « Il ne faut pas que deux hommes vivants puissent se vanter de m'avoir possédée ! » Elle a une parenté d'âme avec ces héroïques femmes des Cimbres, qui crièrent aux Romains, quand ils leur disaient de se rendre : « Nous ne nous rendrons [2] que pour servir vos vestales, » et qui se pendirent toutes devant les chariots de guerre, plutôt d'appartenir à d'autres qu'à ces prêtresses de la virginité. Elle a pour type enfin la mâle Brunehilde [3].

Sur une mer lointaine, disent les *Niebelungen*, siégeaient Brunehilde et sa cour : personne n'avait jamais

---

1. Amédée Thierry, *Histoire des Gaulois*.
2. Plutarque, *Vie de Marius*.
3. Poëme des *Niebelungen*. — M. Fauriel, *Histoire de la littérature méridionale*, a cherché dans la mythologie d'Odin l'origine de ce type de Brunehilde, et il l'a retrouvée telle que nous la présentent les *Niebelungen*, chaste, hautaine, et voulant rester maîtresse de sa personne.

égalé cette reine ; sa beauté comme sa force, était hors de toute mesure. Celui qui aspirait à son amour devait la vaincre dans un tournoi ; s'il était vaincu, il mourait. Gunther, le chef du Rhin, fixa sa pensée sur la belle femme (ainsi l'appelait-on), et dit : « Telle chose qui arrive, je traverserai la mer, j'irai vers Brunehilde, et je mourrai, ou elle sera mienne. » Il part. La lice est ouverte, Brunehilde paraît (n'est-ce pas la mère des Bradamante et des Clorinde?), Brunehilde combat ; Brunehilde est vaincue, elle suit Gunther sur les bords du Rhin. Le mariage se célèbre ; et, le soir venu, Brunehilde se retire dans la chambre nuptiale. Gunther entre ; elle se tenait debout devant sa couche, avec le vêtement nuptial de soie blanche. Le chevalier se dit : « Voici que je suis possesseur de ce bien tant souhaité. » Et, de sa main royale, écartant les flambeaux, il marche hardiment vers la fière Brunehilde. « Arrière, noble chevalier, lui dit-elle, je veux rester maîtresse de moi-même. » Transporté d'amour et aussi de colère, le chef du Rhin s'élance sur la mâle vierge, et déchire son blanc vêtement. A cet outrage, à la vue de cet homme qui prétendait ravir ce que l'amour seul doit donner, la fille belle et forte trouva dans sa pudeur et dans sa dignité une vigueur inconnue ; elle prit sa ceinture, et, s'élançant à son tour sur Gunther, elle lui lia les pieds et les mains, et le suspendit à un énorme clou fixé dans la muraille.

Une partie de la nuit se passa ainsi, lui mourant de honte, et elle lui disant parfois :

Eh bien ! sire Gunther, vous plairait-il d'être vu par vos chambellans, ainsi lié par la main d'une femme?
— Détachez ces liens, lui dit Gunther, et puisque ma

violence vous a offensée, mes mains ne toucheront plus même vos vêtements, si vous ne me le permettez. » Elle lui délia les bras, et il vint s'étendre sur la couche, mais si loin d'elle, qu'à peine voyait-il le haut de sa blanche et soyeuse chemise : c'était ainsi qu'elle le voulait.

Où est Ruth se glissant sous la couverture qui abrite le sommeil de Booz? Où est la femme de l'Inde, tremblant que son maître *ne l'honore pas de son corps?*

Cependant voici venir avec le matin les serviteurs des époux, apportant en profusion les habits neufs. Mais le roi était pensif, il attendait la nuit; la nuit arrive, il ferme la porte, pousse deux forts verrous, et s'avance vers Brunehilde. — « Il ne vous sied pas, lui dit-elle, d'être le possesseur d'une femme, vous qui êtes plus faible qu'une femme. » Et elle le repousse violemment; mais l'homme vaillant ne se décourage pas; il revient, il saisit les deux mains de la vierge fière [1], et sous son étreinte puissante la fait plier... Tout à coup, quelle métamorphose! Semblable à ce Dieu antique qui, après s'être transformé en lion, en tigre, en serpent, prenait soudain un visage d'ami, dès qu'il reconnaissait un homme digne de l'entendre dans celui qui l'assaillait, Brunehilde, aussitôt qu'elle sentit fléchir ses deux bras sous la main de Gunther, changea subitement de physionomie et de langage. La lutte cesse. — « O roi, lui dit-elle, je suis à toi; tu m'as méritée, puisque tu m'as conquise : je ne m'oppose plus à ton noble amour, j'ai reconnu que tu étais digne d'être maître. » Dès lors,

---

1. Dans les *Niebelungen*, c'est au moyen d'un stratagème magique que Gunther dompta Brunehilde, mais Brunehilde l'ignorait. Ce détail n'influe donc en rien sur ce qu'elle dit, et nous avons pu le supprimer.

plus d'héroïne; il ne reste qu'une femme toute semblable aux autres femmes, sinon qu'elle est plus tendre encore. Comme elle veut réparer le mal qu'elle a fait ! Comme elle baise ces mains et ce front si violemment repoussés tout à l'heure ! La pâleur couvre encore son visage, mais ce n'est plus la pâleur de la colère, ni même la confusion de la honte, c'est le trouble de la tendresse. Avec cette douceur charmante dont les âmes fortes semblent avoir le secret, elle comble de caresses celui dont elle est fière, celui qui repose auprès d'elle; elle le regarde pendant son sommeil, et quand l'aube claire vient blanchir les vitrages, et que le roi veut courir au tournoi, c'est elle qui retient sur son sein cette tête chérie et désarmée... »

Cette légende est pleine d'intérêt par ses contradictions mêmes, et fertile en révélations par ses mystères. Deux faits moraux qui résument tous les autres s'y dessinent nettement :

La révolte de la femme contre le devoir conjugal,

La nécessité, pour l'homme, de conquérir l'amour et la personne de la femme, avant de l'obtenir.

Ce double sentiment d'orgueil et de pudeur féminine se retrouve partout dans les *Niebelungen*, derrière le fracas des luttes matérielles.

Dans les *Sagas*, qui sont aux *Niebelungen* ce que les légendes populaires sont aux épopées mythologiques, vous voyez toujours la femme *voulant être gagnée*. Le roi Harold aux beaux cheveux était épris de Gida, fille d'un obscur seigneur; il lui offre sa main; la simple fille noble refuse l'offre royale[1], ou, du moins, ajourne son

---

1. Mallet, *Histoire du Danemark*, vol. II. Poésies populaires.

consentement, et répond à Harold ces fières paroles : « Fais d'abord plus que tu n'as fait ; soumets toute la « Norwége, et je t'accepterai alors pour époux. » Le roi Regner aborde à une île avec toute sa flotte ; il trouve sur la côte une jeune fille qui faisait paître des chèvres. Dès qu'elle aperçut les étrangers, elle peigna diligemment sa chevelure dorée, qui lui descendait jusqu'aux pieds, et leur apparut si belle, que le roi voulut l'entraîner à la cour. Cette gardéuse de troupeau lui répondit : « Allez achever la conquête de votre royaume, et « alors je consentirai à vous suivre à la cour, mais « comme épouse. » Toujours la gloire pour caution de l'amour ; toujours la dignité de la femme à côté et au-dessus du pouvoir de l'homme. C'était là, convenons-en, tout un ordre de sentiments inconnus même au christianisme, car ils donnaient une personnalité à l'épouse ; au lieu de l'absorber dans le mari, ils la laissaient maîtresse d'elle-même.

Sous la féodalité, ce caractère disparaît entièrement, du moins dans le mariage ; les mœurs conjugales retournent à leur brutalité ; la femme ne se donne pas à son mari, elle se doit à lui.

Les siècles suivants ne changent rien à cette doctrine, et nous voyons aujourd'hui encore l'exercice grossier de ce droit devenir parfois pour les femmes la plus humiliante des servitudes ou la plus insuportable des tortures. Les lois n'ont pas à s'ocuper de tels faits, nous le savons ; mais pourquoi aucun moraliste ne dit-il aux hommes que l'usage brutal de ce pouvoir et leur foi en sa légitimité est un crime de lèse-dignité humaine ? Pourquoi surtout ne leur montre-t-il pas à quel degré d'indélicatesse cynique il peut les entraîner ? J'hésite à citer une parole que j'ai entendue. Un homme du monde était marié depuis deux ans à une jeune femme; deux de ses amis vont le visiter à la campagne; ils le trouvent dans un costume presque sordide, le menton hérissé d'une barbe inculte, les mains d'une équivoque propreté :

— « Vous voyez, leur dit-il, sale comme un goret : c'est le bonheur du mariage. » Ce mot est hideux; eh bien! avouons-le, il est plus d'un mari qui a le triste courage de le dire. La cause de leur cynisme est dans cette maxime brutale, que leur femme leur appartient. A quoi bon se mettre à la gêne pour obtenir ou mériter ce que l'on possède de droit? De là oubli du soin de leur visage, de leur chevelure, abandon de toute leur personne aux outrages du temps. Cette négligence ne peut pas s'attribuer à des occupations plus sérieuses, à des études plus profondes; car ces mêmes hommes, pendant leur laborieuse jeunesse, poussaient l'élégance jusqu'à la recherche dès qu'il s'agissait pour eux de plaire à la femme d'un autre; et vienne une infidélité à faire à leur propre femme, ils retrouveront tout leur art et toute leur minutieuse préoccupation. Il n'y a donc là que dédain de possesseur, confiance de maître; or, les fruits de ces maximes, c'est le désespoir pour la femme et souvent le déshonneur pour le mari.

Le second droit sur la personne, le droit de correction matérielle, au lieu de s'effacer des usages, après saint Augustin, passa, sous la féodalité, des mœurs dans la loi coutumière, il devint presque un article du code: « Tout mari, dit Beaumanoir[1], peut battre sa femme

---

1. Beaumanoir, titre 57.

« quand elle ne veut pas obéir à son commandement, ou
« quand elle le maudit, ou quand elle le dément, pourvu
« que ce soit modérément et sans que mort s'ensuive. »
La femme abandonnait-elle le mari qui l'avait battue[1],
la loi lui recommandait de revenir sous le toit conjugal
au premier mot de regret de l'époux, ou sinon elle perdait tout droit sur les biens communs, *même pour sa
soutenance*. Le mot est textuel.

Le siècle de la renaissance succéda au moyen âge;
que changea-t-il à ce système? Rien. Le monde moderne
remplaça la renaissance; que modifia-t-il dans ces tyrannies? Rien. Le Code parut; qu'institua-t-il contre
ces excès? Rien.

Qu'on lise notre Code pénal, on y trouvera cent articles pour définir et graduer les peines relatives aux délits pécuniaires, mais il ne renferme pas une seule ligne,
pas un seul mot qui dise : Le lâche qui abuse de sa force
pour frapper sa femme sera puni.

Le législateur écrit, il est vrai : « Les sévices ou injures
graves d'un des deux époux autorisent l'autre à former
une demande en séparation. » Mais qu'est-ce que la séparation? Un remède impossible pour les femmes pauvres
(la séparation coûte si cher), un remède mortel pour les
femmes riches (la séparation brise toute la vie), un
dénoûment désiré par quelques maris! Oui, il en est qui
vont jusqu'à injurier leur femme dans le seul espoir
d'une séparation! Là ne se trouve donc ni entrave ni
pénalité : en conséquence, que le mari, modéré comme
le baron féodal, ménage ses coups de façon qu'ils n'obli-
gent pas sa femme à une cessation de travail; qu'il ait

---

1. Beaumanoir, titre 57.

soin surtout de frapper la victime à huis clos et sans troubler l'ordre public, personne ne viendra le gêner dans l'exercice de son privilége ; son titre de mari pourra même lui servir de circonstance atténuante. Qu'en advient-il souvent? Que plus d'un ouvrier de campagne ou de ville, modelant sa conscience sur la loi, bat sa femme théoriquement et pour la corriger. Un charretier montrant un jour son fouet, disait : « Voici la paix de mon ménage! — Vous frappez votre femme? lui dit-on. — Sans doute. — Vous n'en avez pas le droit. — Pourquoi? Quand mon cheval ne va pas, je le bats bien. — Votre femme ne peut se comparer à votre cheval. — Non, ma foi, car elle est plus entêtée que lui. — Qu'importe son entêtement? C'est une lâcheté de se mettre en colère contre une femme. — Ah! monsieur, je la bats, mais je ne me mets pas en colère! » Un pédagogue n'aurait pas mieux dit. A Dieu ne plaise que je prétende faire là le portrait de toute la classe ouvrière; mais, pour plus d'un, battre sa femme est une distraction, un soulagement à sa colère. Tel ouvrier est ivre, il bat sa femme; il n'a pas d'ouvrage, il bat sa femme; il est battu, il bat sa femme. J'ai vu une pauvre créature, la femme d'un carrier, qui portait sur sa figure l'empreinte des clous de souliers de son mari. Pendant sa grossesse, il l'avait si cruellement traînée par les cheveux à travers les roches de grès de Fontainebleau, qu'elle était accouchée d'un enfant imbécile, muet, défiguré par les convulsions, et six mois encore après, dès que la voix de cet homme se faisait entendre, le petit idiot tremblait dans les bras de sa mère, comme s'il eût reconnu à son accent celui qui l'avait frappé d'épouvante et presque de mort jusque dans le sein maternel! Eh bien! cet homme ne se croyait nullement coupable, il n'aurait peut-être pas battu une autre femme, mais la sienne! c'était son droit de propriétaire, le silence de la loi lui semblait une amnistie.

Après le pouvoir du mari sur la personne de la femme, vient le pouvoir sur ses actions.

Les paysannes disent avec une poétique mélancolie : « Là où le soleil reluit, la lune n'a pas de puissance. » Ce mot est la traduction populaire de l'opinion de nos législateurs. Bonaparte parlait en ces termes exprès au conseil d'État [1] :

« Un mari doit avoir un empire absolu sur les actions
« de sa femme; il a le droit de lui dire : Madame, vous
« ne sortirez pas; madame vous n'irez pas à la co-
« médie; madame, vous ne verrez pas telle ou telle per-
« sonne. »

A son tour, le Code formula ainsi ce système : « Le
« mari peut contraindre sa femme à le suivre partout où
« il lui convient de résider, à habiter où il habite. »

Pothier, le véritable légiste du Code civil, avait écrit [2] :
« Une femme ne peut rien opposer pour se défendre de
« l'ordre marital; elle n'est pas même admise à dire
« que l'air du lieu où la conduit son mari est con-
« traire à sa santé, ou qu'il y règne des maladies con-
« tagieuses. »

Certes il faut un pouvoir directeur dans le ménage. Si les actes ordinaires de la vie étaient livrés au conflit de deux volontés différentes; si, lorsque le mari veut demeurer à Paris, la femme voulait et pouvait s'établir à Londres, que deviendraient la famille et les enfants, en

---

1. Thibeaudeau, *Mémoire sur le Consulat.*
2. Pothier, *Traité sur le contrat de mariage*, t. II, p. 248.

attendant que l'un des deux maîtres cédât? Mais un abîme sépare l'autorité nécessaire de l'autorité absolue; il convient que le mari ait le pouvoir directeur, soit, mais un pouvoir qui au besoin dans un cas extrême puisse être contrôlé. Or, il n'y a pas de czar aussi omnipotent pour faire le mal qu'un mari cruel, le Code à la main : il viole la loi avec la loi même. Supposons, ce que nous voyons trop souvent, un homme qui a une maîtresse et qui veut l'installer dans le domicile conjugal au mépris de la loi. Que fait-il? Si elle est d'une condition inférieure, il l'y introduit comme femme de charge; si elle est d'un état plus relevé, comme gouvernante de ses enfants. L'épouse, qui sait tout, mais sans avoir de preuves, veut-elle s'y opposer? « Vous « n'êtes rien dans cette maison, » lui dit-il. Le père, indigné, accourt; il vient parler au nom de l'honneur et du bonheur de sa fille. — « Vous n'avez aucun droit sur votre fille. » La mère, éperdue, veut arracher son enfant à ce séjour ou le partager. — « Je ne le veux pas, répond le maître; je ne veux ni qu'elle vous suive, ni que vous demeuriez auprès d'elle. » Que peut faire la femme? Demander la séparation pour sévices ou injures graves? Eh! si elle n'ose pas, ne peut pas, ne veut pas la demander! si elle consent elle-même à son ignominie! Si le législateur a donné au mari un dernier pouvoir qui la contraint à y consentir! Ah! il y a là un mystère de douleur devant lequel la pensée même recule!

Une femme[1] se trouvait ainsi, dans sa propre maison, entre son mari et sa rivale; depuis plusieurs mois elle avait tout supporté, par pudeur d'abord, afin de ne pas

---

[1]. *Gazette des Tribunaux*, affaire Thiébault.

étaler ses souffrances aux yeux du public, puis par soumission chrétienne, et enfin par un reste de tendresse; car les femmes ont parfois ce surcroît d'infortune qu'elles ne peuvent s'arracher du cœur un amour insensé pour celui qui les outrage. Un matin, entre chez elle, les yeux pleins de larmes, un vieux serviteur de sa famille. — « Qu'avez-vous? — Je n'ose le dire à madame. — Parlez. — Madame, dit-il d'une voix étouffée, je viens vous demander les clefs de l'office et de la cave; mon maître m'a défendu de recevoir désormais vos ordres, une autre doit commander ici. » A cette dernière insulte, la femme perd toute résignation : se voir avilir aux yeux de ses domestiques mêmes, se voir retirer le gouvernement de sa maison, comme à une femme improbe!... Elle s'élance vers la chambre de la maîtresse de son mari, et avec toute l'autorité que donnent l'innocence et le droit : « Sortez, lui dit-elle, sortez, je vous chasse! » La rivale pâlit et sortit. Mais que s'ensuivit-il? Une demi-heure plus tard, la femme légitime était aux genoux de la concubine, lui demandant pardon, la suppliant avec larmes de rester et de rester comme maîtresse. Cette lâcheté semble révoltante! Eh bien, il n'y a pas une seule femme, si elle est mère, qui n'eût agi de même. Qu'on achève de lire et qu'on juge. Le mari, en apprenant cet éclat, avait couru chez sa femme et lui avait dit : « De par la loi, « l'autorité paternelle est tout entière entre mes mains... « Or, si vous n'allez à l'instant demander pardon à celle « que vous avez insultée; si vous ne la déterminez pas « à rester, j'envoie votre enfant aux colonies, et vous ne « le reverrez jamais! » Ah! je le dis du plus profond de mon cœur, un pays où la loi permet une telle barbarie, où l'on peut, le Code à la main, avilir et torturer ainsi une épouse avec son affection de mère, ce pays-là est déshonoré, s'il ne réforme pas un tel code!

On répond : Mais il faut être un monstre pour se livrer à de tels excès de pouvoirs, et la loi ne statue pas sur des monstres.

Sur qui donc statue-t-elle? Serait-ce sur des anges, par hasard? J'ai toujours cru que le Code de commerce supposait des fripons : pourquoi donc le code marital ne supposerait-il pas des maris despotes? De quel droit met-elle entre les mains d'un homme une arme terrible et mortelle, en se disant : « Ce serait un monstre de méchanceté s'il s'en servait? » J'ajouterai même plus : il n'est nullement nécessaire pour cela qu'il soit un monstre, et il faudrait qu'il fût plus qu'un homme pour résister à toutes les occasions, sinon de despotisme barbare (les monstres seuls en effet en sont capables), du moins de suzeraineté absolue que lui laissent les lois. Les lois donnent tellement au mari l'idée de sa supériorité, elles lui apprennent si bien à se regarder comme le seul personnage important du ménage, qu'il prend trop souvent son égoïsme pour de la justice, et son *je le veux* pour de la raison. Un des plus hommes d'honneur que je connais, à qui l'on reprochait un jour de tenir sa jeune femme éloignée des plaisirs, et de consacrer toute sa fortune à la satisfaction de ses propres goûts d'antiquaire, répondit : « *Que voulez-vous, mon cher? Dans un bon ménage, il faut bien que quelqu'un se sacrifie, et il est juste que ce soit la femme.* »

Pour excuse à de telles injustices, on met en avant un sophisme et un principe. Voici le sophisme :

« Un code, dit-on, est sans doute l'expression la plus
« générale des mœurs; mais plus souvent encore les

« mœurs contredisent les codes. Que d'existences, que
« d'actions en dehors ou à côté des lois! Les lois res-
« semblent à ces faisceaux d'épines posés en travers des
« routes pour barrer le chemin; arrêtent-ils la marche
« du passant? Nullement. Les uns prennent pied sur le
« faisceau et le brisent, les autres se font jour en le dé-
« rangeant un peu; le plus grand nombre saute par-
« dessus : ainsi de la destinée des femmes. La charte
« conjugale proclame l'obéissance de l'épouse; mais en
« est-il une qui obéisse à son mari? En principe, sans
« doute; en paroles, toujours; mais en réalité? Qui le
« soutient les calomnie, et on leur ôterait le meilleur de
« leur vie si l'on rayait du Code ce terrible article. Quel
« plaisir plus vif, en effet, et mieux approprié à leur
« finesse, que d'être appelée l'esclave et de se sentir la
« dominatrice! Domination de l'esprit sur la matière :
« domination impalpable, insaisissable, et d'autant plus
« digne d'envie. Notre grossier empire masculin repose
« sur de lourds et massifs articles; mais la puissance de
« la femme, où réside-t-elle? Vous ne sauriez pas plus
« lui assigner de place qu'à l'âme elle-même. Elle vient
« d'un regard, d'un geste, d'une intonation, de tout ce
« qu'il y a de plus délicat dans l'organisation humaine.
« Proclamez la femme l'égale de l'homme, la lutte dis-
« paraît, et avec la lutte les joies de la conquérante; la
« voilà ennuyée comme une reine légitime. La femme
« n'est une créature si délicieuse que parce qu'elle ne
« peut rien et qu'elle fait tout, et la fable du lion amou-
« reux doit passer pour une injure contre elle. Couper
« les griffes du lion, lui limer les dents, elle s'en garde-
« rait bien; il faut qu'il soit rugissant et terrible, que sa
« crinière hérissée se dresse et ondule sur sa tête comme

« les vagues mêmes de l'Océan ; il faut que son effroyable
« gueule soit tout ouverte par l'appétit du meurtre, pour
« qu'arrive une petite main blanche et délicate qui passe
« ses doigts dans cette crinière et la fasse tomber, qui
« joue avec ces griffes et les fasse rentrer, et amène la
« bête furieuse à se coucher comme un chien qui donne
« une caresse. Brave lion ! et il se croit le roi des ani-
« maux ! La femme n'a pas même besoin d'être aimée
« par son mari pour le gouverner, il lui suffit de décou-
« vrir la qualité qu'il croit avoir, ce qui n'est pas diffi-
« cile, car nous croyons toujours en avoir au moins
« deux. Ainsi se rétablit l'équilibre, et les plus maîtres
« en apparence sont conduits en réalité par les ruses
« adroites, par les flatteries habiles et par les caresses
« bien placées. »

Nous n'opposons qu'une réponse a cet argument : c'est qu'il est complétement juste. Oui, les manéges habiles, les caresses bien placées rendent aux femmes la part d'empire que nous leur arrachons, et voilà pourquoi il leur faut à l'instant une part de liberté. Qu'est-ce en effet que cet empire conquis, sinon le mensonge et le trafic de la tendresse? Par là, tout devient faux dans quelques femmes, le son de la voix, les larmes, la colère elle-même. Perdant jusqu'à la grossière probité des mains, on en voit qui s'accordent avec les marchands, qui prennent les domestiques pour complices, afin de tromper, de dérober et de satisfaire à leur coquetterie avec leur improbité. Dieu avait créé la femme fine, vous la faites fausse ; Dieu l'avait créée insinuante, vous la faites artificieuse ; la femme telle que l'admire la société est un être déformé. Loin donc de nous, et ces lois qui violent les mœurs, et ces mœurs que corrompent les lois ! Rendons aux femmes la liberté, puisque la liberté est la vérité! ce sera du même coup affranchir les hommes. Une servitude crée toujours deux esclaves, celui qui tient la chaîne et celui qui la porte, et le monde fait payer aux maris leur toute-puissance par un préjugé plus lourd que toutes les sujétions de l'épouse.

Chaque jour, en effet, il se passe sous nos yeux un fait inexplicable, ce semble, pour la raison. Toutes les trahisons appellent sur celui qui est trahi la pitié ou la sympathie publique : un homme est dupé par son ami, on le plaint; un père est abusé par sa fille, on pleure avec lui; mais qu'un mari soit trompé par sa femme, on rit. Cependant une telle tromperie est peut-être pour cet homme plus que la mort elle-même, son cœur désespéré saigne; n'importe, on rit. Pourtant cette infortune s'appelle déshonneur, et, par suite d'une opinion insensée, la faute de la coupable devient la honte de l'innocent; n'importe, on rit, et telle est la force de ce ridicule, que, pour l'effacer, il faut que le mari se fasse tuer ou qu'il tue.

D'où vient cette contradiction cruelle? Est-ce de la malignité humaine, qui se plaît au spectacle des maux d'autrui? Non, puisque aucun autre malheur n'excite ces sentiments de raillerie. Elle a une autre cause plus étrange, plus profonde, c'est l'autocratie maritale. L'homme s'est fait donner pleins pouvoirs par la loi; il peut griller les fenêtres, verrouiller les portes : voilà Bartholo qui apparaît, et avec lui la comédie. Plus il a de clefs à la ceinture, plus l'évasion de la captive est piquante. Le mari est ridicule comme un geôlier qu'on trompe, parce que sa femme est désarmée et touchante comme une victime qu'on embastille. Voulez-vous ôter tout le comique du rôle? ouvrez les portes.

Ouvrez les portes, et soudain la femme coupable tombe sous le coup du mépris public; ouvrez les portes, et le mari remonte à son rang d'homme de cœur trahi, et nous voyons disparaître enfin des mœurs publiques ce préjugé révoltant, qui met notre renommée aux mains d'un autre que nous-même! Quoi! un homme a vécu vingt ans pour le bien, il a servi son pays de sa plume ou de son bras, il a traversé, pur de toute tache, les épreuves difficiles d'une vie de travail, et parce qu'une femme ingrate, que dans sa tendresse il a peut-être été chercher au sein de la pauvreté, oublie tous ses bienfaits et se souille elle-même, voilà cet homme de bien déshonoré!.... Ah! de l'air!.... l'air de l'indépendance pour purifier le ménage de cette iniquité! Rendons à la femme la responsabilité de ses fautes; rendons au mari la disposition de son honneur, et que l'affranchissement soit pour tous les deux la justice.

Cet affranchissement, cette indépendance, seront-ils absolus? Non, certes; car une telle liberté serait la ruine de la famille. Nous ne cesserons de le répéter : il faut un pouvoir directeur, mais un pouvoir restreint.

Que les défenseurs légitimes du principe de l'autorité (car c'est lui qu'on oppose à toute réforme) cessent donc de s'alarmer. Loin d'affaiblir la règle d'ordre, il s'agit de la rendre plus juste, plus salutaire, plus légitime, donc plus forte, par le contrôle. Tout contrôle est le salut de l'autorité qu'il limite. A côté donc de la puissance maritale sur les actions de la femme, créons comme inspecteur et protecteur un conseil de famille. Convoqué avec prudence, et seulement dans les cas graves, animé de sentiments d'affection, ce tribunal n'aurait rien de l'éclat dangereux et irritant des jugements publics. Il pénétrerait patiemment dans les détails qui échappent forcément à la justice. La femme, se sentant appuyée, aurait moins de caprices de révolte; le mari, se sentant surveillé, aurait moins de fantaisies d'arbitraire; la moralité de tous deux y gagnerait comme leur bonheur, et la création seule de ce tribunal suffirait peut-être pour prévenir la plupart des abus qui l'auraient fait créer.

CHAPITRE IV

L'ADULTÈRE DE LA FEMME ET L'ADULTÈRE DU MARI

Ce que les femmes doivent au christianisme est incalculable; il fit d'elles un être nouveau. La femme biblique ne nous apparaît que comme une partie d'Adam; elle est à lui puisqu'elle est de lui : mais la femme chrétienne est un des membres de Jésus-Christ; elle est formée de cette chair et de cette personne divine, comme dit saint Paul[1], dès lors plus d'inégalité fondamentale, Dieu, si l'on peut parler ainsi, l'ayant recréée en son Fils. En vain l'Apôtre dit-il plus loin[2] : *Le mari est le chef de la femme,* un principe est plus fort que celui qui le pose. Dès qu'il a confondu l'époux et l'épouse dans la personne de Jésus-Christ, il n'est plus libre de faire un inférieur de l'un d'eux ; il les a forcément mis au même niveau en les divinisant. Rien ne le prouve mieux que la doctrine chrétienne sur l'adultère.

---

1. Saint Paul, *Épitre aux Éphésiens.*
2. Idem, *Épitre à Timothée.*

Lisez la Bible, lisez le code indien, lisez le code antique, le mot adultère n'a jamais qu'une signification, l'*adultère de la femme,* et les répressions religieuses, les prescriptions, les condamnations judiciaires n'ont jamais qu'un objet, le châtiment de la femme. Quant à l'adultère du mari, à peine est-il nommé, encore moins puni. Rien de plus simple : l'adultère du mari, chef et seigneur, n'était qu'une faute vis-à-vis de lui-même, tout au plus vis-à-vis du père ou du mari de sa complice; mais quant à sa femme, il ne manquait pas à ce qu'il lui devait, puisqu'il ne lui devait rien. Chez les Juifs, la femme coupable était lapidée, et il suffisait d'un témoignage pour la convaincre. Chacun se rappelle la légende biblique de Suzanne, cet effrayant chapitre de l'histoire de l'adultère. Lorsque les deux vieillards, repoussés par cette chaste épouse, lui dirent : « Nous porterons témoignage contre vous, nous affirmerons vous avoir surprise dans ce jardin en adultère avec un jeune homme, » cette femme, si connue par sa pureté, ne leur répondit pas : « Ma vie tout entière prévaudra contre votre témoignage. » Elle ne leur dit pas, cette fille d'un peuple qui adorait le Dieu de justice : « Il faudra prouver votre témoignage, et me convaincre de ce dont vous m'accusez. » Elle ne s'écria pas, cette femme dont le mari avait tant d'autorité parmi les Juifs : « Le pouvoir de mon mari me servira de défense. » Non, elle ne répond rien : *il y a témoignage contre elle,* elle se sent perdue, elle l'est. Les juges ont convoqué le peuple, et appelé leur victime devant lui. Elle paraît accompagnée de son père et de sa mère, entourée de ses enfants et de sa famille; tous ses parents pleuraient, et pleuraient aussi tous ceux qui l'avaient connue, et tous ses domestiques, qui n'avaient jamais rien entendu de semblable contre elle; mais personne ne songeait à la défendre, *il y avait un témoignage!* Son mari était absent, convaincu, ce semble, par la seule accusation. — « Mettez-vous à genoux, » lui disent les deux juges en élevant, selon la coutume, leurs mains au-dessus de sa tête; son corps fléchit, et, sans prononcer une parole, sans essayer même une prière, elle se contente de lever les yeux au ciel en pleurant abondamment. « Cette femme, continuent-ils, a commis l'adultère dans son jardin avec un jeune homme; nous en sommes témoins. » — Tel était le commencement de la procédure. Sans doute, pour la suivre régulièrement, on appellera les servantes, on cherchera ce jeune homme, on interrogera les sentiers du jardin pour y trouver la trace de ses pas, on demandera aux habitants voisins s'ils ne l'ont pas vu, on réclamera de ces deux juges des renseignements sur sa personne, sur son évasion. Non... voici la suite immédiate. Toute l'assemblée les crut comme anciens et juges, on condamna la femme à mort; et il fallut, pour la sauver, une intervention presque divine, l'arrivée et l'apostrophe du jeune Daniel parlant en prophète.

Chez les Celtes, lorsqu'un mari pensait que l'enfant né de sa femme n'était pas de lui, il exposait le nouveau-né dans un bouclier, et le lançait sur le Rhin : si l'enfant était submergé, la femme devait être mise à mort. Le berceau flottait, la mère attendait, le Rhin décidait. Pour le mari adultère, aucune peine.

A Rome, la femme soupçonnée était traduite devant le tribunal domestique, et exécutée par les parents mêmes : *Cognati necanto uti volent,* dit la terrible loi des Douze Tables : « *Que les parents tuent comme ils vou-*

« *dront!* » Et le lendemain rien ne parlait au peuple de cette ténébreuse tragédie que l'absence de cette femme qu'on ne revoyait plus.

Telle était du reste l'épouvante inspirée par cette institution, que, même détruite, elle plana toujours sur la république comme une menace terrible. Dès que les mœurs semblaient en péril, on tirait de l'arsenal des vieilles lois cette arme sanglante, on faisait luire aux yeux des femmes l'épée du juge domestique [1] : c'était la proclamation de la dictature. On alla même jusqu'à dénoncer le mari qui ne punissait pas sa femme; on le condamnait, sous une peine grave, à la condamner. La loi athénienne [2] frappait de dégradation civique le mari indulgent qui voulait cacher l'adultère de sa femme, et celui qui la surprenait avec son complice pouvait non-seulement la punir sur le coup, mais, de propos délibéré, rassembler des témoins, et, en leur présence, la mettre à mort. La mort! tel était le cri que jetaient tous les législateurs contre la malheureuse coupable : chassée à coups de fouet de la maison conjugale chez les uns, et poursuivie toute nue à travers la bourgade [3] ; exposée, chez les autres, sur une pierre élevée au milieu de la place publique [4], et promenée sur un âne par toute la ville, elle entendait de toutes parts des anathèmes et des paroles de sang s'élever contre elle, pour une faute que la loi interdisait à peine à son mari. Mais au milieu de

---

1. Montesquieu, *Esprit des lois*, liv. VII, *Du tribunal domestique*. Quand Tibère voulut punir une dame romaine au delà de la peine portée par la loi Julia, il rétablit contre elle le tribunal domestique.
2. Démosthène pour *Néera* (*Revue de législation*, octobre 1845.)
3. « Accisis crinibus nudatam coram propinquis expellit domo maritus ac per omnem vicum verbere agit. » (Tacite, *Mœurs des Germains.*)
4. Plutarque, *Questions romaines.*

cette malédiction universelle, voici que tout à coup se fait entendre cette angélique parole qui contient la loi nouvelle : *Que celui de vous qui n'a aucun tort à se reprocher lui jette la première pierre.*

Jésus-Christ a paru, la femme est sauvée! Agenouillée aux pieds de ce défenseur inattendu, elle voit avec stupéfaction les pierres déjà levées contre elle tomber des mains qui la menaçaient : les paroles de fureur cessent; les bourreaux s'éloignent, cette douce voix a tout vaincu. Ce n'était qu'un mot, ce semble, et c'était toute une révolution. Jésus-Christ, en effet, n'absout pas un crime, il en attaque un autre; il ne justifie point la coupable, il accuse les bourreaux. Mais accuser les bourreaux, n'était-ce pas accuser l'impunité masculine? Héritiers de son esprit, les premiers Pères de l'Église demandent châtiment pour l'adultère du mari. « Chez nous, s'écrie le « grand saint Jérôme[1], ce qui est commandé aux femmes « est commandé aux hommes; les lois de Jésus-Christ « et celles des empereurs ne sont pas semblables; saint « Paul et Papinien ne nous enseignent pas les mêmes « choses : ceux-là lâchent la bride à l'impudicité des « hommes, et ne condamnent l'adultère qu'avec une « femme mariée. Mais, parmi les chrétiens, il n'en est « pas ainsi; si un mari peut répudier sa femme pour « cause d'adultère, une femme peut quitter son mari « pour le même crime : *Dans des conditions égales, l'obli-« gation est égale.* »

Égale! le voilà donc prononcé pour la première fois dans l'histoire du monde, ce mot qui relevait l'Ève pénitente de la Bible, l'Ève débauchée de l'Asie, l'Ève su-

---

1. Saint Jérôme, *Vie de sainte Fabiola.*

bordonnée de Rome. La femme monte à son véritable rang, le mari descend de son impunité usurpée, ou plutôt c'est le mariage lui-même qui apparaît au monde avec un caractère nouveau et sublime, l'égalité dans les devoirs.

Malheureusement cette pure doctrine du christianisme alla se perdre dans les siècles qui suivirent : féodalité, moyen âge, monde moderne, tous retournèrent à la cruauté et à l'iniquité païennes. Le christianisme primitif, s'élevant pour juger la faute au-dessus des conséquences accidentelles de cette faute, punissait l'un et l'autre adultère d'une peine égale, parce que l'un et l'autre sont une violation égale du contrat; tous les âges suivants cessèrent de prendre la moralité des actes pour mesure de leur valeur, et l'orgueil féodal, avec ses préoccupations ambitieuses de perpétuité, la vanité nobiliaire avec ses préjugés de descendance, tous deux avec le secret mépris des femmes, ne frappèrent que l'adultère de l'épouse, parce qu'ils ne voyaient dans l'adultère que la ruine de leurs espérances ou l'outrage à la suzeraineté masculine. L'adultère, dit le meilleur recueil du droit canonique[1] au moyen âge, doit se définir : « *Violatio alieni tori*, séduction de la femme d'autrui. » — « Le mari n'est donc pas adultère, » continue le même recueil que je traduis, « s'il a pour complice de sa faute « une femme libre; et dans le cas où cette femme n'est « pas libre, l'adultère de l'homme marié ne vient pas « de ce qu'il s'est éloigné de son épouse, mais de ce qu'il « a corrompu l'épouse d'une autre. »

L'application répond au principe. Pour le mari cou-

---

1. *Summa cardinalis Hostiensis*, lib. V, *De adulteriis*.

pable, l'impunité : pour la femme, emprisonnement éternel dans un couvent, et, si elle est surprise en pleine faute, permission pour l'époux d'aller chercher son fils, et de se faire assister par lui dans le meurtre de sa mère.

Qu'aurait dit Jésus, s'il eût entendu un pareil règlement ?

La loi présente n'a pas renié moins énergiquement, dans le fait, la doctrine du christianisme. Uniquement préoccupée de l'ordre public, elle a institué, non pas seulement l'inégalité des peines entre les deux adultères (cette inégalité est une justice, car les deux fautes sont égales), mais l'impunité pour le mari, ce qui est une iniquité. Qu'est-il arrivé? C'est qu'en ne prenant souci que de l'ordre, elle a immolé l'ordre lui-même.

Trois articles comprennent toute la législation sur ce point :

1° « Le meurtre commis par l'époux sur l'épouse
« ainsi que sur le complice, à l'instant où il les surprend
« en flagrant délit dans la maison commune, est excu-
« sable [1]. »

Si rude que paraisse une telle disposition au dix-neuvième siècle, acceptons-la; faisons la part du désespoir, de la dignité blessée, du cœur ulcéré, et excusons ce mot *excusable*. Mais la femme, la femme si impressionnable et si passionnée, quel sera son droit? Elle n'en a aucun. Or, en pareil cas, la loi qui se tait, condamne; donc la femme éperdue qui frapperait son mari et sa rivale serait punie comme homicide.

2° « La femme convaincue d'adultère subira la peine

---

[1]. Code pénal, 324.

« de l'emprisonnement pendant trois mois et deux ans
« au plus[1]. »

L'équité n'a rien à reprendre à ce châtiment, si ce n'est sa bénignité. Un emprisonnement de trois mois ne suffit jamais, et un emprisonnement de deux ans ne suffit pas toujours pour punir le crime de l'adultère. Le soin de la moralité publique et le maintien de la pureté du ménage doivent occuper tant de place dans la pensée du législateur, que, loin d'atténuer sur la tête de la femme coupable le coup de la justice, nous le voudrions plus terrible! Mais le mari? Le mari? Son adultère ne constitue pas à lui seul une faute. Pour que l'époux soit coupable, il faut qu'il *entretienne* sa concubine[2] dans la maison commune. Qu'on remarque ce mot *entretenir*; l'article ne dit pas amener, introduire, il dit *entretenir* c'est-à-dire installer, loger; hors de là, absolution complète. Tout ce que lui demande le Code, c'est de reconduire sa maîtresse chez elle après le couvre-feu. Par compensation, nous devons le dire, s'il l'établit hardiment, insolemment, au sein du foyer domestique, l'indignation de la loi s'éveille, et le mari coupable d'un tel crime est puni de *cent francs à deux mille francs d'amende*[3]!

Pour apprécier de tels jugements, élevons-nous un moment au-dessus de l'esprit matérialiste de la loi; fermons l'oreille aux vaines railleries du monde, qui, selon sa charité ordinaire, frappant encore sur celle que

---

1. Code pénal, 337.
2. Code pénal, 339.
3. Code pénal, art. 339. « Le mari qui aura entretenu une concubine dans la maison commune, et qui en aura été convaincu sur la plainte de la femme, sera puni d'une amende de cent à deux mille francs. »

frappe déjà le Code, honore le coupable amnistié; et demandons-nous, la main sur la conscience, si devant Dieu, devant le cœur, devant la société même, un tel abîme sépare la faute du mari de celle de la femme, qu'il doive y avoir entre elles la différence de l'absolution l'anathème.

L'adultère de la femme est plus coupable que celui du mari, nul n'en doute. Non-seulement, en effet, sa faute à elle peut introduire des étrangers dans la famille, ravir à ses propres enfants une part de l'héritage paternel, déchirer le cœur d'un honnête homme qui en vient à ignorer s'il ne doit pas haïr les êtres qu'il adorait la veille; mais, outre ces conséquences fatales, la femme est plus coupable parce qu'elle sait et croit l'être. Plus on brise d'obstacles pour commettre un crime, plus le crime est grand; or, les préceptes maternels, les préceptes de la religion, tous les enseignements de son éducation ont représenté à la femme l'adultère comme la plus flétrissante des souillures : sa faute s'aggrave donc de tout ce qui la séparait de cette faute. L'impudicité dégrade la femme autant que l'improbité dégrade l'homme.

Mais ces rigoureuses contestations établies, examinons à son tour l'adultère de l'époux, et voyons s'il est aussi innocent que le proclament et la loi et le monde. Je ne parlerai pas de principes, de foi jurée, quoique, à dire le vrai, je ne conçoive guère qu'il soit déshonorant de manquer à sa parole vis-à-vis d'un homme, et qu'il soit permis de la violer envers une femme; mais écartons les sentiments d'honneur qu'on appelle exaltés, et allons dès l'abord à ce qui compte dans le monde et dans le Code, à la question d'ordre, aux faits. Or, que de désastres matériels sortent de l'adultère du mari! Dans les ménages du peuple, c'est la ruine même. Un ouvrier marié a-t-il une maîtresse, il a presque toujours deux ménages, quand il gagne à peine de quoi en soutenir un. Il faut donc que l'un des deux jeûne? Sera-ce l'illégitime? Jamais. L'ouvrier adultère, je parle du meilleur, apporte à sa femme le quart, le demi-quart de sa paye, puis il part pour cinq jours, six jours, afin d'aller manger le reste avec sa concubine, et voilà une famille détruite, voilà le nombre des indigents accru, voilà la proportion des enfants naturels augmentée; voilà, enfin, la fainéantise, le vol, toutes les atteintes à l'ordre public.

Dans les familles riches, le mal de l'adultère du mari, moins manifeste parfois, n'est pas moins réel. Il trouble toute paix intérieure. Si l'épouse est coupable, elle redouble souvent de soins et de prévenances, d'abord par une hypocrisie devenue nécessaire, puis, parfois, par une sorte de pensée d'expiation très-naturelle au cœur des femmes. Le mari coupable, au contraire, est souvent grondeur et brutal : la femme adultère donne peu, n'ayant rien; le mari adultère, ayant tout, ébranle la fortune domestique. Cherchez au fond de presque toutes les faillites, de toutes les spéculations hasardeuses, vous y trouvez l'adultère du mari; il faut bien se faire pardonner ce titre d'homme marié, qui presque toujours répugne, et pour cela il faut payer.

Enfin le désordre du mari produit celui de la femme. N'est-ce rien, le croit-on, pour une femme de cœur, de s'entendre adresser les mêmes paroles qui ont servi, il y a une heure peut-être, pour quelque créature avilie, de voir ces lèvres qui se sont souillées sur vingt visages impurs, venir se poser sur son front, et son mari, infidèle même dans ses témoignages de tendresse, poursuivre l'image de sa maîtresse jusque dans les bras de sa femme? Le dégoût, la colère, s'emparent alors de son cœur, toutes ses idées du bien et du mal se confondent; elle se dit qu'elle est bien dupe de s'asservir à une vertu ainsi récompensée, et la démoralisation entre dans le ménage par celui qui en est le chef et le guide.

Voilà pour les conséquences. Qu'est-ce donc si nous considérons le caractère et les circonstances des deux fautes? Le mari n'est coupable que quand il veut l'être; la faute ne vient pas au-devant de lui, il faut qu'il l'aille chercher ; ni supplications, ni violences ne l'entraînent. Pour la femme, au contraire, la séduction la suit partout; elle force ses portes, elle corrompt ses serviteurs, elle se glisse dans une lettre, dans une fleur. La femme va-t-elle au théâtre? elle y retrouve celui qu'elle fuit, et qui la suit. Tout la livre, son âge, sa vie oisive, sa raison plus crédule, son cœur plus affectueux.

Puisqu'on exclut si souvent l'amour du mariage, puisque nos usages trouvent juste qu'une jeune fille de dix-huit ans, pleine de chaleur d'âme, ne cherche dans celui qu'elle épouse qu'une affection calme et paterne, comment s'étonner que le jour où elle entend le langage de la passion dans la bouche d'un homme jeune comme elle, elle s'oublie et se perde ! Hélas ! l'idée même de se perdre agit parfois sur elle comme un attrait nouveau ! Nous ne savons pas, ou plutôt nous savons trop bien quelle tentation singulière se cache pour les natures dévouées dans cette réflexion qui devrait les retenir : Je me perds si je cède. Il est telle femme qui a succombé, parce que succomber, c'est se sacrifier ! Je ne connais pas de mari qui puisse donner une telle excuse. Qui entraîne le mari adultère? Est-ce l'inexpérience? Il est bien mûr pour ne pas savoir ce qu'il fait. Est-ce la passion? Il a beaucoup aimé pour aimer encore si ardemment. Non, ce qui l'emporte la plupart du temps, c'est le sentiment de l'innocence de sa faute. Sur dix hommes de trente-cinq ans qui disent à une femme : Je vous aime, il n'y en a pas un peut-être qui aime véritablement. Certes, les femmes trompent aussi, nous le savons, mais elles trompent pour cacher ce qu'elles éprouvent, l'homme pour montrer ce qu'il n'éprouve pas !

Je m'arrête : à Dieu ne plaise que ce parallèle, en se poursuivant, semble devenir la justification de la femme coupable; mais l'exemple de Jésus-Christ nous le prouve : quand on se trouve en face de deux criminels dont l'un est absous et l'autre condamné, l'indignation contre l'impunité de l'un se change malgré nous en une sorte de pitié pour l'autre. Ainsi, au nom même de la juste rigueur qui doit atteindre la femme, n'absolvez pas celui qui n'a d'autre raison de son parjure que son vice même! L'amnistie absolue, éternelle, théorique de l'adultère du mari est un des grands scandales de notre justice. Quoi! un procès de séparation ouvre à nos yeux l'intérieur d'une famille; il nous montre les plus cyniques désordres du chef de la maison, des maîtresses amenées sous le toit conjugal, la fortune domestique dépensée, les mauvais traitements joints à l'abandon ; quoi! cet homme vient lui-même avouer insolemment, en face du tribunal, ses cruautés et ses déportements, et, le procès fini, nous le verrons sortir sans autre châtiment qu'une admonestation du juge, on le renverra aux reproches de sa conscience! Une telle impunité ne blesse pas seulement l'ordre, c'est une insulte à la morale publique, c'est une leçon de débauche donnée par la loi elle-même.

Un fait récent nous révèle la profondeur du mal.

Le 26 juin 1847 (*Gazette des tribunaux*), comparaissaient devant la police correctionnelle la femme Mesnager, âgée de trente et un ans, son mari et le sieur Sombret.

M. le président. Mesnager, persistez-vous dans la plainte que vous avez formée contre votre femme?

Le sieur Mesnager. Si j'y persiste!... Je crois bien, et comme un enragé encore !

M. le président. Le repentir que votre femme témoigne, et les torts que vous avez eus envers elle, devraient peut-être vous conseiller l'indulgence.

Le sieur Mesnager. Pour le repentir, c'est de la frime, on connaît ça; quant à mes torts, je n'y crois pas du tout.

M. le président. Femme Mesnager, levez-vous.

La prévenue se lève; ses deux enfants saisissent chacun un côté de sa robe, et se pressent contre leur mère, dont ils semblent comprendre et partager la douleur.

M. le président. Vous convenez du délit d'adultère qui vous est imputé, n'est-il pas vrai? Qui a pu vous faire ainsi manquer à tous vos devoirs?

La femme Mesnager. Oh! monsieur, si vous saviez comme j'étais malheureuse!

M. le président. Ce n'est pas une excuse... Vous êtes mère, il fallait penser à vos enfants.

La femme Mesnager. C'est justement ma tendresse

pour mes enfants qui m'a rendue coupable; si j'avais été seule à souffrir, je me serais résignée.

M. le président. Expliquez-vous. Est-ce que votre mari usait de mauvais traitements envers vos enfants?

La femme Mesnager. Oh! oui, monsieur. Mon mari, qui gagne plus de 10 francs par jour, ne voulait pas me donner un sou, ni pour moi, ni pour mes pauvres petits. Il s'en allait dès le matin déjeuner au café, rentrait dans le milieu de la journée pour dormir, ressortait pour aller dîner, et ne rentrait plus qu'au milieu de la nuit. Souvent mes enfants et moi n'avions rien mangé. Je travaillais le plus que je pouvais pour les nourrir; mais je gagnais bien peu de chose, et je n'étais pas toujours payée régulièrement. Quand je demandais à mon mari de quoi acheter du pain à ses enfants, il me répondait brutalement : « C'est toi qui les a faits, c'est à toi à les nourrir. » Un matin, ces petits malheureux pleuraient et criaient; ils n'avaient pas mangé depuis vingt-quatre heures. Leurs cris ont réveillé mon mari, qui s'est mis dans une colère affreuse, et qui m'a dit que si je ne les faisais pas taire, il allait les corriger. « Comment voulez-vous que je les fasse taire? » lui ai-je répondu, « ils souffrent, ils meurent de faim. » Alors il a pris dans sa poche quelques sous, et les leur a jetés à la figure, en leur disant : « Tenez, goulus, et ne hurlez plus comme cela, ou je vous donne le fouet d'importance. » C'était sept sous que mon mari leur avait jetés; avec cela j'ai acheté du lait, un peu de pain, et mes pauvres petits ont mangé un peu. Moi, je n'ai rien pris; ils n'en avaient déjà pas trop pour eux : je n'ai pas voulu leur rogner leur part.

M. le président. C'est dans ces circonstances que vous avez fait la connaissance de Sombret?

La femme Mesnager. Oui, monsieur. M. Sombret demeurait dans notre maison; il me voyait souvent triste et les yeux rouges, il entendait mes enfants pleurer, il connaissait la conduite de mon mari, et il est venu quelquefois à mon secours... J'étais bien reconnaissante envers lui, qui me donnait du pain pour mes enfants quand leur père leur en refusait.

M. le président. Votre reconnaissance se comprend, mais elle ne devait pas aller jusqu'à l'oubli de vos devoirs.

La femme Mesnager. Cela ne fût jamais arrivé si mon mari ne m'eût pas mise à la porte... Un jour qu'il était rentré à moitié ivre, il m'a dit que ça l'ennuyait d'entendre toujours une femme se plaindre et des enfants pleurer, et il m'a renvoyée en me donnant 25 francs, et me disant qu'il ne voulait plus entendre parler de moi ni de mes enfants... Ces 25 francs ne m'ont pas duré bien longtemps, comme vous pensez; c'est alors que M. Sombret me proposa d'aller chez lui pour tenir son ménage, en me disant qu'il aimerait mes enfants comme les siens... J'y ai consenti avec joie, et puis je ne sais pas comment ça s'est fait...

La pauvre femme n'achève pas: ses sanglots se chargent de terminer sa phrase.

Le sieur Sombret déclare que ce que vient de dire la femme Mesnager est l'exacte vérité, et qu'il n'a rien à y ajouter.

M. le président (au mari). Sieur Mesnager, votre conduite envers votre femme a été de la dernière indignité.

Le sieur Mesnager. Pardieu! si vous croyez comme ça tout ce qu'elle vient de vous chanter...

M. le président. Des témoins ont déposé de votre manière d'agir avec votre femme.

Le sieur Mesnager. Ce n'est pas difficile d'avoir des témoins...

M. le président. Taisez-vous!

Le tribunal entre en délibération. L'adultère du mari et l'adultère de la femme étaient là en présence, car Mesnager avait au dehors maîtresse et enfants; quel arrêt fut porté?

Attendu les circonstances très-atténuantes de la cause, huit jours de prison seulement punirent la femme Mesnager et Sombret.

Cette sentence est humaine autant qu'équitable.

Mais le mari? Aucune peine pour ce misérable, aucune! Rien pour ce mari qui abandonne sa femme! Rien pour ce père qui abandonne ses enfants! Rien pour cet adultère qui précipite lui-même sa femme dans l'adultère! La loi ne donne pas au juge le droit de frapper ces affreux crimes, et un tribunal entend de semblables paroles, constate de semblables faits, sans qu'il puisse se lever pour les châtier. Ah! loin de nous un modèle si vil du mariage! Au nom de la justice, nous y avons gravé le mot de liberté; au nom de l'honneur, inscrivons-y un mot plus sacré encore: pureté morale et respect au serment!

CHAPITRE V

FORMATION DE L'IDÉAL DU MARIAGE

Si les vœux que nous avons exprimés jusqu'ici pour l'épouse se trouvaient soudainement réalisés; si des lois nouvelles sur l'administration intérieure lui donnaient sa part légitime dans le gouvernement de ses propres affaires, et que le pouvoir marital sur sa personne, réduit à une juste mesure, rendît au plus faible son *habeas corpus;* si, enfin, l'adultère du mari était puni comme l'adultère de la femme, le mariage s'offrirait-il à nous tel que le rêvent et l'appellent toutes les âmes élevées ? Évidemment non. Ces améliorations, si importantes qu'on les estime, ne font qu'établir et constituer le droit de chacun, c'est-à-dire *séparer;* maintenant il faut *réunir :* après avoir marqué les deux termes, il faut les fondre en un seul, car qu'est-ce que le mariage, sinon, comme nous l'avons dit : *Juris humani et divini communicatio?* Ce que l'on peut traduire en termes simples et expressifs : « Une école de perfectionnement mutuel. »

Entrez dans une église, assistez à une célébration de mariage, quelle pensée vous saisit d'abord à la vue de ces deux êtres s'avançant à l'autel? Celle-ci : se gâteront-ils ou s'amélioreront-ils l'un l'autre? La loi indienne, dans son poétique langage, dit : « Une goutte
« d'eau salée qui tombe dans un verre d'eau lui donne
« la saveur du sel ; une rivière en se jetant dans l'Océan
« devient océan elle-même : la femme, en épousant un
« homme, se fait à son image. » Ce mot est vrai pour

l'époux comme pour l'épouse. Au début de l'union, la force éducatrice est tout entière dans les mains de l'homme ; Dieu lui envoie cette jeune âme pour qu'il se perfectionne par l'amour qu'il inspire, comme elle par l'amour qu'elle éprouve. C'est en s'épurant, pour ainsi dire, à la pureté de sa compagne qu'il doit la guider, l'élever, jusqu'à ce que, parvenue à l'âge de la femme avec les vertus de la femme, et devenue guide à son tour, elle reverse sur lui en salutaires influences, en conseils, en bonheur, tout ce qu'il a su lui conserver de qualités natives. Plutarque dit d'une façon charmante dans sa lettre à Pollianus : « Mon ami, la chambre nup-
« tiale doit être un gymnase d'honneur et de savoir :
« ornez donc votre esprit de toutes connaissances en
« fréquentant ceux qui peuvent vous être utiles; amas-
« sez de tous côtés pour votre femme ainsi que font les
« abeilles, lui apportant vous-même et en vous-même
« tout ce que vous penserez lui pouvoir profiter. Devi-
« sez avec elle, et lui rendez familiers les meilleurs
« livres et les meilleurs propos que vous pourrez trou-
« ver; car vous lui êtes maintenant comme mère et
« comme père, et il n'est pas moins honorable d'ouïr
« une femme qui dit à son mari : Tu es mon régent et
« mon maître en toutes belles sciences, que si elle
« l'appelle : mon bien-aimé. Mais, ajoute le philosophe,
« il y a des hommes si maladroits, qu'ils ne peuvent
« monter sur leurs chevaux quand ceux-ci restent droits,
« et ils leur enseignent à se mettre à genoux : ainsi, il
« se trouve des maris qui, ayant épousé des femmes
« nobles et de haute maison, ne s'étudient pas à les
« rendre plus honnêtes et meilleures; mais ils aiment
« mieux les abaisser, là où il faut, au contraire, main-

« tenir la dignité de la femme comme la juste hauteur
« du cheval[1]. »

Plutarque ne semble-t-il point parler de plus d'un mari de nos jours? Une jeune femme arrive à eux avec un cœur ingénu et ouvert, ignorante des choses de la vie, attendant pour penser qu'ils aient parlé. Que font-ils? Au lieu de recueillir cette pure flamme et d'y verser doucement l'huile qui doit l'entretenir, ils soufflent brutalement sur elle et l'éteignent. Insensés qui renversent le flambeau qui doit les éclairer! La nature ne nous distille que goutte à goutte, année par année, comme un remède enfin, cette science, si facilement mortelle, qu'on appelle l'expérience; eux, ils la jettent d'un seul coup dans cette jeune âme comme un poison. Leur femme croit au dévouement, ils la raillent. Elle parle d'abnégation, de sacrifice, ils sourient. Cela s'appelle la former. D'où vient cette déraison? De ce que le monde ne comprend encore qu'imparfaitement l'idée du mariage et le rôle de l'épouse. Essayons donc, pour le dessiner plus nettement à tous les yeux, de suivre dans l'histoire du monde la lente formation de cet idéal.

Le début fut terrible. Quelle est, en effet, la première image de l'épouse? Ève, Ève la tentatrice, et les paroles du législateur hébreu sur elle disent son infime et douloureuse mission : *Ton mari te dominera, — ta concupiscence sera sur ton mari, — tu enfanteras dans la douleur.* Trois paroles, trois anathèmes; et, marquée de ce sceau fatal, la malheureuse créature s'avance dans la vie, pour souffrir, servir, séduire et produire. Toute la femme orientale est là : une esclave, une concubine,

---

1. Plutarque, *Préceptes du mariage.* (Œuvres morales.)

une génératrice. Depuis la création jusqu'après les patriarches, l'office et la gloire d'une épouse se résument presque en un seul mot : enfanter. Le monde n'est pas peuplé encore, il faut qu'elle enfante; et les forces entières de son cœur se concentrant sur l'unique rôle qui lui soit laissé, elle ne se passionne et ne vit, ce semble, que pour produire. Rien ne vient mieux à l'appui de cette assertion que l'histoire de Rachel et de Lia. Jacob aimait Rachel, puisqu'il avait travaillé deux fois sept ans pour l'obtenir; elle était la femme de son choix, et il n'avait épousé Lia que par surprise; mais Lia devient féconde, elle monte au premier rang. Dans sa fureur jalouse, Rachel accourt auprès de Jacob et s'écrie : « Donnez-moi des enfants ou j'en mourrai. » Mais lui, la repoussant avec colère : « Suis-je, moi, comme Dieu, et n'est-ce pas lui qui empêche que votre sein ne porte fruit[1]? » Il s'éloigne. Rachel, alors, appelant à son aide le moyen le plus étrange, va chercher une jeune et belle servante qu'elle possédait, et qui se nommait Bala; puis l'amenant à Jacob : « Allez à Bala, lui dit-elle, afin qu'elle conçoive de vous, que je reçoive entre mes bras ce qu'elle produira, et que j'aie des enfants d'elle ! » Jacob accepte; Bala conçoit, Rachel triomphe. Mais Lia vient d'apprendre cette nouvelle : elle sollicite Jacob de la visiter une seconde fois; son second fils naît, la gloire est à elle ! « Je l'emporterai ! » s'écrie encore à son tour Rachel éperdue, et ayant ramené sa servante Bala à Jacob, ayant obtenu un second enfant, une sorte de joie triomphale la saisit, et elle chante dans son orgueil : « Le Seigneur m'a fait entrer en combat avec ma sœur,

---

1. *Genèse*, chap. 30.

et la victoire m'est demeurée. » Un pareil duel dit tout : cette lutte d'enfantement, cet amour de maternité sans amour maternel, cette passion d'avoir des enfants, non pour eux, mais pour soi, ces rivalités haineuses, cette identification de l'épouse et de la servante, font ressembler à une condamnation l'accomplissement du plus touchant des devoirs : voilà le premier anathème réalisé.

Le second est plus déshonorant encore : *Ta concupiscence sera sur ton mari*, avait dit Moïse; l'arrêt s'accomplit. Enivrée par cette nature luxuriante de l'Orient, enflammée d'ardeurs sensuelles par cette atmosphère toute chargée de parfums, livrée sans défense, par son oisiveté même, à tous les délires de la passion, la femme aspire sans cesse après son époux et son maître. Depuis la mer Rouge jusqu'à l'Himalaya, le feu de la concupiscence tombe sur tout ce monde oriental comme la pluie de soufre sur Sodome. « La femme, s'écrie le législateur « de l'Inde, ne regarde pas si un homme est jeune, ni « s'il est beau, ni s'il est estropié : il est homme, cela « lui suffit; car la mer n'est jamais rassasiée de rivières, « le feu de bois, la mort d'êtres vivants, ni la femme « d'hommes. » Manou dit : « Dieu a fait la femme na« turellement perverse[1], amoureuse de son lit, de sa « chaise, d'ornements, déréglée dans ses passions. » Et terminant ses invectives par une exclamation qui dépasse tout le reste : « Les mères de famille, s'écrie-t-il, « envient les courtisanes qui vivent dans la prostitu« tion. » C'est un code qui tient ce langage! Dès lors le mariage ne devient plus que l'accouplement de deux malheureux condamnés à se servir de bourreaux mu-

1. *Digest of Hindu law*, t. II.

tuels, car la femme n'est pas seulement la concubine de l'homme, elle est son esclave; elle lui appartient comme sa chose, chose mobile, enviée, jalousée, et dès lors éveillant en lui toutes les angoisses attachées à la propriété. Il faut qu'il la surveille : son honneur autant que sa passion en dépend. Voilà donc ce dominateur livré à toutes les soupçonneuses angoisses du geôlier. *Par quels moyen garder les femmes*[1]? Ce titre est celui de l'un des plus longs chapitres de la loi indienne, et ne contient pas moins de vingt-cinq pages : « La femme, « dit Naréda, ne reste fidèle à son mari, ni par crainte « de la loi morale, ni par sévère réprimande, ni par « soin de sa fortune, ni par respect pour sa famille, ni « par bons traitements, mais par la seule terreur des « coups et de la prison. Car le néant, le vent, la mort, « les régions profondes, le coupant d'un rasoir, le poi- « son, les serpents, ne sont pas, quand ils sont tous « réunis, aussi méchants que la femme[2]. » Puis viennent alors des désespoirs demi-hideux, demi-burlesques, qui peignent d'une manière effrayante cet état monstrueux de despotisme d'une part, et de servitude de l'autre, dans les relations de la tendresse. L'homme maudit ces êtres qu'il est condamné à posséder et à aimer, et cependant l'ardeur des instincts matériels et la passion de la propriété, s'accroissant dans son cœur en même temps que la colère, les Orientaux multiplient, comme malgré eux, le nombre de leurs femmes. Les patriarches en avaient deux ou trois; David épouse quatre femmes, puis dix[3]. Le harem commence chez

---

1. *Digest of Hindu law*, t. II.
2. *Ibid.*, 28, 29. — Manou, liv. 9.
3. *Les Rois.*

les Juifs; le harem, cette institution monstrueuse qu'ils avaient empruntée de Babylone. Bientôt l'épouse tombe encore d'un degré; elle devient moins qu'une machine productrice, comme sous les patriarches, moins qu'un instrument de plaisir, comme dans l'Inde; elle devient une chose, ainsi que les vases, les troupeaux, et n'a plus qu'une valeur collective. De même qu'un homme riche achète, par respect pour sa propre richesse, des terres qu'il ne visitera jamais ou des bijoux qu'il ne regardera pas, seulement pour qu'on puisse dire : Il a tant d'objets précieux, il a tant d'arpents de terre; ainsi les rois juifs augmentèrent le nombre de leurs femmes pour témoigner de leur opulence et de leur pouvoir par un nouveau signe représentatif : ce signe, ce furent les femmes. Salomon eut sept cents femmes[1]. Imaginez, si vous le pouvez, le désespoir et les tortures que renfermait ce harem. Figurez-vous ce que, sous ce soleil oriental, dans cette vie toute de luxe et d'oisiveté, parmi ces jardins embaumés, au milieu de cet appareil de recherches, de cette chère exquise, de cette organisation de volupté, figurez-vous ce que devaient souffrir sept cents malheureuses créatures livrées aux désirs d'une passion unique et inassouvie.

Voilà le harem, c'est-à-dire la maison du prince et du riche! Le toit du particulier et du pauvre offrira-t-il du moins un asile plus doux à l'épouse? y aura-t-elle une place, un rang? Non. Tout lui rappelle sa dépendance et son infériorité. La femme indienne ne peut pas rester assise quand son mari est debout, ni goûter aux offrandes domestiques qu'après lui et avec sa permis-

---

1. *Les Rois.*

sion, ni entrer dans la chambre conjugale sans saluer d'abord avec respect les pieds de son maître[1] !

Tel est le point de départ du mariage dans le monde; telle est la pauvre enfant dédaignée, dépravée, enchaînée, que l'Orient légua à la civilisation occidentale comme l'image de l'épouse.

Rome releva ce type avili, et le seul mot de matrone exprime la sévère grandeur de l'épouse romaine. Plus tard, nouveau progrès: sous l'influence de la religion chrétienne, l'idée de chasteté pénétra dans le mariage, et l'idée de tendresse spiritualiste dans le cœur de l'épouse; mais cependant, en dépit de ces améliorations, l'essence même de l'union conjugale, l'action morale de la femme aimée demeura longtemps un mystère. Dix siècles après Jésus-Christ, sous la féodalité, le monde ne concevait pas encore l'idée du mariage; rien ne le prouve mieux que l'opinion que s'en formaient les cœurs les plus propres à le comprendre. Si une seule femme peut nous représenter l'épouse dans toute sa grandeur, c'est Héloïse. Passion sans bornes, passion sans mélange, enthousiasme pour le génie d'Abailard, soin jaloux de sa renommée, force d'esprit, puissante instruction pour s'associer à ses travaux, tout désigne en elle la femme du grand homme. Cependant elle n'a qu'une crainte, c'est de le devenir. Quand Abailard demande sa main à son oncle le chanoine, elle seule résiste et refuse; elle lui cite les saints et les apôtres qui défendent le mariage aux sages, les philosophes païens qui l'interdisent aux philosophes; elle lui représente en termes pleins d'une vivacité satirique tous les embarras qu'une femme et des

---

1. *Digest of Hindu law*, t. II.

enfants apportent aux études sérieuses : « Est-il un homme
« porté aux méditations, lui dit-elle, qui puisse suppor-
« ter les vagissements des nouveau-nés, les niaiseries
« de la nourrice qui les console, les désordres et l'agita-
« tion des valets ? » Elle se jette à ses pieds en le suppliant
avec larmes de ne pas l'épouser : «Le nom de votre amie,
« ou plutôt, si vous ne vous en indignez pas, le nom de
« votre maîtresse, voilà tout ce que je veux[1]; et Dieu
« m'est témoin que si Auguste, maître de l'univers,
« m'offrait l'honneur du titre de son épouse, et me don-
« nait avec ce titre le monde entier à gouverner, je trou-
« verais plus de charme et de grandeur à être nommée
« votre concubine que son impératrice. » Cependant la
volonté d'Abailard et les menaces de son oncle, le chanoine Fulbert, la forcent enfin à ce mariage; elle n'y
condescend qu'à la condition qu'il demeurera secret.
Fulbert, pour relever la réputation de sa nièce, publie
cette union cachée; elle dément son oncle. Elle devient
mère et sa grossesse va dénoncer ou sa honte ou son
mariage; elle accepte la honte et nie le mariage. « Je
ne suis pas sa femme, » s'écrie-t-elle sans cesse. Pourquoi donc cette obstination à refuser ce titre et à se
déshonorer ? Là ne se montre pas seulement l'excès
d'un amour qui ne veut rien devoir à la contrainte, et
se révolte à l'idée d'imposer des chaînes à l'objet aimé;
c'est encore, c'est surtout la crainte d'arrêter le génie
d'Abailard, et d'éteindre, en s'en emparant pour elle,
« ce brillant flambeau que Dieu avait allumé pour le

---

1. « Si uxoris nomen sanctius ac validius videtur, dulcius mihi
semper exsistet amicæ vocabulum; aut, si non indigneris, concubinæ
vel scorti. Ut quo me pro te amplius humiliarem, ampliorem apud te
consequerer gratiam. » (1re lettre d'Héloïse.)

monde[1]. » Une entrave aux pieds de l'homme supérieur, voilà le mariage pour Héloïse! Belle âme, aveugle à force de dévouement, qui ne devinait pas qu'Abailard soutenu par elle eût été deux fois Abailard ; que la présence continue de la femme aimée, que sa vigilance maternelle autour de nos actions et de nos travaux enrichit notre intelligence de toutes les délicatesses de l'âme féminine, et qu'enfin la pratique de la vie, une femme à soutenir, des enfants à élever, eussent donné peut-être à son égoïste amant ce qui lui a toujours manqué, le cœur d'un homme avec la tête d'un philosophe. Mais pouvait-elle juger autrement le mariage? Que lui représentait-il de tous côtés? N'était-il pas méconnu et comme avili à la fois par la brutalité de sentiment des barons féodaux, et par la sévère condamnation de quelques sectes ascétiques du christianisme? Épouvantées des excès qu'avaient enfantés les passions des sens, et par lesquels le corps humain avait comme déshonoré la nature humaine, ces sectes le déclarèrent boue et fange, et appelèrent tous ses désirs, honteux. De là à déconseiller le mariage, il n'y avait qu'un pas; ce pas fut franchi. Saint Paul avait dit : « Celui qui marie sa fille ne commet « pas un péché, mais celui qui ne la marie pas fait une « bonne œuvre. Qu'il la marie pourtant, si elle ne peut « pas garder la continence, car il vaut mieux se marier « que de brûler [2]. » Voilà toute la pensée de l'apôtre : le mariage n'est pas l'idéal de la nature humaine, l'accomplissement le plus parfait de la loi divine, c'est la satisfaction acceptée d'un besoin matériel comme la soif

---

1. Lettres d'Héloïse.
2. Saint Paul, *Épître aux Corinthiens*.

ou la faim. Tertullien va plus loin que saint Paul ; une indignation qu'il croit sainte s'empare de lui à la vue de la femme[1]. Dans son emportement, qui calomnie même les caresses maternelles, il anathématise tout ce qui vient de l'épouse, tout jusqu'à ces êtres charmants qu'on aime avant de les connaître, les enfants. » Pas « d'enfants, dit-il, les enfants seront un encombre au « jour où il faudra avoir les pieds libres, et quand la « première trompette de l'ange sonnera, il n'y a que les « vierges qui s'élanceront sans gêne à sa voix, car elles « n'auront aucun fardeau nuptial qui tressaille dans « leur sein ou qui s'agite à leur mamelle[2]. »

Saint Jérôme dépasse encore Tertullien. Ce fougueux martyr de lui-même, qui avait tant souffert par la chair, que, pour la dompter, il se couchait nu sur la terre nue, et demeurait des jours entiers sans nourriture ; saint Jérôme réagit contre cette chair maudite avec toute la fureur de la vengeance. Anathème sur le mariage ! Il n'en veut plus. « Mettons, mettons, s'écrie-t-il, la main à la « cognée[3], et coupons par ses racines l'arbre stérile du « mariage. Dieu avait permis le mariage, j'en conviens ;

---

1. « Femme, dit-il, tu devrais toujours être vêtue de deuil et de haillons, n'offrant aux regards qu'une pénitente noyée dans les larmes et rachetant ainsi la faute d'avoir perdu le genre humain ! Femme, tu es la porte du démon ! C'est toi qui as brisé les sceaux de l'arbre défendu, c'est toi qui, la première, as violé la loi divine, toi qui as corrompu celui que Satan n'osait attaquer en face, toi enfin à cause de qui J.-C. est mort. » — Une déicide, un ange fatal éternellement attaché à l'homme pour le perdre, telle est la femme pour Tertullien. Aussi lui jette-t-il, avec une sorte de terreur, un voile sur le visage ; il veut qu'elle cache « son front toujours, partout, à tout âge : fille, à cause de son père ; épouse, à cause de ses frères ; mère, à cause de ses fils. » (Tertullien, *Traité de l'ornement des femmes*.)

2. Tertullien, les deux livres à sa femme.

3. Saint Jérôme, *Traité sur la virginité*.

« mais Jésus-Christ et Marie ont consacré la virginité[1]. » La virginité, tel est, en effet, l'idéal qu'il propose à toute la terre ; il en devient l'apôtre. Transportant dans la peinture de cet état les élans enflammés de ses anciennes passions terrestres, il arrache au monde tout ce peuple de femmes qui vivaient de sa parole, et à sa voix, jeunes et vieilles, belles et difformes, riches et pauvres, nobles et obscures, quittant leurs parents, leur maison, se précipitent vers la virginité. La jeune Démétriade[2], issue d'une des plus puissantes familles de Rome, dépouille ses riches habits, ses parures d'or, ses bijoux, et paraît aux yeux de sa mère stupéfaite, revêtue d'une robe de bure ; elle est vierge[3]. Une jeune fille, que ses parents voulaient marier, s'élance par la fenêtre, et se tue pour demeurer vierge. L'amour de la virginité devient une sorte de passion, et l'institution du mariage s'ébranlant sous tant d'attaques différentes, on vit poindre à l'horizon, puis se dessiner peu à peu, puis s'élever jusqu'au zénith, et éclairer tout le moyen âge, l'astre nouveau de ce ciel orageux, l'image de la vierge Marie : image qui était à la fois un idéal et une réalité. Marie est vierge et elle est mère ; un enfant et pas d'époux, n'est-ce pas toute l'histoire du mariage au moyen âge ? Elles aussi, ces femmes méconnues, à qui leurs barons ne demandaient que des héritiers, elles devenaient mères sans devenir épouses, si l'on peut parler ainsi : elles étaient vierges avec un enfant dans les bras.

Cependant, au milieu de ces résistances, le type de

---

[1]. Saint Jérôme, *Traité sur la virginité.*
[2]. Idem, *Deuxième traité sur la virginité.*
[3]. Tertullien, *Les femmes doivent-elles être voilées?*

l'épouse et du mariage achevait son développement à l'aide des théories mêmes qui lui faisaient obstacle. Retour étrange! tandis que les fondateurs de l'ascétisme frappaient l'amour et le mariage d'une sorte de malédiction, l'amour, l'élément immortel, trouvait dans la doctrine de Jésus un point d'appui pour devenir l'âme de la femme, et le mariage, méconnu sur la terre, réalisait ailleurs son idéal. Ailleurs que sur la terre! dira-t-on; et où donc? Dans le ciel!

Ceci est un point des plus intéressants et des plus curieux de l'histoire des femmes.

Nous l'avons déjà indiqué. Jésus est celui qui émancipa leur âme, et leur ouvrit cette vie du sentiment, où la passion même est comptée comme un motif de pardon; aussi est-ce de lui que date une affection toute nouvelle dans le monde : l'amour de Dieu. Cette opinion semblera peut-être un blasphème. Elle n'est pourtant qu'une vérité. Les femmes juives tremblaient devant Jéhovah; les femmes païennes courbaient le front sous la foudre de Jupiter; les femmes chrétiennes aimèrent Jésus. Relisez le naïf et divin Évangile de saint Luc, vous voyez les femmes toujours mêlées à la vie et à la mort du Sauveur. A peine paraît-il, qu'elles sentent leur Dieu dans ce Dieu du cœur. Marthe, sœur de Lazare, le sert et le soigne, Marie se couche à ses pieds et l'aime, pendant qu'il laisse tomber de sa bouche angélique cette parole profonde qui éclaire tout le point de la question qui nous occupe : « Ma-« rie a choisi la meilleure part, et cette part ne lui sera « pas ôtée. » C'est une femme qui, au milieu d'une prédication de Jésus, s'écrie tout à coup avec une tendresse passionnée : « Heureuses les entrailles qui vous ont porté! « les mamelles qui vous ont nourri! » Ce sont les femmes qui, après sa descente au sépulcre, viennent regarder où il est enseveli, et préparent des aromates et des parfums pour l'embaumer. N'a-t-il pas absous la femme adultère, relevé Madeleine noyée de larmes, conversé avec la courtisane égyptienne? Aussi, quand le troisième jour, Marie-Madeleine vient au sépulcre avec les apôtres, et qu'ils voient tous que le corps est enlevé, les apôtres s'éloignent, mais Madeleine reste; elle se tient en dehors du tombeau et pleure, elle se penche vers le sépulcre vide et pleure encore. Puis, apercevant deux anges vêtus de blanc assis à la place où avait été le corps de Jésus, qui lui disent : « Femme, pourquoi pleurez-vous ? — Je pleure, « dit-elle, parce qu'ils m'ont enlevé *mon Seigneur*, et je « ne sais où ils l'ont mis. » Que d'affection tendre dans ce mot qui va devenir le cri ou le soupir de toutes les femmes : mon Seigneur ! C'en est fait, un nouveau sentiment les soutiendra désormais dans leurs luttes, les calmera dans leurs souffrances, les consolera de ne rien être et de ne rien faire, elles aimeront leur Seigneur. Que leur importent les brutalités de leurs maris, elles ont un autre époux dans le ciel (car les vierges et les religieuses ne sont pas les seules épouses de Jésus-Christ), elles ont un autre mariage où s'épanche et se spiritualise tout ce que leur âme a de force pour aimer. Grossier baron, tu te crois le mari de cette femme parce que tu la possèdes, mais ce n'est que son enveloppe extérieure que tu presses entre tes bras : son âme, désormais trop haute pour se contenter de la part matérielle que tu lui fais, son âme t'échappe et va s'unir à l'objet divin, au céleste martyr qu'elle aperçoit au pied de son lit, cloué sur la croix. Voilà son véritable bien-aimé; amour réel, profond, auquel elle est fidèle, et dont Jésus est jaloux.

FORMATION DE L'IDÉAL DU MARIAGE.

Le martyre de Jésus a été le martyre de beaucoup de femmes du moyen âge; beaucoup d'entre elles ont souffert sa passion. Que de torrents de larmes ont coulé sur ce corps crucifié! que d'étreintes l'ont serré contre des cœurs brûlants et chastes! Jamais être visible, humain, fut-il plus adoré, plus pleuré [1]? Sainte Thérèse meurt de regret de ne pouvoir mourir, c'est-à-dire de ne pouvoir le rejoindre. Catherine d'Oignies s'évanouit de douleur, si elle regarde trop longtemps le crucifix. Ainsi l'anathème jeté sur la passion enfantait la passion; ainsi la réaction contre l'amour allait se perdre dans l'amour même. Seulement, renouvelée par le divin objet de leur adoration, l'âme des femmes se purifiait en s'enflammant. Leur éducation était faite, le flambeau était allumé, il ne s'agissait plus que de ramener sur la terre quelques-uns de ces rayons qui remontaient tous vers le ciel.

Qui fut chargé par Dieu de cette mission? La chevalerie. Seulement, comme nous l'avons dit, les mœurs de cette époque faisant obstacle au perfectionnement complet du mariage, et le rôle de l'épouse ne pouvant se dessiner au sein de l'union conjugale, il alla se former en dehors d'elle sous une autre figure.

Une page de la délicieuse biographie de Bayard par son écuyer explique ce fait [2]. « Le bon chevalier avait été nourri en son jeune âge dans la maison du duc de Savoie, et comme jeunes gens fréquentent volontiers ensemble, il voyait souvent et bientôt aima une belle jeune fille qui était attachée à la duchesse comme de-

---

1. OEuvres de sainte Thérèse, *Cantiques*.
2. *Vie de Bayard*, par son écuyer.

moiselle, ainsi que lui comme page. Cet amour était égal dans les deux cœurs, et si profond, sans sortir de l'honnêteté, que, s'ils l'eussent pu, ils se seraient pris par nom de mariage, sans regarder à ce qui pourrait s'ensuivre à cause de leur pauvreté. Mais le duc de Savoie ayant donné Bayard à Charles VIII pour son page, il fallut que les deux amants se séparassent, et quand, plusieurs années après, le chevalier revint à Carignan, il trouva que sa dame s'était mariée par ordre du duc au seigneur de Fluxas. Cependant elle lui voulut faire connaître, comme femme vertueuse, que cet amour honnête qu'elle lui avait porté dans sa jeunesse durait encore, et elle lui fit tant de courtoisies que plus n'eût été possible. « Monseigneur de Bayard,
« mon ami, lui dit-elle, voici la première maison où
« vous avez été nourri; ce serait grande honte si vous
« ne vous y faisiez connaître, comme en France et en
« Italie où il est si grand bruit de vous. » Le pauvre gentilhomme lui répondit : « Madame, dites-moi donc ce
« qu'il faut que je fasse. « Il me semble, monseigneur de
« Bayard (mais que je ne vous ennuie point) que vous
« feriez bien de donner un tournoi en cette ville. — Il
« sera fait, madame. Vous êtes la dame en ce monde
« qui a premièrement conquis mon cœur à son service;
« je suis tout assuré que je n'en aurai jamais que la
« bouche et les mains[1], car de vous requérir autre
« chose je perdrais ma peine, et aussi, sur mon âme,
« j'aimerais mieux mourir que de vous presser de dés-
« honneur, mais bien vous prie de me donner un de
« vos manchons. » Elle le fit. Le lendemain, une trom-

---

1. Ce mot est emprunté aux formules du vasselage.

pette proclamait dans toutes les villes d'alentour que monseigneur Bayard ouvrirait à Carignan un grand tournoi dont le prix serait un manchon de sa dame, où pendait un rubis de cent ducats. Qui fut le vainqueur? vous le devinez. Après le tournoi, les deux juges (l'un d'eux était le chevalier de Fluxas) vinrent présenter le prix au chevalier; mais lui, rougissant de honte, le refusa, disant : « Que, à tort et sans raison lui était at-
« tribué cet honneur; que, s'il avait bien fait aucune
« chose, madame de Fluxas en était cause, elle qui lui
« avait prêté son manchon, et qu'à elle seule apparte-
« nait le prix. » Le seigneur de Fluxas, qui connaissait la grande honnêteté du bon chevalier, n'en entra aucunement en jalousie : il vint droit à sa femme avec le seigneur de Grammont, et tous deux lui apportèrent le rubis, le manchon et les paroles du chevalier. Elle, qui en savait tant sur l'honneur que c'était merveille, ne s'en effraya nullement, mais répliqua : « Monseigneur
« de Bayard me fait le bien de dire que mon manchon
« lui a donné le prix; je le garderai donc toute ma vie
« pour l'honneur de lui. » Le soir, ce fut danses et fêtes, mais le lendemain départ. Le chevalier alla prendre congé de sa dame; ce ne fut pas sans qu'il tombât quelques larmes de la part d'elle, et de son côté était le cœur bien serré. L'amour honnête a duré entre eux deux jusqu'à la mort; il n'était année qu'ils ne s'envoyassent présents l'un à l'autre. »

Voilà qui nous en dit plus sur le mariage de ces siècles que beaucoup de réflexions. Dans ce récit se révèle un fait bizarre comme une exception, général comme une règle : c'est qu'au moyen âge il y eut presque toujours pour la femme un mariage à côté du mariage : elle réservait pour son mari sa personne, la fidélité matérielle, les services, les soins extérieurs ; pour l'amant, l'âme, les pensées d'honneur, la vie spirituelle. Toute femme vertueuse, ainsi parle la chronique de Bayard, pouvait, je dis presque devait avoir un mari et un ami, rivaux sans haine, copropriétaires sans envie, car leurs royaumes ne se touchaient pas : on vient de voir comme le seigneur de Fluxas ne conçoit aucune jalousie contre le chevalier, car il connaissait son honnêteté ! Pour ces hommes grossiers et sans finesse de cœur, l'adultère était une chose matérielle ; la femme qui avait défendu son corps était fidèle, ils ne lui demandaient rien au delà. Du reste, l'amant était un personnage accepté et reconnu ; il avait ses droits que la femme ne cachait pas et que le mari ne niait pas.

Quels étaient ces droits ? Où commençait cet empire ? Où finissait-il surtout ? Nous avons bien dit : Au mari la personne, et à l'amant l'âme ; on pourrait craindre pour nos aïeux féodaux qu'il ne se fût glissé parfois quelque confusion dans le partage de ces deux royaumes, et que leurs femmes ne se fussent peut-être trompées de propriétaire.

Fausse inquiétude ! Tous ces droits étaient réglés par arrêts judiciaires ; il y avait pour cela un code, des tribunaux, une jurisprudence, voire des avocats. Au seizième siècle, un président, Martial d'Auvergne, a, sous le titre d'arrêts d'amour[1], mis en scène avec toutes les formes judiciaires et audienciaires, des amants venant se plaindre à un grave président que leur dame

---

1. *Arrêts d'amour*, recueillis par Martial d'Auvergne.

leur cût refusé un regard ou un baiser, tandis que la défenderesse (ainsi s'appelle l'amante) allègue pour excuse que M. Danger était là. M. *Danger*, c'est le mari.

Cette satire suffirait pour prouver le fait comme le don Quichotte prouve la chevalerie ; mais il est une autre autorité plus imposante et plus irrécusable, le manuscrit d'un chapelain de la cour de France du douzième siècle, qui constate et décrit l'existence de ces cours d'amour [1]. Les dames de Gascogne, la reine Éléonore, la comtesse de Narbonne, la comtesse de Champagne, la comtesse de Flandre, étaient présidentes de cours d'amour. Il s'en tenait à Pierrefeu, à Digne, à Avignon ; on pouvait appeler de l'une à l'autre, les dames seules y siégeaient comme juges, et les matières des jugements se devinent. Dans ces assemblées poétiques et sentimentales, dans ces académies de cœur, si l'on peut parler ainsi, se débattait, s'établissait le compte des amants et celui des maris. « Le véritable amour peut-il exister entre personnes mariées ? » demande-t-on à la cour, et la comtesse de Champagne répond : « Nous disons et assurons, par la teneur de
« ces présentes, que l'amour ne peut étendre ses droits
« sur les personnes mariées. En effet, les amants s'ac-
« cordent tout, naturellement et gratuitement, tandis
« que les époux sont tenus, par devoir, de subir réci-
« proquement leurs volontés, et de ne se rien refuser
« les uns aux autres. Que ce jugement, que nous avons
« rendu avec une extrême prudence, et d'après l'avis
« d'un grand nombre d'autres dames, soit pour vous

---

1. Maître André, chapelain de la cour royale de France, douzième siècle. *Manuscrit de la Bibliothèque royale*, n° 8758.

« d'une vérité constante et irréfragable. Ainsi jugé l'an
« de grâce 1174, le troisième jour des calendes de mai,
« indiction septième. »

Ainsi, un mari n'avait pas le droit d'aimer sa femme, mais, en revanche, la femme avait le droit d'aimer un autre homme que son mari, et même, si elle était complétement honnête, dit le chapelain, elle le devait. Le mariage, selon un article de ce code, n'est pas une excuse légitime contre l'amour; car une demoiselle attachée à un chevalier par un amour convenable s'étant mariée à un autre, fut condamnée par jugement d'Ermengarde, vicomtesse de Narbonne, à continuer au premier son amour et ses bontés coutumières, la survenance du lien marital n'excluant pas le premier attachement. Mais voici un arrêt plus curieux encore, et qui marque d'une manière décisive la différence de l'amour et du mariage. Un chevalier était épris d'une dame qui avait déjà un engagement; la dame, pour se délivrer de ses poursuites, lui promit de l'aimer si jamais elle perdait l'amour de son ami. Deux mois après elle épousa cet ami. Qu'arriva-t-il? C'est que l'aspirant éconduit se présenta devant elle, et la requit de tendresse, disant qu'elle n'avait plus le droit d'aimer son premier amant, puisqu'elle l'avait épousé. Survint un arrêt de la cour, arrêt d'une princesse, d'une reine, de la reine Éléonore, qui, après quelques détours, décida que si la dame donnait ce qu'elle avait promis, elle serait louable (*laudabilis*).

Sous ces établissements, d'apparence ridicule et frivole, et où le bel esprit occupait sans doute une grande place, se cachait cependant un fait sérieux et digne de l'attention de l'historien : une protestation contre le mariage grossier de nos pères. Le code de l'amour censurait et réformait le code matrimonial, ou plutôt il était, en partie, le code matrimonial lui-même. Plus sévère que le mariage, cette affection libre inspirait des devoirs réels et rigoureux aux deux amants. La loi civile disait : Une femme dont le mari est absent pendant dix ans, sans qu'on ait de ses nouvelles, a le droit de se remarier[1]. Le code d'amour disait : L'absence de l'amant, quelque longtemps qu'il la prolonge, quelque avare qu'il soit de messages ou de lettres propres à réjouir ou consoler sa dame, cette absence ne relève pas la femme de son attachement. La loi civile disait : La femme veuve, après un an et un jour de veuvage, peut prendre un second mari[2]. Le code de l'amour imposait à l'amie deux années de veuvage de cœur. Les lois féodales qui permettaient au mari de battre se femme, pourvu que ce ne fût que modérément, faisaient du mari un grossier possesseur ; le code d'amour imposait à l'amant, comme une loi fondamentale, le respect.

Enfin, et là se trouve le point capital, les mœurs de la féodalité ne donnaient à l'épouse aucun pouvoir moral sur l'époux ; tandis que le code d'amour faisait de la femme, comme nous l'avons dit plus haut[3], le guide et l'associée de l'homme.

Ainsi se réalisait en dehors du mariage, et en contradiction avec le mariage, ce qui constitue son essence intime, la fusion des âmes et le perfectionnement mutuel. En vain tombèrent les cours d'amour, l'humanité n'en avait pas moins reçu d'elles, et n'en garda pas

---

1. *Assises de Jérusalem*, cour des nobles.
2. « La femme veuve ne doit pas se remarier avant un an et un jour, à partir de la mort de son mari. » (*Ibid.*, cour des bourgeois.)
3. Chapitre de l'*Amante*.

moins dans sa conscience ce type précieux du rôle de la femme. La marche du temps fit le reste, et depuis cette époque, l'amour et le mariage se présentent aux âmes élevées comme deux frères invinciblement liés l'un à l'autre, incomplets l'un sans l'autre, et tout-puissants l'un par l'autre. En effet, en passant de la maîtresse à l'épouse, cette influence moralisatrice de la femme trouve soudain le caractère si nécessaire qui lui manquait alors, la continuité. L'empire de l'amante ne survit pas à la jeunesse qui le fait naître, et souvent il a la frivolité de cet âge, comme il a sa grâce éphémère; le mariage seul lui donne du sérieux et de la durée, le mariage fait un devoir de ce qui était un jeu, une règle pour la vie de cette loi d'un jour, une autorité calme de cette impétueuse domination. **La femme ne peut avoir d'action salutaire sur l'homme que dans le mariage, et le mariage seul peut faire de l'homme un être complet.**

Sans doute, ce n'est encore que par couples isolés que Dieu produit à nos regards l'image de ces unions idéales; mais le bien commence toujours par être une exception avant de devenir une règle, et nous pouvons, sans craindre d'être appelés rêveurs, tracer le portrait de ces rares élus qui nous doivent servir de modèles.

Entre de tels époux, pas de commandement. Pas d'inférieur ou de supérieur, aux yeux du mari surtout; car son seul vœu est d'apprendre la liberté à sa femme et de lui ordonner de vouloir. Dans cette sainte alliance le mélange des qualités se transforme en échange; elle devient plus forte auprès de lui, il devient meilleur auprès d'elle; la tendresse, ce divin sentiment qui joint à toute l'ardeur de la passion la douceur pénétrante de la sympathie, la tendresse s'insinuant entre leurs cœurs, les fond pour ainsi dire en un seul. Ils ont sans doute d'autres objets bien chers d'affection, des enfants, une mère, mais rien n'est pareil à ce qu'ils éprouvent l'un pour l'autre. Il n'y a qu'elle qui soit lui, il n'y a que lui qui soit elle; les mêmes pensées arrivent sur leurs lèvres aux mêmes moments; leurs visages, par l'habitude de sentiments semblables, contractent une sorte de ressemblance, et, à les voir, comme à les entendre, on sent entre eux une parenté plus puissante que celle du sang, la parenté de l'âme.

Une telle union ne craint pas même les années et leurs ravages. C'est le misérable emploi de la vie des femmes, c'est leur oisiveté et toutes les mesquines passions qu'elle enfante qui flétrissent leur visage avant le temps, qui flétrissent leur bonheur avec leur visage. Tant que dure la jeunesse (la jeunesse, le plus charmant des mensonges!), la rondeur des lignes de la figure dissimule tout, et si un mauvais mouvement de l'âme y imprime un pli délateur, ce pli s'efface aussitôt sous l'élastique ressort de cette chair juvénile; mais, quand vient l'âge, chaque pensée habituelle creuse sa ride : c'est la vanité qui contracte les lèvres; c'est l'envie qui enfonce la bouche, et le désenchantement de l'époux suit bientôt le déclin prématuré de la femme. L'épouse, dont nous avons dessiné le portrait, n'a rien à redouter de pareil de la main du temps. On reprochait un jour à Michel-Ange d'avoir représenté la vierge Marie encore belle dans un âge qui n'était plus la jeunesse : « Ne « voyez-vous pas, répondit-il, que c'est la beauté de « son âme qui a conservé celle de son visage? » Ainsi de l'épouse vraiment épouse; tout ce qu'elle a fait de bien pendant sa longue carrière conjugale et maternelle, tout ce qu'elle a pensé de pur et d'élevé, répand sur ses traits un charme de physionomie, une noblesse inconnue même au jeune âge ; la finesse de son esprit, plus exercé, y ajoute une grâce piquante, et parfois le temps lui a, ce semble, autant apporté qu'emporté.

Vienne donc la vieillesse elle-même, elle n'altérera cette union que lorsqu'elle la brisera. Quand les enfants éloignés ou établis laisseront seuls auprès du foyer les deux vieux compagnons, la mémoire de cette vie commune si pure et si tendre, la conscience de s'être perfectionnés l'un l'autre, la certitude d'immortalité que donne une affection qui n'a jamais faibli, suffiront pour défendre leurs âmes du contact glacé de l'âge. Cette affection s'empreindra même d'une mélancolie solennelle à la vue de la terre qui s'éloigne, de Dieu qui s'approche, et ils s'aimeront à la fois comme des êtres qui vont se quitter, et comme des êtres qui se retrouveront!

CHAPITRE VI

LE DIVORCE

Dans cette description du mariage idéal telle que nous venons de l'essayer, il manque un mot qui s'y trouve cependant sous-entendu à chaque ligne, le mot indissolubilité.

L'indissolubilité me semble le sceau suprême de l'institution matrimoniale ; c'est vraiment le doigt de Dieu imprimé sur l'union humaine ; c'est la grande idée de l'immuable introduite dans cette vie où tout change ;

c'est l'espérance de l'infini déposé dans ces cœurs où tout s'éteint, et l'on peut mettre au défi poëtes et philosophes de représenter un type parfait du mariage et d'y placer le mot de divorce. Sublime comme principe éternel, la théorie de l'indissolubilité a joué, en outre, un grand rôle dans le monde comme institution temporaire et comme instrument social ; elle a sauvé, dans les mains de l'Église, le mariage et la femme.

Quand le christianisme parut, le mariage périssait à Rome par le divorce. On sait tous les excès de la Rome impériale : « Telle Romaine, dit Sénèque, compte ses « années, non par le nombre des consuls, mais par le « nombre de ses maris. » — « Va-t'en, dit un affranchi « à sa femme, dans Juvénal, va-t'en, tu te mouches « trop, j'en veux épouser une qui ait le nez sec. »

Chez les barbares, le mariage périssait par la répudiation. La répudiation est le droit qu'a le mari de renvoyer sa femme, comme le divorce le droit commun aux deux époux de se séparer et de se remarier.

La *Nial-Saga* rapporte un exemple remarquable de ce pouvoir despotique. Un des hommes de la haute terre arrive avec sa femme à un festin nuptial. Le hasard place le mari auprès d'une jeune fille d'une beauté rare ; ses yeux ne la quittent pas. Sa femme le raillant sur l'ardeur de ses regards : « Cette femme m'est insuppor- « table, s'écrie-t-il, je la répudie et j'épouse cette jeune « fille ! » Il l'épousa.

Il ne fallut pas moins que la parole de Jésus-Christ, que Dieu lui-même, pour lutter contre le monde romain et contre le monde barbare, pour renverser cette servitude et guérir cette dépravation.

Ce combat, ce duel de plusieurs siècles entre l'Église

et la société se trouvent résumés avec toutes leurs dramatiques alternatives dans l'histoire de Philippe Auguste et d'Agnès de Méranie. Rien de plus touchant, non pas qu'Agnès, mais qu'Ingeburge, la première et véritable épouse; rien de plus cruel que Philippe; rien de plus noble qu'Innocent III. Ce n'est pas une femme, un mari, un prêtre; c'est l'épouse, l'époux et le civilisateur.

Ingeburge était jeune, belle, fille du roi[1]; si élégante, qu'on la comparait à Diane; si pure, qu'on l'assimilait à Marie. Philippe Auguste la veut pour femme. Le roi de Danemark, frère d'Ingeburge, la lui accorde. Elle arrive précédée de sa renommée, et la dépassant encore. Philippe la reçoit à Amiens, la passion brille sur son visage; le jour du sacre est fixé, la cathédrale d'Amiens reçoit bientôt les royaux fiancés. Tout à coup, au milieu de la cérémonie, la figure du roi s'altère, il pâlit; il détourne les yeux de la belle Ingeburge : ce qui se passe dans l'âme violente de ce demi-barbare, personne ne peut le dire; mais il trouve repoussant ce qui lui semblait splendide de beauté; il abhorre ce qu'il adorait; Ingeburge lui apparaît comme un monstre. Le soir, la chambre nuptiale s'ouvre; l'heure de minuit venue, Philippe y pénètre; puis un moment après il en sort, et jure qu'il ne sera jamais le mari de cette femme; que Satan est entre elle et lui. De là à un divorce il n'y a qu'un pas; il le demande, il l'appelle, et avec ce mélange d'impétuosité sans frein et d'astuce patiente propre à ces races barbares, il prépare tout pour cette répudiation. Un prétexte est bientôt trouvé : Ingeburge

---

[1]. *Bibliothèque de l'école des Chartes.* (Mémoire de M. Hercule Gérand.)

est sa parente, on dresse un arbre généalogique qui le prouve ; on choisit des évêques qui le déclarent ; et, trois mois après cette union, un concile s'assemble pour la rompre. La triste fille du Nord y paraît ; elle est seule ; pas un de ses parents autour d'elle, pas un conseil ; elle ignore même la langue de la France, et, pendant plusieurs heures, elle suit, pleine d'angoisses, sur la physionomie du roi, dans les regards des prélats, et comme à la trace du bruit de son nom qui se prononce parfois, ce drame où sa vie est engagée. Enfin la décision est rendue, et cette décision, c'est le divorce ; on la communique par un interprète à Ingeburge. Alors se levant et éperdue de douleur, elle s'écrie avec un accent inimitable : « *Mala Francia ! mala Francia !* » Cette apostrophe inattendue, l'emploi même de cette langue étrangère qui peignait si vivement sa détresse et son impossibilité de se défendre, firent reculer les juges devant leur sentence ; mais Philippe les força de signer. Que fait Ingeburge ? Elle ajoute un cri plus pénétrant encore à son premier cri, et se retournant, pour ainsi dire vers un sauveur absent, mais assuré : « *Roma ! Roma !* » dit-elle. Rome répond. Philippe ne fléchit pas. Il avait chassé sa femme de son lit, il la jette dans un couvent ou plutôt dans une prison. Le Danemark la réclame, il la refuse ; le saint-siége la défend, il le brave. Il épouse solennellement une autre femme, Agnès de Méranie, et cependant l'épouse légitime, la reine légitime, une fille de roi, qui avait apporté en dot la valeur d'une province, meurt de faim dans sa retraite, forcée, pour vivre, de vendre ses habits, ses meubles, plus encore, d'accepter des aumônes d'un de ses juges que le remords pressait. Est-ce tout ? Non. Le pape Innocent ayant enfin cassé le divorce et provoqué une enquête sur la prétendue parenté des deux époux, Philippe renonce à ce moyen, il parle de maléfice; il n'a pas honte d'en appeler à Ingeburge elle-même pour attester que jamais elle n'a été sa femme. Et voilà cette pieuse créature obligée de jurer solennellement devant deux archevêques que Philippe est entré dans son lit; il faut qu'elle dise le jour et l'heure, qu'elle raconte les circonstances, qu'elle donne les preuves; il faut enfin que l'épouse ouvre elle-même la chambre nuptiale aux regards de toute l'Europe! Philippe, voyant encore cette ressource lui échapper, en invente une autre : c'est d'Ingeburge elle-même que partira la demande du divorce; c'est elle qui le voudra, qui l'implorera. Alors commence contre la triste prisonnière tout un ensemble systématique de tortures morales et physiques, pour la pousser à cette demande : sa nourriture est irrégulière et insuffisante; elle tombe malade, on lui refuse le médecin; il pénètre jusqu'à elle, on refuse de suivre ses ordonnances; la captive recevait d'Innocent des lettres consolatrices, elles sont toutes interceptées; les envoyés de son frère, ses compatriotes, sont exclus de sa présence. Séparée des hommes, on l'isole de Dieu même, on lui compte les jours où elle peut entendre la messe, on lui interdit absolument les instructions religieuses les offices, et même la confession (retirer la confession à cette âme éperdue, c'était lui faire craindre la damnation); aucun être vivant n'approche d'elle, que des hommes stipendiés qui l'accablent d'injures, lui reprochent le malheur de la France frappée d'interdit à cause d'elle, et l'accusent, en termes blessants, du dégoût de Philippe pour sa personne.

D'abord, dans son désespoir, elle s'écrie en s'adressant au pape : « Mon père, mon père, je meurs tous les « jours dans mon corps et dans mon âme[1]. Oh! qu'elle « me paraîtrait bonne, douce, sacrée, à moi, mal- « heureuse femme désolée et rejetée de tous, cette mort « unique qui m'arracherait aux tourments de mille « morts que j'endure! » Mais bientôt reprenant courage : « Mon père, je vous attendrai ! Ne tenez compte « d'aucun des aveux que les menaces m'arracheront; « ne croyez à aucun des serments que la violence « m'extorquerait; ma bouche pourra céder, mon corps « pourra fléchir, mais mon âme, jamais! Je suis épouse « légitime, je mourrai épouse légitime, heureuse de « mourir pour le soutien du saint sacrement du ma- « riage. »

Avouons-le, ces paroles respirent une grandeur inconnue à tout ce qui n'est pas le christianisme et le dogme de l'indissolubilité. Innocent se montra digne de sa mission[2]. Il ne laissa pas à Philippe un moment de trêve. « Vous êtes tout-puissant, lui écrit-il; mais quelle « que soit la confiance que vous inspire votre pouvoir, « vous ne sauriez tenir, nous ne disons pas en notre « présence, mais devant la face de Dieu, dont nous « sommes, quoique indigne, le représentant sur la « terre. Notre cause est celle de la justice; nous mar- « cherons dans cette route royale sans incliner à droite,

---

1. Innoc., *Epist.* III, 16, 17, 18, 19; XIX, 85, 86, 132, *et passim*.
2. Ceux qui ne veulent voir dans cette intervention d'Innocent qu'un acte d'ambition doivent lire ses lettres à Philippe (t. III et VI, *Epist. Innoc.*). Sa modération, sa patience, son désir de savoir la vérité, marquent une âme préoccupée de la justice seule, et il ne craint pas d'accuser vivement Ingeburge quand ses reproches lui paraissent mal fondés.

« sans dévier à gauche, sans nous laisser détourner ni
« par les prières, ni par les présents, ni par l'amour, ni
« par la haine. » Philippe Auguste allègue la parenté
et la difficulté de la prouver[1]; Innocent propose d'envoyer à ses frais des hommes de loi en Danemark pour
examiner ce point. Philippe Auguste allègue le maléfice; Innocent propose une assemblée d'hommes de
l'art et de la religion pour le juger. Philippe Auguste
parle de la difficulté de trouver un lieu convenable pour
le concile; Innocent propose, soit Étampes, où est la
reine, soit Paris, où est le roi, soit Rome, où il est, lui ;
mais à la condition que toujours et partout Ingeburge
aura ses avocats et ses témoins. Pendant quinze années,
l'œil et l'oreille tournés vers la France, il n'entend pas
un cri de la victime qu'il n'en demande compte au
bourreau : « Êtes-vous un roi ou un meurtrier? A qui
« espérez-vous faire croire que vous ne pouvez vous dis-
« penser de traiter comme une vile esclave une princesse illustre, d'origine et d'âme royales, et de laisser
« s'éteindre dans la misère une femme dont la dot est
« encore tout entière dans votre trésor? Ne craignez-vous
« pas qu'on ne vous accuse d'avoir de longue main
« préparé cette mort; qu'on ne vous considère comme
« le meurtrier de la moitié de vous-même, et dès lors
« vous voilà retranché de la communion des fidèles et
« inhabile à contracter de nouveaux nœuds? »

Cette lutte dura quinze ans, et pendant quinze ans,
ni l'énergie d'Innocent, ni la fierté d'Ingeburge, ni la
cruauté de Philippe, ne fléchirent, et il fallut que l'in-

---

1. *Bibliothèque de l'école des Chartes* (Mémoire de M. Hercule Géraud.)

terdit fût jeté sur la France pour que la justice triomphât.

La philosophie du dix-huitième siècle s'est fort indignée de cet interdit. Punir tout un peuple pour le crime d'un homme semble une iniquité si monstrueuse, que l'âme, devant un tel fait, s'emporte malgré elle jusqu'à la colère : l'orgueil national y ajoute ses susceptibilités jalouses, et irrités de voir un roi français céder à un pontife italien, nous rejetons l'anathème sur celui qui a châtié dix millions d'hommes en un seul! Mais s'agissait-il donc d'un seul homme? N'est-ce pas le vice d'un peuple, de vingt peuples, une plaie de race qu'il fallait guérir? La moitié de l'humanité, je me trompe, l'humanité tout entière était là en cause, car il y avait à frapper sur une abominable barbarie, aussi funeste aux bourreaux, qu'elle flétrissait, qu'aux victimes, qu'elle écrasait. Il fallait arracher du monde ce fruit monstrueux, caché dans ses entrailles depuis tant de siècles, la répudiation. Il fallait sauver la femme, le mari et la famille.

De cette étude du passé, il sort pour nous cette vérité incontestable, que le triomphe du système de l'indissolubilité fut lié au triomphe de la civilisation elle-même. Grandeur morale, c'est-à-dire grandeur absolue; grandeur historique, c'est-à-dire grandeur relative, cette doctrine réunit donc tout ce qui caractérise une doctrine salutaire : c'est un noble principe dont l'application fut utile.

Cependant, s'il en est ainsi, d'où vient que tant de voix sérieuses s'élèvent aujourd'hui contre cette théorie? D'où vient que tant de consciences austères réclament le divorce? D'où vient que plus d'un partisan sincère de l'indissolubilité sent parfois ses convictions s'ébranler en face des mœurs actuelles et de la société présente?

Voici, je le crois, la cause de ces sentiments contradictoires; ils partent d'un raisonnement très-solide, que beaucoup de consciences se font à elles-mêmes, les unes nettement, les autres confusément, et que formulait ainsi un magistrat éminent.

« Oui, sans doute, disait ce juge qui connaissait à fond
« l'intérieur des familles, oui, le divorce est essentielle-
« ment contraire à l'idéal du mariage; mais, pour le re-
« pousser par cette raison, il faut d'abord que le mariage
« lui-même ne soit pas contraire à son idéal. Or, les
« unions actuelles ont-elles généralement rien de com-
« mun avec un contrat consenti par deux créatures libres
« et béni par Dieu? Qu'on en juge par le début. La jeune
« fille connaît à peine le jeune homme qu'elle épouse, ne
« comprend pas le contrat qu'elle signe, et ne sait pas
« les règles légales de la position qu'elle accepte. Est-ce
« là le mariage? Est-ce le mariage, cette prétendue asso-
« ciation, où l'un des deux associés n'a pouvoir ni sur
« ses biens, ni sur sa personne? Est-ce le mariage, cette
« union appelée moralisatrice, où l'adultère d'un des deux
« conjoints n'est pas puni par la loi? Est-ce le mariage,
« cette société pour l'éducation des enfants, où la mère
« n'a aucune autorité légale sur ceux qu'elle a créés?
« Est-ce le mariage, cette société de capitaux où la fiancée
« n'entre et ne compte que comme un chiffre? Est-ce le
« mariage, cette union de vanité où l'on vend un enfant
« de seize ans pour un titre ou une alliance? Non, il y a
« là contrat des corps et des fortunes, mais non pas fu-
« sion des âmes et des pensées! Non, ce n'est pas le

« mariage. Et l'institution du divorce, du divorce sévère-
« ment restreint, est la conséquence forcée de l'organisa-
« tion incomplète du mariage. »

Deux genres d'objections s'élèvent cependant contre l'adoption du divorce : les unes sont religieuses, les autres sociales et morales. Pour en apprécier la valeur, il importe de les examiner séparément; car la confusion illogique de ces deux ordres de faits apporte d'invincibles obstacles à la solution de la question.

Depuis le dixième siècle jusqu'en 89, les caractères civil et religieux se confondaient dans le mariage [1]. Le même prêtre qui bénissait l'union, comme ministre de Dieu, la consacrait aussi comme magistrat de la société. A l'Église étaient confiés les registres de l'état civil ; de l'Église ressortaient toutes les causes concernant le mariage ; à l'Église appartenait le jugement dans les cas de réparation ou de querelles entre les conjoints ; le mariage n'avait pour ainsi dire de valeur et d'existence, comme société civile, qu'en tant que société religieuse.

---

1. Voyez dans le *Traité du contrat de mariage* de Pothier, l'*Histoire des conquêtes successives de l'Église sur ce terrain*. « Le mariage à l'église commence au dixième siècle seulement, comme obligation ; en 866, le pape Nicolas Ier écrivit aux Bulgares, que l'*usage de l'Église romaine* était qu'après les fiançailles et le contrat, les parties fissent leurs offrandes à l'Église par les mains du prêtre, et reçussent la bénédiction nuptiale avec le voile, mais que ces cérémonies n'étaient pas nécessaires. » (Pothier, *Contrat de mariage*, t. I, p. 388.)

« Nous voulons que les causes concernant le mariage soient et appartiennent à la connaissance et juridiction des juges de l'Église. » (Édit de 1606, Pothier, *Contrat de mariage*, t. II, part. 6.)

« La raison veut que le mari ou la femme qui se plaint de son conjoint aille le déclarer à l'Église. » (*Assises de Jérusalem*, cour des bourgeois.)

« Toute autre querelle entre époux que pour meurtre ou crime de lèse-majesté doit être portée devant l'Église et non devant les tribunaux. » (*Assises de Jérusalem*, cour des bourgeois.)

La révolution renversa cette organisation. L'État intervint dans l'union conjugale, et y prit sa part spéciale d'autorité et de direction. Le mariage fut séparé en deux actes, différents et complets chacun dans sa nature comme dans ses effets.

D'un côté, ce fut un sacrement.

De l'autre, un contrat.

D'un côté, une société bénie par l'Église, réglementée par l'Église.

De l'autre, une union scellée par la société, et soumise aux ordonnances sociales.

Ce furent véritablement deux mariages tout à fait indépendants l'un de l'autre; bien plus, pour que la distinction demeurât nettement marquée, ni le mariage à l'Église ne put produire un seul des effets du mariage civil, ni le mariage civil ne put donner droit au mariage à l'Église.

Cette simple exposition des faits suffit à détruire la première et principale objection qui s'oppose au divorce, celle que j'appelle religieuse. La piété d'un grand nombre de catholiques refuse au législateur civil le droit d'instituer le divorce, parce que le divorce, disent-ils, est contraire à la loi religieuse. Le législateur peut répondre : « La loi civile et la loi religieuse ont leurs do-
« maines à part; elles y règnent sans partage, et chacune
« d'elles peut agir dans son cercle, d'après ses seuls
« principes, sans faire insulte à l'autre : par exemple,
« vous, loi religieuse, vous refusez de consacrer ce que
« moi, je consacre, le mariage d'une catholique et d'un
« juif; puis-je en prendre texte pour vous accuser? Nul-
« lement, c'est votre droit; car vous ne dépendez pas
« plus de moi, que je ne dépens de vous : à vous le sa-

« crement, à moi le contrat; libre à vous de déclarer le
« sacrement indissoluble; libre à moi de déclarer le
« contrat révocable. Je ne saurais, sans tyrannie, vous
« contraindre à consacrer le divorce; vous ne sauriez,
« sans injustice, me défendre de l'instituer, car nos
« royaumes ne sont pas les mêmes : vous avez les fidè-
« les, moi les citoyens. » L'Église ne peut rien répondre,
ce me semble, à cette réponse. M. Royer-Collard, dans
son célèbre discours sur la loi du sacrilége, établit d'une
manière invincible cette distinction de l'Église et de l'État;
il montre quel abîme sépare les devoirs religieux des
devoirs purement civils, les fautes religieuses des fautes
sociales : c'est la distance de la morale à l'égalité, de la
vertu au droit, c'est-à-dire de l'infini au fini, du ciel à
la terre! Sans doute la loi de l'Église, qui défend le divorce, est plus haute, plus sainte, plus vaste que la loi
de l'État qui le permet; mais c'est précisément parce
qu'elle est plus qu'elle, qu'elle n'est pas elle; leurs
mondes, comme l'a dit l'illustre penseur sur lequel je
m'appuie, leurs mondes, qui se touchent, ne sauraient
se confondre; le tombeau est leur limite.

Voici donc un premier point établi.

La société peut de son propre et légitime droit instituer le divorce, sans que les fidèles aient rien à y reprendre, puisqu'elle laisse à tous la liberté, et n'impose
ses lois à nulle conscience.

Maintenant allons plus loin. Pour les fidèles eux-
mêmes l'institution du divorce restreint est-elle une
violation fondamentale des principes éternels de l'É-
glise? Le chef suprême ne saurait-il, sans attenter à la
constitution organique de ce grand corps, admettre le
divorce en certains cas ou en certains temps? Nous ne

le croyons pas, car l'histoire ecclésiastique constate plus d'une exception notoire à cette règle qu'on dit absolue.

Saint Jérôme nous apprend par la vie de sainte Fabiola, que le divorce était toléré dans la primitive Église. Fabiola, dit ce grand homme en termes exprès, *divorça d'avec son mari parce qu'il était vicieux, et se remaria*[1].

Les *Assises de Jérusalem* reconnaissent deux circonstances où le divorce était permis.

« Si un chevalier quitte son fief et se fait mahométan, le mariage est rompu, dit ce recueil, et la femme *peut se remarier* un an et un jour après l'apostasie de son mari. »

« Si l'un des deux conjoints devient lépreux ou tombe du haut mal, ou exhale une odeur fétide de la bouche ou du nez, l'Église, après examen, prononce le divorce, et le conjoint sain *peut se remarier*. » Ce sont les mots textuels.

L'Église du douzième siècle admettait donc des tempéraments à cette théorie de l'indissolubilité. On répond, je le sais, que ce ne sont pas là des cas de divorce, mais seulement des annulations de mariage, telles que toutes les lois en admettent. Cette réponse n'a qu'une apparence de solidité. En effet, qu'est-ce qui différencie le divorce de l'annulation ? C'est que l'annulation suppose dans l'union un vice radical qui remonte avant la célébration même, qui, tout caché qu'il fût, coexistait avec le mariage, et l'a frappé de nullité dès le moment où il a été contracté : telle est l'erreur sur la personne, la parenté directe, etc. L'annulation, en un mot, suppose

---

1. Saint Jérôme, *Vie de sainte Fabiola*.

que le mariage n'a jamais existé, parce qu'il n'a jamais existé légalement. Au contraire, le divorce ou rupture de l'union a pour cause un fait qui a pris naissance depuis le mariage, et qui par conséquent n'empêche en rien son existence antérieure et complète. Or, qu'on examine les trois cas cités par saint Jérôme et par les Assises, et l'on verra qu'ils reposent tous trois sur des faits postérieurs à l'union; l'Église a donc admis parfois le divorce.

Un dernier exemple le prouve invinciblement. Toutes ces ruptures de mariages de souverains qui remplissent l'histoire de France depuis Charlemagne jusqu'à Louis XII et Napoléon, sont-elles autre chose que des atteintes profondes au principe de l'indissolubilité? La dignité des personnages, loin d'atténuer ici la violation de la règle, ne sert qu'à la rendre plus fatale et plus éclatante : la raison d'État, n'étant presque toujours qu'un prétexte visiblement mensonger, irrite encore l'esprit de justice et de moralité des masses, et ces exemples ébranlent plus la théorie de l'indissolubilité dans la conscience publique, que ne le pourraient faire deux cents ruptures de mariages privés. Qui les donnait cependant ces exemples? L'Église. Voici donc un second point établi. La question du divorce est une de ces questions variables où les exceptions ont été introduites par ceux-là même qui maintiennent le principe; la loi civile peut donc sans impiété ne pas marcher ici avec la loi religieuse, car en contredisant sa règle d'aujourd'hui, elle imite ses tolérances d'hier.

Reste enfin à examiner le mariage comme contrat humain, le divorce comme fait social.

A ce point de vue, les objections ne sont ni moins vives, ni moins sérieuses. Les plus solides se résument à peu près en ceci. L'indissolubilité, disent les philosophes et les politiques qui la défendent, n'est pas seulement un principe catholique, ou même religieux, c'est un principe d'ordre et de bonnes mœurs, un principe social. La loi civile, il est vrai, n'embrasse pas et ne peut point embrasser toute la loi morale, mais elle ne saurait vivre cependant qu'appuyée sur elle. Or, le seul fondement moral du mariage est l'indissolubilité! Aussitôt donc que le divorce y est introduit, il ébranle même les unions qu'il ne dissout pas : la sainteté, la pureté, la force de l'union conjugale, tout est ruiné dans la conscience publique par le divorce.

Nulle réponse à ce raisonnement, sinon cette question :

Dans l'état de notre société, la théorie absolue, sans exception, de l'indissolubilité ne ruine-t-elle pas le ménage mille fois plus que ne le ferait le divorce, enfermé dans des règles sévères? Pour qui interroge les faits, il n'y a point de doute. Qui crée parmi le peuple tant de bigamies de fait? L'indissolubilité. Qui fait que trois ouvriers sur huit ont deux ménages? L'indissolubilité. Qui fut cause qu'en 1830 la Commission des récompenses, lorsqu'elle s'occupa de secourir les veuves des combattants de Juillet, vit arriver deux et trois veuves pour chaque mort? L'indissolubilité. Qui multiplie les enfants illégitimes hors de la famille? L'indissolubilité. Qui multiplie les enfants adultérins dans la famille? L'indissolubilité. Qui alimente la haine entre les époux? L'indissolubilité. Qui amène les scandaleuses révélations étalées par la justice aux yeux du monde? L'indissolubilité. Qui inspire des pensées de meurtre, et parfois des meurtres allant jusqu'au massacre? L'indissolubilité. Quand un principe produit de tels effets dans une société, c'est qu'il est, ou radicalement mauvais, ou en désaccord avec les lois et les mœurs de cette société. Radicalement mauvais? Nul n'oserait le soutenir, et personne moins que moi. Ce sont donc nos mœurs et nos lois qui sont en lutte avec lui; par conséquent, il faut ou réformer mœurs et lois, ou modifier le principe de l'indissolubilité, c'est-à-dire que nous voici conduits de nouveau par le raisonnement à réclamer cette mesure : institution au moins temporaire du divorce. Au reste, veut-on une preuve évidente qu'il est nécessaire d'établir le divorce? C'est que la loi l'a établi malgré elle; c'est qu'il est déjà créé, créé sous un faux nom, déguisé, méconnaissable en apparence pour les esprits légers, mais créé en fait. Oui, nos législateurs ont beau s'en défendre, le divorce existe; il existe avec tous ses maux et sans un seul de ses avantages; il existe avec une immoralité de plus, avec mille douleurs de plus, mille contradictions de plus; il existe enfin, puisque la séparation existe!

Examinons le fait de la séparation, et le doute ne sera plus possible.

La séparation désunit sans délivrer, sépare les biens et laisse la femme en tutelle du mari, sépare les personnes et laisse au mari honnête homme la responsabilité des fautes de sa femme, brise le mariage comme lien et le maintient comme chaîne. N'est-ce pas là le divorce le plus impie, le plus corrupteur qu'aucun peuple ait jamais porté et supporté! Je conçois la séparation du moyen âge : alors toute femme séparée était retranchée du monde et jetée dans un monastère; si l'épouse était victime, du moins la sainteté du mariage était sauve. Mais que dire de notre séparation actuelle?

Quoi! une femme a vingt-cinq ans (c'est presque toujours dans la jeunesse qu'on se sépare); elle vient demander à la loi de l'arracher à un mari dont elle ne peut plus supporter les mauvais traitements; la loi la sépare en effet de cet homme, puis elle la jette dans la vie, sans guide, sans consolation, livrée à ses douleurs, à ses rêves et à sa vivace jeunesse! Qu'arrive-t-il alors? Son isolement et son titre même de femme séparée attirent autour d'elle mille empressements intéressés, mille espérances injurieuses; il semble toujours aux hommes qu'une femme séparée leur appartient de droit. Résiste-t-elle? ils l'en punissent en épiant sa conduite, en calomniant jusqu'à son passé; car, aux yeux du monde, une femme séparée ne repousse un hommage que parce qu'elle en accueille un autre. Cède-t-elle au contraire? honte et mépris pour elle! Comme elle n'a personne pour la défendre, et que sa faute ne peut se cacher derrière le manteau du mariage, elle se voit en butte aux attaques des femmes rigides, qui souvent ne sont sans pitié que parce qu'elles sont sans cœur, et à celles des femmes légères qui se font impitoyables afin de paraître rigides. Et cependant est-ce elle qui est coupable ou la loi? La loi ne l'a-t-elle pas, pour ainsi dire, condamnée à faillir? Arrachez-lui donc le cœur, si vous voulez qu'elle n'aime plus à vingt-cinq ans! Hélas! qui de nous n'a pas connu ou ne connaît pas quelqu'une de ces tristes victimes, éperdues dans la vie comme un pauvre oiseau dont le nid est brisé! Sans profession, parce que les femmes n'en ont généralement pas, sans occupation sérieuse, sans liens de famille parfois, on les voit se rattachant à des amitiés, bien sincères sans doute, mais qui ne sont que des amitiés. En vain, pour se créer des illusions maternelles, appellent-elles leurs jeunes parents ou leurs jeunes amis, *mes enfants;* au fond de leur âme, elles se disent toujours : Ah! ce n'est pas la même chose! C'est surtout le soir, quand elles rentrent chez elles et qu'elles se voient seules, quand elles descendent dans leur triste cœur, si jeune, si plein de tendresse, et que tout leur répète : « Plus rien à aimer! » c'est alors que leurs sanglots éclatent, que leurs larmes coulent et qu'elles s'écrient : « Mon Dieu! mon Dieu! ne me ferez-vous pas mourir! »

Je parle de la femme séparée; mais le sort de l'homme est-il moins fatal? Quoi de plus affreux pour un homme de cœur que de voir son nom, le nom de son père, le nom de ses enfants porté et déshonoré par la femme qui l'a trahi! Une action honteuse la souille-t-elle devant le monde, que dis-je! la conduit-elle devant la justice? c'est sous le nom de son mari qu'elle est condamnée. Met-elle au monde des enfants adultérins? c'est le nom de son mari qu'ils porteront, si le mari ne prouve son absence. Elle ne peut paraître dans un salon, briller dans une fête sans que ce nom prononcé réveille dans tous les esprits le souvenir du mari, et avec ce souvenir le ridicule que le monde y attache toujours! Ah! tout ce qu'il y a dans l'âme humaine de dignité et d'esprit de justice se révolte contre la séparation. La séparation jette des désirs monstrueux dans le cœur des deux époux; la séparation les amène à désirer la mort l'un de l'autre; la séparation altère jusqu'à l'amour paternel et maternel.

Qu'on ne nous dise pas que du moins elle respecte le principe du mariage. Quoi de plus outragé qu'un principe que le fait viole chaque jour, pendant que la doctrine le déclare inviolable? Qu'on ne nous parle point de la chance de réconciliation laissée aux époux. Il n'y a pas un exemple de rapprochement sur cent séparations. Qu'on ne nous objecte pas les divorces scandaleux du Directoire. Qui nous oblige à renouveler ces excès? Ce sont les lois qui alors, par leur immorale complaisance, ont fait seules ces scandales. Que vos lois soient sévères, et les mœurs le seront aussi; l'histoire de l'Empire le prouve. Le divorce y a été admis avec des restrictions, pendant dix ans, et l'institution matrimoniale n'en a pas été ébranlée. La Belgique, l'Angleterre, l'Allemagne, la Russie, l'Amérique, l'ont accepté, et la famille n'y est pas moins solidement assise qu'en France. Enfin, on dit pour suprême raison : c'est en faveur des enfants que la séparation est établie au lieu du divorce; les parents souffrent, il est vrai, mais du moins la fortune des enfants est maintenue.

La fortune! les enfants!... Mais les parents ne sont-ils donc pas des êtres humains comme les enfants? La femme n'est-elle donc pas souvent aussi innocente que son fils de cette séparation! Et avez-vous le droit de torturer un père et une mère par un veuvage forcé, afin de conserver à leur enfant quelque argent de plus? car il ne s'agit que d'argent! Éducation, unité de direction morale, vie de famille, tout est détruit par la séparation comme par le divorce. Que dis-je? Mille fois plus encore! L'enfant, tiraillé entre deux pouvoirs contraires, élevé dans deux systèmes opposés, appartenant par moitié à chacun de ses parents (car, malgré toutes les décisions du tribunal, les parents restent parents), orphelin de sa mère pendant un mois, de son père pendant l'autre; les entendant tous deux se charger d'accusations mutuelles d'autant plus amères que leur malheur est sans remède, l'enfant se trouve constitué juge de ses parents par ses parents mêmes, et le résultat de son jugement est le mépris pour l'un ou pour l'autre, souvent pour tous deux. Telle est la séparation! mortelle aux parents comme le divorce; mortelle aux enfants comme le divorce; brisant comme le divorce l'association des pensées, l'association des fortunes, et, de plus que le divorce, désespérant et déshonorant ses victimes. Donc, de deux choses l'une, ou il faut abolir la séparation, ou il faut admettre le divorce. Or, abolir la séparation, qui l'oserait? Vous ne pouvez même l rendre ni plus douce ni plus dure[1]; car, une chaîne de plus, c'est la loi du moyen âge; une chaîne de moins, c'est le divorce même. Il faut donc le divorce! Que les obstacles qui l'entourent soient sans nombre, les précautions multipliées; déclarez que celui des deux époux dont la faute l'aura provoqué sera puni d'une amende considérable, puni d'une peine afflictive, privé même

---

1. L'Académie de Toulouse, en 1858, a mis au concours cette question : *Rechercher les améliorations à introduire dans la législation, en matière de séparation de corps.* Nous avons sous les yeux un des meilleurs mémoires envoyés au concours; il est dû à la plume habile de M. Paul Bernard, aujourd'hui substitut du procureur impérial à Amiens. Recherches profondes, force de raisonnement, consciencieuse étude de la question, sentiment moral élevé, on trouve dans ce travail tout ce que réclame un sujet aussi grave. M. Paul Bernard y combat, incidemment, avec beaucoup de véhémence notre opinion sur le divorce. Il ne nous a pourtant pas convaincu. Quelque légitimes, quelque salutaires que soient les réformes proposées pour le régime de la séparation de corps, ce régime n'en reste pas moins plus immoral et plus funeste que le divorce lui-même. Quant à l'éternelle objection tirée contre le divorce de ce qui s'est passé sous la République et le Directoire, nous renvoyons ses auteurs aux dix années de l'Empire, où le divorce, restreint et sagement réglé, n'a produit aucun des excès, aucun des désordres qu'on nous oppose toujours.

du droit de se remarier; proclamez le divorce un malheur, une loi transitoire, une exception, mais proclamez-le, sinon la famille même est en péril! N'entendez-vous pas ces cris étouffés de colère qui s'élèvent contre le nœud conjugal? craignez de faire passer de la douleur au désespoir, du désespoir au crime, ces malheureuses qui se sentent enchaînées dans votre cage de fer du mariage. Vous n'y avez laissé qu'une seule porte de sortie, la mort : prenez garde! Que signifient ces causes funèbres qui semblent se multiplier, et qui nous montrent des mains désespérées mêlant, dans la nuit, de mortelles substances aux breuvages de l'époux malade? Il y a là un symptôme terrible. Les crimes ne représentent pas toujours uniquement des passions mauvaises, ils sont souvent le témoignage sanglant d'une légitime révolte, et comme le cri d'un besoin. Si vous refusez aux femmes ce qui est juste, elles voudront ce qui ne l'est pas; un refus inique déprave. Irritées par l'excès de leurs souffrances, elles s'en prendront, non pas aux abus du mariage, mais au mariage même, et voilà leur oreille ouverte à ces théories fatales qui leur prônent, non pas un divorce, mais vingt divorces successifs, c'est-à-dire l'abolition du mariage, c'est-à-dire la femme libre.

CHAPITRE VII

LA FEMME LIBRE

La femme libre! l'attaquer, s'en occuper, n'est-ce pas, diront beaucoup d'hommes sérieux, prendre souci d'un péril imaginaire? La femme libre est morte. — La bête est morte, mais le venin ne l'est pas. Elles circulent partout, ces pages brûlantes, où la courtisane, avec ses mobiles amours, est représentée comme un type idéal, tandis que la vulgaire épouse qui se claquemure dans une seule affection, dédaignée comme une pauvre infirme, n'obtient indulgence que grâce à cette phrase : Il lui manque un sens. Tout moraliste qui rencontre ces doctrines sur sa route a donc pour devoir de les combattre nettement, ne fût-ce que pour dégager la cause du progrès de toute alliance avec elles.

Quelques rapides paroles suffiront, du reste, pour montrer tout le ridicule et toute la dépravation de ce prétendu système.

Plusieurs années avant l'apparition des théories modernes, un législateur, Saint-Just, avait formulé le code conjugal en un mot, un seul ; et tout y était compris, publication des bans, intervention des parents, célébration civile, célébration religieuse. Ce mot synthétique, le voici :

Ceux qui s'aiment sont époux.

Quelle formule simple, concise et riche ! Et ce qu'il y a d'admirable dans cette maxime, c'est qu'elle va même au delà du mariage! car le corollaire logique de cette formule : *Ceux qui s'aiment sont époux;* c'est évidemment : *Ceux qui ne s'aiment plus ne sont plus époux.* Et voilà tout le chapitre de la séparation et du divorce résumé aussi en ces six mots.

Eh bien, voilà la théorie de la femme libre; seulement le code de Saint-Just n'était qu'un code de morale... naturelle ; les nouveaux révélateurs en ont fait une religion.

J'assistais un jour à une exposition de ces dogmes ; l'apôtre, après quelques développements fort mystiques sur la glorification de la chair, s'écria : « Votre mariage repose sur un principe impie : c'est qu'une femme ne doit aimer qu'une fois. L'amour est le seul éducateur du monde. Or, consacrer le mariage, c'est immobiliser l'amour ; l'immobiliser, c'est l'éteindre. »

« Il en est des affections comme de l'air : l'air le plus pur, le plus chargé d'éléments nutritifs, n'agit heureusement sur notre organisation que pendant les premiers jours, l'habitude de le respirer amortit peu à peu son action bienfaisante ; il faut en changer pour que l'effet se renouvelle. Ainsi de la passion. Les premiers temps d'une affection sont féconds pour les âmes en échange de sentiments généreux ; mais dès qu'elles sont acclimatées l'une à l'autre, plus d'action. Désunissez donc vos forçats du mariage, qu'ils s'élancent vers de nouveaux êtres pour s'y enrichir de qualités nouvelles ; et ainsi volant d'affection en affection, d'âme en âme, la femme et l'homme, se complétant sans cesse par des mariages successifs, marcheront puissamment vers leur amélioration ; car la loi du changement est la loi du progrès comme elle est celle du plaisir. Voilà notre religion !

— C'est charmant ! répondit un des auditeurs, que de gens sont religieux sans le savoir ! Mais, monsieur, permettez-moi une question.

— Parlez.

— Dans ces mariages successifs, comme vous les appelez, quelle sera la limite ? Y en aura-t-il une ? Leur imposera-t-on une durée, un temps ?

— Sans doute, un temps raisonnable.

— Qu'entendez-vous par un temps raisonnable?

— Mais... deux ans?

— Pourquoi deux ans?

— Un an, si vous l'aimez mieux.

— Pourquoi un an? Pourquoi six mois? Pourquoi quinze jours? Il y a des gens qui ont, plus souvent que d'autres, besoin de changer d'air. Vous êtes d'un tempérament endormi et qui s'assimile lentement les substances nutritives de l'atmosphère; moi, je m'acclimate très-vite. Il faut, pour mon perfectionnement, que je me marie très-souvent, que j'épouse une femme nouvelle tous les jours.

— Monsieur, c'est une raillerie.

— Du tout, c'est une application du dogme. Il me semble même que si l'on épousait deux femmes à la fois, ce serait plus religieux. »

L'apôtre, à ces mots, lança à son interlocuteur un regard méprisant, et s'éloigna. En fait, il en avait assez dit. Sous ses quelques paroles, étaient apparus nettement les deux dogmes de sa religion.

— Sainteté des appétits corporels, — supériorité de la passion sur la loi morale.

Certes, je ne nie pas le corps; je ne suis pas de l'école d'Armande, et je dis comme Clitandre : *J'aime avec tout moi-même;* mais proclamer le corps l'égal de l'âme dans les relations de la tendresse, c'est tuer l'amour lui-même. L'amour peut se trouver dans le cœur d'un ascète, jamais dans le cœur d'un libertin.

Quant à la supériorité de la passion sur le devoir, c'est le renversement de toute morale. La passion est le vent qui pousse le vaisseau, le flot qui l'agite, jamais le gouvernail qui le dirige. Vouloir instituer le mariage sans l'amour, ce serait y placer le désespoir; mais y mettre l'amour sans le devoir, ce serait y établir le déshonneur et la débauche. Si vous apothéosez la passion, il faut, de toute rigueur, canoniser aussi toute sa postérité, le goût, le caprice, voire la licence[1]. Que devient l'âme au milieu de ce débordement? La pratique du devoir, au contraire, a cela d'admirable, que non-seulement elle apaise les révoltes de la passion ou console parfois de ses ivresses disparues, mais qu'elle seule encore la fait vivre et même la renouvelle. Qu'un jeune homme et une jeune fille, qui se sont épousés par choix, confient la garde de leur bonheur non pas à leur amour, mais à la loi morale, et leur amour sera peut-être éternel. Plus ils rendront étroite la chaîne qui les lie, plus ils s'armeront de ce mot, *je le dois*, pour se garder tout entiers l'un à l'autre; plus ils feront,

---

[1]. Des motifs que nos lecteurs, et surtout nos lectrices, apprécieront facilement, nous font un devoir de ne pas entrer dans de plus grands détails sur cette théorie de la femme libre. Qu'il nous soit permis cependant de citer ici un argument tout nouveau et fort curieux qui nous a été adressé directement dans une lettre, par un de nos auditeurs au Collége de France, mademoiselle Henriette W... Cet argument était emprunté à la musique. Le voici : « — La femme libre, disait l'auteur, est aussi sainte dans le monde que la femme chaste, car elle a comme elle son rôle marqué dans le concert des forces passionnelles et morales. L'harmonie sociale ne sera complète que quand la femme libre sera reconnue l'égale, la sœur de la femme chaste, comme l'harmonie musicale ne s'est complétée que par l'union fraternelle de l'accord parfait et des dissonances. Dans le principe, le plain-chant était toute la musique, et l'accord parfait toute l'harmonie. Pas de septièmes, pas de dissonances libres, partant pas de chants d'amour. Cependant des artistes audacieux se permirent dans l'exécution de la musique d'église quelques excursions hors du domaine consacré; c'était tantôt une note échappée, tantôt une broderie qui produisit des effets saisissants dont s'imprégnaient à la fois l'âme de

comme dit Job, un accord avec leurs yeux afin de ne voir qu'eux seuls; plus enfin ils imposeront énergiquement silence, lui à ses habitudes de licence masculine, elle à ses instincts de coquetterie, plus, soyez-en sûr, leur tendresse, nourrie par tous ces sacrifices, s'exaltera et s'ennoblira. Elle deviendra une vertu sans cesser d'être un sentiment; ils jouiront de leur bonheur comme d'une bonne action. Devoir! devoir! divin frère du travail! loi auguste et sainte qui ranimes ceux même sur qui tu pèses, et guéris ceux que tu blesses; Dieu des âmes fortes, sauveur des âmes faibles; conseiller, consolateur, seule règle immuable au milieu de ces mondes qui passent et qui changent; étoile polaire de l'âme humaine, je ne puis prononcer ton nom trop souvent méconnu aujourd'hui, sans le saluer avec respect! Pour qui t'écoute, la richesse devient une obligation, la pauvreté un enseignement, le pouvoir une

---

l'artiste et l'âme de l'auditoire. L'Église s'en émut, et les foudres éclatant pour défendre l'ordre compromis, toute excentricité, toute hardiesse fut interdite sous peine d'anathème. C'était fait de la musique, c'était fait des artistes, quand heureusement s'éleva auprès de l'Église un asile qui se mit au service de la musique libre. Cet asile, ce fut le théâtre. Peu à peu, dans ce nouveau sanctuaire, apparurent, grâce au génie des maîtres, les accords nouveaux : ces dissonances tantôt douces, tantôt aiguës, tantôt préparées, tantôt libres, qui appelèrent au milieu d'elles l'accord parfait qui les avait repoussées. Il accourut, il s'épura dans l'exercice de ses attributions, et, mêlé aux dissonances, l'effet de ce commerce affectueux fut si ravissant, que l'Église elle-même s'ouvrit pour recevoir l'harmonie si longtemps proscrite. Quel jour radieux! Quel jour suprême, lorsque retentit sous la voûte du temple la voix de ces pauvres réprouvées! Comme ces dissonances éperdues, placées près de l'accord parfait, montaient en extase vers le ciel et formaient une admirable harmonie! Ainsi s'élèvera le concert du monde social quand la société aura rappelé dans son sein, et réuni dans les mêmes honneurs, la femme chaste et la femme libre. »

charge, la liberté un frein. Toutes les sociétés, la société civile comme la société conjugale, ne peuvent vivre qu'en t'acceptant pour maître, car c'est toi qui nous dis: Tu es heureux, soutiens; tu es malheureux, supporte. Certes, tu nous condamnes parfois à de bien dures épreuves, tu nous forces à gravir au Calvaire; tu nous perces le flanc de la lance; mais, tout meurtri de tes coups salutaires, notre cœur, au lieu de te maudire, t'adore malgré lui et te crie comme Jésus crucifié à son père : « Mon Seigneur, je remets mon esprit entre vos « mains. » Gravons donc, gravons ton nom sacré sur chacune des lignes de cette histoire du mariage, car tu es le mariage même !

Notre examen de la vie conjugale est achevé; nous avons réclamé pour l'épouse :

1° Une majorité;

2° Le droit d'administration pour ses affaires personnelles;

3° Un contrôle exercé par le tribunal domestique;

4° L'élévation du type du mariage;

5° L'institution temporaire du divorce.

A quoi tendent ces réformes? A diminuer les droits du mari? Non, à créer ceux de la femme. A destituer le mariage de la force gouvernementale? Non, à solidifier ce gouvernement par la justice. A détruire le principe de l'unité? Non, à l'enrichir par les développements des deux termes qui la composent. Tout se résume en cette phrase : « La nature dit deux, nous disons un. Il faut dire comme la nature. » Ce principe va nous servir encore de guide dans le récit de la condition maternelle.

LIVRE QUATRIÈME

LA MÈRE

CHAPITRE PREMIER

DE LA MATERNITÉ DANS LE MONDE PHYSIQUE ET MORAL

Lorsque, par la pensée, on évoque devant soi le personnage maternel, lorsqu'on prononce ce seul mot de mère, soudain tous les souvenirs de bienfaits et de dévouement qui s'attachent à ce nom comme un cortége, vous pénètrent d'un tel respect, que l'on doute d'abord qu'il puisse rester aucun droit légitime à réclamer pour elle. Parler de son émancipation, c'est calomnier, ce semble, la conscience publique. Regardons, en effet, autour de nous ; descendons dans les cœurs les plus incrédules, nous y trouvons une sorte de culte pour ce titre de mère. Dites à ce jeune homme sceptique, dont toute la verve se dépense en satires contre la vertu des femmes, et qui rit de cette vertu même comme d'un préjugé, dites-lui que sa mère a été faible un jour ! le voilà qui bondit d'indignation ; il vous démentira, il vous provoquera ; tous les sentiments purs se réveillent en lui, dès qu'il s'agit d'elle. Quel homme, si grossier qu'on se le représente, ne s'écarte avec déférence pour faire place à une femme grosse? Plusieurs peuples absolvent la femme enceinte qui vole pour nourrir son enfant, et la maternité épurant jusqu'à la nudité même, la vue d'une mère jeune et belle qui allaite son nouveau-né n'inspirera jamais à un honnête homme d'autre sentiment que celui d'une chaste vénération. Enfin la nature semble, comme les hommes, laisser tomber une couronne sur la tête de la femme devenue mère, la couronne de la beauté et de la sainteté. Un illustre savant moderne a démontré que la femme qui n'a point porté un être humain dans ses flancs demeure un être incomplet, frappé même souvent de langueur maladive. Il ne suffit pas que la femme soit amante, il ne suffit pas qu'elle soit épouse, il faut qu'elle soit mère. Pareil à l'âme qui n'arrive à toute sa force qu'en passant à travers les épreuves de la vie, le corps des femmes ne trouve que dans les fatigues de la gestation toute sa puissance de développement. L'allaitement même, ce rude office[1], renouvelle les organes qu'il semblerait devoir épuiser : la poitrine s'élargit, les épaules s'ouvrent, la tête se relève sur le cou plus souple et plus fort; la femme enfin ne se montre à nos yeux comme une créature achevée qu'avec un enfant dans ses bras. Aussi, la fiction théâtrale elle-même n'a-t-elle jamais osé porter atteinte à ce personnage de la mère. Le théâtre a représenté des épouses adultères, des frères

---

1. Nous tenons ce fait et tous ceux qui précèdent du savant M. Serres. Il ne parlait, bien entendu, que des femmes mariées à un âge convenable, et non pas des enfants de seize ans que l'on condamne à être mères.

ennemis, des fils qui tuaient leurs mères ; mais une mère qui tue ses enfants, il n'en existe que deux dans l'histoire poétique, Médée et Cléopâtre. De nos jours même, où l'on a tout essayé, de nos jours où la peinture des exceptions a souvent été recherchée comme un moyen de nouveauté piquante, pas une plume n'a cherché à flétrir ce type sacré, et l'illustre poëte des *Orientales*, réunissant dans un seul personnage de théâtre l'inceste, la rapine, le meurtre, la débauche, a cru que, pour le relever au rang de créature humaine, il suffisait de jeter dans son cœur l'amour maternel, que ce nom de mère était capable de laver celui de Borgia ! La mère est ici-bas le seul Dieu sans athée.

Le croirait-on cependant ? En dépit de cet accord de toutes les âmes, la science, pendant quatre mille ans, c'est-à-dire jusque dans notre siècle, a refusé à la femme le titre de créatrice ! Les savants ont prétendu que la mère n'était pas mère.

Ce fait, aussi curieux qu'important, demande un examen approfondi ; car toute la question de l'affranchissement des femmes est là, avec Dieu même pour juge.

Je parcourais un jour les monuments primitifs de la législation orientale, et j'y cherchais ce qui regarde la mère, quand tout à coup mes yeux tombèrent sur une phrase qui me fit tressaillir d'étonnement. Cette phrase, la voici :

« *La mère n'enfante pas, elle porte*[1]. »

La mère n'enfante pas ! Qu'est-ce donc que la mère ? Qu'est-ce donc que l'enfant ? Je courus aux lignes sui-

[1]. Lois de Manou, liv. IV, v. 28, 29.

vantes pour chercher le sens de ce blasphème énigmatique, et je lus ce qui suit : « Lorsque vous choisissez la
« saison convenable, et que vous semez dans un champ
« bien préparé des graines mûres, ces graines se déve-
« loppent bientôt en une plante de la même espèce. Peu
« importe que ce soient des semences de riz ou de sé-
« same, le champ vous rendra ce que vous lui aurez
« donné; car il n'est pour rien dans la nature des plan-
« tes, il ne contribue qu'à leur nourriture, et la semence
« dans sa végétation ne déploie aucune des propriétés
« de la terre. Il en est ainsi pour la reproduction des
« êtres humains. L'homme est la graine, et la femme
« est le champ. La femme ne détermine pas le caractère
« de l'enfant, elle donne ce qu'elle a reçu, et le fils naît
« toujours doué des qualités de celui qui l'a en-
« gendré[1]. »

Ces idées, contre lesquelles protestait le seul bon sens, me parurent d'abord si monstrueuses que je les rejetai comme un des mille contes fantastiques de l'Orient, et pour absoudre l'antiquité d'une telle doctrine, je m'adressai au prince des naturalistes grecs, à Aristote. Que trouvai-je dans ce grand homme? ces mots : « Le père seul est créateur. »

Je cherchai refuge dans le moyen âge, et je fis appel à cette science qui comprenait alors presque toutes les sciences, la théologie. Saint Thomas, dans son chapitre de l'Ordre de la charité, me dit : « Le père doit être
« plus aimé que la mère, attendu qu'il est le principe
« actif de la génération, tandis que la mère y est seule-
« ment le principe passif. » J'interrogeai les savants des

---

[1]. Lois de Manou, 8, 30, 31.

siècles suivants, presque tous répétaient cette doctrine de Manou : « Le pouvoir procréateur est le pouvoir mâle. La progéniture de tous les êtres animés est distinguée par les marques du pouvoir mâle[1]. » Enfin, des littérateurs illustres de nos jours, prenant à la fois exemple et appui sur la genèse indienne, et lui empruntant ses comparaisons comme ses raisons, ont été plus loin encore, et ils ont dit : « Il y eut un premier chêne : ce
« premier chêne, couvert de glands, contenait en lui,
« non-seulement les chênes auxquels il a donné nais-
« sance, mais les chênes issus de ceux-là et ceux qui
« leur ont succédé; toutes les générations à venir des
« chênes, renfermées dans ces premiers glands avec
« leurs puissances latentes, sous forme de germes em-
« boîtés les uns dans les autres, en sont sorties à leur
« tour, et continuent à en sortir, semblables à des feuilles
« que l'on déplie successivement. Telle est l'image de
« la genèse humaine. Adam contenait en lui, non-seu-
« lement Caïn, Abel et leurs sœurs, mais tous les êtres
« humains qui sont nés depuis le commencement du
« monde, et qui naîtront jusqu'à sa ruine. Quant à Ève,
« sa seule part à la perpétuation de la race humaine fut
« celle de la terre, qui a reçu et alimenté les fruits du
« chêne. Ève est la nourrice. »

Je l'avoue, quand je lus ces paroles, quand je les vis appuyées sur une série d'observations physiologiques, quand je les trouvai revêtues de plusieurs noms immortels, mon anxiété fut réelle et profonde; car nous ne saurions le dissimuler, toute la question de l'égalité des femmes est là en droit. Si ce fait est vrai, Dieu lui-même

---

1. Lois de Manou, liv. IX, v. 35.

a prononcé. Si l'œuvre qui semble le plus complétement l'œuvre de la femme ne lui appartient pas; si l'enfant qu'elle porte neuf mois dans ses flancs n'est pas sa créature, mais son fardeau; si le sein maternel, ce divin berceau qui, pareil à un être, semble tressaillir, frémir et aimer, pour ainsi dire, n'est qu'un réceptacle inerte, sans influence et sans droit de création sur l'être qu'il a reçu, la femme ne joue plus dans le monde que le rôle d'une créature infime et secondaire; c'est un accessoire utile, rien de plus, et toutes les servitudes qui l'assujettissent à l'homme sont consacrées par la nature elle-même.

Cette conséquence est si rigoureuse que, dans tous les pays où cette doctrine scientifique a prévalu, l'anathème sur la mère a passé de la science dans la loi, et même parfois dans les mœurs.

La loi indienne dit : « Respecte ton père et ta mère. » Mais soudain elle ajoute : « Ton respect pour ton père [1] « t'ouvrira seul le monde supérieur de l'atmosphère. » L'amour pour le père était un devoir religieux; l'amour pour la mère un acte de gratitude humaine. En Grèce, dans les temps héroïques, Agamemnon meurt tué par Clytemnestre; soudain Apollon appelle son fils Oreste; il lui met un poignard dans la main, il lui ordonne de frapper Clytemnestre; et dans les Euménides d'Eschyle [2] se pose cette doctrine monstrueuse, qu'Oreste n'était point parricide, car il ne tuait que sa mère. C'est Apollon qui plaide lui-même la cause d'Oreste devant l'Aréopage : la mère, dit-il, n'engendre pas ce *qu'on appelle*

---

1. Lois de Manou, liv. III.
2. Eschyle, *Euménides*, p. 254 et suiv.

son enfant... Minerve, appelée à donner son suffrage, parle ainsi : « Je suis tout entière pour le père; Oreste *doit être absous.* » Et l'Aréopage, ce tribunal suprême de la Grèce, ce tribunal qui représente pour ainsi dire la justice antique, s'inaugura par l'absolution d'un homme meurtrier de sa mère, c'est-à-dire par la proclamation de ce principe : la mère ne crée pas son fils. Dans les temps historiques, lorsqu'il n'y avait pas de nom de famille en Grèce, et que chacun en naissant recevait un nom différent, le père seul avait le droit de nommer ses enfants. Dans le monde moderne, le nom seul du père passe aux descendants; quand la noblesse fut instituée, elle ne put, en règle générale, se communiquer que par les pères; et aujourd'hui, dans toutes les classes, le droit de direction n'appartient qu'aux pères. Enfin, cette prééminence prétendue de la paternité a produit une coutume ridicule et connue de tout le monde, mais dont on n'a pas assez bien compris la signification cachée. Il existe des peuples où non-seulement le mari que sa femme vient de rendre père prend une rôtie au vin pour réparer les forces qu'a dépensées sa femme, mais où, à peine les couches commencées, il se met au lit avec boissons adoucissantes et nourriture légère. Dans ce fait, qui ne semble qu'une bizarrerie, se trouve un symbole. Nulle part n'est plus énergiquement marquée l'absorption de la mère dans la personne du père. Rien ne prouve mieux que pour ces peuples le lien de descendance n'existe que de l'homme à l'enfant, et ce lien est si fort, qu'il ne se brise même point par la naissance. L'enfant, quoique vivant en apparence de sa propre vie, est soumis aux contre-coups de la santé paternelle. Si donc le père se défend des variations de l'atmosphère, c'est de peur que son fils ne se refroidisse, et ce mari en couches est plus autocrate encore que Louis XIV disant : L'État, c'est moi ; car il prétend résumer en lui seul le père, la mère, l'enfant, et même la nourrice.

Une partie de la science en était encore parmi nous à la théorie du premier chêne, lorsqu'une voix pleine d'autorité est venue protester contre ce système impie. S'inspirant des travaux inconnus ou méconnus de plusieurs savants des siècles derniers, un de nos plus éminents physiologistes vivants, l'ami et le disciple de l'illustre Geoffroy-Saint-Hilaire, le savant que tous les médecins de France élurent pour leur chef au congrès médical [1], attaqua énergiquement cette déchéance de la mère. Armé de toutes les ressources que l'industrie moderne prête à la science, fort de vingt-cinq ans d'observations ininterrompues et cent fois répétées, il est venu enfin réclamer pour la femme sa vraie place dans la création, en réclamant pour la mère son titre de créatrice.

La science du passé disait : Le sein maternel reçoit l'être tout créé, et l'apparition successive des divers organes de l'enfant n'est que le développement de parties déjà existantes que nous dérobait seule la faiblesse de notre vue. La science moderne a répondu, guidée par l'analyse : Non ! l'enfant n'est pas dès le premier jour dans le sein de sa mère une créature complète qui ne diffère de l'homme fait que par sa petitesse. Non ! la mère n'est pas le sol insensible qui n'a plus qu'à le nourrir ! Regardez l'enfant pendant toute la gestation avec les yeux nouveaux que vous donne l'industrie nou-

---

[1]. *Précis d'anatomie transcendante*, chap. VI, *De l'épigénèse*, par M. Serres. — *Études cliniques sur les maladies des femmes*, par M. Mathieu.

velle, et vous verrez qu'il passe successivement par tous les degrés de l'être; il est d'abord mollusque, puis poisson, puis reptile, puis oiseau, puis mammifère, puis homme ; il se construit, pour ainsi dire, pièce à pièce ; dès lors s'écroule la théorie de la supériorité du père. Ce n'est pas lui seul qui crée l'enfant, puisque l'enfant n'est pas encore créé comme homme quand l'action paternelle cesse. La reproduction demande donc un second agent, c'est-à-dire la mère; la mère qui assiste l'enfant dans l'acquisition de chacun de ses organes; la mère qui lui donne une à une toutes ses armes; la mère qui l'élève progressivement jusqu'au type humain! La mère, contrairement à la vieille doctrine orientale, a donc une part au moins égale à celle du père dans la création de sa postérité. A lui, il est vrai, l'impulsion première, mais à elle la véritable formation.

Plusieurs exemples intéressants, tirés de l'histoire naturelle des plantes, des animaux et des hommes, nous démontrent cette puissante action maternelle. Les fleurs hybrides sont, comme chacun le sait, des fleurs produites par le croisement de deux espèces différentes, mais appartenant au même genre. Prenez, par exemple, un géranium rouge, et le géranium appelé le roi des noirs, introduisez le pollen de l'un dans le pistil de l'autre, et il en résultera une espèce nouvelle, une hybride. Eh bien, presque toujours cette fleur hybride reproduira le type maternel plutôt que le type paternel, c'est-à-dire que si le géranium rouge est la fleur femelle, l'hybride tiendra du géranium rouge, et les fleurs qui naîtront d'elle tendront toujours à retourner de plus en plus à cette espèce [1].

1. Nous avons tiré ces intéressantes remarques du livre de M. Ma-

De même dans les animaux. Croisez un cheval et une ânesse, il en résulte le bardeau qui tient plus de l'âne que du cheval. Croisez, au contraire, un âne et une jument, vous obtenez le mulet qui reproduit plutôt le cheval que l'âne.

De même enfin dans les races humaines. Un peuple conquérant vient s'établir violemment sur une terre étrangère, comme, par exemple, les Francs sur la Gaule. En général, que résulte-t-il de leur alliance avec les femmes indigènes? Qu'après quelques générations, le peuple formé de ce croisement reproduit les caractères, non de la race conquérante, mais de la race conquise; les mères ont absorbé le type paternel. De là le mot profond d'Étienne Pasquier : La Gaule fait des Gaulois.

Ce pouvoir réservé aux mères de transmettre à leur postérité leur caractère typique prouve sans réplique leur action dans la genèse humaine; et de ce pouvoir naît pour elles la prérogative magnifique de ramener toujours les types divers de la nature chacun à son individualité propre. Elles sont les conservatrices de toutes les races d'hommes créées par Dieu, c'est-à-dire de tout ce qu'il y a d'original, de caractéristique, de varié, dans la nature humaine.

Un rôle plus élevé encore leur est réservé dans le perfectionnement de l'espèce en général.

Ce fait réclame toute notre attention.

Parmi les merveilles dont chaque jour nos organes sont ou les témoins ou les acteurs, il en est une qui m'a toujours paru plus singulière que les autres. Un long travail

thieu, intitulé : *Études cliniques sur les maladies des femmes*, 3e partie, chap. IV. Peu d'ouvrages sont plus riches à la fois de faits, d'observations philosophiques et de points de vue nouveaux.

vous a fatigué, une veille prolongée a émoussé votre intelligence : eh bien, quittez votre chambre, respirez l'air du dehors quelques instants, et soudain votre tête se dégage, votre cœur bat plus librement, la lassitude même des membres se dissipe. Allez-vous de la ville à la campagne, le mystère se complique, en même temps que se multiplient les influences de cet agent occulte et bienfaiteur. Ce n'est plus seulement un malaise passager que cet air dissipe, c'est votre être tout entier qu'il renouvelle. La nourriture vous restaure davantage peut-être, mais elle vous alourdit en vous restaurant; le vin vous réveille, mais il vous enivre en vous réveillant; l'air, au contraire, est tout ensemble doux et fort; il calme et fortifie, il semble même qu'il agisse sur l'âme. Oui, quand on respire à pleine poitrine un air pur, on sent son cœur plus disposé à s'ouvrir aux sentiments affectueux. Que dis-je? et qui ne l'a pas éprouvé? On est comme arraché à cette terre elle-même, on secoue ses chaînes matérielles, et tout enchanté de cette vie nouvelle qui circule en vous avec cet impalpable éther, on se prend à rêver, presque à concevoir un monde, un ciel, où, semblable aux habitants des champs Élyséens qu'a créés le génie de Fénelon, l'homme ne se nourrira plus que de parfums et de lumière! C'est donc une bien merveilleuse substance que cet air! C'est donc un bien admirable instrument que cette poitrine! Et certes, si par hasard, dans le partage de nos organes, Dieu a établi une hiérarchie, celui-ci doit occuper le premier rang. En effet, la perfection de l'organe respiratoire semble la mesure de la valeur de chaque espèce. Parmi les animaux, plus l'appareil pulmonaire est faible et placé bas dans une race, plus cette race descend elle-même dans l'échelle de l'animalité. Comment a-t-on refait l'espèce chevaline? Par le cheval de course, c'est-à-dire par le poumon; car le cheval de course n'est qu'une machine respiratoire perfectionnée. Dans les races humaines, à mesure que le type s'élève, l'organe pneumatique remonte pour ainsi dire, entraîne avec lui, dans des régions plus élevées, le cœur, le foie, tous les autres organes; et quand vous arrivez à la race caucasique et particulièrement à la race celtique, vous voyez la poitrine s'élargir, le cou s'allonger, et le siége de la respiration s'établir puissamment d'une épaule à l'autre. Or, et voici le point où tendent ces observations, lequel des deux êtres humains possède l'appareil respiratoire le plus parfait? La femme[1]. Lequel, par conséquent, est chargé, dans le fait de la reproduction, du rôle principal? La femme. La femme est donc, non-seulement conservatrice du type de sa race, mais dépositaire du sceau caractéristique de la supériorité de l'espèce humaine sur les espèces animales, et de telle race sur telle autre race. L'homme respire, comme les espèces inférieures, par la partie basse du poumon, la femme par la partie élevée; elle est en communication plus directe avec l'atmosphère régénératrice; elle est comme placée à la source de l'aliment céleste et mystérieux. Ainsi s'expliquent mille phénomènes étranges. On a souvent remarqué avec surprise que les femmes mangent beaucoup moins que les hommes, même lorsqu'elles travaillent presque autant. C'est qu'elles vivent surtout par la poitrine; elles vivent, pour me servir d'une expression que l'on tourne souvent contre elles en

---

[1]. Tous ces faits, si curieux, nous ont été expliqués par le savant M. Serres lui-même.

raillerie et qui est l'explication même de leur nature, elles vivent d'air. Personne qui n'ait souvent rencontré, même parmi les hommes, quelqu'un de ces êtres nerveux, sans force musculaire, consommant peu, réparant peu, et supportant des fatigues surhumaines. Où est le secret de leur force? Ils vivent d'air. Les Français sont le type de ces hommes. Un général étranger, rencontrant pour la première fois sur le champ de bataille les terribles conquérants de l'Égypte et de l'Italie, disait, à la vue de leur petite taille, de leurs membres grêles et de leur visage blême : « Nous les renverserons d'un souffle. » Le lendemain du combat, il écrivait : « Ce sont des démons. » Brave Germain, il ne pouvait revenir de sa surprise; il regardait ses membres ronds et gras, il se pesait, il se palpait, et il se demandait comment il avait pu être vaincu par ces petits hommes à cinq pieds de terre. C'est que ces petits hommes avaient leur force et leur source réparatrice ailleurs que lui. Il ne marche, lui, et il ne se bat, que s'il a l'estomac bien rempli, et cela est juste, car l'anatomie nous apprend que la nature l'a pourvu d'un pied d'intestins de plus que nous ; mais donnez au Français un morceau de pain et un doigt de vin, et il ira chercher et combattre son ennemi jusqu'au bout du monde. Pourquoi? Parce que nul peuple n'est, autant que le peuple français, fils de la femme, parce que chez nul peuple la femme n'a autant imprimé son caractère à la conformation de l'appareil pneumatique, parce que nul peuple enfin ne vit plus d'air.

Toutes les langues, au reste, ont rendu hommage à la prééminence de cet organe de la respiration sur les autres organes, en lui empruntant plusieurs des termes qui expriment les hautes qualités morales.

Spirit, en anglais, signifie noble ardeur. Le mot de spiritualisme vient de *spirare*. *Esprit* veut dire tout à la fois la partie la plus énergique, la plus insaisissable du vin, et cette qualité charmante de l'intelligence, qui est à la pensée ce que la flamme est au feu, ce que l'éther est à l'air, ce que la fleur est à l'arbre. Cherche-t-on à peindre le génie poétique dans toute sa puissance, on dit qu'il est plein de *souffle*. Enfin saint Augustin, dans son beau langage, si pénétrant et si profond, a poussé ce cri du cœur qui dit tout : *Orare, spirare*, prier, c'est respirer. La prière est le souffle de l'âme s'élevant jusqu'à Dieu ! Respect donc à la conservatrice de cet organe qui représente ce qu'il y a de plus incorporel dans le corps, et sert comme de transition entre le monde de la matière et le monde de la pensée. Après de telles lettres d'émancipation, il n'est plus permis de déclarer la mère inférieure au père. Elle porte son premier titre à l'égalité écrit sur sa personne même de la main de son créateur ; et, retournant contre nos adversaires l'argument avec lequel ils ont pendant quatre mille ans relégué la mère à la dernière place, nous pouvons leur dire à notre tour : Elle est votre égale par droit divin.

Tel est le rôle de la maternité dans la nature physique ; la nature morale nous le révèle plus grand encore.

Chez les animaux, la maternité seule ressemble à un sentiment ; leur amour paternel n'est qu'une exception, leur amour sexuel qu'un instinct ; mais la maternité leur donne la prévoyance, la tendresse, le dévouement, l'héroïsme même. La lionne à qui l'on enlève ses petits devient terrible comme un lion ; le lion s'éloigne. J'ai été témoin du courage d'une jeune mère fauvette. Elle avait bâti son nid dans un buisson à hauteur du regard ; le père et la mère, selon la coutume de ces jolis oiseaux, se tenaient tour à tour sur le nid pour couver les œufs : or, si je m'approchais au moment où le mâle était le gardien, il s'enfuyait dans les branches supérieures, volant, criant, s'agitant, mais il s'enfuyait. Était-ce la femelle, au contraire ? elle restait. En vain m'avançais-je au point de la toucher, elle restait. Je voyais son petit cœur battre sous ses plumes, son œil noir s'arrondir et briller de terreur ; n'importe, elle restait. Il y avait certainement là un sentiment ! il y avait vaillance, puisqu'il y avait peur ; il y avait dévouement, puisqu'il y avait sacrifice. Par l'amour maternel, l'animal touche presque à la nature humaine, et la nature humaine s'élève jusqu'à la nature divine !

Quel père, en effet, oserait comparer sa tendresse à la tendresse d'une mère ? A Dieu ne plaise que je veuille nier l'affection paternelle ; mais la paternité pour un homme est un accident, et, pour ainsi parler, une fiction ; pour les femmes, la maternité est la vie même. Ceux qui leur contestent encore leur rang de créatrices, n'ont donc jamais vu une mère recevoir dans ses bras son enfant nouveau-né ? Ils n'ont donc jamais contemplé ce divin premier regard qui a donné pour un jour au fougueux Rubens, dans la figure de Marie de Médicis, le tendre génie de Raphaël ? Jamais donc ils n'ont vu une mère suivant le premier pas de son enfant, écoutant sa première parole, hélas ! et recevant son dernier soupir ? Quand un enfant meurt, le père pleure ; mais le temps ne respecte pas plus en lui cette douleur que les autres douleurs ; pour la mère, c'est une blessure qui ne guérit pas. On rencontre parfois des figures de femme marquées d'un sceau particulier de désespoir; leur pâleur, leur douceur, l'accent découragé de leur voix, leur front incliné sur leur poitrine trahissent en elles je ne sais quoi d'irréparablement brisé qui vous serre le cœur; même quand elles sourient, on voit qu'elles sont près de pleurer : informez-vous de la cause de leur peine, on vous dira presque toujours que ce sont des mères qui ont perdu quelque enfant à la fleur de l'âge. Une femme atteinte d'une maladie mortelle qui lui avait enlevé son fils dix ans auparavant, s'écria, au milieu des angoisses de l'agonie : Ah! comme mon pauvre fils a dû souffrir! Torturée par son propre mal, elle ne pensait qu'à celui de son enfant. Tel est l'amour maternel. Sans égal dans la création, il naît en un instant, immense, sans bornes, sans calcul! si puissant qu'il transporte celle qui l'éprouve au delà des lois de la nature, qu'il fait de la douleur un plaisir, de la privation une jouissance, et cela non pas accidentellement, par accès comme dans l'amour, mais toujours et sans relâche. Le temps ne l'éteint pas, la vieillesse ne le glace pas, car pour lui pas plus de décadence que de progrès, cet autre signe d'imperfection! Il est né le premier jour du monde aussi complet qu'aujourd'hui, et Ève en savait sur ce point autant qu'Hécube et que la reine Blanche. Est-ce assez dire? Non. Pour dernier miracle, il renouvelle tout entier l'être qui l'éprouve et il lui sert d'éducateur. Par lui, la femme coquette devient sérieuse, l'imprévoyante réfléchie; il éclaire, il épure; il veut dire vertu et intelligence comme dévouement et amour : c'est le cœur humain tout entier!

Nous venons de voir quel rôle Dieu a assigné à la maternité dans le monde physique et moral; voyons maintenant quelle part lui ont faite les lois dans le monde social, et quelle part elles doivent lui faire.

CHAPITRE II

INFLUENCE DU TITRE DE MÈRE SUR LA CONDITION DE LA FEMME

Lorsqu'on suit attentivement dans leurs vicissitudes diverses le cours des destinées féminines, l'esprit demeure frappé d'une contradiction inexplicable et cependant universelle : la fécondité de la femme ne lui donnait, comme nous le verrons, presque aucun droit légal sur l'éducation et la direction de ses enfants, et en même temps elle lui valait mille priviléges extra-maternels. Mère, elle était sans pouvoir comme mère, mais elle voyait tomber une partie de ses chaînes d'épouse et de femme.

Dans l'Inde, l'épouse qui enfantait prenait le titre de *Djajaté*, celle qui fait renaître, parce que son mari renaissait en elle, et à ce titre était attachée la charge de veiller au feu sacrificiel, de distribuer les aumônes et de recevoir les hôtes, honneur si envié chez les Orientaux. La Djajaté ne pouvait être répudiée sans cause, qu'au bout de douze ans, si elle avait des filles; jamais, si elle avait des fils[1]. Chez les Juifs, nous avons vu, par l'acte extraordinaire de Rachel, quel rôle immense la maternité jouait dans la destinée de l'épouse. Ce n'était pas seulement sa consolation, son orgueil, c'était son

---

1. *Digest of Hindu law*, t. II. — Lois de Manou.

soutien. Anne, femme d'Elcana[1], est stérile; elle pleure et n'ose pas monter au temple : son orgueilleuse et féconde rivale, Phénenna, la seconde femme de son mari, l'humilie et l'accable sans cesse de sarcasmes. Anne ne répond pas.... *elle est stérile.* Son mari offre un sacrifice, il donne à Phénenna et à ses enfants plusieurs parts de l'hostie, mais il n'en donne qu'une seule à Anne... *elle est stérile.* Que dis-je? cette part même, elle n'ose pas la manger, elle ne s'en trouve pas digne ; mais prosternée aux pieds de l'Éternel, et noyée de larmes, elle est si éperdue dans sa douleur que le grand prêtre veut la chasser comme si elle était ivre. Cependant le Seigneur a pitié d'elle, elle conçoit, elle est mère. Alors s'échappe de ses lèvres cet hymne entraînant, si souvent répété : « Mon cœur a tressailli d'allégresse dans « le Seigneur, et mon Dieu m'a comblée de gloire!... » Sublime chant d'action de grâces, qui n'est pas seulement une expression de l'ivresse maternelle, mais un hymne de délivrance, le cri de joie de la captive qui voit tomber ses fers!

Dans la Grèce, la femme mariée depuis peu était tenue aussi sévèrement que les vierges, et pouvait à peine, sans permission, passer d'un appartement dans un autre; mais, avait-elle un enfant, la réclusion cessait.

A Rome, la maternité donnait à l'épouse le droit d'hériter de son mari, le droit d'hériter d'un étranger[2].

---

1. Samuel.
2. Dans la loi primitive, si le mari mourait *intestat*, la femme était exclue de la succession, *même par le fisc* (Justinien, *Novelle* 53), et il fallait qu'elle fût tombée dans la misère pour en obtenir une partie. Si son mari lui laissait tout son héritage par testament, elle n'en pouvait recueillir que le *dixième.* Les lois Julia et Poppæa décidèrent que la femme recevrait deux dixièmes de l'héritage conjugal si elle avait

Quand les guerres civiles eurent dépeuplé l'Italie, une ordonnance fort ingénieuse de César, et dont l'intention est spirituellement prouvée par Montesquieu, déclara que les femmes qui avaient des enfants pourraient seules, avant l'âge de quarante ans, porter des pierreries ou aller en litière; c'était charger la coquetterie de repeupler la République. Bientôt la femme, par cela seul qu'elle était mère, appela plus d'un privilége sur la tête de son mari : elle lui acquérait le droit de prendre le premier les faisceaux, s'il était consul, de parler le premier au sénat, d'aspirer aux magistratures avant l'âge; chaque enfant dispensait d'une année : autant de faveurs dues par le mari à la mère, autant de motifs d'affection de plus dans le ménage. Enfin l'indépendance personnelle de la femme eut la même origine.

La femme, à Rome, était toujours pupille. Les anciens ont voulu, dit la loi des Douze Tables, que la femme, à cause *de la légèreté de son esprit*[1], fût en tutelle. Pubère ou impubère, mariée ou fille, mère ou stérile, orpheline ou non, elle demeure sous une direction étrangère. Si elle reste fille, c'est son père qui est son maître; si elle est mariée par confarréation, c'est son mari. Son père et son mari meurent-ils, elle tombe sous la tutelle de son plus proche agnat. Cet agnat

---

un enfant, un tiers si elle en avait trois, et l'on appela ce droit du nom de *jus liberorum*, droit des enfants. Une nouvelle loi permit à la mère d'hériter avec son mari d'un étranger, faculté interdite aux célibataires et aux *orbi* (privés d'enfants).

1. Leg. XII Tabularum. Tab. quinta. « Veteres voluerunt fœminas etiam perfectæ ætatis, propter animi lævitatem, in tutela esse. Itaque, si quis filio filiæve testamento tutorem dederit, et ambo ad pubertatem pervenerint, filius quidem desinit habere tutorem, filia vero nihilominus in tutela permanet. »

meurt, la tutelle passe à l'agnat du second degré. Elle perd tous ses agnats, la loi Attilia[1] lui fait nommer par les magistrats ou les tribuns du peuple un tuteur appelé tuteur attilien. Cette chaîne ne se brise jamais; à l'anneau qui tombe en succède toujours un autre. Or, qui détruisit enfin cette antique servitude? Le talisman souverain, le titre de mère. D'abord un sénatus-consulte de Claude décida qu'une ingénue qui avait trois enfants, et qu'une affranchie qui en avait quatre, seraient, par ce seul fait, libres de la tutelle de l'agnat, c'est-à-dire, maîtresses de leurs biens; puis la tutelle des pères fut bornée au temps de la minorité; enfin la tutelle attilienne elle-même fut abolie[2], et les femmes romaines cessèrent d'être pupilles en devenant mères.

Tels furent les priviléges extra-maternels que la femme et l'épouse durent à la maternité. Mais, par une contradiction bizarre, là s'arrêta leur émancipation. Libres par leurs enfants, elles ne furent libres ni de les diriger, ni de les élever, ni de les marier; c'est ce que va nous démontrer l'examen du droit de direction, d'éducation et de mariage.

---

1. *Ulpiani fragmenta*, tit. XI,
2. On permit d'abord à la femme (*Gaius*, v. 150, 154) de choisir elle-même son tuteur, c'était éluder l'institution; ou bien on lui fournit le moyen d'obtenir l'autorisation de son tuteur malgré lui, c'était annuler la tutelle; enfin, sous Dioclétien, elle disparut tout à fait. Les femmes, disent les Fragments du Vatican, pouvaient nommer un fondé de pouvoirs sans l'autorisation d'un tuteur. (*Fragmenta Vaticani*, § 327.)

CHAPITRE III

DROIT DE DIRECTION

L'autorité des parents sur les enfants est à la fois un droit et un devoir; elle a sa source dans le titre sacré de père et de mère, mais elle vient aussi de la faiblesse de l'enfant. Une affection protectrice, voilà le vrai principe de l'autorité familiale : si donc le législateur dépouille le jeune pupille de sa liberté, ce n'est pas pour lui donner un maître, mais un patron, et la création du pouvoir des parents dans la loi est surtout l'organisation du salut des enfants.

Ces principes admis, qui doit être chargé dans le ménage de la direction des patronés? Est-ce le père? Est-ce la mère? Est-ce tous les deux?

Diriger, c'est, pour les parents, embrasser dans leur vigilance tous les actes et tous les instants de la vie de l'enfant. La direction commence à sa naissance et finit à sa majorité : son éducation morale, le soin de sa santé, le choix des études qu'il doit suivre, du lieu qu'il doit habiter, l'application des châtiments qu'il mérite, tous ces faits particuliers rentrent dans l'exercice du droit général de direction. Or, pour diriger un être, que faut-il? le connaître. Pour le connaître? l'observer. Pour l'observer? le pratiquer. Entre deux personnes d'intelligence égale, qui connaîtra le mieux un enfant? celle qui ne le verra qu'en passant, aux heures de loisir laissées par les affaires et les intérêts, ou celle qui ne le quittera pas plus la nuit que le jour, qui, dès l'instant qu'il naîtra, s'attachera à lui comme s'il était encore en elle, le veillera malade, le surveillera bien portant, guidera son premier pas, lui enseignera sa première parole, et l'observant enfin quand il ne sait encore rien dissimuler, surprendra le secret de son caractère et de son cœur dans l'innocence ingénue de ses premiers mouvements? Évidemment la mère, car ce portrait est le sien, connaît mieux son enfant que le père. Mais connaître l'enfant, c'est connaître l'adulte. Souvent, en effet, au début de la vie, la nature particulière de chacun de nous se manifeste par certains éclairs fugitifs, mais pénétrants : c'est un mot, une action, une maladie d'un jour, un trait de courage ou de cruauté, que la Providence présente aux regards attentifs comme des symptômes de l'être futur. Ces traits s'effacent pour le père ; la mobilité des impressions et des actions de l'enfance voile à ses yeux et semble avoir détruit ces faits primordiaux ; mais tout à coup, après cinq ans, dix ans quelquefois de disparition, ils éclatent de nouveau, et nos yeux alarmés voient reparaître ce lien secret que nous croyions brisé parce que nous ne l'apercevions plus, et qui rattache l'enfant à l'adolescent. Heureusement la mère n'a pas oublié, elle! Combien de fois, dans de mortelles maladies, les souvenirs maternels, évoquant aux yeux du médecin une ancienne souffrance, n'ont-ils pas éclairé la science et sauvé le mourant? Au milieu de l'obscur et tumultueux travail de l'âme juvénile, que de sujets de sollicitude ou d'apaisement la mère ne trouve-t-elle pas dans le passé? Souvent elle espère quand tout le monde craint ; elle craint quand tout le monde espère. Pourquoi? parce qu'elle se souvient.

D'un autre côté, cependant, cette connaissance intime de l'être à diriger ne suffit pas, et parfois même elle implique l'ignorance de la vie extérieure. Merveilleusement clairvoyantes sur la nature de leur fils, les mères sont aveugles quant aux rapports où va s'engager son existence; souvent aussi leur raison se tait devant leur cœur. Alors se montre le besoin d'une seconde volonté. Il faut que, dans les délibérations, soient représentées à leur tour la connaissance du monde, la fermeté qui méprise les périls secondaires, l'impartialité qui se défend, grâce à la comparaison, d'un enthousiasme irréfléchi; il faut enfin la présence d'un père. Une loi ne sera donc réellement protectrice de l'enfant que lorsqu'elle réunira sur cette jeune tête ces deux patronages, si nécessaires tous deux par leur différence même.

Or, que dit notre Code?

« L'enfant reste jusqu'à la majorité ou son émanci-
« pation sous l'autorité de son père ou de sa mère[1]. »

Le but est atteint, mais le législateur ajoute :

« Le père exerce seul cette autorité. »

Une telle loi n'est-elle pas dérisoire jusque dans sa rédaction?

La loi dit :

« L'enfant ne saurait quitter la maison paternelle
« sans la permission de son père. »

Rien de plus juste; mais la mère?

La mère! il n'est pas question d'elle.

La loi dit : « Un père à qui son fils donne des sujets
« très-graves de mécontentement, peut le faire détenir
« pendant un mois. »

---

1. Code civil. art. 372.

Cette faculté n'est que légitime. Un père répond devant Dieu, devant les hommes, devant l'enfant lui-même, de l'avenir de l'enfant ; il lui faut une puissance égale à sa responsabilité, il faut qu'il puisse le sauver par force. Mais la mère ? — La mère ! elle n'est pas même nommée.

Ainsi, la mère est impuissante légalement à défendre ses enfants, impuissante à les corriger, impuissante à les diriger, impuissante à les éloigner de la maison commune, impuissante à les y retenir. Les mots mêmes, ces symboles des choses, le prouvent ; on ne dit pas l'autorité maternelle. Ce qui peut en résulter, c'est, d'une part, la déconsidération ou la sujétion de la mère ; de l'autre, la démoralisation ou l'oppression de la famille. Le maître absolu est-il trop dur, pas de contre-poids à ses injustices. Est-il trop faible, pas de frein à sa fatale indulgence. Fort de son pouvoir paternel, tantôt il en fera un instrument de domination maritale, et mesurera à la mère la présence de ses enfants, afin de l'abaisser à des conditions indignes d'elle : — « Je vous « tiens à la chaîne par vos enfants, disait un mari à sa « femme, et s'ils mouraient... vous en auriez bientôt « d'autres, et je resterais votre maître. » Tantôt la conscience de ce pouvoir lui fera dire à une mère devant ses enfants : « Je vous défends de leur donner « aucun ordre, car vous n'êtes ici qu'un meuble vivant « destiné à soigner les autres meubles. »

Qu'on ne réponde point par l'éternel mot d'exception ; si les excès sont des exceptions, les abus sont trop souvent la règle. Parfois, éclatent tout à coup aux yeux du monde, des crimes, des monstruosités, qui sont de terribles leçons.

Un procès récent ne nous a-t-il pas fait voir une femme

de bien, une mère de neuf enfants, exclue du soin de les diriger, privée de leurs caresses, même de leur vue ? Qui n'a gardé le souvenir de cette mère, apprenant la maladie d'une de ses filles, et ne pouvant la soigner; allant habiter la chambre d'une servante, pour pouvoir entendre de là respirer sa chère malade ; mise au secret dans son vaste château, et suivant, du haut de sa fenêtre, les promenades de ses filles qu'accompagnaient leur père et une autre que leur père ? Avait-elle donc commis quelque faute grave pour mériter un tel châtiment ! Aucune. Le maître le voulait. L'enquête la plus scandaleusement publique sur la vie de cette femme, ses actions les plus secrètes et ses pensées les plus intimes étalées au grand jour, n'ont pu faire découvrir contre elle le moindre sujet de reproche; n'importe, le maître le voulait ! Et pendant deux années, il l'a torturée ainsi impunément aux yeux de tous ! Pendant deux années il l'a tuée lentement dans le cœur de ses filles, il l'y a calomniée, il l'y a remplacée... Que dis-je ? Il a commis tous ses crimes à la vue même du père de sa victime ! Or, qu'a fait ce père tout-puissant par la fortune, par le rang, par le nom ? Ce père n'a eu d'autre pouvoir contre le bourreau, que de le supplier timidement d'être moins cruel, et quand sa fille est tombée enfin sous le coup de couteau qui n'était que le dernier coup, elle s'est dit peut-être avec désespoir : « Ma mémoire sera pour mes enfants la mémoire d'une mère marâtre ! » Mon Dieu ! si de telles leçons ne nous éclairent pas, que faut-il donc pour nous éclairer ? Quand donc sortira-t-il enfin du cœur de tous les honnêtes gens un cri d'indignation et de colère contre cette loi qui arrache à une femme les êtres qu'elle a portés dans ses flancs, les livre sous ses yeux à une étrangère, et permet à un homme de lui dire : Vous ne serez plus mère ! Oter à la mère son droit de direction, c'est ôter à l'enfant son droit de protection, c'est déshériter l'un en déshonorant l'autre !

Certes, loin de moi la pensée de vouloir instituer dans la famille deux puissances égales, ayant toutes deux le droit de dire : Je ne veux pas, sans qu'aucune puisse dire : Je veux ! ce serait écraser l'enfant entre deux *veto*. Nous le savons; pour l'enfant, la première condition de santé, de travail et d'éducation, c'est l'ordre, c'est-à-dire le développement calme et continu d'une seule pensée directrice. Nous le savons ; le tiraillement brise les sentiments comme les idées dans les jeunes natures, et les éducations sans but fixe font les caractères sans force, les esprits sans justesse, et les cœurs sans croyance. Donc une autorité, mais une autorité morale, c'est-à-dire avec contrôle, avec responsabilité, avec déchéance en cas d'indignité ; c'est-à-dire un conseil de famille protecteur pour la mère comme pour l'épouse.

Un article du Code contient en germe l'institution de ce tribunal de contrôle; car il ne s'agit de rien créer, de rien détruire, il ne faut que généraliser les principes reconnus.

Quand une veuve tutrice veut faire détenir son fils coupable, il ne lui suffit pas d'en adresser la demande à la justice ; force lui est d'*exposer aux deux plus proches parents paternels du mineur ses motifs de plainte, et leur consentement seul l'autorise à exercer son droit maternel de châtiment*[1]. Voilà le conseil de famille installé, voilà le

---

1. Code civil, *Tutelle de la mère*, art. 381.

gouvernement de la famille soumis à une surveillance. Pourquoi donc ne pas étendre l'application de ce principe ? Pourquoi ne pas l'établir en faveur des femmes aussi bien que contre elles ? Pourquoi les lois qui bornent le pouvoir répressif de la mère veuve n'assureraient-elles pas le pouvoir protecteur de la mère mariée ? Pourquoi, dans les circonstances importantes de la vie des enfants, lorsque leur éducation, leur avenir, sont compromis par l'aveuglement du père, la mère n'aurait-elle pas le droit de provoquer la réunion de ce conseil de famille, et d'y venir plaider la cause de son bonheur et de son cœur ? Allons, du courage, osons proclamer que l'homme peut avoir tort, que la femme peut avoir quelquefois raison, et introduisons dans la famille le principe fécond et générateur de tous les progrès légitimes, l'égalité ! Si, dans les classes pauvres, les mères sont souvent sans considération ; si, dans les classes riches, elles se montrent souvent sans vigilance, c'est qu'elles sont sans pouvoir. Le sentiment de leur autorité les relèverait à leurs propres yeux, et la certitude de pouvoir être utiles leur donnerait la force de vouloir l'être. Reste donc la crainte d'amoindrir la dignité légitime du père. Scrupule chimérique ! Forcé de mériter la puissance pour l'exercer, le père n'en sera pas moins respecté pour être contraint d'être respectable. Ah ! si les hommes, qui se complaisent dans le solitaire orgueil de leur autorité, savaient tout ce qu'il y a de joie profonde à s'associer, pour aimer son enfant, à quelqu'un qui l'aime autant que soi ; s'ils pouvaient deviner quelles lumières inattendues éclairent la conscience du père, quand, appelant les conseils de sa compagne, il lui confie ses espérances et ses craintes sur leur fils, et que tous deux, marchant appuyés l'un sur l'autre, ils se consultent sur son caractère, s'avouent ses côtés faibles, et mettent en commun tout ce qu'ils ont d'âme pour se bien assurer qu'ils feront de lui un honnête homme ; si, dis-je, tous les pères savaient cela, ils rejetteraient bien vite avec dégoût le triste fardeau de leur souveraineté. Mais il est vrai que, pour chercher ainsi un guide dans la mère, il faut avoir cherché dans la fiancée une amante ; il faut respecter dans l'épouse une égale, il faut voir dans le mariage une alliance pour le bien ; et, hélas ! qu'est-ce que les unions du monde ont généralement de commun avec de semblables rêves ?

CHAPITRE IV

DROIT DE DIRECTION. — ÉDUCATION PUBLIQUE ET ÉDUCATION PRIVÉE

Le droit de direction comprend le droit d'éducation. Mais celui-ci se présente avec tant de caractères particuliers, qu'il veut un examen spécial.

Les systèmes divers d'éducation qui se partagent notre société, tantôt veulent arracher presque complétement les enfants à l'influence des mères, tantôt en font peser sur elles tout le fardeau.

S'agit-il ici des filles[1], les parents, comme nous l'avons vu, ont toute la responsabilité et tout le soin de leur éducation. Aucun appui dans la cité.

---

1. Il est inutile de rappeler que nous ne parlons ici que des filles de la classe riche.

S'agit-il des fils, on les enlève à la famille dès la première enfance, et on les confie soudain à l'éducation publique.

De ces doctrines, aucune, selon nous, n'est juste complétement. La vérité est à côté d'elles, ou plutôt au-dessus d'elles. Il faut allier l'éducation privée à l'éducation publique; chacune a son pouvoir, et l'influence de l'une, loin d'exclure celle de l'autre, la réclame et ne peut se compléter que par elle.

Pour le prouver, exposons d'abord les critiques sérieuses qui disputent les fils aux mères; car il n'est question ici que des fils[1].

« Quand on n'écoute que l'instinct du cœur, disent certains moralistes, l'éducation du fils par les parents, au moins jusqu'à sa douzième année, semble d'abord si naturelle, qu'on oublie de se demander si elle est possible, et si les modèles séduisants que nous en offre le monde ne sont pas des exceptions, ou même de pures apparences. En effet, qui nomme les parents, dit le père et la mère; mais le père ne peut presque jamais élever son fils, même jusqu'à douze ans; sa profession, les affaires extérieures s'emparent de sa vie. Reste donc la mère. Or, combien de mères sont capables de remplir cette fonction? Chez l'une, c'est le manque de fortune; chez l'autre, c'est la santé; chez celle-ci, c'est l'insuffisance de l'instruction qui fait obstacle à l'office maternel, et il ne convient ni aux femmes de campagne, ni aux femmes d'ouvriers, ni aux femmes commerçantes.

---

1. Nous avons suffisamment traité la question de l'instruction des filles dans le chapitre III du livre 1ᵉʳ; et quant à leur éducation morale, nul ne conteste qu'elle doit se faire dans la famille.

« En règle générale, les mères ne peuvent donc pas élever leurs fils; mais occupons-nous des rares élues qui le peuvent, le veulent et le font. Comment le font-elles? Élever un enfant est un soin de tous les moments et qui veut que tout lui soit subordonné, emploi de la journée, plaisirs, relations. Les paroles d'un ami peuvent contrarier votre enseignement, il faut veiller sur vos amis. La grossièreté d'un domestique peut compromettre votre œuvre, il faut inspecter vos domestiques. Un récit frivole, un mot hasardé de votre mari suffit pour détruire en un instant le fruit de vingt exhortations; il faut régenter votre mari. Vous-même, vous n'avez plus le droit d'être vaine, coquette, capricieuse, car vous êtes une leçon vivante, et pour suivre l'éducation de votre enfant il faut d'abord recommencer la vôtre. Ce sévère, mais juste exposé de devoirs, ne rappelle guère, en dépit de quelques exceptions plus superficielles elles-mêmes que positives, la maternité poétique et théorique dont les femmes aujourd'hui se parent comme d'un ornement qui leur va bien. Elles croient élever leurs fils comme elles croient les nourrir, parce qu'elles leur achètent un biberon. Une fois qu'elles ont choisi un instituteur (dont elles ne sauraient d'ailleurs contrôler l'enseignement), leur conscience mise à l'aise les abandonne de nouveau à leur vie d'amusement et de futilités. Avant de partir pour une fête, elles entrent dans la salle d'étude, le front paré de fleurs, embrassent leur enfant, lui disent : *Travaille bien*, et partent laissant dans cette jeune âme étonnée l'image discordante de la mère au bal et de l'enfant à la maison. Croit-on qu'il soit bien convaincu quand pour toute raison il entend cette phrase éternelle : Que nous sommes *grands* et qu'il est *petit?* Il obéit, il reste; mais dans le fond de son cœur germent le mépris de son âge, la convoitise du nôtre, la pensée qu'être *grand* c'est pouvoir tout faire; la semence mortelle du fruit défendu.

« Ce portrait fût-il une satire et l'image d'une mère vraiment éducatrice pût-elle se réaliser, le droit d'éducation, disent toujours ses adversaires, serait encore, entre ses mains, fatal au fils.

« En effet, ce qui manque aujourd'hui le plus parmi nous, c'est la grandeur d'âme et le sentiment national. Il y a des industriels, des écrivains, des avocats, mais peu d'hommes, moins encore de patriotes. Or, l'éducation publique peut seule faire des hommes, la cité des citoyens. L'éducation par les mères, prolongée jusqu'à douze ans, substitue les sentiments individuels aux sentiments généraux, la sensibilité qui se reporte sur soi au dévouement qui nous identifie avec les autres. L'amour désintéressé de la patrie s'efface devant l'amour égoïste de la famille; égoïsme charmant, à la vérité, plein de délicatesses et de tendresses, mais égoïsme enfin. Avec les premiers besoins de l'enfance doit donc cesser pour le fils une éducation qui amollit le caractère, rétrécit l'intelligence et isole le cœur. »

Nous avons laissé à ces objections tout leur développement et toute leur valeur. Il ne nous sera que plus facile d'y répondre.

D'abord, écartons ce sophisme qui taxe l'éducation maternelle d'impossible; les faits répondent pour nous. Ne voyons-nous pas les mères, saisies d'une noble émulation, s'emparer chaque jour davantage de leurs fils? Ne les voyons-nous pas, tantôt appeler un maître auprès d'elles et présider, en s'y mêlant, à cette éducation si chère; tantôt parcourir la ville malgré la rigueur de la saison, conduire leur enfant aux cours publics, s'y asseoir sur les mêmes bancs que lui, écrire comme lui les paroles du professeur, apprendre la leçon pour la lui faire apprendre. Elles se refont élèves à trente ans afin de pouvoir être répétitrices.

Leur volonté, leur désir est donc incontestable. Est-il légitime? Répondons en exposant une partie des bienfaits de l'éducation maternelle.

Certes, l'éducation publique agit énergiquement et salutairement sur les caractères. Elle les rend souvent plus fermes par le besoin de se défendre; elle les rend plus justes par la nécessité de respecter les droits d'autrui; elle mate les orgueilleux, elle tourmente les vaniteux, elle trempe les pusillanimes par une vie rude et simple; mais aussi que de leçons de mensonge, d'envie, d'indélicatesse, parfois d'improbité! Abandonnez un caractère un peu farouche ou un peu faible à ce monde où règne la force, et il va souvent devenir cruel ou lâche, despote ou vil; je ne parle pas des autres vices. La vie commune est une vie de lutte, il ne faut s'y présenter qu'armé. Or, qui peut armer l'enfant? La mère seule. Si l'éducation maternelle prolongée jusqu'à douze ans n'a pas nourri l'enfant de leçons d'honneur et de dignité; si elle n'a pas aguerri sa moralité incertaine contre les exemples funestes; si elle n'a pas gravé ineffaçablement en lui l'horreur de la fausseté; si même elle n'a pas fortifié peu à peu sa mollesse native, l'éducation publique le brisera ou le dépravera. Qu'on ne répète pas ce vulgaire anathème contre l'aveuglement de la tendresse maternelle; qu'on ne dise pas qu'aimer, c'est ne pas voir. Rien de plus clairvoyant que l'affection; on dissimule souvent les défauts de ceux qu'on aime, on les nie quelquefois, mais on les voit toujours. Qu'on n'objecte pas la faiblesse des mères. Il n'y a de mères faibles que celles qui font de la maternité un plaisir et non un devoir. Une mère qui élève ses enfants est plus courageuse pour eux et contre eux que le père lui-même. Quand un enfant doit subir quelque dure opération, qu'il faut que son sang coule, le père s'enfuit, la mère reste; et j'ai vu une mère, la plus tendre et la plus dévouée des mères, saisir son fils qui venait de mordre la main d'un enfant de son âge, et le mordre à son tour jusqu'à ce que le sang coulât. Quel père lui eût donné cette leçon héroïque? Voulez-vous donc former le caractère de l'enfant, il vous faut et l'éducation maternelle et l'éducation publique.

S'agit-il de l'intelligence, c'est Socrate lui-même qui nous trace la règle. Ce grand précepteur de l'antiquité rendit un jour un jeune homme à son père qui le lui avait confié pour l'instruire, en lui disant : « *Je ne puis rien lui enseigner, il ne m'aime pas.* » Dans une autre circonstance, interrogé sur sa profession, il répondit : « Courtier de mariages : je vais par la ville cherchant quels
« hommes sont propres à lier mutuellement amitié, afin
« de les réunir, et grâce à leur affection, ils se servent
« de précepteurs l'un à l'autre.. » Ces paroles résumaient toute sa théorie d'éducation. « Pourquoi s'é-
« claire-t-on? disait-il. Parce qu'on aime. Pourquoi
« éclaire-t-on? Parce qu'on aime. Maîtres et élèves ont
« tous un maître commun, l'affection. Celui qui n'aime
« pas et qui veut instruire ressemble à un homme qui
« prend une terre à ferme; il ne cherche point à l'améliorer, mais à en tirer le plus grand profit. Celui qui

« aime, au contraire, ressemble au propriétaire d'un
« champ ; de toutes parts, il apporte ce qu'il peut pour
« enrichir l'objet de son affection. »

Socrate, par ces ingénieuses paroles, plaidait et gagnait la cause des mères ; il constatait leur toute-puissante influence sur l'éducation intellectuelle de leurs fils. En effet, rien ne nuit plus à l'originalité de l'esprit que l'éducation publique et commune trop tôt commencée. Jetez dans un sac, de petits cailloux de toutes formes, et remuez-les longtemps ensemble, le frottement les aura bientôt changés en autant de pierres rondes. Ainsi des enfants. Confiés avant l'âge aux mains des instituteurs publics, ils se ressemblent tous ; cette même nourriture pour tant d'esprits différents les assimile les uns aux autres, quand elle ne fait pas pire. Que d'intelligences rebelles, mais fortes au fond, que d'esprits délicats ou de natures puissantes, mais dont la puissance même réclamait des soins particuliers, ont été rebutés, dégoûtés, empoisonnés peut-être par ce régime de gamelle! S'ils avaient eu leur mère pour première institutrice, ils auraient porté fruit. Une mère, l'œil sur son fils, cherche, essaye, recommence. Qu'il soit indisciplinable, n'importe ; tout homme porte en lui une qualité qui peut servir de gouvernail pour conduire tout le vaisseau ; laissez agir la mère, elle saura bien la trouver. Une mère qui prend part aux premières leçons de son fils découvre souvent des fautes ou imagine des ressources d'enseignement qui échappent au maître. Un jeune homme me fut cité qui n'avait pu apprendre le grec et le Code qu'avec l'aide de sa mère. Est-ce à dire que la mère avait plus de science que le professeur? Non ; mais entre son fils et elle, l'instruction se donnait de cœur à cœur.

Plus d'une fois il a été dit que les hommes illustres avaient été élevés par leurs mères, et les noms de Schiller, de Lamartine, d'André Chénier, se présentent aussitôt comme autant d'illustres exemples. Faut-il entendre par là que leurs mères leur avaient seules servi de maîtres d'histoire, de langues ou de poésie? Non; mais elles avaient versé en eux cette âme de la femme sans laquelle il n'y a point de véritable grand homme; assez instruites pour s'immiscer à ces premières études viriles, assez persévérantes pour les suivre, elles mêlaient à toute instruction le lait maternel que rien ne remplace.

Donc, pour diriger l'intelligence comme pour former le caractère, il faut le collége et la mère; mais la mère d'abord.

Reste enfin le cœur. Nous écarterons de notre analyse la plus riche et la plus douce moitié de son domaine, les affections de famille ; car nul ne met en doute que l'éducation maternelle ne puisse seule les créer et les faire vivre. Bornons-nous donc au sentiment le plus héroïque et le moins individuel, l'amour du pays. Où a-t-on vu que jamais les femmes aient fait défaut à une grande cause nationale? Où a-t-on vu que leur pusillanimité ait arraché à leur fils les armes qui doivent défendre la patrie? Nous ne remonterons ni à Véturie ni à Cornélie; mais nos aïeules, les Gauloises, n'assistaient-elles pas aux combats où leurs fils et leurs maris versaient leur sang pour la Gaule, et ne les enflammaient-elles pas par leurs chants? La révolution française ne nous a-t-elle pas montré les femmes aussi enivrées que les hommes de ce grand nom de patrie? Et les sœurs, les filles, les mères, loin d'énerver le courage des êtres qui leur étaient chers, ne marchaient-elles pas comme eux et devant eux[1]? Partout où la nationalité est puissante, le cœur des mères est national; ne les accusez donc pas si l'esprit héroïque s'était éteint en elles : la faute en était à nous qui nous étions laissés déchoir de notre rang de grand peuple. En définitive, l'être qui représente le mieux la nationalité française, qui a le plus aimé le peuple de France[2], qui a le mieux défendu la France, cet être est de leur sexe et non du nôtre, c'est Jeanne d'Arc!

Allons plus loin. Le patriotisme ne consiste pas tout entier dans l'horreur de l'étranger; le courage qui repousse l'ennemi, l'ardente ambition pour la grandeur du pays, ne forment que la moitié de cette passion : et le plus divin des sentiments inspirés par elle est cette fraternelle sympathie qui nous attache à tous nos concitoyens par la pitié ou l'admiration. Être patriote, ce n'est pas seulement haïr, c'est aimer. Qui donc saura mieux que les mères, mêler dans notre âme le patriotisme qui compatit à celui qui combat, le patriotisme qui secourt à celui qui tue? Si Horace avait été élevé par une mère, il n'aurait pas égorgé Camille. Les mères nous enseigneront qu'au delà de notre pays il y a le monde; qu'au-dessus de la patrie se trouve l'humanité, et qu'au-dessus de l'humanité même plane le premier et le plus saint objet de notre culte, Dieu! Seules, les mères peuvent instruire l'enfant à aimer Dieu. L'homme qui n'a pas

---

1. Voyez dans M. Lairtuillier, *Histoire des femmes de la révolution*[1] tous les détails de ce beau mouvement.
2. Quand on lui demanda quel motif lui avait mis les armes à la main, elle répondit : « Je ne pouvais me résoudre à voir couler tant de sang français. »

eu sa mère pour institutrice s'élèvera-peut être à la piété par le mouvement naturel de son âme; mais il manquera toujours à ses relations avec le Créateur ce je ne sais quoi de familier qui fait précisément le fond de la tendresse; il ne l'aura pas connu enfant. Qui a converti saint Augustin? Sa mère. Qui a élevé saint Chrysostome? Sa mère. Qui a sauvé saint Basile? Sa mère. Qui a sanctifié saint Louis? Sa mère. Chargées de ce précieux baume de la foi, dès qu'un enfant leur était né, ces mères chrétiennes ne quittaient plus son berceau ou son lit, et versaient goutte à goutte dans sa bouche entr'ouverte le lait pur de l'Évangile. Ce sont les mères qui ont formé cette race sublime et tendre des martyrs, mélange de l'agneau et du lion. Ce sont les mères qui ont créé cette génération des croisés, poitrines bardées de fer, cœurs revêtus de charité, apôtres-soldats qui, comme Bayard, faisaient un crucifix avec le pommeau de leur épée. Ce sont les mères qui ont produit ce charmant peuple des chevaliers qui embellissaient l'amour terrestre par je ne sais quel ravissant mélange de céleste pureté. Partout, dans les familles pieuses, depuis la maison de Marcella jusqu'à celle de la reine Blanche, depuis les cœurs des rois jusqu'aux cœurs des hommes du peuple, vous trouvez à cette époque l'empreinte de l'esprit des mères, c'est-à-dire de l'esprit même de Jésus. Jésus! tel est le divin nom qu'elles leur apprennent à bégayer dès qu'ils balbutient, à prononcer dès qu'ils parlent, à adorer dès qu'ils sentent, à admirer dès qu'ils pensent. Quand Grégoire de Nazianze était encore petit enfant, sa mère le conduisait au temple, et là, lui mettait dans les mains les saints Évangiles, les lui faisait palper, tourner, regarder, comme si elle eût voulu l'en nourrir du moins par le toucher et les yeux, et lui faire passer dans les veines la divine flamme.

Aussitôt que les enfants devenaient grands, et que les passions commençaient à gronder en eux, comme ces pauvres mères veillaient, éperdues, autour de ces âmes où allait s'effacer peut-être la céleste image!

Une chrétienne, femme d'un païen d'Antioche, avait un fils de quinze ans, beau et spirituel. Une sainte terreur la saisit; elle voit le cœur de son fils qui va lui échapper peut-être; elle croit que son père le jettera dans les plaisirs corrupteurs et qu'elle sera trop faible pour lutter seule et sauver celui qu'elle a formé. Alors, par une sorte d'inspiration, elle attire dans sa maison un des saints solitaires qui vivaient dans la montagne, et dont la méditation faisait toute l'existence; puis, quand il est là devant elle, tout à coup, sans préparations, sans préliminaires, elle court à la chambre de son fils, le prend, l'amène au saint homme, et le lui mettant pour ainsi dire dans les bras : Voilà mon fils, lui dit-elle, « il faut que vous me le sauviez! il faut que vous quit-
« tiez votre solitude, votre vie de réclusion, et que vous
« veniez demeurer ici, dans cette maison, pour le di-
« riger. S'il n'avait que moi, je vous le donnerais et je
« vous dirais : Emmenez-le; mais son père n'y consen-
« tirait pas. Il faut donc que vous veniez ici!... » Puis s'attendrissant malgré elle et pleurant : « Accordez-moi
« cette grâce; il y va de l'âme de mon fils qui est ex-
« posée à un extrême péril. Que si vous êtes assez dur
« pour me refuser, j'atteste Dieu que je n'ai omis au-
« cune chose qui pût être utile au salut de l'âme de mon
« enfant; et s'il lui arrive quelques-uns de ces accidents
« si ordinaires dans la corruption du monde, Dieu vous

« fera rendre un compte très-rigoureux de son âme,
« et vos mains en qui je le confie maintenant lui en
« seront responsables[1]. »

Quelle véhémence! quelle énergique passion pour le salut de son enfant! Eh bien, voilà, voilà pourquoi il faut que les mères élèvent leurs fils jusqu'à douze ans; c'est pour les ressaisir à dix-huit et à vingt.

La loi borne au temps de la minorité des enfants l'empire du père et de la mère; mais croit-on que leur influence doive cesser avec leur empire? Est-ce quand l'âge des passions précipite le jeune homme dans la vie tumultueuse du monde, que les conseils maternels lui deviennent inutiles? Qui lui fera conserver le goût du bien, même au milieu des désordres du mal? Qui le préservera, sinon de la faute, au moins du vice? Sa mère, si elle a dirigé ses premières années.

Il est, dit-on, des choses qu'une mère doit ignorer. Une mère doit tout savoir, pour tout consoler ou tout purifier.

Ce rôle ne va pas cependant sans quelques périls qu'il importe d'indiquer.

Tant que la confiance du jeune homme est pour lui un besoin de conscience, pour sa mère un moyen de direction, qu'elle l'accepte et la provoque, c'est un devoir; mais aussitôt que commencent les joies de la confidence, lorsque l'entretien n'est plus dans la bouche de celui qui parle qu'une occasion de raconter sa passion même, la mère doit couper court : sa pudeur de femme comme sa dignité maternelle recevraient outrage d'un tel récit; son attention complaisante deviendrait

---

1. Saint Chrysostome, *De la vie monastique*.

de la complicité. Qu'elle se mette donc en garde contre cette vanité, si prompte à s'enorgueillir de tout ce qui s'appelle un succès. Plus d'une mère qui réclame de telles confessions sous le prétexte d'intervenir comme juge, n'y cherche que le plaisir d'écouter tout le détail des triomphes de son fils; en vain son visage tâche-t-il de s'armer d'une expression sévère, en vain jette-t-elle par intervalles quelques paroles de blâme, ses yeux qui rayonnent, sa bouche qui sourit malgré elle, son ardente curiosité qui veut tout apprendre, révèlent même au fils que ce n'est pas un conseiller qu'il a devant lui, mais un confident.

Signalerai-je une autre indulgence maternelle plus coupable encore? Un jeune homme de vingt ans séduit une pauvre ouvrière? Plus d'une mère dit tout bas : « Mieux vaut cette liaison qu'une autre; c'est moins « ruineux qu'une fille de théâtre, c'est moins périlleux « qu'une fille du monde; il ne l'épousera pas du moins, « et cela recule son mariage. — « Mais cette fille va « être déshonorée! — Ces filles-là n'ont pas un hon- « neur comme nous. — Mais cette enfant a une mère! « — Les mères du peuple ne sentent pas comme nous. « — Mais cette malheureuse peut rester chargée d'un « enfant! — Que voulez-vous? il faut bien que la jeu- « nesse de mon fils se passe. » Enfin, n'est-il pas des mères indignes de ce nom, qui, voyant leur fils rêver et poursuivre le déshonneur d'une femme qui est la femme d'un honnête homme, favorisent, sans s'en rendre compte, ce criminel dessein, glissent dans l'oreille de celle qui n'est pas coupable encore, des éloges de leur fils, plus calculés qu'elles ne le croient elles-mêmes, et osent, si leur conscience leur reproche cette conduite impie, osent l'amnistier en la décorant du nom d'amour maternel... Ah! détournons nos yeux d'un tel spectacle, et reportons notre pensée sur l'image d'une mère vraiment éducatrice! Elle aussi, suivra son fils de la pensée et du regard auprès de celles qu'il voudrait perdre, mais pour les lui arracher, pour lui dire : « Au nom de ta mère, ne déshonore pas celle qui sera mère! » Sans doute en dépit de cette sainte vigilance, il pourra faillir; mais du moins ne faillira-t-il que par passion, et jamais par calcul vaniteux ou par esprit de débauche; il ne trahira personne, il ne trompera personne ; il sera peut-être jeune homme, mais il sera toujours honnête homme.

Aux passions succèdent l'ambition et les affaires.

La mère éducatrice soutiendra l'âge mûr de son fils, comme elle a épuré sa jeunesse. Quand les âpres soucis de la lutte l'accableront, c'est dans les mêmes bras où toutes ses douleurs enfantines ont trouvé refuge, qu'il viendra chercher quelque chose du calme et des bonnes résolutions de son enfance. Elle sait toutes les paroles qui le consolent (elle l'a consolé si souvent!); elle passe sur son front et dans ses cheveux, qui blanchissent peut-être, cette main caressante qui le calmait dans son berceau; elle l'appelle *mon enfant*, et ce doux nom, qui, hélas! ne lui convient plus, le touchant par le contraste même, après une heure d'entretien où sa mère lui a rendu courage rien qu'en lui rappelant combien de fois il s'est découragé, il part, le cœur ardent, la tête libre, rajeuni, et comme recréé par elle une seconde fois. Ah! on ne sait bien ce qu'est une mère éducatrice, que lorsqu'on l'a perdue! A mesure qu'on s'avance seul dans la vie, des paroles d'elle que l'on croyait avoir oubliées, des conseils tendres et prévoyants qui ont dix ans de date, se réveillent tout à coup et viennent encore vous éclairer. En vain brillent autour de vous l'amour, les amitiés ardentes, parfois même les enthousiasmes, au fond de votre âme, se lève plus belle chaque jour, par la comparaison de toutes choses, la divine image maternelle! On trouve d'autres cœurs qui vous adorent peut-être; mais il n'y a qu'elle qui vous aime!

Aussi, comment comprendre que notre loi ait accepté l'héritage des antiques défiances contre la mère, et ne lui ait pas accordé un droit égal à celui du père dans le mariage des enfants[1]? Le Code dit : « Les enfants mi-« neurs ne pourront se marier sans le consentement de « leurs parents. » Puis, par une contradiction qui ren-

1. Cette défiance contre tout ce qui vient de la mère se marque d'une manière bien évidente dans le fait de la tutelle des bisaïeux. Un homme meurt, ainsi que sa femme, et laisse un orphelin. Il semble que la tutelle doive appartenir à celui des ascendants qui offre le plus de garantie comme fortune, comme moralité, comme intelligence, au plus digne enfin. Il n'en est rien cependant. La tutelle, dit le Code (art. 402), appartient de droit à l'aïeul *paternel*; à défaut de celui-ci seulement, on appelle l'aïeul maternel, et en remontant on a toujours soin (art. 404) que l'ascendant *paternel* soit préféré. Ainsi, que le père de votre père, sans tomber dans des cas d'inconduite notoire (le cas d'inconduite notoire l'exclut seul de la tutelle), soit prodigue ou débauché, qu'il n'ait souci ni de sa famille, ni de sa dignité, ni de votre amélioration, n'importe; il aura de droit le soin de votre direction morale, le soin de votre fortune, il est votre parent *par les hommes*, la loi s'incline devant ce nom : mais qu'au lieu d'aïeul il ne vous reste que deux bisaïeuls, et tous deux de la ligne maternelle, *le choix entre les deux est remis au conseil de famille*. Curieuse preuve de cette jalouse et secrète hostilité contre les femmes. Tant que les parents de l'orphelin sont ses parents par son père, on livre au hasard de la naissance le soin de décider qui l'élèvera; mais dès que le mot de parents *maternels* est prononcé, la sollicitude de la loi s'éveille et intervient dans la nomination du tuteur; elle y veut la sanction du conseil de famille : on dirait que cette parenté par les mères imprime même aux mâles un cachet d'infériorité.

verse le principe même, il ajoute : « En cas de dissenti-
« ment, le consentement du père suffit[1]. » N'est-ce pas
une dérision de permettre à la mère de dire oui, et de
lui défendre de dire non? On objecte l'intérêt des enfants : il faut, dit-on, que l'opinion d'un des deux époux
décide, afin qu'en cas de partage, le sort de l'enfant ne
reste pas en suspens, c'est sa voix seule qui fait pencher
la balance entre deux pouvoirs égaux. Égaux? Pourquoi alors n'avoir pas dit : En cas de dissentiment, le
consentement d'un des deux suffit; pourquoi, si ce n'est
qu'on voulait réduire l'autorité de la mère à une autorité fictive comme dans le passé?

Chez les Juifs, jamais dans les fiançailles le consentement de la mère n'est mentionné.

Dans l'Inde, les lois de Manou disent[2] : « *Le père*
qui a donné sa fille....., *le père* qui accorde la main de
sa fille....., *le père* qui marie sa fille avec les honneurs
convenables, etc. » Le nom de la mère n'est pas même
prononcé.

En Grèce, la mère n'avait, ce semble, d'autre droit
dans le mariage de ses enfants, que le vain privilége de
porter la torche nuptiale et de préparer le repas particulier pour les femmes[3]. Dans *Iphigénie en Aulide*, Clytemnestre s'informe bien auprès d'Agamemnon de quel
pays est Achille, quand se fera l'hymen, si l'époux em-
mènera l'épouse en Phthie ; elle réclame vivement,
comme sa prérogative naturelle, sa place auprès de sa
fille pendant la cérémonie, mais tout indique que son

---

1. Code civil, art. 148.
2. Manou, liv. III, v. 27, 29, 30, 31.
3. Euripide. — *Jocaste* : Je n'ai pas allumé la torche nuptiale pour
vos noces, ô mon fils, comme il convient à une heureuse mère.

consentement n'était ni demandé ni nécessaire : les mères bénissaient, elles ne consentaient pas.

A Rome, la mère, sœur de ses enfants ou étrangère a ses enfants, ne pouvait comparaître comme partie autorisante. Qui dit autorisation, dit autorité.

Aujourd'hui, même exclusion. L'avis de la mère ne vaut, ni pour, ni contre ; si elle consent et que son mari refuse, son consentement ne compte pas. Si elle refuse et que son mari consente, son refus ne compte pas davantage. Elle ne peut ni marier sa fille, ni l'empêcher de se marier, ni la préserver d'un choix fatal, ni la soutenir dans un choix heureux.

Cette annihilation du pouvoir maternel est funeste, car le coup d'œil de la mère porte ailleurs et plus loin que celui du père. Le père s'inquiète de la fortune, de la carrière, de la position de son gendre ; la mère prend plus de souci des rapports sympathiques qui l'uniront à sa fille. Le père le juge mieux comme homme, la mère le juge mieux comme gendre. La mère se laisse trop séduire, peut-être, aux qualités aimables : qu'il plaise, la voilà plus d'à moitié conquise ; le père écoute trop absolument ce qu'on appelle souvent la raison, c'est-à-dire l'ambition et l'intérêt. Tous deux voient la vérité, mais de profil ; leurs deux points de vue réunis font seuls l'ensemble. Tous deux doivent donc être appelés ; c'est toujours l'application de ce principe fondamental : doubler l'unité.

Il est cependant une passion, spéciale aux mères, et qui pourrait troubler leur jugement ; passion assez nouvelle, assez rare, et qui doit nous arrêter un moment, parce qu'elle naît pour la mère de son rôle même d'éducatrice : c'est la jalousie.

Autrefois, quand les mères n'élevaient pas leurs filles, elles étaient, dit-on, jalouses de leur beauté ; aujourd'hui, elles sont jalouses de leur cœur, jalouses avec toutes les amertumes de la jalousie. Souvent elles accusent leur fille, elles haïssent leur gendre. L'amour qu'éprouve l'une les irrite comme une ingratitude, les droits qu'obtient l'autre les blessent comme une usurpation. Par un sentiment très-complexe et très-explicable cependant, leur délicatesse maternelle s'offense de voir un homme porter la main sur leur enfant ; sa candeur, dont elles étaient de si fières et de si vigilantes gardiennes, leur semble comme profanée par le mariage même : leur fille est moins pure à leurs yeux, c'est une femme, ce n'est plus un ange.

La raison du monde accuse d'égoïsme et d'absurdité cette jalousie des mères. On ne doit que les plaindre ; elles souffrent tant et elles ont tant de motifs pour souffrir ! Que l'on y songe ! Avoir pendant vingt ans, peut-être, vécu pour une seule créature, n'avoir eu qu'une pensée... elle ! qu'un bonheur... elle ! ne s'être jamais levée un seul jour sans la trouver sous ses yeux à son réveil ; avoir été pendant vingt ans sa seule confidente, sa seule amie, puis, un jour, voir arriver un inconnu qui lui parle dix fois peut-être, et sentir aussitôt ce cœur qui n'appartenait qu'à vous, se partager ; rester seule dans cette maison si pleine hier, si vide aujourd'hui ! De tels coups brisent le cœur ! Une de ces pauvres désolées, privée ainsi de la compagne de sa vie, allait prendre dans une armoire les habits de jeune fille que sa chère absente y avait laissés, les posait sur un petit siége, place habituelle de celle qui n'était plus là, et les baisait en sanglotant comme s'ils eussent été son enfant elle-même.

Heureusement, ces douleurs sont souvent aussi courtes que profondes, et la nature leur réserve une consolation souveraine.

Une jeune femme, dans le premier enivrement de son bonheur d'épouse, oublie peut-être sa mère, mais elle lui revient bien vite à son premier chagrin ou à son premier enfant. Le nouveau-né est le conciliateur qui renoue soudainement ces liens qui semblaient presque rompus. A la vue de son enfant, je me trompe, de son petit-enfant, appellation plus douce encore, la triste abandonnée renaît comme par miracle à la vie, elle sent avec une surprise délicieuse s'éveiller dans son âme, qu'elle croyait morte, un amour maternel inconnu et pénétrant; elle aime d'une affection non pas plus tendre, mais plus attendrie, qu'elle n'aimait sa fille; son gendre même lui devient cher; car elle n'est plus belle-mère, elle est grand'mère. Grand'mère ! ce mot familier exprime bien le mélange d'expérience et d'indulgence, de faiblesse et de perspicacité, de déraison apparente et de bon sens caché qui caractérise l'affection des aïeules ! Une maison sans aïeule est une maison incomplète, le siège d'honneur y est vide. C'est l'aïeule qui tempère par ses souvenirs les inquiétudes de la jeune mère sur ses enfants. La voit-elle s'effrayer de leur caractère? « Tu as été bien plus méchante, » lui dit-elle, et la mère se rassure. La voit-elle éperdue pour un malaise? « N'aie pas peur, je t'ai guérie de la même souf-
« france en un jour. » C'est ainsi qu'elle l'instruit encore, c'est ainsi qu'elle la guide. Hélas ! quelquefois elle la remplace ! On a vu des femmes septuagénaires,

qui, chargées par la mort de leur fille, d'une famille à élever, retrouvaient, pour remplir ce pénible office, toute l'activité et toute l'énergie de la jeunesse. Elles étaient à la fois mères et grand'mères; mères par la tête, grand'mères par le cœur.

Réclamons donc pour l'aïeule, comme pour la mère, la radiation de cet article inique, dans la question de mariage : « En cas de dissentiment, le consentement de l'aïeul suffit. »

CHAPITRE V

DOULEURS ET CRIMES DE LA MATERNITÉ. — MÈRES INDI-GENTES. — FILLES-MÈRES. — MÈRES INFANTICIDES.

Nous avons retracé, dans notre examen du droit de direction, du droit d'éducation, et du droit relatif au mariage, quelques-unes des servitudes qui pèsent sur la mère ; mais ce tableau ne nous présente, hélas! que la plus courte moitié de sa douloureuse histoire; il nous reste à pénétrer dans de plus amères souffrances.

Pour un quart des femmes françaises, la maternité est un calvaire sanglant qu'elles gravissent à genoux et la croix sur le dos.

Misère, honte, crime, tel est le sombre cortége qui les suit. De ces maux, les uns ne sont qu'une juste punition de leurs fautes, les autres une inique rigueur du sort; les uns sont irréparables, les autres appellent et méritent sympathie, secours. L'histoire des mères indigentes, des filles-mères, et des mères infanticides, nous dira ces douleurs; que notre pitié et notre justice nous aident à trouver les remèdes.

Pour l'épouse riche, **la maternité légitime**, sauf son nécessaire accompagnement de souffrances physiques et d'inquiétudes, ne semble qu'un sujet inépuisable d'actions de grâce envers la Providence. Chaque enfant qui naît de plus autour d'elle prend place dans sa maison comme un ornement, dans son cœur comme une joie. Son bonheur commence avec ce seul mot : Je suis grosse ! Dès lors, le mari qui redouble de tendresse, la famille qui s'émeut, les rêves d'avenir qui bercent toutes les pensées, métamorphosent ces neuf mois en une succession sans cesse renouvelée d'espérances délicieuses; chacun, auprès d'elle, semble avoir la prévoyance d'une mère au moment où elle va le devenir.

Pour la femme pauvre, au contraire, tout est terreur. Dès que son fruit s'agite dans son sein, elle frémit. comment l'élèvera-t-elle? Sa grossesse qui diminue ses forces, l'oblige à augmenter son labeur, car elle augmente sa pauvreté ! Il faut qu'elle traîne son corps déjà si lourd à l'atelier, il faut qu'elle reste debout des journées entières; courbée sous le faix maternel, elle doit encore porter des fardeaux. Elle accouche. Où? presque toujours dans une chambre sans feu, souvent dans le lieu de son travail, parfois même dans les bois. Combien de femmes n'ont pas de linge pour couvrir le nouveau-né, pas de lait pour le nourrir ! la misère et la fatigue tarissent si souvent la seule richesse que possède la mère pauvre, sa mamelle ! Le temps marche, nouvelles douleurs. C'est l'enfant de deux ans qu'il faut laisser seul, avec mille craintes qu'il ne tombe dans le feu, s'il reste à la maison; que les voitures ne l'écrasent, s'il joue dans la rue; c'est, hélas ! la famille entière dont il faut seule porter tout le poids. Dans les classes indigentes, le père paraît peu au logis; il apporte de l'argent, s'il en a; s'il n'en a pas, il reproche à sa femme les enfants dont il est le père, et s'en va; la mère demeure. Parfois dans la campagne on rencontre une laie poursuivie par ses petits affamés. En vain cherche-t-elle à fuir, cette pauvre nourrice épuisée par son allaitement. Ses petits courent sur ses traces; ils l'atteignent, ils la renversent sur le dos, ils se précipitent sur ses mamelles nourricières qu'ils piétinent et sucent avec une sorte d'ivresse; et cependant la triste victime, les jambes ouvertes, la tête pendante de côté, les yeux fermés à demi, et faisant parfois entendre un faible gémissement, semble leur dire : Vivez de ma vie, buvez mon sang avec mon lait ! Telle est l'image de plus d'une mère indigente. Qui de nous n'a pas été saisi de tristesse, en pénétrant dans quelque misérable galetas, et en voyant quatre, cinq enfants pressés dans un étroit espace de quelques pieds, les bras tendus vers une femme hâve et maigre à laquelle ils crient : « Mère, j'ai faim. Mère, j'ai froid ! » La douleur produit alors chez ces malheureuses des effets qui semblent inexplicables; on en voit quelques-unes frapper leurs enfants qui leur demandent du pain. Croit-on que ce soit colère ou insensibilité? Non; c'est désespoir de les voir souffrir, et de ne les pouvoir soulager. Elles les frappent pour ne plus entendre ce cri de douleur qui les déchire; c'est parce qu'elles sont trop mères qu'elles deviennent marâtres. D'autres disent à leur fille aînée, aînée qui a quelquefois dix ans : « Emmène tes petites « sœurs, tes petits frères, et tâche de les distraire de « leur faim en les promenant. » Et voilà ces pauvres créatures errant dans les rues de Paris, à la pluie et dans la boue; voilà cette enfant, je me trompe, cette mère de dix ans, les traînant par la main dans les jardins publics, pleurant avec eux, car elle a faim aussi, et n'osant pas rentrer cependant, car sa mère lui a dit : « Il n'y aura « de pain que ce soir. » Le soir est arrivé, ils rentrent, mais, hélas! le père n'a pas été payé de sa journée, ou bien il n'est pas revenu, et un maigre plat de légumes grossiers, qui ne nourrirait pas une personne, forme le repas de toute la famille. Que fait la mère? Elle ne mange pas; quelquefois même il arrive que la sœur aînée, mesurant de l'œil la faible portion des plus jeunes, dit à sa mère : « Je n'ai pas faim. » La mère la comprend, l'embrasse, et les deux pauvres affamées vont s'étendre ensemble sur cette couche dure que Dieu bénit sans doute, mais qui nous accuse bien haut devant lui.

Il est pourtant un sort plus affreux encore, c'est celui des filles-mères.

Certes, loin de moi la pensée d'amnistier les faiblesses des jeunes filles; mais, la faute une fois admise comme faute, comptons les terribles douleurs qui la suivent, et demandons-nous si la loi et les mœurs, qui ne font rien pour empêcher la chute, ont le droit de la punir aussi impitoyablement. Pas de pitié, pas de recours. A peine la faute d'une jeune fille est-elle avérée, que le séducteur éprouve généralement, pour tout remords, le lâche désir d'échapper à la responsabilité par l'éloignement. La victime reste seule avec son malheur; il est affreux. Entourée de ses parents, ne pouvant faire un pas sans être surveillée, ignorante de tout ce qui tient à la vie, mille terreurs nées du sentiment de l'inconnu viennent se joindre à ses regrets et à ses souffrances. Se confierat-elle à quelqu'un? A qui? A un serviteur? c'est s'avilir encore et se livrer à lui. A sa mère? comment se résoudre à rougir devant elle? A son père, il la maudirait! Cependant, au milieu de ces irrésolutions, les jours s'écoulent, les signes extérieurs de sa faute deviennent plus manifestes; elle n'ose plus traverser une chambre devant ses parents, se rendre dans une fête, de peur que sa démarche ne la trahisse; ce sont des hypocrisies de costume qui la torturent, puis des remords déchirants, et des sanglots désespérés à la pensée qu'elle compromet la vie de ce petit être qu'elle aime, malgré toutes les larmes qu'il lui coûte. Tout à coup, cependant, les douleurs fatales se font sentir; elle n'en peut plus douter, le moment est venu, et nuls préparatifs, nul moyen d'écarter ses parents, ou de s'éloigner! Alors éclatent des actes de courage surhumains : on a vu des jeunes filles se lever froidement d'une table de travail, au milieu d'un cercle de famille, entrer dans une chambre voisine, et devenir mères avec le secours de quelque vieille gouvernante, sans pousser un cri[1]. Le savant Fodéré rapporte qu'une demoiselle de haute famille, surprise ainsi par les dernières douleurs devant tous ses parents, passa, immobile et impassible, par toutes les phases de l'accouchement d'un enfant mort, jusqu'à ce que l'éloignement de tous les témoins lui permît d'achever sa délivrance. Délivrance!... Parole menteuse! Le lien matériel est rompu, mais la chaîne morale subsiste toujours; ce n'est plus l'enfant qui est attaché à la mère, c'est la mère qui est attachée à l'enfant. Riche ou pauvre, elle est perdue. Espérer, si elle est riche, que son

---

1. Devergie, *Médecine légale*

séducteur réparera ses torts, chimère! Le monde a des susceptibilités de délicatesse si exquises qu'un homme croirait manquer à l'honneur en épousant une femme déshonorée par lui. Espérer, si elle est pauvre, qu'il l'aidera du moins de son argent, chimère encore! La générosité paternelle va bien jusqu'à payer les premiers mois de nourriture, mais un an écoulé, il y a prescription Voilà donc la malheureuse chargée seule d'élever cet enfant! Mais comment l'élever à l'insu de tous, c'est-à-dire sans se diffamer, sans que sa vie soit brisée à jamais? Le sort des femmes de la classe élevée est ici plus dur que celui des classes pauvres. Grâce à la justice native du peuple, il n'est pas rare de voir, à la ville et à la campagne, une fille qui a débuté dans la vie par une faiblesse, mais qui l'a réparée par sa conduite, épouser au bout de quelques années un ouvrier de cœur, qui ne la croit pas moins digne de lui purifiée que pure. Mais, hors du peuple, la coupable, même si son secret n'est pas connu, voit le mariage avec tout le cortége des joies de la famille se fermer devant elle. En effet, qu'il se présente un homme qu'elle aime et qui l'aime, elle n'oserait accepter sa main. Comment se résoudre à lui dévoiler sa honte? Comment se résoudre à la lui cacher? Le lendemain, peut-être, il l'apprendrait. Douleur pour douleur, elle aime mieux le perdre sans essuyer du moins son mépris; elle se tait donc, elle refuse et elle fait bien. Nous l'avons déjà dit, mais nous ne saurions trop le redire : la loi qui sauvegarde avec tant de soin la tranquillité des hommes, a prononcé ce mot terrible : « *La recherche de la mater-« nité est admise.* » Donc, toujours, jusqu'à la mort, cette malheureuse verrait cette menace peser sur sa tête; toujours elle sentirait son honneur, l'honneur de l'homme qui lui a donné son nom, l'honneur des enfants nés de lui, à la merci d'une indiscrétion perfide. Condamne-toi à un célibat éternel, pauvre fille! et meurs dans l'isolement et le désespoir!

Tels sont les maux de la maternité illégitime; restent les crimes. Je ne parle point des mères qui vendent leur corps pour nourrir le fruit de leur corps. Je ne veux considérer la fille-mère qu'au moment où son nouveau-né est là devant ses yeux, et que s'élève dans sa conscience cette fatale question: *Qu'en faire?* L'exposer? Elle ne le peut plus. N'a-t-on pas supprimé les tours, c'est-à-dire l'abandon mystérieux, la protection cachée? N'y a-t-on pas substitué l'abandon public, à ciel ouvert, avec un bureau et des commis? Il faut donc que la mère se présente devant un commissaire de police, qu'elle lui déclare son nom, qu'elle lui dise : « Voici mon enfant, et je l'abandonne. » Mais est-ce possible? N'y aurait-il pas dans cette déclaration de la faute plus d'impudence que dans la faute même; et la société qui exige un tel acte ne s'avilit-elle pas autant que la femme qui s'y soumet? N'est-ce pas imposer à toute pauvre créature égarée l'effronterie d'une fille perdue? N'est-ce pas la pousser au désespoir, à la folie, à l'infanticide, peut-être? L'infanticide! Tel est en effet le point suprême où aboutit parfois cette délibération de la fille-mère avec elle-même. Certes, personne ne nous supposera la pensée de vouloir décharger l'homicide de la responsabilité de son crime, et de prétendre en faire porter tout le poids sur la société. Mais il faut oser le dire, la société en a sa part, la loi en a sa part; la scandaleuse impunité masculine que proclament et la loi et la société en est souvent la cause. En veut-on une preuve accablante, irréfragable? Que l'on consulte les procès d'infanticide, on y trouvera ce fait véritablement terrible : « Sur huit accusations prouvées [1] d'infanticide, il y a quatre acquittements. » Quatre homicides absous sur huit, quatre homicides prouvés, avoués! Que signifie un tel mystère? Comment le chef du jury ose-t-il ainsi se parjurer sciemment à la face de Dieu et des hommes? Pourquoi aime-t-il mieux commettre lui-même un crime, plutôt que de condamner, au nom de la loi, le crime qui lui est soumis? Pourquoi? Voici la déposition textuelle d'une femme infanticide; elle parlera plus haut que toute réflexion.

Une jeune fille, Jeanne Vernadaud [2], parut devant le tribunal de Limoges le 16 mars 1847, sous l'accusation de ce crime. Elle s'exprima ainsi ; je n'ajouterai ni ne retrancherai un seul mot à ses paroles :

« J'étais servante depuis deux ans; je suis devenue enceinte. Comme j'approchais du terme de ma délivrance, mon maître me donna mon congé avec mes gages, qui allaient à 35 francs. Je me rendis à Limoges, chez une sage-femme.

» Le 22 décembre, j'accouchai chez cette sage-femme d'une fille. Dès avant mes couches, j'avais une forte inflammation. La montée du lait ne s'étant pas faite, je n'ai pas pu donner le sein à ma petite fille. La sage-femme avait fait baptiser mon enfant. Comme je n'avais pas de lait du tout, et que j'étais toujours malade, la sage-femme m'a présentée ainsi que mon enfant à l'hospice de Limoges: on nous a repoussées. Comme je n'avais plus

---

1. Ce résultat si frappant a été mis en lumière et démontré par plusieurs avocats dans des procès d'infanticide, et la *Gazette des tribunaux* le constate.

2. *Gazette des tribunaux*, 16 mars 1847.

d'argent, la sage-femme m'a déclaré le 28 décembre dernier qu'elle ne pouvait pas me garder plus longtemps. J'ai donc été obligée de sortir de chez elle, et j'en suis partie le jour même entre midi et une heure, emportant mon enfant avec moi. Jusque-là il avait été nourri avec de l'eau sucrée; mais depuis ce moment jusqu'au lendemain soir, que la petite est morte, elle n'a plus rien pris, ni moi non plus. Je n'avais rien à lui donner. Le 28 décembre, la nuit, je m'arrêtai à un village, et je demandai à une maison où j'entrai à y être reçue pendant la nuit par charité. Il faisait bien froid. Comme on n'avait pas de lit, on me permit de passer la nuit dans la bergerie avec mon enfant. C'étaient de pauvres gens, et je n'ai rien osé demander pour mon enfant.

» Le lendemain matin, je continuai ma route. Je passai encore la journée sans rien manger, n'osant pas demander la charité; je marchais très-difficilement, et je n'arrivai que vers neuf heures du soir, portant toujours mon enfant dans mes bras. Nous étions tous deux transis de froid; alors la tête n'y était plus. J'ai étranglé mon enfant, et je l'ai jeté dans un puits qui se trouvait près de la route. Je voulais me tuer aussi, mais le courage m'a manqué! »

Quelle sentence rendit le jury? Après cinq minutes de délibération, Jeanne Vernadaud fut acquittée à l'unanimité. D'où vient donc que cet acquittement scandaleux ne nous indigne pas? D'où vient que dans toute la foule qui assiégeait le tribunal, il ne se trouvait pas vingt personnes peut-être qui eussent prononcé condamnation? Que dis-je! D'où vient que parmi ceux qui viennent de lire le récit de ce meurtre, plus d'un se sera senti ému comme nous en l'écrivant, et aura dit tout bas: « Pauvre femme! » Cela vient de ce que, si coupable qu'elle soit, nous avons vu à côté d'elle des êtres aussi coupables de son crime qu'elle-même, des êtres que la loi absout et innocente; cela vient de ce que nous avons condamné au lieu d'elle, ou du moins avant elle, ce maître qui l'a inhumainement chassée, ces chefs d'hospice qui l'ont repoussée, cette incomplète organisation de la charité qui laisse deux créatures de Dieu mourir de faim sur la route publique, et surtout le lâche dont le nom n'est pas prononcé une seule fois dans le procès, mais dont la présence meurtrière se sent partout, le père absent! Au moins, dans son crime à elle, nous avons trouvé un sentiment expiateur, l'affection. Pourquoi a-t-elle tué son enfant, cette malheureuse? Ce n'est point par égoïsme, par calcul, par fureur; non, elle l'a tué pour l'arracher à la faim; elle l'a tué parce qu'elle l'aimait. Son crime n'a été que le désespoir de la tendresse! Mais lui, l'inconnu maudit, lui qui a abandonné sa fille et la mère de sa fille; lui qui n'a pas même assuré à la pauvre petite créature la première goutte d'eau qui devait la nourrir, il n'a commis son atroce action que par avarice et par ingratitude; et la loi l'absout, et la loi ne le recherche même pas. Voilà l'iniquité qui arrache de nos cœurs, comme de celui des juges, cette absolution dont la justice frémit! Or, sachons-le bien, il n'est pas d'atteinte plus profonde à la morale d'un pays que la violation publique des principes de la justice. La conscience générale se déprave par cette indulgence inique plus encore que par l'attentat : et à force de voir absoudre le crime, les masses finissent par le confondre avec l'innocence. Purifions donc, purifions notre Code de cette immorale impunité qui pousse la femme à commettre l'homicide et le juge à l'absoudre!

Mais là ne se borne point le devoir de la France. C'est la maternité tout entière qu'il faut relever, c'est la maternité indigente comme la maternité illégitime. Quand le titre le plus sacré de la femme la déprave et l'écrase, la responsabilité de ses excès et le faix de ses douleurs doivent-ils retomber sur elle seule ? Non. Tout est-il dit quand on a enterré celles qui meurent, flétri celles qui cèdent, patenté celles qui se vendent, tué celles qui tuent ? Non, mille fois non ! Dieu a fait la maternité bienfaitrice pour la race, heureuse pour la femme, protectrice pour l'enfant ; la France ne doit pas abandonner l'œuvre divine, c'est à elle de faire remonter sur son piédestal ce personnage sacré de la mère avec tout son cortége de vertus et d'honneurs !

Les difficultés sont immenses, nous le savons, mais les devoirs sont immenses aussi ; et le sentiment profond des uns inspirera peut-être aux législateurs la solution des autres.

D'abord, un grand exemple nous est offert.

La Convention rendit sur les filles-mères ce décret célèbre : « *Toute fille qui, pendant dix ans, soutiendra* « *avec le seul fruit de son travail son enfant illégi-* « *time, aura droit à une récompense publique.* »

La philosophie s'est fort indignée contre ce décret ; les politiques l'ont flétri comme une prime donnée à la débauche ; la raillerie l'a même frappé de ridicule ; nous avouerons sans crainte qu'il nous paraît admirable. C'est la première fois que la loi civile a ressemblé à la loi religieuse ; c'est la première fois qu'on a reconnu au repentir toute la grandeur réparatrice que Jésus-Christ lui a attribuée ; et voilà enfin dans la législation l'avènement de cette touchante et profonde parole :

« Il y aura plus de joie dans le ciel pour un coupable qui se repent que pour dix justes qui n'ont jamais failli. » Eh ! qui donc n'a jamais failli? Qui ne sait combien il est plus facile de résister que de réparer? Nos lois d'un jour ont la dureté de la damnation éternelle : leur fer rouge, une fois marqué sur le corps ou sur le nom des coupables, ne s'efface jamais, et la réhabilitation, établie seulement pour les déshonneurs pécuniaires ou les condamnations politiques, n'a jamais relevé une âme forte qui s'était perdue par égarement. Ah ! laissez, laissez tomber un rayon de lumière dans vos cabanons et dans vos cachots ! Dites au meurtrier qui a tué par passion, que quand il aura sauvé vingt hommes, il sera réhabilité de son meurtre ; dites au larron que quand ses bienfaits auront enrichi cent malheureux, il sera réhabilité de son vol ; et que cette réhabilitation soit éclatante, publique comme la condamnation. La loi républicaine alla plus loin encore pour la fille-mère qui avait soutenu son enfant du seul fruit de son travail pendant dix ans; elle la récompensa, et elle fit bien. Avouer tout haut sa faute quand aucune force sociale ne vous y contraint, l'avouer pour la réparer, la réparer par le sacrifice, la réparer sous le coup de la réprobation universelle, la réparer pendant dix ans, c'est là un de ces faits rares qui manifestent mieux la grandeur de l'âme humaine que l'innocence ineffleurée d'une vie toute virginale. Les législateurs qui le désignèrent au respect public couronnèrent donc une grande action et consacrèrent un grand principe.

Après les filles-mères, les mères indigentes donnèrent lieu à leur tour à cette ordonnance : « Toute mère dont le travail ne peut soutenir la famille a droit aux secours de la nation. » Dans ce décret, qui ne renfermait pas moins de soixante articles, l'assemblée descendit à toutes les prévoyances minutieuses de l'affection elle-même. La grossesse, l'allaitement, la mise en nourrice du nouveau-né, elle s'inquiéta de tout. Elle régla les frais de layette, elle nomma un agent national chargé de veiller sur les nourrissons. On croit lire un programme dicté par une mère.

Malgré notre sympathie profonde pour l'esprit qui a dicté ce décret, ses inconvénients moraux et matériels nous apparaissent dans toute leur gravité. Porter une telle loi, n'est-ce pas encourager le développement déjà démesuré de la population? n'est-ce pas détruire le principe même de l'esprit de famille, c'est-à-dire le sentiment de responsabilité des parents envers les enfants? N'est-ce pas ôter de la maternité l'idée du devoir? Mais, d'un autre côté, quelle misère plus digne de pitié et d'assistance que celle qui frappe la mère et le nouveau-né! L'intérêt même du pays nous commande de prendre souci de cette question de l'enfantement, de l'allaitement et de la nourriture. En effet, qui constitue un grand peuple? Sont-ce les lois, les arts, le sol? Sans doute. Mais qui féconde ce sol? qui cultive ces arts? qui fonde ces lois? La race. Or, qui constitue la race? Les mères. Les créatrices affaiblies font les créatures énervées; les nourrices affamées font les nourrissons sans vigueur. L'État doit donc secourir les mères pauvres, ne fût-ce que pour s'enrichir lui-même; sa générosité est un placement.

Entre ces deux opinions contradictoires, où est la vérité? où est la solution?

Dans le développement de deux institutions admirables

qui soulagent les mères indigentes du fardeau de la maternité, sans les décharger de la sollicitude maternelle ; institutions à la fois humaines et prévoyantes qui mériteront vraiment à la patrie le beau nom de *materna patria* (patrie mère) : je veux parler des crèches et des salles d'asile.

Paris compte vingt crèches, il en faut cinq cents.

La France compte deux cents salles d'asile, il en faut dix mille ; ou plutôt, non, plus de salles d'asile. L'expérience pleine de cœur d'une femme de bien a trouvé un nom plus touchant et plus vrai pour ces abris de l'enfance, le nom d'*écoles maternelles*.

Ces crèches, ces écoles, qui doit les fonder ? L'État sans doute. Mais seule, son action serait insuffisante. A l'œuvre donc, le génie de charité et d'association des femmes ! A l'œuvre toutes les ressources de leur cœur si fertile en inventions de générosité ! Disons-le à la gloire de notre époque injustement comparée à la Rome pervertie de l'empire, depuis quelques années les femmes ont imprimé un élan immense à la charité. Sous leur patronage se sont élevées mille institutions bienfaisantes ; l'enfance, la vieillesse, la démence, la faiblesse, la cécité, le vice même, tous les malheurs enfin, sont devenus l'objet de quelque création ingénieuse. Eh bien ! que tous ces efforts se multiplient, se coalisent pour la fondation des crèches et des écoles maternelles ; que les mères riches lèvent sur toutes les fortunes un impôt pour cette œuvre ; qu'elles demandent, sans relâche, sous toutes les formes, jusqu'à l'importunité, car leur mission est de créer un budget pour les mères indigentes, un budget immense. Si cette tâche les effraye, qu'elles aillent visiter une école maternelle, ne fût-ce qu'une heure, et le courage leur reviendra. Quand elles observeront tout ce que l'on a fait, et tout ce qui reste à faire ; quand elles verront ces deux cents petites créatures de trois ans, de quatre ans, si protégées déjà, mais si dénuées encore ; si libres dans leurs jeux, mais renfermées dans un jardin si étroit ; si intelligentes de physionomie, mais couvertes d'habits si pauvres ; quand on leur racontera tout ce qu'on a développé de générosité, d'abnégation, d'héroïsme parfois dans ces jeunes êtres, et qu'en même temps elles remarqueront ces yeux trop souvent rouges d'ophthalmies, et ces joues pâlies par la misère, alors leur cœur se sentira saisi d'un tel mélange d'affliction et d'affection, que leur bourse s'ouvrira, que leur zèle s'animera, et que chacune d'elles, pensant à sa propre fille si tendrement pourvue de toutes choses, voudra fonder ou agrandir une école maternelle. Une partie de notre avenir dépend de ces associations. Élever l'enfant, ce n'est pas seulement soulager les parents, c'est aussi les élever eux-mêmes. L'enfant qui revient le soir de l'école maternelle auprès de son père et de sa mère, revient, sans le savoir, pour les perfectionner. Si la mère s'emporte : — « Mère, dit l'enfant, la dame [1] a dit que ce n'était pas bien de se mettre en colère. » Si le mari brutalise sa femme : — « Père, dit l'enfant, c'est un péché de faire du mal à son prochain. » Et la mère se tait, et le père s'arrête, et l'esprit de Dieu entre dans cette maison avec cet enfant nourri de l'esprit de la France.

Pour compléter ces bienfaits, que faut-il ? Une patrie maternelle et une sainte alliance des mères.

---

1. C'est le nom que donnent les enfants à la directrice de la salle d'asile.

CHAPITRE VI

LE VEUVAGE

Il manque à cette histoire de la mère une rapide esquisse de l'histoire de la veuve. Aucune des conditions de la femme n'offre de particularités plus bizarres et plus instructives. Étudions-nous le passé; ce titre de veuve ne nous représente qu'abaissement de la femme, annihilation pour elle de toute personnalité, servitude, condamnation à mort. Examinons-nous l'époque présente, le veuvage est l'affranchissement et l'égalité avec l'homme. Toutes les épouses des âges anciens voyaient leur destinée si profondément scellée au sort de leur époux, que, même veuves, elles lui appartenaient encore. Le lien brisé pour lui par la mort semblait se resserrer pour elles, et l'ombre du mari défunt planait et pesait sur la femme orientale pour l'entraîner au bûcher; sur la femme juive, pour lui imposer un second époux; sur la femme chrétienne, pour la condamner à la réclusion; sur la femme féodale, pour la livrer à la tutelle de son fils, et la loi même qui leur laissait la vie leur refusait tout pouvoir comme mère, toute indépendance comme femme.

La veuve moderne, au contraire, obtient dans notre législation tous les priviléges de l'homme lui-même; mère, elle est tutrice; femme, elle est indépendante. Elle a pouvoir sur elle et sur les autres.

Un contraste si étrange, la réunion du terme extrême de la servitude et du terme extrême de la liberté se rencontrant tour à tour dans la même personne, selon que les siècles se succèdent, offre un spectacle historique assez curieux pour nous occuper quelques moments.

Dans l'Inde, un seul fait, un seul mot nous montre toute l'étendue de l'esclavage de l'épouse : la veuve avait pour devoir de se brûler avec son mari mort. Évidemment, l'institution de ces atroces sacrifices eut pour cause ce fatal système que nous retrouvons et que nous combattons partout dans cette histoire, l'absorption complète de la personne de la femme dans la personne du mari. Le principal emporte l'accessoire : quand on abat le chêne, le gui tombe; quand le mari meurt, la femme doit mourir.

Cependant, il faut l'avouer, en dépit de l'indignation qu'excitent en nous ces sanglantes doctrines, tout ce qui s'appelle dévouement et oubli de soi a un tel caractère de grandeur, et la nature des femmes s'accorde si bien avec l'idée de sacrifice, que, sous l'empire de cette coutume, l'amour conjugal s'éleva souvent à une sublimité héroïque dont le dévouement d'Alceste elle-même nous donne à peine l'idée.

Empruntons à un voyageur anglais un récit touchant sur ce sujet[1] :

« Le 24 novembre 1829, dans le district de Jubbulpore, une vieille femme, âgé de soixante-cinq ans, annonça le projet de se brûler avec son mari, Omed Sing Opuddea, mort la veille. Le gouverneur anglais déclara, par une proclamation énergique, qu'il s'opposerait formellement à cette immolation, et menaça d'une peine sévère tout Indien qui aiderait la veuve à exécuter

---

1. *Rambles and recollections of an Indian official*, by the colonel Sleeman, t. I : *A suttee on the Nerbudda*.

son dessein. Des gardes furent donc placés autour du bûcher, et le feu ne consuma que la dépouille d'Omed. Quatre jours plus tard, le gouverneur, dirigeant ses pas de ce côté, aperçut à quelque distance, assise sur un âpre rocher situé sur le bord de la rivière, la pauvre vieille veuve. Elle n'avait gardé sur ses épaules qu'une chemise grossière ; depuis quatre jours elle demeurait exposée, sans autre vêtement, aux rayons brûlants du soleil et aux froides rosées de la nuit; depuis quatre jours, elle n'avait ni bu, ni mangé, se soutenant pour toute nourriture avec quelques feuilles de bétel ; et enfin, pour marquer sa volonté inébranlable, elle avait couvert sa tête du turban rouge, appelé le Dhujja, et avait brisé ses bracelets : c'était s'exclure elle-même pour toujours de sa caste, c'était se condamner à la mort civile. Quand elle vit le gouverneur, elle lui dit : « J'ai résolu de mêler mes cendres à celles de mon « époux, et j'attendrai patiemment que vous me le « permettiez, bien certaine que Dieu me donnera la « force de vivre jusqu'à ce moment, quoique je ne « veuille ni manger ni boire. » Tournant alors ses regards vers le soleil qui se levait sur les fertiles rivages de Nerbudda : « Il y a quatre jours, dit-elle, que mon « âme est réunie à celle de mon époux autour de ce so- « leil ; il ne reste ici que ma forme terrestre ; mais, je « le sais, bientôt vous lui permettrez d'aller se joindre « aux cendres qui me sont chères, car il n'est ni dans « votre nature, ni dans vos usages, de prolonger inuti- « lement les douleurs d'une pauvre vieille femme. »

« Le gouverneur lui parla de ses enfants qu'elle abandonnait, et que peut-être on accuserait d'être ses meurtriers.

« Je ne crains pas que ce soupçon les atteigne, ré-
« pondit-elle, car ils ont tout fait, comme de bons en-
« fants, pour m'engager à vivre. Quant à mes devoirs
« envers eux, ils sont finis, notre union est brisée. Je
« n'ai plus, moi, qu'à aller rejoindre mon époux. »
Puis, regardant de nouveau le soleil, et avec enthousiasme : « Je vois déjà mon âme voler là-haut sous le
« dais nuptial, confondue avec celle d'Omed Sing
« Opuddea. »

« Cette dernière parole frappa le gouverneur d'étonnement. Jamais, dans tout le cours de sa longue vie, cette femme n'avait prononcé le nom de son époux ; car, dans l'Inde, l'épouse ne peut, sans irrévérence, appeler son mari par son nom. Aussi la fermeté d'accent et l'emphase avec laquelle la vieille veuve dit ces mots, Omed Sing Opuddea, convainquirent le gouverneur que toute exhortation serait inutile, et qu'elle était résolue à mourir.

« Il essaya pourtant encore de la ramener à l'amour de la vie, en lui peignant tous les honneurs qui attendaient sa vieillesse ; mais elle, souriant : « Je suis déjà
« morte ! Prenez mon bras, cherchez mon pouls, il a
« depuis longtemps cessé de battre ; il n'y a plus ici
« rien de moi que ce peu de terre que je désire mêler à
« ses cendres, et que j'y mêlerai sans aucune souf-
« france. En voulez-vous une preuve ? Faites allumer
« un brasier, j'y poserai mon bras, et vous le verrez se
« consumer sans que j'en éprouve nulle douleur. »

« Vaincu par cette calme énergie, le gouverneur céda. La veuve parut pleine de joie à cette nouvelle. Le bûcher construit, elle y marcha appuyée sur l'épaule de son plus jeune fils ; et en arrivant au lieu du sacrifice, elle ne dit que ces mots : « O cher époux, pourquoi « m'ont-ils séparée de toi pendant cinq jours ! » Puis elle jeta quelques fleurs sur le sol, fit une courte prière, monta calme et souriante sur le sommet du bûcher, se coucha au milieu des flammes comme on s'étend sur un lit, et mourut sans pousser un cri, sans faire entendre une plainte. »

Que la philosophie se révolte contre une telle superstition, que la raison mondaine traite ce sacrifice de folie, leur sentence sera juste ; car, au fond, cette coutume n'est que le dernier degré de l'assujettissement des femmes. Cependant, par une contradiction étrange, cette énergie du lien conjugal qui subsiste encore par delà le tombeau, cette fusion des deux époux en un seul être, cette attraction toute-puissante de l'âme envolée qui appelle à soi l'âme restée sur la terre et l'entraîne dans le ciel, tout cela vous touche d'une réelle sympathie : on blâme, mais on admire; on déplore, mais on respecte.

La loi juive s'offre avec un caractère non moins singulier. C'est un mélange de prévoyance tutélaire et de tyrannique dureté.

« Lorsque deux frères demeureront ensemble, dit Moïse, et que l'un d'eux sera mort sans enfants, la veuve ne pourra épouser que le frère de son mari, afin qu'il suscite des enfants au défunt ; et l'aîné des enfants qui naîtront du mariage portera le nom de ce défunt.

« Si le frère ne veut pas épouser la veuve de son frère, qui lui est due selon la loi, elle ira d'abord à la porte de la ville, elle s'adressera aux anciens et leur dira : « Le frère de mon mari ne veut pas susciter dans Is-

« raël le nom de son frère, ni me prendre pour femme. » Puis s'approchant de lui, elle lui ôtera son soulier du pied, et lui crachera au visage en ajoutant : « C'est ainsi
« que sera traité celui qui ne veut pas remplir son de-
« voir vis-à-vis de son frère, et sa maison sera appelée
« la maison du déchaussé ! »

Ces dispositions portent évidemment la double empreinte du dédain et de la sollicitude, car la loi s'occupe avec un soin égal d'imposer un mari à la veuve et de lui assurer un protecteur.

La loi chrétienne commença la première à peser moins despotiquement sur la destinée de la veuve. Elle ne la condamna pas, comme Manou, à mourir quand son mari meurt; elle ne la condamna pas, comme Moïse, à épouser le frère de son mari; elle ne permit pas, comme la loi grecque, qu'un mari léguât sa femme par testament à un ami[1]; mais elle imposa à la veuve, ou du moins lui conseilla la réclusion et la retraite. « La
« veuve, vraiment veuve, dit saint Paul, est un être dé-
« laissé sur la terre, passant la nuit et les jours dans la
« prière, n'ayant plus qu'à ensevelir tout amour humain
« avec les cendres de son époux; si elle se livre encore
« aux plaisirs, c'est une morte vive (*vivens mortua est*). »

Les lois barbares retinrent, en partie, la sévérité des lois antiques. Pour la veuve sans enfants, liberté et possession de soi-même; mais pour la veuve mère, nul privilége maternel. La maternité devenait même pour elle une cause de servitude. L'Inde[2] et la Grèce[3] confiaient

---

1. Démosthène, *Deuxième plaidoyer contre Stylicon.*
2. Lois de Manou, livre IX.
3. *Revue de Législation*, octobre 1846. — *Organisation de la famille athénienne*. — *Odyssée*, chant II.

aux fils aînés la tutelle de la mère veuve. Comme les Grecs et les Indiens, les Saxons, les Bourguignons, les peuples de la loi salique proclamaient qu'une fois âgé de quinze ans, le fils devenait le tuteur de ses frères et de sa mère. Si une femme veuve désirait entrer dans un monastère, il lui fallait la permission de son fils. Si elle voulait stipuler une donation, s'obliger, faire un acte public, il lui fallait l'autorisation de son fils[1]. Si elle voulait se remarier, il lui fallait le consentement de son fils; bien plus, ce consentement devait être public, et même payé. Pour qu'il fût bien constant que cette mère appartenait à son enfant, elle était contrainte, si la condition de veuve lui pesait, de descendre sur le mail, et là, en présence de toute la famille, de donner à son fils, à son maître, le prix de son rachat, l'*achasius*, qui était fixé à 300 solidi. Essayait-elle de se soustraire à cette loi, un châtiment grave la menaçait. Sous la loi germanique, toute femme qui n'attendait pas l'autorisation de son tuteur pour contracter mariage, perdait tous les biens qu'elle avait, et tous ceux qu'elle devait avoir[2]; d'où il suit qu'une mère qui se remariait sans le consentement de son fils, pouvait être dépouillée et déshéritée par lui. Les fils d'une veuve étaient-ils encore enfants, ils ne lui appartenaient pas davantage. « A qui doit revenir, disent naïvement les Établisse- « ments de Normandie, la tutelle de l'orphelin? A la mère? « Non, car elle pourrait se remarier et avoir des en-

---

1. *Lois lombardes*, titre 37. « Si qua mulier monasterium intrare voluerit, et filios habeat, in quorum mundio esse inveniatur, etc. »
2. « Si liberâ femina sine voluntate tutoris cuilibet nupserit, perdat omnem substantiam quam habuit vel habere debuit. » (*Lois de Thuringe*, X, § 3.)

« fants, qui, pour la convoitise de l'héritage, occiraient
« leur frère. Qui le gardera donc ? Le seigneur de la
« terre, parce qu'il l'aimera de pur amour, et gardera
« fidèlement ses biens[1]. » Il est vrai qu'on ne pouvait
pas mieux les garder, car souvent il ne les rendait
pas.

Du moins si la veuve n'avait que des filles, avait-elle
le droit de les marier? Non. Dès qu'arrivait pour l'orpheline l'âge des fiançailles, le seigneur de la terre paraissait et disait à la mère : « Je veux sûreté (caution en
« argent) que vous ne marierez pas votre fille sans
« mon consentement[2]. » Si la mère avait fait choix
d'un homme qui aimât sa fille et que sa fille aimât :
« Je refuse mon consentement, disait souvent le sei-
« gneur, car j'ai pour votre fille un mari beaucoup plus
« riche. » Parfois même le roi intervenait entre la fille et
la mère, les séparait l'une de l'autre, confiait l'orpheline à une personne de son choix, et la mariait de sa
seule autorité[3].

Toutes ces tyrannies tombèrent à l'apparition du
Code.

La veuve aujourd'hui est maîtresse d'elle-même et
maîtresse de ses enfants; elle est administratrice, tutrice,
directrice.

Ce premier progrès amènera forcément tous les autres, par cela seul qu'isolé, il est absurde. Tant que le
mari est vivant, la femme, épouse et mère, disparaît
complétement devant lui. Mais qu'il meure, et soudain

---

1. Laboulaye, *Histoire de la succession des femmes*, liv. IV, p. 259.
C'est ce qu'on nommait la garde usufruitière.
2. *Établissements* de saint Louis, p. 63.
3. *Le nouveau style de la chancellerie en France*, p. 553.

un changement fondamental s'opère. En une seconde, cette femme, qui ne pouvait rien, peut tout. Comme si ce titre de veuve la douait subitement de qualités nouvelles, la loi la jette sans préparation, sans éducation, d'une dépendance presque absolue dans une absolue domination sur elle-même et sur les siens. Elle n'avait pas le droit de faire un bail, de vendre un meuble, de garder son enfant à la maison commune; et, du jour au lendemain, elle est appelée à gérer deux fortunes; elle ne pouvait se diriger elle-même, et elle est appelée à diriger plusieurs existences humaines. Pleine de contradictions dans l'état actuel, et pleine de dangers pour les enfants et pour la mère, cette disposition fatale est un bienfait, car elle est le prélude de l'avenir. Tout progrès qui commence est d'abord en désharmonie avec l'ordre général; puis peu à peu il force l'ensemble à se mettre d'accord avec lui. Ainsi les priviléges du veuvage : ils feront monter le niveau de toute la condition conjugale. Pour que la femme puisse remplir le rôle difficile de veuve, il faudra nécessairement relever la condition de l'épouse, augmenter le pouvoir de la mère, et ainsi le code de l'omnipotence masculine porte déjà en lui le principe qui doit le renouveler. Veut-on, du reste, se rendre compte de ce qu'est la condition de la veuve et de ce qu'elle peut être, qu'on lise les paroles de la mère de saint Chrysostôme à son fils :

« Mon fils, Dieu vous rendit orphelin et me laissa veuve
« plus tôt qu'il n'eût été utile à l'un et à l'autre. Il n'y a
« point de discours qui puisse vous représenter le trouble
« et l'orage où se voit une jeune femme qui ne vient que
« de sortir de la maison paternelle, qui ne sait point les
« affaires, et qui, le jour même où la volonté divine la

« plonge dans la plus grande désolation qui soit au monde,
« se voit forcée de prendre de nouveaux soins dont la fai-
« blesse de son âge et celle de son sexe sont peu capables.
« Il faut qu'elle se garde des mauvais traitements de ses
« proches, qu'elle supplée à la négligence de ses servi-
« teurs, se défende de leur malice, qu'elle souffre cons-
« tamment les injures des partisans, l'insolence et la
« barbarie qu'ils exercent dans la levée des impôts.
« Malgré tous ces maux, mon fils, je ne suis point rema-
« riée; je suis demeurée ferme parmi ces orages et ces
« tempêtes, me confiant à la grâce de Dieu, résolue de
« souffrir tous ces troubles du veuvage, et soutenue par
« une seule consolation, la joie de vous voir sans cesse,
« mon cher enfant. »

Tout est renfermé dans ce discours, le trouble de la veuve, l'ignorance et l'épouvante de la femme, sa lutte nouvelle et imprévue avec la réalité; elle tremble, la pauvre créature, à ce seul mot de partisans, de collecteurs d'impôts; mais peu à peu le courage lui revient : il s'agit de son fils. Si elle était seule, elle abandonnerait tout à l'avidité de ces ennemis qui l'entourent, plutôt que de braver l'ennui des affaires; il s'agit de son fils, elle va dans les greffes, elle lit les dossiers, elle se défend contre les gens de loi, et cependant son caractère s'affermit, son intelligence s'ouvre; en quelques mois, l'exercice de ses facultés a changé cette frêle créature, timide, ignorante, en un être actif et protecteur. Nous ne pouvons mieux conclure nos réclamations pour les droits de la mère que par cet éloquent exemple d'amour maternel.

LIVRE CINQUIÈME

LA FEMME

CHAPITRE PREMIER

L'homme n'est pas seulement fils, mari, père, il est homme et citoyen. A ce double titre se rattachent pour lui deux ordres nouveaux de droits et de devoirs, qu'il remplit ou exerce dans les offices publics et les offices privés. De ces offices, les uns ont pour objet l'organisation de sa vie personnelle, les autres sa participation au gouvernement de la chose publique, tous deux la pleine expansion de ses facultés intellectuelles et morales. Ainsi, industriel, magistrat, artiste, député, médecin, militaire, l'homme, si on y ajoute son titre de père et de mari, a trois théâtres pour le développement de son existence : une famille, une profession, une patrie.

La femme n'en a réellement qu'un, la famille. Carrières politiques, carrières privées[1], tout est à peu près

---

[1]. M. Edmond Texier a publié, dans le journal *le Siècle*, le 15 mai 1864, un article qui renferme les faits les plus intéressants sur les efforts tentés pour ouvrir aux jeunes filles les carrières professionnelles. M. Edmond Texier est, comme on le sait, un des plus dévoués

interdit aux femmes. Elles sont soumises aux lois et ne les font pas; elles payent les impôts et ne les votent pas; elles subissent la justice et ne la rendent pas. Une femme ne peut pas être témoin dans un acte public ou dans un testament; une femme ne peut être ni tutrice ni membre d'un conseil de famille, si ce n'est comme mère ou aïeule, et la loi faisant une injure des termes même qui expriment cette interdiction, la loi dit :

Sont exclus de ces fonctions :

Les interdits, les condamnés à une peine afflictive ou infamante, les hommes d'une inconduite notoire, les gérants incapables ou infidèles, les mineurs, les femmes.

On les assimile aux fous, aux enfants et aux fripons.

Dans les carrières professionnelles ou libérales, elles sont ou repoussées ou opprimées. La Sorbonne leur a interdit non-seulement ses chaires, mais ses cours; une femme n'obtient pas une carte d'auditeur pour les leçons d'éloquence ou de science. L'École de droit, fermée à leur désir d'apprendre, leur refuse la connaissance du code qui les régit. L'École de médecine, sauf pour une spécialité, ne leur permet pas l'exercice de cet art, dont elles ont été si longtemps les seules adeptes. Paris compte cinq Académies, pas une n'a une seule place pour les femmes. La France compte plus de trois cents colléges, pas une chaire de professeur n'y est destinée aux femmes [1].

---

protecteurs du bel établissement de Notre-Dame-des-Arts, où se réalisent chaque jour de si sérieux progrès dans l'éducation des femmes. Il défend avec la plume d'un homme d'esprit ce qu'il a contribué à fonder avec la générosité d'un homme de cœur.

1. Que le lecteur ne croie pas que je désire voir les femmes mêlées

Les mœurs, au lieu de corriger les lois, les fortifient. Une femme médecin répugne ; une femme notaire fait rire; une femme avocat effraye. Les femmes elles-mêmes, d'accord avec les coutumes qui les excluent, n'épargnent ni les railleries ni les reproches amers à celles de leurs sœurs qui osent rêver une existence en dehors ou en l'absence de la famille; et ainsi entourées de barrières, assistant à la vie, mais n'y prenant point part, sans lien avec la patrie, sans intérêt dans la chose publique, sans emploi personnel, elles sont filles, épouses et mères ; elles sont rarement femmes, c'est-à-dire créatures humaines pouvant développer toutes leurs facultés; jamais citoyennes.

Une exclusion aussi absolue est-elle légitime, est-elle nécessaire ?

Avons-nous le droit de dire à la moitié du genre humain : Vous n'aurez pas votre part dans la vie et dans l'État ?

N'est-ce pas leur dénier leur titre de créatures humaines? N'est-ce pas déshériter l'État même?

Qui nous dit que la société comme la famille n'a pas besoin, pour marcher au bien, des deux pensées et des deux êtres créés par Dieu? Qui nous dit qu'un grand nombre des maux qui déchirent notre monde et des

---

aux étudiants, sur les bancs de l'École de droit ou de médecine ; ce serait certes un fort mauvais moyen de pourvoir à leur perfectionnement. Je ne demande pas davantage qu'elles fissent concurrence aux hommes dans les diverses places ou fonctions que j'énumère ici. Mes conclusions tendent, comme on le verra plus tard, à un but contraire, c'est-à-dire, *à séparer chaque jour davantage les femmes des hommes.* Mais j'ai dû signaler ici chacune de ces interdictions, pour bien marquer tout le système qui refuse aux femmes et les moyens de s'instruire et les moyens de vivre.

problèmes insolubles qui le travaillent n'ont pas en partie pour cause l'annihilation d'une des deux forces de la création, la mise en interdit du génie féminin?

Un seul fait pourrait condamner légitimement les femmes : leur infériorité radicale.

Mais cette infériorité, comment la constater? Par l'étude de l'histoire? — Les femmes s'étant toujours vues repoussées de toute fonction, on ne peut juger de ce qu'elles pourraient être par ce qu'elles ont été. Par l'étude philosophique de leur âme? — Cette âme ayant été comprimée par la sujétion, peut-on retrouver sa véritable nature sous son masque d'emprunt?

Les objections tirées contre les femmes de leurs preuves même d'incapacité ou de leurs défauts, tombent donc devant le seul fait de leur subordination éternelle; ce n'est pas elles que vous voyez, ce n'est pas elles que vous jugez, c'est un être factice, ouvrage des hommes et non de Dieu. L'analyse philosophique et l'analyse historique semblent perdre ici tous leurs droits.

Cependant, tout inexacts que sont ces criteriums, acceptons-les. Prenons l'histoire et la philosophie pour juges : leur arrêt aura du moins cet avantage que les facultés et les talents qu'il reconnaîtra aux femmes, leur seront incontestablement acquis. Peut-être même en sortira-t-il une solution qui mettra en partie d'accord les novateurs et les retardataires. Si, en dépit de tant d'entraves de toutes sortes, les femmes ont su se créer un rôle dans les grands événements du monde, ou prendre une place d'honneur parmi les créatures d'élite, il faudra bien reconnaître leur droit à ce rôle et à cette place particulière. On ne saura pas tout ce qu'elles pourraient valoir, mais ce qu'elles valent sera bien à elles. Prétendre juger de la vitesse d'un homme qui court avec des fers aux pieds, serait injuste, mais on peut hardiment prononcer qu'il a des pieds et qu'il est né pour courir.

Commençons par l'histoire.

Une contradiction étrange se manifeste à nous dès que nous ouvrons les annales du monde. Partout les femmes sont à la fois méprisées et honorées. Chez le même peuple, dans le même temps, par les mêmes lois, on les voit traitées tout ensemble comme des êtres supérieurs et comme des êtres infimes; il semble qu'elles portent en elles quelque chose d'inconnu, d'impénétrable qui déconcerte les législateurs. Voyez la Bible : la femme n'a pas le droit de travailler aux ornements des prêtres du sanctuaire; la femme n'a pas le droit de faire un serment, car elle n'a pas de parole, et Moïse dit : « La femme qui jure n'est pas forcée de tenir sa « promesse, si son mari ou son père ne le lui permet « pas. » N'est-ce pas déclarer qu'elle n'a pas d'âme ? Et cependant le même législateur lui reconnaît le don le plus éminent de la nature humaine, ou plutôt un don qui la surpasse, le don de prophétie. Rome condamne la femme à une tutelle perpétuelle, et Rome la déclare confidente des desseins célestes. C'est une femme qui rendait les oracles à Cumes ; c'est une femme qui était dépositaire des livres sibyllins; les dieux ne parlaient, ce semble, que par la voix des femmes. En Grèce, même contradiction, et plus éclatante encore. Les Grecs disputaient à la femme ce qui fait son essence même, l'amour. Plutarque, dans son *Traité sur l'amour*, fait dire à un de ses interlocuteurs que le véritable amour est impossible entre un homme et une femme [1]; et cependant les Grecs, avec une sorte de déraison apparente, accordaient aux femmes la sagesse divine. Nous voyons dans le *Banquet* de Platon, que la créature qui a initié le prince des philosophes à la vérité, qui a éclairé l'âme de Socrate, a été, il le dit lui-même, a été une femme. « Je n'ai compris la divinité et la vie, répète-t-il, que dans mes entretiens avec la courtisane Théopompa. »

Ainsi partout et toujours, dans le monde antique, cet être si méprisé est supérieur à nous par un côté. La courtisane, conseillère de Périclès et amie de Socrate, semble presque un symbole. Passons chez les Germains, notre étonnement continue. Pas de rôle pour les femmes dans les carrières publiques; mais Tacite écrit : « Les Germains sentaient dans les femmes quelque chose de divin et de divinatoire [2], et respectaient en elles des êtres qui ont des rapports avec le ciel. » En Gaule, les fonctions de druidesses étaient plutôt supérieures qu'inférieures à celles des druides, car la révélation de l'avenir leur était confiée. L'île de Sena (Sein) renfermait un collége de neuf vierges [3] qui connaissaient, disait-on, ce qui n'est pas encore, guérissaient des maux incurables, apaisaient ou soulevaient la mer. C'était sur des écueils sauvages, au milieu des tempêtes, qu'elles rendaient leurs oracles, elles semblaient communiquer avec la foudre elle-même. Une de leurs prêtresses fameuses, Velléda, invisible et présente, gouvernait, pour ainsi

---

1. *Traité de l'amour*, c. 10. — « Quant au vrai amour, les femmes n'y ont ni part, ni portion, et je n'estime pas que vous autres, qui êtes affectionnés aux femmes et aux filles, les aimiez plus que la mouche n'aime le lait, ni l'abeille la gaufre à miel. »
2. Tacite, *Mœurs des Germains*.
3. Amédée Thierry, *Histoire des Gaulois*.

dire, toutes les populations du haut d'une tour, d'où ses ordres dictaient la paix, la guerre et les traités. Voilà, ce semble, des faits presque incroyables et qui dépassent notre raison. Comment concilier tant de grandeur et tant de sujétion? Comment expliquer ce frémissement d'admiration et de mépris qui saisit l'homme à côté de cette créature semblable à lui en apparence, et qu'il place toujours au-dessous ou au-dessus de lui? Qu'est-elle donc à ses yeux? Quel rôle lui suppose-t-il dans les desseins de Dieu et dans les destins du monde? Pourquoi l'écarter des fonctions les plus simples et la revêtir des sacerdoces les plus sublimes? Pourquoi lui interdire l'exercice de la vie et lui laisser une si grande part dans la formation ou dans le culte des idées qui constituent la vie même, dans la religion? La femme a donc des qualités bien caractéristiques et bien puissantes, pour avoir conquis dans les esprits une place si restreinte, mais si haute, un empire si singulier ! Ce premier coup d'œil, tout rapide qu'il est, nous permet donc déjà de dire : « La femme est plus que l'homme et moins que l'homme, c'est-à-dire autre que lui. »

Interrogeons, pour confirmer ou détruire ce premier jugement, les grandes catastrophes politiques ou sociales; les âmes y montrent généralement tout ce qu'elles valent.

La conduite des femmes, leur manière d'intervenir dans ces événements est tout à fait étrange. Les révolutions renversent les empires; la société grecque tombe; la société romaine se renouvelle; le meurtre d'une femme sert parfois de prétexte à ces bouleversements, comme à Rome la mort de Lucrèce ou de Virginie; et cependant la masse des femmes demeure étrangère à ces commotions de peuples et d'États : il semble que rien de tout cela ne soit de leur domaine, ou n'appelle leur action. Mais le christianisme apparaît, et soudain voilà qu'elles se lèvent en masse, et pour ainsi parler, comme un peuple. Elles se mêlent à la vie de Jésus, à ses actions, à ses voyages. Jésus meurt, elles s'attachent aux apôtres. « Nous persévérions tous dans un même esprit « en prières avec les femmes, » dit saint Pierre[1], — « N'avons-nous pas droit[2], dit saint Paul, de mener « partout avec nous une femme, qui soit notre sœur en « Jésus-Christ, comme font les apôtres, les frères de « Notre-Seigneur et Céphas[3] ? » Les femmes forment un corps dans l'assemblée des disciples, et y participent à certains privilèges ; les femmes baptisent, elles prophétisent[4] ; elles propagent l'Évangile. Saint Paul recommande à Timothée plusieurs femmes qui l'avaient aidé dans l'œuvre divine. L'Église honore et soutient des femmes dont le nom même est inconnu avant le christianisme, les *femmes veuves vraiment veuves*[5].

L'époque des martyrs arrive ; la femme y grandit, ou plutôt elle se révèle au monde comme un être inconnu jusqu'alors. Pendant que les Tertullien défendaient la cause de Dieu au prétoire avec leur génie, et que les saint Symphorien la plaidaient dans l'arène par leur

---

1. *Actes des apôtres*, § 2.
2. Saint Paul, *Épître aux Corinthiens*, c. 9.
3. *Actes des apôtres*, chap. vi.
4. Épître de saint Paul, *passim*.
5. Saint Paul, *Épître à Timothée*, chap. vi : « Que celle qui sera « choisie pour être mise au rang des veuves n'ait pas moins de soixante « ans ; qu'elle n'ait eu qu'un mari ; qu'on puisse rendre témoignage « de ses bonnes œuvres... Honorez et assistez les veuves vraiment « veuves. »

martyre, quelle est cette jeune sœur qui vient s'asseoir près d'eux au banquet du sang? Est-elle bien de la même race que la molle et sensuelle esclave de l'Asie, ou que l'impudique courtisane de la Grèce? Elle marche contre les bêtes féroces avec plus de courage que les bêtes féroces n'ont de fureur contre elle, et sourit au milieu des instruments de torture. Ces êtres, que l'antiquité avait déclarés trop faibles de raison pour témoigner dans un testament, deviennent témoins dans la cause de Dieu même, et cela non point isolément, par acte de courage individuel comme chez les païens, mais par masse de deux cents, de deux mille, et toujours mêlant je ne sais quelle grâce pudique à ces sanglantes scènes. Perpétue et Félicité[1], l'une qui était mère de l'avant-veille, l'autre qui donnait encore le sein à son petit enfant, sont destinées à combattre une vache furieuse. On les dépouille de leurs vêtements, on les jette dans un filet toutes nues, et on les transporte dans l'arène. A ce spectacle, à la vue de ces jeunes mères dont le sein répandait encore quelques gouttes de lait, le peuple, si endurci qu'on l'eût fait, se sentit touché d'horreur et de pitié, et, par ses cris, il ordonna que leurs habits leur fussent rendus. On les ramène donc à la barrière, et quelques moments après, Perpétue reparaît dans le cirque, couverte d'une robe flottante. La vache s'élance sur elle et l'étend toute sanglante sur le sable; la jeune martyre se relève aussitôt. Pourquoi? Pour rajuster sa robe, qui, en se déchirant, avait laissé à nu une partie de son corps, et aussi pour renouer ses cheveux épars; car il était contre la bienséance que les martyrs eussent

---

1. *Actes des martyrs*, Ruinart.

dans un jour de victoire le visage couvert comme dans un jour de deuil[1]. Courant ensuite vers sa compagne, Perpétue la prend par la main, et toutes deux debout et unies, elles offrent une double victime à l'animal qui les achève toutes deux. En vérité, quand saint Jérôme dit que les femmes s'étaient montrées égales à l'homme à l'époque du martyre, il se trompe, elles lui furent supérieures; car soumises comme nous à toutes les tortures du corps, elles pouvaient encore être atteintes par le bourreau jusque dans leurs qualités morales. Souvent le proconsul changea l'arrêt mortel qui frappait une vierge en un ordre de l'exposer au coin des rues comme une courtisane[2], et cette remise de la décapitation sembla même aux juges une aggravation de peine. Une jeune fille de seize ans raillait le bourreau qui déchirait son corps à coups de fouet : que fait le juge? A bout de supplices et voulant en trouver un plus cruel que les autres, il fait venir un soldat ivre et lui livre cette jeune fille[3]. « Puisque tu n'as plus qu'une âme, je te supplicierai dans ton âme; à défaut de faiblesses, il te reste des vertus! »

Après l'époque des martyrs vint la divulgation de la foi et la création du dogme; la puissance féminine s'y montra plus active encore. Le polythéisme avait été vaincu dans le cirque; il fallait le vaincre dans les âmes et faire une religion de ce qui n'était encore qu'une secte divine. Les femmes furent les principales ouvrières de cette grande œuvre. En effet, le culte de l'Olympe reposait presque tout entier sur une seule déesse, Vénus.

---

1. *Actes des martyrs*, Ruinart.
2. *Ibid.*
3. *Ibid.*

Tout ce qui se rattache à elle, la sensualité, le luxe, l'amour de la table, les plaisirs, les arts mêmes, étaient comme autant d'alliés qui combattaient pour le polythéisme. Semblable à l'Hercule de Prodicus, le monde voyait se lever devant lui deux divinités qui l'appelaient en sens contraire : Vénus et Marie. Que Vénus était belle ! que de séductions l'entouraient ! A ses côtés marchaient, cortége irrésistible, mille jeunes Romaines qui entraînaient l'univers enchanté et corrompu par la seule vue de tant de délices. Portées dans de molles litières, chargées de bracelets et de bijoux [1], entourées de parfumeurs dont la haute stature trahissait une origine étrangère, les cheveux couverts d'une poudre blonde qui faisait ressortir l'éclat de leurs yeux noirs, elles réunissaient sur leur visage la douceur des traits de la femme germaine au feu de physionomie des femmes méridionales. Pour elles toutes les joies de la licence et tous les honneurs de la chasteté ! à la fois mariées et libres, elles prenaient pour époux ou un homme pauvre que sa pauvreté leur asservissait, ou un de leurs esclaves qui tremblait devant elles, ou même un eunuque [2] à qui sa difformité ôtait tout droit de jalousie; et sous le couvert de ce mariage apparent, elles se livraient sans crainte à l'emportement de leurs désordres, dont tous les excès étaient absous, et tous les fruits légitimés. Comment arracher les hommes à ces faciles ou splendides jouissances, et qui vaincra ces séductrices du monde ? Sont-ce les prédicateurs ? Sont-ce les brûlantes pages de Tertullien, les traités de saint

---

1. Tertullien, *passim*.
2. Tertullien. — Saint Jérôme, lettres et traités, *passim*.

Augustin ou de saint Jérôme? Paroles sublimes, mais paroles. Il n'y a que les mœurs qui puissent combattre les mœurs; les femmes seules pouvaient vaincre les femmes! Alors se leva, comme par merveille, le bataillon des femmes chrétiennes. Leurs noms étaient grands comme leurs projets, leur fortune éclatante comme leurs noms, car il fallait qu'elles possédassent tout, afin de tout quitter. C'étaient les Métella, les Paula, les Fabia, les Marcella [1] : elles s'avancent, si l'on peut parler ainsi, contre l'armée corruptrice, et la lutte commence. A ce spectacle de déportements elles opposent leurs vertus; à ces prodigalités, leur dépouillement. Une courtisane se fait-elle porter dans une litière qu'a pu payer à peine toute une succession, Paula traverse toute la Palestine montée sur un âne [2]. Une patricienne dédie-t-elle à Vénus cinq cents esclaves pour le culte de la prostitution [3], Mélanie nourrit [4] cinq mille confesseurs de la foi en Palestine. Les descendantes de Poppée se font-elles suivre dans leurs voyages par des troupeaux d'ânesses [5] pour se baigner dans leur lait, la descendante des Fabius, Fabiola, se montre dans Rome portant sur ses épaules des pauvres tout couverts de lèpre, languissants de maladie [6], et les conduit elle-même à l'hôpital qu'elle a fondé. Chargées de régénérer le monde, ces femmes ont plus que l'ardeur de la charité, elles en ont l'emportement. C'est Mélanie qui se

---

1. Saint Jérôme.
2. Saint Jérôme, *Vie de Paula*.
3. Strabon, liv. VIII. — Fleury, *Hist. ecclés.*, liv. I.
4. Fleury, *Hist. ecclés.*, liv. XVII.
5. Pline, XI, 41.
6. Saint Jérôme, *Vie de Fabiola*.

déguise en esclave pour porter des aliments aux chrétiens prisonniers ; c'est Paula[1] qui vend tout pour le donner aux pauvres, et qui emprunte même pour prêter. « Prenez garde, lui écrit saint Jérôme ; Jésus-Christ
« a dit que celui qui a deux robes en donne une, et
« vous, vous en donnez trois ! » — « Qu'importe, s'é-
« crie-t-elle, que je sois réduite à mendier ou que j'em-
« prunte, ma famille payera toujours mon créancier et
« me fera trouver un morceau de pain ; mais si le pau-
« vre que je repousse meurt de faim, qui rendra compte
« de sa mort, si ce n'est moi ? » C'est enfin Marie l'Égyptienne, Marie la courtisane, qui fut saisie, à la vue du calvaire, d'un repentir si désespéré, qu'elle arracha ses vêtements, s'enfonça dans le désert, et pendant trente ans vécut seule, nue, se nourrissant d'herbes qu'elle paissait au lieu de les cueillir, et promenant, sous un soleil dévorant, son corps noirci et ses longs cheveux blancs qui l'enveloppaient comme un linceul. Voilà par quelles pénitences emportées et par quels prodiges de charité les femmes, intervenant dans les destins du monde, renversèrent alors cet Olympe corrompu qui pesait sur lui. Elles firent plus encore : saint Jérôme nous l'apprend dans la *Vie de Paula*.

Descendue des plus antiques maisons païennes, Paula, fille de l'illustre chrétienne Léta, avait pour aïeul Albin, prêtre des idoles. Saint Jérôme fait de cette petite fille un instrument de conversion. « Quand Paula rencontre
« son aïeul Albin, écrit-il à Marcella, qu'elle coure à
« lui, qu'elle lui saute au cou, qu'elle l'embrasse, et
« qu'au milieu de ses caresses, elle lui insinue les louan-

---

[1]. Saint Jérôme.

« ges du vrai Dieu, même s'il ne veut pas les enten-
« dre [1]. » Cette insufflation de la vraie foi dans une
âme infidèle par la bouche innocente d'un être qui bal-
butie encore, est à la fois délicieuse comme fait particulier, et digne de remarque comme fait général. En
effet, les lèvres des femmes, depuis Paula jusqu'à Clo-
tilde, furent les véritables sources pures qui versèrent
la croyance dans les cœurs païens. La persuasion n'était
pas la seule arme de ces nouveaux apôtres ; elles faisaient plus que sentir, elles savaient et elles convain-
quaient. Nourrie dès l'enfance d'une forte instruction
religieuse, toute cette génération de femmes chrétiennes
joignait à la sainte ardeur du prosélytisme les profondes études des théologiens. Paula entendait le grec,
prononçait la langue latine d'une manière irréprocha-
ble, lisait les livres d'une orthodoxie douteuse, pour les
juger, et avait appris même l'hébreu, pour s'approprier
les psaumes de David et les paroles des prophètes
comme au sortir de leur bouche. Marcella proposait à
saint Jérôme des doutes et des objections sur certains
passages de l'Écriture sainte. La Bible commentée, les
Livres des prophètes et des rois sans cesse relus et in-
terprétés, telle était l'occupation habituelle de toutes
les jeunes filles chrétiennes, et il y avait deux mille
vierges seulement dans la ville d'Ancyre. Saint Jérôme,
sur cent lettres théologiques, en adresse cinquante à
des femmes ; quinze de ses traités sur vingt ont l'éducation des femmes pour objet ; il dédie les explications
des Psaumes à la vierge Principia, son traité contre les
Montanistes à Marcella ; il consulte Eustochia sur sa

---

1. Saint Jérôme, *Vie de Paula, Traité sur l'éducation.*

traduction du livre de Job ; et l'on est vraiment ému en lisant le livre qu'il composa tout exprès pour l'éducation de Paula : « Si vous craignez, dit-il à Léta, avec « toute la sollicitude de l'éducateur d'une âme chré-« tienne, si vous craignez que les plaisirs de Rome ne « vous détournent de cette sainte tâche, envoyez cette « petite fille à son aïeule Marcella, à Bethléem ; en-« châssez cette pierre précieuse dans le berceau de « Jésus-Christ. Ou bien, si les soins de son aïeule ne « vous rassurent pas assez, envoyez-la-moi, je m'oblige « à être son maître et son nourricier, je la porterai « entre mes bras ; ma vieillesse ne m'empêchera pas de « délier sa langue, de former ses premiers accents, et « je serai plus glorieux que le philosophe Aristote, car « je n'instruirai pas un roi périssable, mais une épouse « immortelle du roi céleste. »

Ainsi ce grand homme voyait dans les femmes les alliées les plus sûres de la doctrine de Jésus ; à ses yeux, elles n'étaient pas seulement des saintes, mais des militantes.

Certes, après une si glorieuse et si longue part dans la plus grande révolution du monde, après tant de preuves de courage, de constance, d'intelligence, de force même, données par les femmes en masse, après quatre siècles de vertus de toute sorte exercées par elles en dépit de toutes les sujétions, il n'est plus permis de leur opposer le mot d'incapacité, et nous pouvons regarder comme légitimement et complètement conquise cette première vérité : La femme est égale à l'homme. Mais égale, de quelle manière ? Est-ce parce qu'elle a les mêmes qualités que lui ? parce qu'elle lui ressemble ? Non, car dans cette religion même, si les femmes ont fait autant que les hommes, elles n'ont rien fait comme les hommes. Elles ont voulu et obtenu une place, mais leur place. Ce dernier trait est caractéristique et décisif. Sous les apôtres, la tâche qu'elles se choisissent est une tâche de sollicitude, de vigilance, un office de mère. Sous les martyrs, elles savent rester femmes par la pudeur, même en étant hommes par le courage. Sous les Pères docteurs, pendant que les prédicateurs parlent, que les savants écrivent, que les Origène cherchent les bases de la foi, que les conciles les établissent, les femmes aiment et consolent. A nous l'esprit du Christ, à elles le cœur de Jésus ; elles ont appris sur le Calvaire à adorer les blessures et à baiser le sang qui coule, et en regard de ces grandes figures d'évêques fondateurs, se dessine sur le même rang, quoique plus enveloppé d'ombre, le type délicat de la sœur de charité

Sous les saint Jérôme et les saint Augustin, dans ce siècle si fécond en discussions religieuses, sur mille femmes qui consultaient les docteurs, ou que les docteurs consultaient, il y en eut à peine une qui se fît docteur elle-même. Cette brillante série d'héroïnes chrétiennes que nous avons admirée ne nous offre que Marcella qui voulût plaider en public contre les hérésiarques. Les femmes ne parlaient que par les discours des hommes, semblables, selon la charmante comparaison de Plutarque, semblables à un luth qui ne résonne que par la bouche d'un autre. L'image païenne et mystérieuse de la nymphe Égérie, de l'être caché qui dirige mais n'agit pas, semble comme le symbole de la femme chrétienne.

Ces faits parlent assez haut ; et notre analyse historique nous donne pour résultat la définition déjà indiquée de la nature féminine : *Égalité avec l'homme, mais égalité dans la différence.* Partout les hommes ont toujours deviné dans les femmes, et les femmes ont toujours pressenti en elles-mêmes des êtres chargés d'une autre mission que la mission masculine ; des êtres égaux à nous, mais différents de nous; inférieurs par un côté, supérieurs par un autre, ne pouvant se compléter et conduire le monde au bien que par leur alliance ! L'histoire condamne donc également et les retardataires qui voient dans la dissemblance des deux sexes l'infériorité de la femme, et les réformateurs qui cherchent son égalité dans son assimilation avec l'homme.

Interrogeons maintenant la psychologie, et voyons si elle nous répondra comme l'histoire. Après l'examen des actions de la femme, l'examen de sa nature.

CHAPITRE II

PARALLÈLE DE L'HOMME ET DE LA FEMME. — QUALITÉS DISTINCTIVES DE LA FEMME

Qu'est-ce qu'une femme [1] ? Cette question est déjà une réponse. On ne demande pas : Qu'est-ce qu'un

---

1. Sans parler de l'admirable chapitre de Rousseau dans l'*Émile*, il a été écrit, au point de vue philosophique et moral, bien des pages sur la nature intime des femmes; mais nous recommandons à nos lecteurs le fragment de Daniel Stern dans les *Esquisses morales* (troisième édition, chez Techener). On y trouve une finesse et une force d'observation, une émotion pathétique, comme par exemple dans le passage sur la maternité, qui nous semblent dignes des plus éminents penseurs.

homme? L'histoire du passé et du présent le définissent. Dès le premier jour du monde, son rôle dans la civilisation et dans la vie a été marqué d'un caractère évident, et dès ce premier jour aussi la femme a porté sur son front, mystère. Elle est donc autre chose que nous, puisqu'elle l'était en naissant ; c'est cette autre chose qu'il faut mettre en lumière.

Le premier coup d'œil ne révèle à la réflexion que la similitude de ces deux êtres. La femme, ainsi que l'homme, a une âme immortelle. Comme lui, elle possède les dons de l'intelligence, du corps et du cœur ; à elle aussi bien qu'à lui appartiennent le sentiment du bien, le sentiment du beau et le sentiment religieux. Où donc réside la différence ? Est-ce que toutes ces facultés se rencontrent, en effet, chez la femme, mais plus faibles ? ou plutôt ne serait-ce pas que le partage, inégal pour tous les deux, laisse la supériorité à l'homme sur quelques points, et fait dominer la femme sur quelques autres ? Tout le problème porte sur cet objet. La première supposition, en effet, proclame sans appel l'infériorité féminine ; mais si la vérité se trouve dans la seconde hypothèse, la cause de l'égalité peut entrer en lice et avoir ses chances de vaincre. Le long asservissement de la femme ne constate lui-même qu'une chose, c'est que le monde jusqu'ici a eu plus besoin des qualités dominantes de l'homme, et que son heure, à elle, n'était pas venue encore. Or, de ce qu'elle n'est pas venue, on ne peut pas conclure qu'elle ne doit pas venir. Combien de siècles a-t-il fallu pour produire cette simple maxime de bon sens : Tous les Français sont égaux devant la loi ! Le tardif avénement d'une idée, loin de prouver son inutilité ou son injustice, plaide donc souvent pour sa grandeur ; les principes de liberté, de charité, de fraternité, sont tous des principes modernes, et la femme vaut d'autant plus peut-être que sa cause n'a pas encore triomphé.

Ainsi, tentons ce parallèle, et commençons par l'examen du corps. Un fait important nous frappe dès l'abord chez les animaux : la supériorité de force, de beauté, de santé, se trouve tantôt chez le mâle, tantôt chez la femelle. Si la lionne doit envier au lion sa formidable queue et sa royale crinière; si l'étalon l'emporte en force sur la cavale; si le taureau étale sur son front puissant et sur son large cou les titres de sa suzeraineté naturelle, la famille presque entière des oiseaux de proie nous montre les femelles supérieures aux mâles par l'énergie musculaire et la grandeur de la taille. La femelle du faucon est plus grosse que le mâle ; la femelle de l'aigle est plus forte que le mâle. Parmi les insectes, les fourmis, les araignées, maintiennent ce fait de la supériorité féminine. Dans les espèces mêmes chez qui le mâle a la force en partage, cette supériorité ne va jamais jusqu'à la domination ; il n'y a point, que je sache, de seigneur et maître dans les ménages d'animaux, ou plutôt il en existe dans une seule classe, et là, c'est la femelle qui est le seigneur ; les ruches d'abeilles nous offrent le curieux spectacle de pères dominés, nourris, chassés et tués par les mères.

Entre ces modèles différents, lequel Dieu a-t-il choisi pour y conformer la race humaine? Aucun et tous. Chez nulle autre espèce, la prédominance de la force masculine n'est plus marquée, mais chez nulle autre non plus la grâce et la beauté n'appartiennent plus exclusivement au sexe faible.

Le corps, en effet, est un instrument, — une parure, — un interprète.

Comme instrument, l'organisme masculin l'emporte évidemment sur celui de la femme. Les jambes de l'homme, plus vigoureuses, le transportent plus loin et plus vite ; ses bras musculeux soulèvent et supportent des poids plus lourds ; sa poitrine rend des sons plus puissants, et son estomac, consommateur plus énergique, renouvelle mieux ses forces. Mais si nous considérons le corps comme parure et comme interprète, la comparaison donne tout l'avantage aux femmes. Un beau visage de femme semble l'ouvrage le plus achevé de la création. La personne de la femme est, si l'on peut parler ainsi, mille fois plus éloquente, plus douée de la parole que celle de l'homme. La physionomie masculine, le geste masculin, ont certes une singulière énergie d'expression et d'accent ; mais ils représentent la langue française, langue précise, forte et bornée. La personne de la femme, au contraire, rappelle la langue grecque ; elle dit tout. Instrument merveilleux de souplesse, de richesse, de variété, elle se prête à toutes les nuances. L'homme a dix regards, la femme en a cent ; l'homme a un sourire, la femme en a mille. La voix surtout, la voix sonore mais grossière chez nous, abonde chez la femme en demi-tons, en quarts de tons qui reproduisent comme autant d'échos toutes les vibrations du cœur et de la pensée.

Ainsi, relativement au corps, l'homme l'emporte dans ce que le corps a de plus puissant ; la femme dans ce qu'il a de plus délicat. Ici donc égalité dans la différence.

Passons à l'examen de leur être spirituel.

Un premier objet s'offre à notre analyse, l'intelligence, c'est-à-dire la raison avec ses sévères attributs, et l'imagination avec son riant et mobile cortége.

Parlerons-nous d'abord de cette raison pratique et d'usage journalier qui consiste dans la disposition bien entendue de la vie ordinaire, et dont l'esprit d'ordre, la prévoyance dans le gouvernement intérieur, l'art d'accorder la richesse et la dépense domestiques, sont autant de dépendances nécessaires? La définir, c'est la désigner comme l'apanage naturel des femmes. On peut même conclure de là que les femmes, si elles y étaient préparées par une éducation convenable, apporteraient dans l'administration des revenus, dans la conduite des affaires privées, une prudence de détail et une précaution minutieuse qu'exclut souvent la vigueur de l'esprit masculin. L'homme est un meilleur spéculateur que la femme, la femme est un meilleur homme d'affaires que l'homme; l'un sait mieux gagner, l'autre mieux conserver la fortune. Ici donc, encore, égalité dans la différence et nécessité dans l'association.

La raison est aussi cette justesse d'esprit qui, dans les circonstances difficiles, nous fait choisir le parti le plus sage. L'homme et la femme y montrent des qualités et des défauts tout opposés : l'homme se laisse plus conduire par le calcul et l'intérêt personnel; la femme par la passion et le sentiment; l'un juge d'instinct, l'autre par réflexion; il voit le vrai, elle le sent. Demandez un conseil à une femme, sa réponse jaillira subitement par un oui ou un non, comme une étincelle au choc d'un caillou; mais ne la forcez pas à vous analyser les motifs de son avis; peut-être elle les ignore, peut-être ne trouverait-elle que de mauvaises raisons à vous donner, et cependant elle a raison. Peu accoutumée à l'exercice sévère de la logique, peu propre par sa nature à la déduction rigoureuse des idées, elle n'est sensée que par inspiration, comme on est poëte. L'homme, au contraire, a pour premier fondement de son bon sens la réflexion : conseiller sûr, mais plus lent, il a besoin, pour vous éclairer, de s'éclairer d'abord lui-même; il lui faut la mise en regard du pour et du contre. Il n'a raison qu'à force de raisonnements.

Lequel de ces deux bons sens l'emporte sur l'autre? Ni l'un ni l'autre. Séparez-les, ils se valent; unissez-les, ils se décuplent.

De la raison dépend encore cette faculté qui nous sert à connaître les autres et à nous connaître nous-même. La connaissance des autres a deux objets, les hommes et l'homme, l'individu et l'espèce. La pénétration féminine est sans égale pour juger les individus. Les moindres mouvements du cœur, les ridicules les plus cachés, les pénétrations les plus secrètes lui sont visibles comme des faits extérieurs. Tout le système de défense et de domination des femmes se fonde sur cette connaissance, et elle est si profonde, qu'elle leur suffit souvent pour contre-balancer l'empire des lois et des coutumes. C'est armée de cette science toute-puissante, que l'épouse parvient quelquefois à s'affranchir, que la coquette gouverne; c'est appuyée sur cette ancre flottante, et cependant inébranlable, que Célimène ose dire à Alceste son sublime : « *Il ne me plaît pas, moi !* » Mais là se borne la sagacité féminine. La femme connaît admirablement les hommes qu'elle connaît ; elle ne connaît pas l'homme ; rien ne lui échappe dans l'individu, presque tout lui est obscur dans l'espèce. S'il s'agit donc de s'élever à la généralisation des idées de détail, s'il faut en tirer ou les lois philosophiques de l'âme humaine, ou l'exposition scientifique de nos facultés, ou encore la science des grands mouvements d'une masse, d'une nation, d'une assemblée, la femme s'efface, et l'homme apparaît. Le monde des faits est trop présent à la femme pour ne pas lui dérober le monde des idées. Rien ne le prouve plus nettement que sa manière de se connaître elle-même. Les femmes possèdent une conscience incroyable de leurs sentiments et même de leurs physionomies. Grâce à cette sensibilité électrique qui s'impressionne de l'imperceptible, elles trouvent le temps de sentir mille fois plus que nous, et de sentir qu'elles sentent : tout le manége de la coquetterie, la science des regards, des inflexions de voix, des gestes, nous montrent dans la femme un être qui assiste à sa vie jusque dans les moindres détails. On dirait qu'un miroir invisible pour tous la réfléchit toujours à ses propres yeux, et cependant le γνῶθι σεαυτὸν, dans son large sens philosophique, lui est étranger. Elle ne se possède pas scientifiquement ; elle ne peut pas se définir. Il en doit être ainsi : le génie de l'analyse exclut presque toujours celui de la synthèse. L'intelligence humaine est si imparfaite dans sa grandeur même, que sa supériorité lui sert souvent de borne. L'illustre Geoffroy Saint-Hilaire était l'héritier de Buffon par la largeur de ses vues synthétiques et sa puissante compréhension des lois générales de la nature ; aussi ne pouvait-il que difficilement atteindre à cette science précise des faits de détail où brillait le génie analytique de Cuvier; c'est ce qu'il exprimait par un mot charmant et profond. « Chose singulière! disait-il avec sa naïveté d'homme supérieur, quand, M. Cuvier et moi, nous nous promenons dans la galerie des singes, il voit mille singes, moi, je n'en vois qu'un. » A l'un le génie de l'individuel, à l'autre celui de l'ensemble : c'est l'histoire de l'homme et de la femme.

Nous comprenons par là que les systèmes métaphysiques, les abstractions, les idées générales et politiques de patrie, d'égalité, doivent être indifférentes ou étrangères aux femmes. Il n'est qu'un moyen de les introduire dans leur intelligence, c'est de les faire passer par leur cœur; dépeignez aux femmes toutes les souffrances qui naissent pour les individus de l'inégalité sociale, et alors, mais seulement alors, elles se passionnent pour les *droits de l'homme :* ce qui est pour nous la justice est pour elles la charité. Ainsi de l'idée de Dieu. Pour les hommes, Dieu est quelque chose ; pour les femmes, c'est quelqu'un; nous l'expliquons, nous le commentons, nous le créons quelquefois; elles, elles l'aiment. La femme peut donc, dans les idées complétement abstraites, s'élever par l'étude jusqu'à la raison qui comprend, rarement jusqu'à la raison qui crée. Aucune découverte mathématique, aucune théorie métaphysique n'est due à une femme. En Grèce, où les disciples féminins se pressaient si ardemment autour des grandes écoles de philosophie; où Pythagore comptait tout un peuple de femmes parmi ses adeptes, pas un système philosophique n'est sorti de la tête d'une femme. Intelligentes comme interprètes, passionnées comme sectatrices, leur puissance s'arrêtait et s'est toujours arrêtée là où la création commence. Notre siècle nous en offre un exemple éclatant. Une femme s'est rencontrée parmi nous que la nature a dotée d'une plume et d'un caractère virils; toutes les qualités qui font, ce semble, le philosophe, l'amour des idées générales, le mépris des préjugés, le sentiment de la dignité humaine, elle les possède. Indignée contre les esclavages de toute sorte, contre celui de l'ouvrier et contre celui du pauvre, aussi bien que contre celui de l'épouse, sa pitié sympathique et réformatrice s'est émue de tous les problèmes sociaux et humains. A-t-elle produit une doctrine? Non. Même dans son rôle de romancier socialiste, elle est restée femme, c'est-à-dire écho, miroir, harpe éolienne; elle a reflété successivement toutes les théories des théoriciens que le hasard ou son instinct lui faisait connaître. Derrière chacune de ses pensées il y a un penseur. Une seule chose dans ses systèmes lui est demeurée personnelle, son âme qui les sent et son style qui les exprime. Les femmes ne sont philosophes que par le cœur.

Ce souvenir nous amène naturellement à cette autre faculté de l'esprit qui a pour objet l'étude des arts, l'imagination.

Les femmes sont artistes par tempérament. Impressionnables comme l'artiste, véritables instruments de précision comme l'artiste, elles ressentent et marquent, pour ainsi dire, les plus imperceptibles variations d'atmosphère dans le domaine des sentiments. Comme l'artiste, tout ce qui brille les enivre; comme l'artiste, le monde réel leur pèse; et de plus que l'artiste, elles possèdent une qualité éminente. L'artiste, dans l'enthousiasme, dans l'amour même, ne voit que la gloire, c'est-à-dire lui. La femme, dans la gloire même, ne voit que l'amour, c'est-à-dire un autre. Tout semble donc l'appeler au premier rang dans les arts.

D'où vient cependant que, depuis l'antiquité jusqu'à nos jours, on ne cite pas une seule grande œuvre qui soit signée d'un nom de femme?

Dans la peinture et la sculpture, aucun tableau, aucun paysage, aucune statue immortelle dont l'auteur soit une femme!

En musique, pas une symphonie, pas un opéra, pas même une sonate, je parle des chefs-d'œuvre, qui aient été composés par une femme!

Dans l'art dramatique, pas une tragédie, pas une comédie vraiment célèbre qui soit partie de la main d'une femme!

Dans l'épopée, même phénomène; et, à son tour, l'histoire ne compte ni un Tacite, ni un Thucydide féminin.

Comment expliquer ces faits?

Par l'insuffisance de l'éducation féminine? Sans doute c'est là une des causes qui les ont produits, mais ce n'est pas la seule, ce n'est pas même peut-être la principale. En effet, l'étude de la musique, par exemple, tient beaucoup plus de place dans la vie des femmes que dans la nôtre; la profession théâtrale est ouverte aux actrices comme aux acteurs, et cependant ni le commerce assidu des grandes œuvres harmoniques, ni le contact perpétuel avec le goût du public, qui créa en partie Molière, Shakespeare et Lesage, n'ont donné aux femmes le génie dramatique ou musical.

Il faut donc aller chercher la solution du problème ailleurs, c'est-à-dire dans la nature des êtres et des choses.

Sur quoi est fondé le génie dramatique? — Je dis génie, et non talent. — Sur la connaissance, non des hommes seulement, mais de l'homme. Racine l'a défini une raison sublime. C'était dire, du même mot, que ni l'esprit, ni la finesse, ni la connaissance des individus, ni l'observation sagace des ridicules d'un jour, ne suffisent à le former, et qu'il lui faut pour base cette faculté puissante et génératrice qui plane sur l'ensemble des créatures humaines. Le génie représente, dans le domaine de l'imagination, ce que figure, dans la philosophie, la force synthétique.

Qu'est-ce qui constitue la supériorité de l'historien? La science des grands mouvements politiques ou sociaux, la compréhension philosophique des lois générales de l'âme humaine; l'appréciation certaine des passions et des instincts des masses; enfin le don de s'arracher à son époque, à son pays, et d'aller s'incarner dans d'autres siècles et dans d'autres peuples, sans cesser pourtant de les juger. Toutes facultés de généralisation et d'abstraction.

D'où vient la grandeur incomparable de l'épopée? De ce que seule entre toutes les œuvres d'art elle résume, dans un seul fait, un âge entier de la civilisation, un peuple, une croyance. C'est la plus puissante des synthèses poétiques.

Or, si nous nous reportons à l'analyse morale que nous avons tentée, nous trouvons que les facultés dont se compose le génie sont précisément celles qui manquent à la nature des femmes. Les femmes, dans les formes les plus élevées de l'art, peuvent donc se montrer ingénieuses, touchantes, éloquentes même, mais rarement supérieures. Par compensation, ou plutôt par suite de la même loi, il est quatre genres secondaires qui leur promettent des succès éclatants : c'est la poésie élégiaque, le roman, le style épistolaire et la causerie. Là toutes leurs qualités sont de mise, leurs défauts deviennent des qualités.

Le poëte, dans la poésie élégiaque, n'est pas un créateur qui domine, c'est un esclave inspiré qui obéit. L'âme, enivrée d'elle-même ou attendrie sur elle-même, s'enthousiasme ou se raconte. Les femmes ont trouvé dans cette poésie du cœur des accents incomparables. Sapho n'était que la voix la plus éclatante (1) de tout un chœur charmant de poëtes féminins dont s'enorgueillissait la Grèce; et de nos jours, où la carrière des lettres se rouvre pour les femmes, l'amour et l'amour maternel ont rencontré en elles des interprètes moins savants, mais peut-être plus vrais et plus profonds que dans nos grands poëtes.

Le roman est à l'épopée et au drame ce que l'individu est à la foule. Tout ce qu'il y a de profondément personnel dans chaque être, tout ce qui est vrai en dehors et à côté de la vérité générale, la variété, l'originalité, l'excentricité même, composent son plus riche et plus naturel domaine; ce qu'il cherche dans le cœur humain, ce sont les mystères. Il vit surtout par l'analyse; aussi entre les chefs-d'œuvre de l'épopée domestique, n'hésitons-nous pas à inscrire la princesse de Clèves, Corinne, Adèle de Sénange, Mauprat.

Les femmes sont nos maîtres, et doivent l'être dans la causerie et dans le style épistolaire. Que nous représen-

---

1. Voyez à ce sujet dans l'*Encyclopédie nouvelle* un excellent article de M. Mongin.

tent, en effet, les lettres et les entretiens? Une improvisation ; improvisation de sentiments aussi bien que de paroles. La sensation fait naître le mot; le mot à son tour fait naître la sensation ; plus la pensée a d'imprévu pour celui qui parle, de sous-entendu pour celui qui écoute, plus la causerie paraît piquante; et le geste, le regard, l'accent venant en aide au langage, tous ces petits mondes d'idées légères s'élèvent dans l'air, semblables à autant de bulles de savon, irisées et insaisissables, comme elles disparaissant quand on appuie, renaissant comme elles dès que l'on souffle encore. Ce génie appartient surtout aux femmes.

Après les artistes créateurs, viennent les artistes interprètes. Comédiens ou chanteurs, il leur faut, pour qualités premières, le talent de l'observation de détails, une flexibilité d'organes qui se prête à tous les mouvements de la pensée, et surtout cette impressionnabilité mobile, ardente, variée, qui multiplie dans une proportion presque incroyable les sensations et les signes destinés à les représenter. Aussi les femmes naissent-elles plus naturellement comédiennes que les hommes. Toutes les grandes cantatrices, l'expérience le prouve, atteignent au degré suprême de leur talent avant vingt ans, c'est-à-dire après quatre années d'études; un grand chanteur en demande huit. Nous avons tous vu une comédienne consommée qui n'avait pas dix ans, et il était réservé au sexe féminin de produire la merveille que nous admirons aujourd'hui, d'une jeune fille s'élevant en quelques mois, et pour ainsi dire sous le regard, aux plus hautes sublimités de l'art dramatique, où Talma, Lekain, Baron, n'arrivèrent qu'après de longs travaux, et dans les dernières années de leur virilité.

Il nous reste encore à parler d'une faculté importante de l'intelligence, le don de jouir des ouvrages de l'esprit et de les apprécier. Les longs loisirs des femmes et leur ardeur enthousiaste leur ont toujours assuré une grande part d'influence dans ces jugements ; mais cette influence est-elle heureuse? Le goût des femmes est-il un guide aussi sûr que celui des hommes? Oui et non. Il est un goût critique, raisonnable, raisonné, quelquefois élevé, qui naît de la culture de l'intelligence, et croît par l'exercice de la comparaison, qui tantôt cherche avant tout dans une œuvre son rapport avec le principe de l'art ou avec telle règle de convention, et qui tantôt, si le juge est éminent, le transporte pour ainsi dire dans la postérité, et établit son tribunal hors du temps. Les femmes possèdent rarement cette sorte de goût; mais il en est un autre, instinctif, irréfléchi, qui ne s'inquiète ni du style, ni de l'habileté de composition, ou qui, s'il les sent, ne s'en aperçoit pas. L'émotion est son guide, la vie son premier besoin. Pour lui le passé ne compte pas, l'avenir ne compte pas, le présent seul est tout, le présent, c'est-à-dire l'accord de l'artiste avec son époque. Tel est le goût du public; tel est le goût des femmes. Les plus cultivées, dès qu'elles écoutent, deviennent des servantes de Molière. Hérauts précurseurs de toutes les renommées, elles devinent à sa première parole l'homme qui doit plaire à son siècle; elles reconnaissent et saluent jusque dans les premières clartés du crépuscule l'étoile qui conduit à son berceau, et entraînant après elles cet autre peuple mobile, enthousiaste et charmant qu'on appelle la jeunesse, elles courent s'agenouiller avec lui devant le dieu naissant. De ces deux goûts, de ces deux guides, lequel le génie doit-il suivre? Tous les deux. Il n'y a de grandes œuvres que celles qui appartiennent à tous les siècles par la vérité éternelle, mais qui se lient étroitement à leur époque par la vérité relative; or, plaire aux femmes, c'est être de son temps. De là l'éclatante gloire de Racine, de Jean-Jacques, de Voltaire. Qui les a forcés, philosophes et poëtes, à descendre jusqu'à la portée du vulgaire? Les femmes. Un professeur illustre, qui comptait quelques femmes dans son auditoire, raconte qu'amené un jour par le développement des idées à traiter une question fort délicate, il dit à ses auditrices qu'il comptait sur leur absence pour la prochaine leçon. Au jour fixé, il arrive; que voit-il? cent femmes au lieu de vingt. Que faire? Parler comme devant une assemblée masculine c'était courir le risque de n'être ni compris ni goûté. Il bouleverse son plan; cette présence importune, mais excitante, lui suggère d'heureuses nouveautés, d'heureux détours d'expression; il devient à la fois plus clair et plus ingénieux; quelques femmes de plus font une œuvre éminente d'une froide leçon.

Résumons-nous. L'intelligence appartient aux femmes comme aux hommes, plutôt avec des qualités qu'en des proportions différentes. Cette différence est-elle ici l'égalité? Évidemment non; car les femmes ne l'emportent que dans les qualités secondaires, les hommes dominent dans les qualités supérieures; mais remarquons aussi que ces qualités supérieures ne sont le partage que de quelques rares élus, ne s'appliquent qu'à des positions exceptionnelles, et ne peuvent pas plus être considérées comme un besoin que comme une règle. Le génie n'est pas nécessaire pour constituer une créature intelligente. D'ailleurs l'intelligence ne compose pas l'homme tout entier.

En effet, ne reste-t-il pas d'abord le caractère? Le mot caractère, pour me borner à ses deux acceptions usuelles, signifie état habituel de l'âme ou humeur, vigueur morale ou courage.

Quant à l'humeur, les femmes valent beaucoup plus ou beaucoup moins que nous. Il y a parmi elles des caractères diaboliques, mais il y en a aussi d'angéliques. Lorsque les femmes ont l'humeur égale, cette égalité, qui ne semble que l'absence d'un défaut, devient chez elles tout un ensemble de vertus; la grâce, la bienveillance, la compassion naissent comme à sa suite. Que de qualités délicieuses dans ce seul mot : un caractère charmant! Or, avouons-le, il ne s'applique guère qu'aux femmes. On ne compte pas un homme sur vingt qui sache que la douceur est une force. Leur vanité trouve même son compte dans leurs emportements : cette inégalité d'humeur leur paraît sentir l'homme fort, le maître; ils se croiraient moins hommes s'ils étaient doux.

Par compensation, la vigueur morale, ce que j'appellerai le pouvoir exécutif, naturellement plus faible chez la femme, est encore affaibli par son éducation. Elle ne sait pas agir, elle ne sait pas vouloir, parce qu'on n'a exercé son caractère ni à la volonté ni à l'action. Ne refusons pas cependant le courage aux femmes. Elles ont le leur comme nous le nôtre, et certes il n'est ni d'une importance moins grande, ni d'une application moins utile et moins commune. S'agit-il de braver un péril, de répandre son sang, l'homme s'élance et la femme tremble; c'est le courage actif et extérieur. Mais l'homme ne sait ni souffrir ni se résigner; les maladies l'abattent, les pertes de fortune l'écrasent : c'est là que triomphent les femmes. Douces envers la mauvaise fortune, non-seulement elles supportent leurs maux, mais elles portent les maux des autres. La moitié des hommes ne se soutient que soutenue par la main d'une femme; ce sont les femmes qui raniment le commerçant abattu, l'artiste découragé; la mort dans le cœur, elles sourient pour le faire sourire; elles représentent à la fois la résignation et l'espérance.

Elles représentent surtout cette qualité fondamentale, et par laquelle nous terminerons notre rapide analyse, le cœur.

Le cœur n'a pas besoin d'être défini; qui sent ce mot le comprend, et tout le monde le sent, car il embrasse toutes les affections qui font de l'homme un fils, un père, un frère, un amant, un mari, un homme.

Pour l'amour filial, ajoutons un seul trait à ce que nous en avons déjà dit (1) : Le type d'Antigone n'a pas de pendant parmi les fils.

Pour l'amour maternel, remarquons que toutes les langues anciennes et modernes expriment par un seul mot, l'affection du frère ou de la sœur, de l'époux ou de l'épouse, de la fille ou du fils : on dit amour filial, fraternel, conjugal; mais la tendresse d'une mère pour ses enfants est marquée d'un caractère si personnel, que tous les idiomes lui ont consacré un nom particulier; dans le Midi comme dans le Nord, on dit l'amour *maternel* comme l'amour *paternel*. Il faut du reste que ce sentiment ait chez les femmes une énergie bien native, car on le rencontre jusque dans des cœurs d'enfants. Une petite fille, âgée de cinq ans, et chargée dans une salle d'asile de veiller sur quelques enfants plus jeunes encore, pleu-

---

1. Livre I, *la Fille*.

rait devant la directrice; interrogée sur la cause de ses larmes, elle répondit : *Mes filles ne sont pas sages.* Si c'eût été un garçon, ajouta l'inspectrice qui me racontait ce fait, il aurait dit : « Mes élèves, » et les aurait probablement gourmandés au lieu de pleurer sur eux.

La tendresse conjugale a ses héroïnes, on ne connaît pas ses héros. Quels modèles les hommes peuvent-ils opposer à Alceste, à Éponine, à madame de Lavalette? Cet amour est même si naturel au cœur des femmes, que, fût-il éteint par une autre passion, il se réveille souvent si le mari court un danger. On voit des femmes infidèles s'établir au chevet de l'époux malade et trompé, lui consacrer leurs jours, leurs nuits, et négliger celui qu'elles aiment et qui ne souffre pas, pour celui qu'elles n'aiment plus et qui souffre. Un mari se battra peut-être pour sa femme, quoiqu'elle lui soit indifférente, mais c'est son orgueil qui la défend, ce n'est pas son cœur.

L'amitié fraternelle, depuis que l'égalité des partages a détruit les rivalités jalouses, offre des modèles également charmants dans le frère et dans la sœur. Selon que l'avantage des années donne à l'un ou l'autre le rôle de protecteur, ce rôle change de caractère sans rien perdre de sa grâce. Le frère protége en chevalier, la sœur protége en mère; leur amitié a un sexe sans rien avoir des sens.

Quant à la charité, nul n'y dispute la supériorité aux femmes ; elles en ont le génie. Un homme qui donne ne donne que son or, la femme y joint son cœur. Un louis aux mains d'une femme bonne soulage plus de pauvres que cent francs aux mains d'un homme : la charité féminine renouvelle chaque jour le miracle de la multiplication des pains.

Vient enfin l'amour. Un mot met tout d'abord un abîme entre l'homme et la femme qui aiment. L'une dit : « Je suis à toi ; » l'autre : « Elle m'appartient. » C'est la différence de celui qui donne à celui qui reçoit. Analysons nos amours masculines d'un œil sévère, nous y trouverons bien les éléments étrangers à l'amour : la vanité, le désir sensuel ne laissent guère à la passion plus d'un quart de notre âme ; sans compter que dans ce reste lui-même il y a toujours une place pour les rêves de gloire ou d'ambition. L'artiste, le savant, le spéculateur, restent tels en devenant amants ; c'est près de la femme aimée qu'ils vont pleurer leurs défaites ou s'enorgueillir de leurs triomphes, mais ils s'en enorgueillissent ou les pleurent. La femme qui aime ne peut qu'aimer. Molière a trouvé deux combinaisons de génie dans Harpagon ; il l'a peint amoureux quoique avare ; il l'a laissé avare quoique amoureux. S'il eût choisi pour type une femme, il eût forcément fait tomber l'avarice devant l'amour. L'amour, en effet, prend si profondément racine dans l'âme des femmes qu'il la remplit tout entière et même la régénère. Qu'une femme coquette aime, plus de coquetterie ; qu'une femme légère aime, plus de légèreté ! On a vu des femmes, flétries par mille désordres, retrouver tout à coup, dans une passion profonde, jusqu'à la pudeur, jusqu'aux délicatesses de l'affection. Mais si un homme corrompu s'éprend de passion pour une jeune fille pure, que fait-il ? Au lieu de se purifier comme elle, il la corrompt comme lui. Les femmes trouvent parfois toutes les vertus dans leur amour ; nous introduisons trop souvent nos vices dans le nôtre. Si le hasard, un caprice livre à un homme épris d'une femme une autre femme qu'il n'aime pas, mais dont la beauté ou même le rang flatte sa vanité, il bénira sa chance et en usera : une femme qui aime véritablement repoussera avec horreur un semblable partage, fût-ce avec un héros ou un souverain. Il en est qui ont préféré la mort à ce supplice. L'histoire en cite même plus d'une qui s'est livrée à l'objet de sa haine pour sauver l'objet de son amour, et l'impartiale statistique constate que sur vingt jeunes filles de dix-huit ans, condamnées pour vol, dix-neuf volent pour enrichir celui qu'elles aiment. Enfin, un dernier témoignage vient nous montrer l'empire tout particulier de la passion chez les femmes. L'amour existe, le croirait-on, dans les cœurs des filles perdues! Leur austère et sombre historien [1] cite, parmi elles, des exemples de passion s'élevant, non pas seulement jusqu'à l'héroïsme, on le conçoit, mais jusqu'à la délicatesse. Elles savent même se créer une sorte de fidélité envers l'objet aimé. Oui, dans cet abandon entier de leur personne, dans ce commerce vénal des témoignages et des expressions de la tendresse, elles en réservent souvent certaines marques pour celui qu'elles aiment, et c'est, qui le croirait? quelque chaste et tendre appellation, un serrement de main, une préférence presque virginale, et cette part de l'amour une fois faite, rien ne pourrait la leur faire livrer à un autre. Ce dernier trait nous révèle un nouveau mystère de l'organisation féminine, le besoin impérieux de l'idéalité dans l'amour, et la subordination presque constante de la passion physique à la passion morale. Pour l'homme, le corps est presque tout dans

---

1. Parent-Duchâtelet, t. II.

les relations des sexes; pour les femmes, c'est l'âme qui est souveraine.

Ainsi, avantage pour l'homme dans le domaine intellectuel, avantage balancé du côté du caractère, suprématie des femmes pour tout ce qui regarde le cœur. C'est le cœur qui fait de ces créatures si frêles d'infatigables gardes-malades : une femme alors prolonge ses veilles pendant plusieurs nuits successives, tandis que l'homme le plus robuste, épuisé par quelques heures sans sommeil, s'endort près de celui qui meurt. C'est le cœur qui leur inspire ces délicatesses sublimes que nous ne connaîtrons jamais. Madame de Chantal, au moment de devenir mère, voit son mari, qu'elle adorait, mortellement frappé à la chasse par l'imprudence d'un de leurs jeunes parents. Désespéré, ce jeune homme veut se tuer. Madame de Chantal l'apprend; soudain elle lui fait dire, par le prêtre du village, qu'elle l'a choisi pour tenir sur les fonts du baptême l'enfant qu'elle doit mettre au monde.

Une pauvre ouvrière est transportée dans un hôpital à cause d'une paralysie du larynx qui lui ôte l'usage de la parole. Sa douleur, qui passe toute mesure, éclate en sanglots et en torrents de larmes. Le médecin en chef la soumet à un traitement rigoureux et longtemps inutile. Enfin, une nuit qu'elle essayait, selon sa coutume, de faire mouvoir son gosier rebelle, un mot s'en échappe, elle parle, elle est sauvée ! Que va-t-elle faire ? Sans doute appeler ses compagnes d'infortune, et leur dire : Je parle ! Le leur dire pour entendre elle-même le son de sa propre voix ! Non, elle se tait. Six heures, sept heures sonnent; les sœurs gardiennes lui apportent sa nourriture, elle se tait toujours, et seulement parfois cachant sa tête sous sa couverture, elle s'assure de sa guérison par quelques syllabes prononcées tout bas, Enfin la porte s'ouvre, le médecin entre et s'approche de son lit; alors elle, avec un sourire plein de larmes : « Monsieur, lui dit-elle, je parle, et j'ai voulu garder « ma première parole pour mon sauveur. » Une femme seule pouvait dire un tel mot, car l'empire du cœur est à elles. Or, qui pèse le plus dans la balance divine et dans la balance humaine, qui compte le plus pour le perfectionnement de l'homme et le bonheur de la terre, l'intelligence ou le cœur ? Aimer, c'est penser. Penser, ce n'est pas aimer. Que sont tous les systèmes de philosophie, toutes les utopies sociales, toutes les utopies politiques, toutes les créations de l'esprit, œuvres souvent passagères qui, sublimes aujourd'hui, seront peut-être stériles ou ridicules demain, que sont-elles auprès de cette adorable et immuable vertu qui n'a ni âge, ni date, et qui seule nous rapproche réellement de Dieu, la tendresse! Demain le génie disparaîtrait du monde, que le monde resterait toujours digne des regards de son créateur; mais si la tendresse, si la charité y étaient abolies, la terre serait l'enfer même. Sainte Thérèse l'a dit dans une parole sublime : « Que je plains les démons! s'écriait-elle, ils n'aiment pas. »

Notre analyse est achevée; si nous ne nous abusons pas, il en sort, comme de l'étude de l'histoire, cette vérité évidente : la femme est égale à l'homme, égale et différente. Son rôle, comme sa nature, doit donc être égal et différent. Certains offices domestiques et la plupart des offices sociaux réclament les qualités masculines; les vouloir confier aux femmes ce serait les abaisser en les condamnant forcément à l'infériorité. Mais les qualités féminines réclament à leur tour certains emplois; il faut les leur accorder et pour elles et pour nous. Les femmes manquent aux fonctions, tout autant que les fonctions manquent aux femmes. L'élément qu'elles représentent, n'étant pas suffisamment représenté, fait vide. Nous avons essayé de définir cet élément : cherchons-en l'application dans les trois grands modes d'existence qui embrassent tous les autres, la vie de famille, la vie professionnelle, la vie sociale et politique.

CHAPITRE III

LA FEMME DANS LA VIE DE FAMILLE

La vie de famille! Ce long ouvrage, comme nous l'avons dit dans notre avant-propos, n'a qu'un objet véritable : célébrer les joies que donne la famille, et décrire les devoirs qu'elle impose. Nous portons si vivement gravée dans notre cœur cette conviction inébranlable qu'il n'y a point de malheurs absolus avec la famille, et que sans elle il n'y a pas de biens réels; toute vertu, toute grâce, tout contentement pour la femme nous semblent si intimement liés aux destins du foyer domestique, que des diverses réformes réclamées par nous, il n'en est pas une seule qui n'ait pour but dernier de rendre la femme plus digne de la vie intérieure. Qu'il nous soit donc permis de présenter, dans un dernier et général coup d'œil, toute la grandeur morale que peut devoir la famille à la femme, la femme à la famille.

Le titre saint de mère de famille n'a longtemps représenté que des idées de dévouement et de tendresse. Une des œuvres de notre temps sera, je le crois, de faire voir qu'être mère et épouse ce n'est pas seulement aimer, c'est travailler. La maternité est une carrière, une carrière à la fois publique et privée; le mariage, une profession avec toutes ses espérances et toutes ses occupations. Pour la maternité, qui le contesterait? le seul mot d'éducation maternelle dit tout. Niera-t-on qu'une jeune fille ait à peine assez de toute sa jeunesse, et une femme de toute sa vie, l'une pour se préparer aux fonctions d'éducatrice, l'autre pour les remplir? Dire à une femme : Vous élèverez vos fils et vos filles, n'est-ce pas lui permettre, n'est-ce pas lui imposer l'acquisition de toutes les sciences et du même coup lui en donner l'emploi? Si l'on regarde le professorat comme une carrière suffisante pour l'activité d'un homme, que faudra-t-il dire de cette éducation par la mère, où elle prodigue non-seulement tout son esprit, mais son âme même et sa vie? Voyez une mère donner une leçon à son enfant, suivez sa physionomie, écoutez l'accent de sa voix, et comparez, si vous le pouvez, tout ce qu'elle dépense d'énergie et de vitalité dans une heure, avec l'indifférent travail du professeur payé[1]. Si l'enfant

1. Faisons pourtant une remarque utile : l'ardeur même de la mère à instruire sa fille ou son fils est parfois un obstacle à la pleine réussite de l'éducation. Il ne faut pas trop presser les enfants; il ne faut pas vouloir qu'ils comprennent trop vite; il ne faut pas avoir trop d'ambition pour eux. Le professeur payé a un grand avantage, précisément à cause de son indifférence relative, c'est qu'il accepte le temps pour collaborateur; semblable à un sage médecin qui ne veut

réussit, ses yeux se mouillent ; son cœur se serre s'il échoue. Espoir, découragement, anxiétés, tout ce qui constitue les passions se rencontre pour elle dans cette occupation. Penchée sur le papier de l'enfant quand il écrit, suspendue à ses lèvres quand il répond, elle assiste à sa pensée, elle la presse, elle la fait éclore, elle le crée une seconde fois. Pour le mariage, qu'il devienne ce qu'il doit être, ce qu'il sera, et la femme y trouvera un double emploi de son activité, d'abord dans l'administration de ses biens particuliers, puis dans ce beau rôle même d'épouse, de compagne. Pour cela, il ne s'agit pas de renouveler les lois, il ne faut qu'approprier au mariage un fait qui lui appartient, et qui ne peut être un bienfait qu'avec lui, un fait ancien, sinon comme le monde, du moins comme la civilisation, et qui prend plus de place sur la terre à mesure que le personnage de la femme s'élève. J'explique ma pensée.

Les hommes tiennent tous les emplois : ils jugent, ils plaident, ils sont poëtes, soldats, législateurs, savants ; le monde entier roule sur eux seuls. Tel est le fait palpable ; mais derrière cette réalité visible, il existe parfois une autre réalité secrète qui la détermine ou la modifie. Toutes les paroles éloquentes auxquelles l'orateur doit sa gloire, toutes les actions énergiques qui illustrent les hommes publics viennent-elles d'eux seuls, ou bien, plutôt, derrière le grand jour splendide qui les présente à l'admiration de la foule dans tout l'éclat de

---

pas guérir trop vite ses malades pour les bien guérir, il ne s'impatiente pas des lenteurs, il ne s'irrite pas des rechutes. Enfin il est calme. Calme ! grand mot en éducation ! mot qu'ignorent les mères ! Mais, en revanche, elles ont le feu sacré. Le professeur comme maître, la mère comme associée, comme répétitrice, comme surveillante, voilà l'alliance féconde et complète.

leur puissance, ne se trouve-t-il pas souvent, à demi enveloppé dans l'ombre, un être mystérieux qui mêle, sans que le public l'entende, sa voix à cette voix entraînante, qui communique, sans que le public le voie, sa force d'élan à cette activité sublime? Pour qui observe, cela est hors de doute. Passez en revue, par la pensée, les hommes éminents qui vous sont connus, et plus d'une fois, en pénétrant dans le secret de leur vie, vous y découvrirez une femme qui a sa part dans leur conduite; elle est l'inspiration comme eux l'action. Vrai de tout temps, ce fait devient presque une règle depuis que l'éducation des femmes se fortifie. Plus d'une existence virile est double, pour ainsi dire, elle représente les deux sexes, et un homme n'est peut-être complétement lui-même qu'avec une femme et par une femme.

Eh bien ! le mariage seul peut donner à cette action féminine un caractère de continuité et de pureté. Je ne crois pas à l'influence bienfaisante d'une femme qu'on n'aimait pas hier et qu'on n'aimera plus demain. Sans souvenir et sans espérance, cette affection ne peut pas conseiller; comme elle sait son peu de durée, elle se hâte de témoigner de son existence par la violence de son empire; la femme qui l'inspire est une maîtresse et non une compagne. Mais une longue vie parcourue et à parcourir ensemble, la communauté de l'avenir et du passé, les enfants surtout, les enfants à élever, tout dans le mariage communique au pouvoir de la femme un calme et un sérieux qui en font réellement une profession pour elle. Ce qu'il y a de relatif dans cette existence ne fait que l'accommoder plus heureusement à la nature féminine. Vivre pour un autre, se témoigner par un autre, disparaître dans une gloire ou une vertu dont on est le principe, montrer les bienfaits et cacher le bienfaiteur, apprendre pour qu'un autre sache, penser pour qu'un autre parle, chercher la lumière pour qu'un autre brille, il n'y a pas de plus belle destinée pour la femme ; car tout cela signifie se dévouer. Or, quelle plus noble profession que le dévouement? Quel emploi de la vie mieux approprié à toutes les qualités de la femme? Cette demi-ombre convient à sa réserve, cette intermittence d'action à sa faiblesse physique, ces élans momentanés à son entraînement, cette vigilance à sa finesse, et surtout cette vie de consolatrice à son âme! Toute épouse, vraiment épouse, a pour carrière la carrière de son mari. Prenons ce savant. C'est un inventeur; génie ardent, il tend toujours à l'ensemble des choses; son activité féconde, se portant à la fois sur tous les points de la science, y ouvre, chaque fois qu'elle y plonge, des percées inconnues. Quelle gloire! direz-vous. Oui, mais parfois aussi, quelle douleur! La médiocrité aveugle le nie, la médiocrité clairvoyante l'attaque; les obtus, qui ne le comprennent pas, et les envieux, qui le comprennent trop bien, s'accordent pour le reléguer parmi les fous; de là les moqueries, le désespoir, le doute de ses propres forces. Il va succomber... Rassurez-vous, il vivra; car près de lui est une femme, sa femme, qui l'a deviné et qui lui montre l'avenir. C'est elle qui le rattache à ses puissants travaux : « Explique-moi tes pensées, tes projets, je ne suis qu'ignorance, mais Jésus lui-même ne dédaignait pas les pauvres d'esprit qui sont riches de cœur. Parle. » Il commence : ces idées, qui étaient comme mortes pour lui découragé, se raniment à mesure qu'il les exprime;

la nécessité de faire pénétrer ces sérieuses découvertes dans un esprit auquel elles sont étrangères encore, le force à un langage plus clair qui les lui éclaircit à lui-même ; il crée en racontant, et elle, elle grandit en écoutant. L'enthousiasme le saisit, il se rejette dans la lutte, il triomphe, et la plus vive joie de sa femme est de ne pas compter dans cette victoire qu'il n'eût peut-être pas remportée sans elle [1].

Comme le savant, que serait l'artiste sans une femme ? Dieu, qui semble avoir nommé les artistes ses élus, n'a pas produit de plus malheureuses créatures. Le sentiment du beau et l'horreur du laid abondent en tourments qui semblent impossibles à ceux qui ne les éprouvent pas. Cette impressionnabilité si délicate qui s'éveille pour un effet de lumière, qui s'attendrit pour un mot touchant, les livre désarmés au contact des rudes réalités de la vie. Ils sont à l'égard des autres comme des hommes qui marcheraient pieds nus sur des cailloux, à côté de leurs compagnons armés de fortes chaussures. Une femme seule a la main assez délicate pour ne pas blesser l'imagination de ces enfants malades. Qu'a-t-il manqué au Tasse ? Une femme. Qu'a-t-il manqué au Camoëns ? Une femme. Gilbert avec une femme ne serait pas mort de désespoir. Malfilâtre ne fût pas mort de faim. Tel peintre, proclamé maître aujourd'hui, eût vu son génie s'éteindre dans la misère s'il eût été seul. Regardez-le, l'idéal est son rêve ; tout ce qui est de la terre lui échappe, il faut vivre cependant ; sa

---

[1]. Qu'on remarque que ceci peut s'appliquer non-seulement aux hommes de génie, qui sont rares, mais à tous les hommes occupés d'études sérieuses. Nous ne montrons que l'échelon le plus élevé : mais le reste de l'échelle se devine et se conclut.

femme se charge de penser à tout ce qu'il oublie. Lui laissant ses sublimes rêves, l'ardente poursuite du beau, le commerce ininterrompu avec le travail, elle prend pour elle les soins matériels, l'existence de chaque jour à organiser, les enfants à instruire. Assise à la porte de cet atelier, qu'elle respecte comme un sanctuaire, elle fait faire silence alentour; elle veille pour qu'aucun bruit du monde n'aille troubler le créateur dans sa silencieuse conception; elle s'est réservé tout le côté pénible et prosaïque de la vie, et, sans s'en douter, elle a pris la plus poétique de deux existences; car le dévouement, c'est de la poésie en action.

Si nous laissons les arts pour examiner les charges publiques, quelle noble part pourrait y prendre l'épouse! Nous voici devant un homme d'État. Je le suppose tel que je le voudrais, ambitieux, mais ambitieux par conscience de sa force; cherchant, non le triomphe de sa vanité (c'est le but des petites âmes), mais le triomphe de ses idées, parce qu'il les croit bienfaitrices. Il arrive au pouvoir; il est représentant, ministre même. Tous ses desseins sont purs encore, mais l'atmosphère qui l'environne est funeste; autour de lui rôdent le scepticisme sous le nom d'expérience, le despotisme sous le masque de la nécessité; son orgueil, l'exemple, le maniement de ce pouvoir qu'on touche si rarement avec impunité, tout l'entraîne à substituer insensiblement l'intérêt de sa personne à l'intérêt de tous. Qui le soutiendra dans ce sentier difficile? Un seul être le peut faire, une femme; une seule femme, la sienne. L'œil fixé sur ce rôle idéal qu'elle a depuis si longtemps rêvé pour lui, elle s'aperçoit de la plus légère tache qui vient le déparer. Isolée de l'action, et par conséquent juge plus calme, elle ne se laisse pas dériver aux insensibles changements qu'amène un jour succédant à un jour. Deux points seuls la frappent, le point de départ et le point d'arrivée. Si son mari veut faire une chose blâmable, aussitôt elle jette le cri d'alarme; pas de sophismes qui la puissent tromper, car, Dieu merci ! la femme n'argumente pas, elle sent. Qu'il amasse raisons sur raisons pour lui prouver la justice de sa détermination, qu'il la lui prouve même, elle ne l'entend pas; son cœur lui crie qu'il a tort, elle ne connaît que ce cri, et, soutenue par ses défauts mêmes, l'irréflexion et l'amour de ce qui est excessif, elle le sauve d'un commencement d'erreur qui serait peut-être devenu sa perte.

Élevées à cette juste hauteur, les fonctions de l'épouse et de la mère nous présentent un des plus nobles emplois de la vie, et la conscience publique doit les proclamer souveraines. Un autre titre investit la femme d'une réelle royauté, c'est le titre de maîtresse de maison, disons mieux, de femme de ménage. De la femme de ménage dépendent la prospérité intérieure, la santé des enfants, le bien-être du mari. Elle s'occupe du beau comme du bon, car l'arrangement de sa demeure est comme une œuvre d'art qu'elle crée et renouvelle chaque jour. La bonne femme de ménage a besoin de toutes les qualités féminines, l'ordre, la finesse, la bonté, la vigilance, la douceur. Elle répare les fortunes ébranlées, elle sait transformer l'aisance en richesse, le strict nécessaire en aisance. Elle gouverne enfin, elle gouverne pour sauver, et son empire est plus réel que celui des ministres et des rois. Un roi, si habile qu'il soit, peut-il faire que ce qu'on appelle son royaume demeure à l'abri des intempéries du ciel; que la pluie, la grêle, la guerre, ne viennent pas ravager ses routes et ses moissons? Un roi a-t-il quelque autorité sur les âmes? Peut-il commander à ses sujets de parler, de se taire? Êtres et choses, tout lui échappe. La femme de ménage, au contraire, tient dans sa main, pour ainsi dire, chacun des habitants qui animent et chacun des objets qui composent son petit empire. Elle exile de sa maison les paroles grossières, les actes violents; elle améliore ses serviteurs comme ses enfants, et nul n'est frappé d'une souffrance qu'elle ne puisse aller à son aide. Par elle, les meubles sont toujours propres, le linge toujours blanc. Son esprit remplit cette demeure, la façonne à son gré, et rien ne manque à ce gouvernement domestique, pas même le charme idéal. Qui de nous, passant le soir dans un village, devant quelques demeures de paysans, et apercevant à travers les vitres le foyer flambant, le couvert mis sur une nappe rude mais sans tache, et la soupe fumante sur la table, n'a point pensé avec une sorte d'attendrissement, que j'appellerai poétique, à ce pauvre ouvrier, bientôt de retour, qui, après un long jour employé à remuer la terre ou le plâtre, à frissonner sous la pluie, allait rentrer dans cette petite chambre si nette et reposer ses yeux et son cœur fatigués de tant de travaux rebutants. Peut-être ne se rend-il pas bien compte de ce sentiment de bien-être, mais il l'éprouve. L'homme de pensée lui-même, après de longues et arides méditations, ne trouve-t-il pas une sorte de repos, qu'il idéalise, dans la vue des occupations ménagères? La laiterie où le beurre s'arrondit en mottes brillantes et parsemées de gouttes de rosée; la grande cuve où bout le linge; la bassine où cuisent les fruits mêlés de sucre, sont autant d'objets qui calment, qui touchent même d'une sorte d'émotion sereine, comme tout ce qui tient à la nature et à la famille, comme la vue d'une vache qui broute, d'une plaine où se fait la moisson. Les anciens sentaient et exprimaient admirablement cette poésie domestique. L'odyssée ne nous charme jamais davantage que quand elle nous offre, dans Nausicaa et dans Pénélope, la princesse unie à la femme de ménage, et Xénophon n'a rien écrit de plus exquis que le tableau des joies de la jeune mère de famille. Du reste, ce nom de mère de famille, qui signifie à la fois épouse, mère, maîtresse de maison, a une autorité si réelle, qu'on le retrouve entouré d'une auréole de respect et d'amour jusqu'au fond des cœurs qui en ont, ce semble, le plus méconnu la sainteté.

À Saint-Lazare, ce nom agit avec une sorte de prestige sur les pauvres créatures perdues que renferme la prison [1]. Les paroles les plus consolatrices, les soins les plus constants des personnes qui les entourent, ne leur inspirent qu'une gratitude mêlée de suspicion. Mais si une mère de famille descend parmi elles, si elle leur donne conseils et secours, les voilà saisies d'une confusion respectueuse. La main du Christ touchant les blessures du lépreux ne semblait pas plus divinement miséricordieuse à ce misérable que ne l'est pour les filles perdues la main protectrice de la mère de famille. Aussi jalouses qu'elle-même de sa dignité, sentant comme elle la distance qui les sépare, elles ne lui demandent pas, elles ne lui pardonneraient pas de les traiter en égales. Leur sévère historien raconte qu'une ouvrière, mère de deux enfants, ayant été introduite dans la prison de Saint-

---

[1]. Ce fait est consigné comme certain par Duchâtelet, et je l'ai entendu confirmer par les bouches les plus dignes de croyance.

Lazare, et s'étant mise en familière communication avec quelques-unes de ces femmes, elles la repoussèrent avec colère, et l'une d'elles s'écria : « Elle nous parle comme si nous étions d'honnêtes femmes, elle, une mère de famille ! C'est abominable ! »

Telle est la triple souveraineté de la femme au sein de la société conjugale. Mais la famille, dans l'état de civilisation, ne se borne pas à ce groupe formé par les époux et les jeunes enfants. Si la mort du père ou de la mère le dissout, l'État crée aussitôt autour des orphelins une paternité fictive et protectrice, qui s'exerce par la tutelle et les conseils de famille.

Les femmes en sont exclues et les femmes doivent y occuper la première place.

Les hommes, nommés membres d'un conseil de famille, ne songent trop souvent qu'à en éluder les devoirs. Le plus léger prétexte leur sert de motif d'absence, et le juge de paix se voit forcé de les remplacer par des indifférents ou des étrangers. Sont-ils présents, ils n'apportent, la plupart du temps, à la réunion ni esprit d'examen ni études préparatoires; ils écoutent à peu près ce qu'on leur dit, ils signent ce qu'on leur montre : le tuteur reste maître, et le pupille orphelin. Or, ce tuteur, quel est-il ? Souvent un administrateur intègre, rarement un père. Ce qui manque dans ces institutions, c'est précisément ce qui les a fait créer, et ce qui peut seul les faire vivre, la charité, la tendresse. Emportés et absorbés par les travaux du dehors, les hommes n'ont ni le loisir ni la chaleur d'âme nécessaires à ces paternités d'adoption. Les meilleurs, ceux à qui leur conscience fait remplir ces fonctions comme un devoir, y montrent les qualités précieuses de l'homme d'affaires, ils veillent sur les biens du mineur, ils défendent ses intérêts, prennent même soin de la culture de son intelligence, mais son âme, son être moral, n'est l'objet d'aucun soin réel. On le défend, on ne l'aime pas. Appelez les femmes comme les hommes à ces deux offices, soudain tout change. La tutelle, dans les mains des sœurs ou des amies, devient une maternité, sans cesser d'être une administration : les conseils de famille se vivifient par leur influence. Instruites au maniement des affaires privées, grâce à leur propre affranchissement, rendues plus actives et plus éclairées par le concours des hommes, que la rivalité rendra plus exacts ; mêlant leur vigilance cordiale, leur esprit de détail, leur connaissance des enfants, leur préoccupation du perfectionnement moral à la raison masculine plus froide et plus positive, elles feront, enfin, de la tutelle et des conseils de famille, une famille. Ainsi s'élèveront ces magistratures par les femmes, et les femmes par ces magistratures.

CHAPITRE IV

LES FEMMES DANS LES CARRIÈRES PROFESSIONNELLES

Une considération importante nous arrête dès le début de cette question.

En Amérique, dans plusieurs États de l'Union, les maris ne permettent pas à leurs femmes d'aller au marché pour l'achat des provisions ménagères ; ce sont eux qui les suppléent dans cet office.

Ce fait si singulier nous découvre un point de vue nouveau. Il n'y a évidemment dans cette usurpation ni dédain ni jalousie; ce n'est qu'une affectueuse sollicitude. Le système d'exclusion qui interdit aux femmes les carrières professionnelles peut donc partir d'un sentiment qui n'est ni le despotisme ni l'ambition. Donnons quelques moments à l'examen de ce sentiment.

Tous les individus dont la pensée idéalise l'image de la femme, les poëtes surtout, la transportent hors du contact de la vie matérielle. Amante, vierge, ange, femme jeune et belle, tous ces termes divers s'accordent pour représenter un être qui touche à peine la terre du bout de ses ailes; ses pieds ne marchent pas, ses mains ne travaillent pas; et cette inaction dont on lui a fait une loi est tout ensemble un hommage à la délicatesse de son cœur, et un soin pieux de la faiblesse de son corps. Il n'y a que les peuples sauvages ou les plus misérables de nos paysans qui condamnent les femmes au travail de la terre. Pour les classes civilisées, le titre même d'épouse, quoique si grave, figure, dans sa signification la plus élevée, une créature mise à l'abri de tous les hasards de la vie extérieure, et saintement cachée dans l'ombre du foyer domestique. Or, qu'est-ce que demander pour les femmes les carrières professionnelles, sinon arracher ses ailes à l'ange et l'aventurer dans les sales rues de la ville; faire descendre la vierge de son piédestal et l'exposer à tous les regards de rencontre; imposer à la femme les fatigues de la vie, mêler l'épouse aux rudes débats de la réalité, et enlever ainsi à l'une sa grâce, à l'autre sa pureté, à toutes ce charme idéal de pudeur, dont Dieu semble avoir fait la qualité distinctive comme la parure de la femme. La présence des femmes dans les comptoirs de toutes sortes n'amène-t-elle point, par exemple, mille périls pour elles? Entre gens qui vendent et gens qui achètent, la personne elle-même court risque de devenir un objet de commerce, ou plutôt le commerce n'est souvent qu'un prétexte. Si une jeune fille se fait recevoir dans un magasin, c'est pour être vue; si un jeune homme y entre, c'est pour voir. Les marchands mêmes, exploitant parfois ce double désir, louent à grands frais quelque femme jeune et belle qu'ils placent à leur comptoir comme sur un théâtre, qu'ils habillent d'un costume, et dont le visage sert d'enseigne et d'amorce. Que deviennent, dans une telle vie, l'honneur, la délicatesse, toutes les qualités féminines?

Ces objections, très-sérieuses et très-solides, tombent devant un seul mot: la femme vit sur la terre[1]. L'opulence peut parfois lui permettre cette oisiveté poétique, et la jeunesse ou la beauté en faire une grâce pour elle; mais l'opulence, la beauté, la jeunesse, n'appartiennent qu'à quelques rares élues ou à quelques courtes années, et les trois quarts de la vie de la femme réclament comme un bienfait, ou subissent comme une nécessité, la loi souveraine du travail. C'est d'abord leur rôle même de mère de famille qui leur impose souvent un métier; il faut travailler pour nourrir les enfants ou pour soutenir le mari. C'est le désir d'arriver à ce titre d'épouse qui leur fait choisir une carrière; il faut gagner une dot afin de devenir femme et mère. C'est enfin, pour toutes celles

---

[1]. Le beau livre de M. Jules Simon sur l'ouvrière tend, nous le savons, à cette conclusion : que la femme doit rester la gardienne du foyer domestique, et que l'homme seul doit aller au dehors gagner le pain de la famille. Personne qui n'accepte une telle pensée comme idéale; mais la réalisation en est si éloignée et, je le crains, si impossible, que nous ne saurions chercher là une solution présente pour la triste condition des femmes.

qui ne seront jamais épouses ou qui ne le sont plus, le besoin de vivre ou le besoin de penser.

Cette double nécessité tranche la question et nous marque nettement les droits des femmes relativement aux professions industrielles et aux professions libérales. Ces droits, quels sont-ils?

D'y avoir accès, comme les hommes, dans la mesure de leur travail.

D'y être payées, commé les hommes, dans la mesure de leur travail.

Eh bien, comparons leur sort à celui des hommes, et que l'équité prononce.

Se présentent d'abord les classes ouvrières [1], les filles et femmes du peuple.

Trois grandes fabrications comprennent tous les travaux d'ensemble exécutés par les femmes : la fabrication du coton, celle de la soie, celle de la laine.

La première n'offre que deux opérations dangereuses : le battage et l'apprêt des étoffes [2]. Le battage soulève en l'air un nuage épais de poussière irritante, et amène cette terrible maladie pulmonaire que la langue énergique des ateliers a nommée *phthisie cotonneuse*. Presque tous les batteurs sont des femmes. L'apprêt des étoffes exige une telle température que pas un seul ouvrier ne peut supporter

---

[1]. Des améliorations notables se sont réalisées dans les manufactures depuis que ce livre est écrit. M. Beaudrillart, M. Jules Simon, M. Louis Reybaud, ont, dans une série de travaux remarquables, mis tous ces perfectionnements en lumière ; leurs ouvrages sont dans les mains de tous les hommes sérieux. Nous avons pourtant laissé tel qu'il était le tableau tracé par nous en 1847 ; d'abord parce qu'il est encore vrai, sinon complet ; puis, rien n'aide plus à la cause du progrès que la démonstration des progrès accomplis.

[2]. *Tableau de l'état physique et moral des ouvriers*, par M. Villermé, de l'Institut, t. I, p 12 ; t. II, p. 208.

ce travail une fois passé l'âge de vingt-cinq ou trente ans au plus. Les apprêteurs sont presque tous des femmes[1].

L'industrie lainière n'offre de périls réels que dans le cardage. Les cardeurs sont des femmes.

Dans la fabrication de la soie il y a deux préparations meurtrières : le tirage des cocons et le cardage de la filoselle. Les femmes seules tirent et cardent. Les unes, assises tout le jour, pendant la saison caniculaire, auprès d'un bassin d'eau bouillante, forcées d'y tremper à chaque instant les mains pour en retirer les cocons, aspirant les émanations infectes de toutes les chrysalides pourries, sont atteintes de fièvres putrides, de vomissements de sang. Les autres, jeunes filles des Cévennes, arrivent de leurs montagnes, fraîches, vigoureuses, en pleine santé comme en pleine force, et, après quelques mois écoulés, tombent frappées de phthisie tuberculeuse[2]; sur huit malades il y a six poitrinaires.

Tout n'est pas dit. De ces mortelles occupations il n'en est pas une seule qui donne à l'ouvrière de quoi vivre. Les ouvrières en coton gagnent de seize à dix-huit sous par jour; en laine, de vingt à vingt-cinq sous; en soie, de quinze à vingt sous. Certes, les souffrances de l'ouvrier sont cruelles; il dépense souvent en quelques mois des années de force et de santé, mais au moins a-t-il du pain. Un ouvrier en soie gagne deux à trois francs par jour. Mais l'ouvrière, dix-huit sous ! Si du moins cette chétive paye lui était assurée? mais

---

1. *Tableau de l'état physique et moral des ouvriers*, par M. Villermé, de l'Institut, t. II, p. 217.

2. Villermé, t. II, p. 232, *Topographie de la ville de Nîmes*, et Rapport de M. Chabanon, chirurgien en chef de l'hôpital d'Uzès.

l'année de travail ne compte pas plus de trois cents journées; voilà un cinquième enlevé à ces dix-huit sous. Si du moins ces trois cents jours amenaient tous leur gain, mais les manufactures sont sujettes à des réformes partielles, à des économies de détail ! Or, sur qui portent-elles? Toujours sur les ouvriers les moins rétribués, sur les femmes. Ainsi va s'amoindrissant de toutes parts leur misérable salaire ! Et nous n'avons compté ni les maladies, si fréquentes chez ces êtres plus faibles, ni les grossesses, ni les fatigues de l'allaitement ! Nous ne sommes pas descendus dans toutes les douleurs déchirantes des industries isolées. Partout le gain des femmes de cette classe est resté au-dessous du seul besoin de manger, et partout il diminue chaque jour. Les économistes de tous les partis posent ce fait vraiment terrible : une femme seule, qui n'achète pas un meuble, pas un vêtement, ne peut pas vivre dans une ville à moins de 248 francs par an. Or, dans sa première jeunesse son gain monte généralement à 172 fr., dans la force de l'âge à 250 francs, à son déclin à 126[1]. Ce n'est pas tout encore. Pour l'ouvrier, misère veut dire faim ; pour l'ouvrière, faim et honte. Éperdues de besoin, exaspérées par le désespoir, elles jettent les yeux sur ce corps qui ne peut les nourrir par le travail, et se souviennent qu'elles sont belles ou, sinon belles, femmes. Il ne leur reste que leur sexe : elles en font un instrument de gain. A Reims, à Lille, à Sedan, plus d'une ouvrière, son ingrat travail terminé, commence ce qu'elle appelle, je ne dois rien ôter de sa force à

---

1. *Du paupérisme de la ville de Paris*, par M. V(. . — *Études sur l'administration de la ville de Paris*, par M. Say. — Villermé, Tarbé, *Salaire et Travail*.

cette terrible expression, ce qu'elle appelle son *cinquième quart de journée* [1].

Parent-Duchâtelet atteste que sur trois mille créatures perdues, *trente-cinq seulement avaient un état qui pouvait les nourrir*, et que quatorze cents avaient été précipitées dans cette vie horrible par la misère ! Une d'elles, quand elle s'y résolut, n'avait pas mangé depuis trois jours !

De tels faits, de tels chiffres, parlent bien haut. La France ne peut voir sans une profonde inquiétude cette inégalité fatale entre l'ouvrière et l'ouvrier, car cette inégalité n'est pas moins que la ruine de la santé publique, de la moralité publique, de la race même. Nous n'ignorons pas combien les remèdes à de tels fléaux sont difficiles, souvent funestes ; et certes nous nous garderons de les chercher dans les rêves insensés de telle ou telle secte ; mais le moraliste n'a pas le droit de détourner ses yeux d'un mal moral parce qu'il n'en voit pas, lui, le remède. Son devoir impérieux est de dire et de redire sans cesse : voilà la plaie ! jusqu'à ce que la conscience de tous, seul juge dans ces graves questions, s'émeuve à ces douleurs, cherche ardemment, sinon à les détruire, du moins à les atténuer, et ne laisse enfin au vice et à la souffrance que la part fatale qu'il n'est pas possible de leur arracher.

C'est encore au nom de la justice et de l'humanité que nous réclamons contre la concurrence masculine dans les travaux purement féminins. Il est certaines professions que la nature, comme la loi, interdit à jamais aux femmes. Pourquoi la loi, comme la nature,

---

[1] Villermé, t. I, *Statistique de la ville de Reims*.

n'établirait-elle pas aussi contre les hommes de semblables interdictions? Il faut que les êtres qui ne peuvent être ni soldats, ni forgerons, ni menuisiers, ni gens de peine, ni constructeurs, ne voient pas envahir le peu de métiers qui leur sont permis. Que font dans les magasins de soieries et de nouveautés tous ces grands jeunes gens qui exercent leurs bras vigoureux à auner des étoffes ou à débiter des rubans! Arrière, messieurs, arrière; non-seulement vous n'êtes pas à votre place, mais vous usurpez celle d'autrui! Cette place, les femmes françaises l'ont véritablement conquise, elle est leur bien; ni les Italiennes, ni les Allemandes, ni les Anglaises, n'ont su parvenir dans le commerce à ce rang honorable et utile; seules, les femmes de France, artistes et énergiquement vivantes, ont disputé pied à pied ce domaine, et pour être plus sûres d'y avoir un rôle, elles se le sont créé. Oui, c'est leur génie inventif qui a doté le commerce national de la plus élégante de ses gloires. Si le goût français règne même chez nos ennemis, si nos fabricateurs d'ornements, d'ajustements, rencontrent partout des disciples et nulle part des rivaux, à qui le doit-on? Aux femmes. La jalousie des autres peuples peut élever des usines qui fassent concurrence à nos usines, des manufactures qui l'emportent sur nos manufactures; ils peuvent nous dérober nos inventions mécaniques, transplanter sur leur sol nos produits naturels, mais il est une chose qu'ils ne nous raviront jamais, une chose qui ne vit qu'en France, c'est le goût. Amérique, Allemagne, Espagne, Angleterre, tous, il faut qu'ils viennent chez nous, à Paris, rendre hommage lige à cette souveraineté. Il ne naît pas un petit prince au Brésil, il ne se marie pas une riche héritière dans les États de l'Union, qu'on ne demande à la France corbeille, trousseau et layette ; le monde entier est notre tributaire. Ce tribut, qui l'a imposé au monde ? Les femmes. Paris renferme mille femmes, obscures ou célèbres, riches ou pauvres, qui, douées de cette inexplicable et ravissante qualité, métamorphosent sous leurs doigts de fées l'or, la soie, les fleurs, et attirent chaque année plusieurs cents millions dans nos villes. Plus d'une, arbitre de la mode aujourd'hui et vraiment artiste par la grâce et l'invention, est partie, pour commencer sa carrière, de l'échoppe ou de la mansarde. Plus d'une a gagné denier à denier sa dot, son mobilier de jeune fille, son voile nuptial même. Obligée peut-être de quitter à seize ans son père et sa mère, contrainte de se hasarder souvent au dehors pour son travail, plus d'une enfin s'est maintenue pure parmi tant d'occasions de faute, et offre à celui qu'elle a choisi un cœur qu'elle a su défendre et une fortune qu'elle a su se faire. Voilà le modèle des filles du peuple et de la petite bourgeoisie.

Après les femmes marchandes, si nous examinons les filles pauvres de la haute bourgeoisie ou de la noblesse, le préjugé nous apparaît sous une autre forme, mais plus accablant encore. Sans dot et sans moyens d'en gagner une, exclues des travaux manuels par leurs habitudes, exclues des professions libérales par les lois, ces tristes victimes sont livrées en pâture à cet affreux et incurable fléau qu'on appelle l'ennui ! Souffrir, être blessé, s'épuiser de fatigue, sont des douleurs bien réelles, sans doute ; elles ne révoltent pas cependant, car elles sont une des conditions de l'existence ; mais l'ennui ! cette mort au sein de la vie, ce néant senti, ce mal vide, pour ainsi dire, voilà ce qui exaspère l'âme et la déprave! Eh bien, les provinces abondent en jeunes filles pauvres, qu'une oisiveté forcée condamne à ce supplice. Si elles ont encore leurs parents, leur jeunesse se consume devant cette éternelle aiguille qui passe et repasse sans cesse dans le même linge toujours plat, toujours blanc, image de leur sort. De cette fenêtre où elles cousent et brodent, elles voient la fille du peuple courir à son travail dès le matin, agir, vivre, et elles, inutiles aux autres et à elles-mêmes, clouées sur leur chaise par ce qu'on appelle leur rang, il faut que la gêne et le célibat pèsent sur elles sans qu'elles puissent rien pour les fuir; il faut qu'elles vivent seules et désespérées, pour mourir désespérées et seules! Deviennent-elles orphelines, les voilà traînant leurs jours, d'hospitalité en hospitalité, c'est-à-dire de dédains en dédains. Quelquefois une jeune parente de leur âge, qui s'émeut de leur abandon, leur ouvre sa maison et veut que l'orpheline l'appelle : Ma sœur. Mais ces aimables mensonges cachent quelque chose d'impossible qui amène bientôt le désaccord. On donne son chez-soi pour un jour, on ne le partage pas. L'amitié est faite pour les grands sacrifices, pour les élans chaleureux; les bienfaits chroniques lui sont mortels. Il y a d'ailleurs dans la position de celui qui reçoit toujours et ne donne jamais, dans l'opulence d'autrui acceptée et partagée sans travail, un certain manque de dignité qui, forcément, frappe tôt ou tard l'esprit de la bienfaitrice, et bientôt la jeune fille, exilée de la demeure qu'on lui disait être la sienne, n'a plus d'autre ressource que d'aller s'enfouir dans la misérable condition de demoiselle de compagnie. Demoiselle de compagnie! C'est la domesticité dans le salon. Certes, les fonctions d'institutrice, telles que les fait trop souvent l'orgueil insensé des parents, ne sont pas sans amertume; mais du moins l'institutrice a-t-elle des droits réels, puisqu'elle a des devoirs sérieux à remplir; elle est maîtresse quand elle enseigne, et son office porte d'ailleurs en soi une valeur et une utilité qui la relèvent à ses propres yeux. Mais une demoiselle de compagnie, quel est son emploi? Amuser. A qui tient-elle compagnie? A l'ennui, à la frivolité, quelquefois au vice. Cependant, par une bizarrerie bien caractéristique, et qui prouve combien le mépris du travail et du pain gagné est entré profondément dans les mœurs des femmes, une jeune fille de cette classe préfère aux occupations d'institutrice la place infime de demoiselle de compagnie. Cet office la séduit par l'oisiveté même qu'il permet; en ne faisant rien, elle croit déroger moins. Ah! du travail, du travail pour animer ces cœurs, pour purifier et remplir toutes ces existences! Dieu a placé de bien rudes épreuves sur cette terre; mais il a créé le travail, tout est compensé. Les larmes les plus amères tarissent grâce à lui; consolateur sérieux, il promet toujours moins qu'il ne donne; plaisir sans pareil, il est encore le sel des autres plaisirs. Tout vous abandonne, la gaieté, l'esprit, l'amour; lui, il est toujours là; et les profondes jouissances qu'il vous procure ont toute la vivacité des enivrements de la passion avec tout le calme des plaisirs de la conscience. Est-ce en dire assez? Non; car à ces priviléges du travail, il faut en ajouter un dernier plus grand encore: c'est qu'il est comme le soleil, Dieu l'a fait pour tout le monde. Et voilà le bien que l'on arrache aux femmes! On accuse leur imagination, et on les livre en pâture à ses rêves; on frémit de leur impressionnabilité, et l'on en exalte toutes les délicatesses... Ah! disputez-leur les droits de succession, enviez-leur même les droits maternels; mais, au nom de Dieu, qui les a créées, laissez-leur le travail! Riches, pauvres, nobles, roturières, toutes vous le demandent comme la vie même! Une fois l'âge des passions et des plaisirs évanoui, que reste-t-il à la femme? Rien, rien qu'à lutter misérablement contre les rides. Il faut un aliment à cette âme, sinon elle se ronge elle-même. Ce que l'on appelle l'instruction ne peut lui en servir; étude sans objet, savoir sans pratique, l'instruction élargit le cercle des besoins de la femme sans lui rien apporter qui les satisfasse; vous lui donnez soif et vous lui refusez de quoi boire; car vivre, ce n'est pas apprendre, c'est appliquer!

Pourquoi donc l'immense variété des emplois administratifs et bureaucratiques ne leur appartiendrait-elle pas, du moins partiellement[1]? Pourquoi l'inspection des prisons de femmes, des manufactures où travaillent les femmes, n'est-elle pas confiée à des femmes[2]? Si ces offices étaient les leurs depuis vingt ans, il y a vingt ans que la journée de travail des enfants serait réduite à une

---

1. Personne n'a traité cette question délicate de l'accès des femmes à certaines fonctions ou à certaines professions particulières avec plus de bon sens supérieur, plus d'équité et plus d'humanité que M. Baudrillart. Nous engageons nos lecteurs à étudier les trois articles excellents consacrés par cet écrivain, dans le *Journal des Débats*, en juin et juillet 1862, au travail des femmes. Ce grave sujet y est considéré sous toutes les faces, et les difficultés qu'il présente y sont posées ou résolues avec une sûreté de jugement et une netteté de principes qui font également honneur à l'esprit et au caractère de l'auteur.

2. Trois administrations, l'administration des postes, des tabacs, du timbre, ont réalisé cette idée et s'en applaudissent; les rapports des inspecteurs constatent que les bureaux les mieux tenus sont tenus par des femmes.

mesure humaine, et que la France ne serait plus déshonorée par le spectacle scandaleux d'ouvriers et d'ouvrières réunis dans un travail commun; que dis-je, entassés pêle-mêle dans un même dortoir comme des Bohémiens. Pourquoi certaines spécialités de l'art médical ne seraient-elles pas accessibles aux femmes? La chirurgie opératrice, science positive et matérielle, exige une hardiesse d'exécution, une fermeté de main, une force d'insensibilité qui en excluent naturellement les femmes; mais la médecine les appelle au nom de tout ce qu'elle a de conjectural et de variable. Comme science théorique, elle repose sur l'observation; qui pourrait contester aux femmes leur supériorité d'observatrices? Comme science pratique, elle s'appuie sur la connaissance des individus; qui connaît aussi bien les particularités de chaque être qu'une femme? Un médecin illustre a dit : « Il n'y a pas de maladies, il y a des malades. » Ce seul mot donne aux femmes le grade de docteur. Si, en effet, et l'expérience le démontre chaque jour, le même mal revêt chez deux malades différents deux formes si différentes, que le remède qui guérit l'un tuerait l'autre; si une des sciences du médecin doit être la science du tempérament de son malade, de son âge, de son caractère, les femmes, avec leur merveilleux sentiment de l'individuel, apporteraient au traitement des maladies une finesse divinatrice et un art de manier les esprits où nous n'atteindrons jamais. Les maladies nerveuses, surtout, ces fléaux insaisissables que la civilisation multiplie chaque jour davantage, trouveraient dans le génie féminin le seul adversaire qui puisse les saisir et les combattre. Les femmes les guériraient parce qu'elles les connaissent; la science de la guérison n'est si souvent que la science de la douleur ! Enfin, la médecine, au contraire de la chirurgie, peut tirer de la sensibilité du cœur mille ressources inattendues. Le cœur aiguise le coup d'œil, active la force d'invention, imagine des allégements souverains ; le cœur fait un remède de la parole elle-même. Trop souvent, on le sait, la puissance du médecin se borne à consoler ou à tromper. Appelez donc les femmes au chevet du malade, ne fût-ce que pour y représenter l'espérance.

A tant de bienfaits, quels motifs de refus oppose-t-on ? Que les femmes ne peuvent s'élever jusqu'à la hauteur des études médicales? En quoi cette étude, toute d'observation, comme nous l'avons dit, dépasse-t-elle l'intelligence féminine ? Que les travaux anatomiques compromettraient leur santé? Toutes les professions manuelles permises aux femmes sont plus rudes et plus meurtrières. Que cette vie continuelle avec les infirmités physiques répugne à leur délicatesse? A quel sexe appartiennent les sœurs de charité? Qu'elles manqueraient d'autorité sur leur malade? C'est la faiblesse des malades qui fait l'autorité des médecins ; donc, que la main qui interroge le pouls soit une main virile ou une main féminine, le malade tremblera toujours comme devant son juge. Dira-t-on enfin que la pudeur serait blessée de voir les femmes mêlées à tous ces détails de douleurs matérielles ? Mais la pudeur même exige qu'on appelle les femmes comme médecins, non pas auprès des hommes, mais auprès des femmes ; car il y a un outrage éternel à toute pureté, c'est que leur ignorance livre forcément à l'inquisition masculine le mystère des souffrances de leurs sœurs[1].

---

[1]. Notre vœu commence à être exaucé. Depuis que ce livre a été

Enfin deux états sont encore dévolus légitimement aux femmes :

La carrière des lettres.

La carrière de l'enseignement.

Pour la première, le progrès est réalisé, et le reste de ridicule qui s'attache encore au titre de femme auteur tombera devant le mérite de celles qui le portent ou le porteront. Mais pour vaincre ce que ce préjugé peut avoir de juste, les femmes doivent circonscrire dans des limites sévères l'emploi de leur talent, et s'emparer surtout de la place laissée vide par les hommes.

Il est toute une série d'ouvrages destinés à former le fonds de la conscience publique, ouvrages de morale et d'éducation, qui ne peuvent prendre que sous la plume des femmes la forme persuasive et touchante qui les fera passer dans les mœurs. Les Fénelons manquent dans notre littérature parce que les femmes en sont exclues. Qui peut pénétrer et décrire les délicieux mystères de l'enfance? qui peut traduire les charmes de la vie de famille en préceptes, en hymnes poétiques, en ouvrages d'imagination? qui peut dépeindre tous les devoirs, toutes les difficultés, toutes les joies de l'éducation maternelle, si ce n'est l'épouse et la mère? A elles d'être

---

écrit, plusieurs femmes se sont fait recevoir docteurs en médecine. Une notice très-intéressante, publiée dans la *Revue européenne* du 15 mars 1860, nous parle de miss Élisabeth Blackwell, qui a obtenu, après examen, l'autorisation d'exercer la médecine en Angleterre. Miss Blackwell avait fait ses études en France, sous la direction d'un de nos professeurs d'accouchements les plus distingués, M. le docteur Blot. Le journal *le Globe*, dans son numéro du 4 avril dernier, mentionne également la nomination au titre de médecin d'Élisabeth Garrett. Ce ne sont là, certes, que de bien rares exceptions; mais c'est ainsi que les préjugés tombent. Si les exceptions confirment la règle, on peut dire aussi qu'ils la commencent.

les poëtes et les moralistes du foyer domestique, comme elles en sont déjà les bons anges ! L'admirable ouvrage de madame Necker de Saussure, grave comme la parole d'un honnête homme et charmant comme l'entretien d'une honnête femme, réalise toutes ces espérances[1]. Les femmes doivent toujours avoir ce modèle devant les yeux, car la pratique des lettres les menace d'un danger plus sérieux que le ridicule, d'un mal plus profond que le pédantisme. L'artiste, dans la plus noble signification de ce nom, est longtemps apparu au monde comme un être enthousiaste, désintéressé, irréfléchi, prodigue ; enfant parfois, mais enfant sublime. Un examen sévère fait cruellement disparaître ces illusions. Autant l'artiste est grand lorsqu'il crée, autant il est parfois misérable quand il ne fait plus que vivre ; deux passions corruptrices rôdent autour de lui et l'envahissent, s'il ne se défend avec une énergie désespérée : l'avidité et la vanité ! Jadis l'écrivain était vénal parce qu'il était famélique ; il l'est trop souvent aujourd'hui parce qu'il est cupide ; et quant à la vanité, elle ronge un à un dans le cœur tous les sentiments désintéressés. Un illustre poëte anglais voit arriver chez lui un de ses jeunes disciples, éperdu de douleur. « Qu'avez-vous ? — Je viens de perdre ma mère. — Profitez du moment où votre douleur est toute chaude, pour la peindre ; faites des vers sur votre mère. » Le mot est affreux, mais plein de vérité. Voulez-vous juger l'artiste à fond, étudiez sa vieillesse ; comme il n'y a

---

[1]. N'oublions pas non plus le beau livre de madame de Rémusat sur l'éducation ; les écrits de madame Guizot ; tout ce qui est sorti de la plume de madame Belloc et de mademoiselle Montgolfier ; n'oublions pas surtout la femme qui a su le mieux être à la fois poëte et mère de famille, madame Tastu.

plus alors autour de lui ni le lustre du talent, ni le prestige de la renommée pour faire auréole, son cœur se voit à nu, et ce qu'on y découvre inspire une pitié profonde. Toujours penché vers ce monde qui le délaisse pour écouter s'il n'arrive pas encore jusqu'à lui un dernier écho de son nom, comptant avec amertume les triomphes qui ne sont pas les siens; tantôt accablé du sentiment de son impuissance, tantôt gonflé d'un orgueil ridicule pour des œuvres avortées qui l'eussent fait rougir autrefois; conduit par la vanité à l'envie, par l'envie à la haine; accusant éternellement l'ingratitude humaine, lui qui n'a jamais travaillé que pour lui seul, il se débat avec désespoir au milieu de ce silence et de cette obscurité que chaque jour augmente. Vainement les plus doux liens du cœur, une femme, un fils, offrent-ils à son abandon le refuge des sentiments de la famille; il a immolé les affections au culte de la pensée; Dieu le punit en le rendant incapable d'affection. L'étude même de son art, les livres, les chefs-d'œuvre des maîtres épars autour de lui, ne lui apportent ni consolation, ni enthousiasme, car ce qu'il aimait dans les lettres, ce n'était ni les lettres mêmes, ni un moyen d'être utile aux autres; c'était l'instrument de sa vanité; l'artiste admire peu généralement, sauf ses ouvrages.

Ce tableau, qui n'est pas une satire, doit nous inspirer des craintes pour les femmes auteurs. Une fois engagées dans cette voie fatale, pourront-elles se défendre de cet entraînement auquel ne résistent qu'à peine et qu'à moitié les plus énergiques et les plus avertis? Elles, dont l'imagination s'enivre si vite, et dont cependant la supériorité est dans l'excellence du cœur, ne vont-elles point perdre, à la poursuite de cette gloire incertaine, les dons les plus éminents de leur nature ? Le péril est réel ; pour s'en préserver, un seul moyen leur reste : ne jamais regarder l'art comme la vie même, mais comme un accident et une parure dans la vie ; parler quand elles ont quelque chose à dire, se taire quand elles l'ont dit ; sacrifier tout, même leur renommée, à leurs obligations de filles, d'épouses et de mères ; se dire sans cesse qu'au-dessus de la pensée il y a le cœur, au-dessus de la gloire le dévouement ; que savoir n'est rien, que briller n'est rien, et que toute la destinée d'une femme se résume dans un seul mot : aimer! A ce prix, mais à ce prix seul, les femmes pourront être femmes de lettres sans cesser d'être femmes, et le monde n'aura pas à leur reprocher une occupation qui agrandira le domaine de la pensée publique, sans rien coûter à leurs devoirs privés.

Reste l'enseignement[1]. Quant à cette profession, elle appartient aux femmes par droit de vocation et par droit de conquête. Ce fait caractéristique et charmant mérite de nous arrêter.

Nos aïeules ne savaient pas lire ; l'ignorance était une distinction de plus chez les femmes nobles, une nécessité pour les pauvres femmes. Cependant une jeune fille en Italie et une jeune veuve en France formèrent presque en même temps le projet d'élever des jeunes filles et des institutrices de jeunes filles[2]. Ce n'était rien moins qu'une révolution ; et, chose assez rare, celles qui la firent le comprenaient : « Il faut, disaient-elles,

---

1. Parmi les écrivains qui ont jeté le plus de lumière sur cette question citons MM. Plée, Jourdan et Sauvestre, dont les articles ont été justement remarqués dans le *Siècle* et l'*Opinion nationale.*
2. *Chronique des Ursulines*, t. I, chap. I.

« renouveler par la petite jeunesse ce monde corrompu ;
« les jeunes réformeront leurs familles, leurs familles
« réformeront leurs provinces, leurs provinces réfor-
« meront le monde. » — Nouvelle par son but, cette
institution le fut dans ses règles. Pas de rigueurs excessives, pas de jours consacrés tout entiers à la prière
et aux oisives extases. Une de leurs patronnes fut Marie
la Travailleuse [1]. Mademoiselle de Sainte-Beuve, première fondatrice des Ursulines de France, acheta au
faubourg Saint-Jacques une maison où elle installa des
sœurs avec deux cents externes [2], puis elle se logea dans
un appartement contigu à son cher couvent, avec une
porte qui y conduisait, un parloir ouvrant sur le jardin,
et une fenêtre d'où elle pouvait suivre de l'œil toute
cette jeune parenté sortie, comme elle le disait, non de
ses entrailles, mais de son cœur. S'il lui venait quelques
nobles visiteurs (elle avait dans sa jeunesse brillé à la
cour), sa plus vive joie était de les conduire à cette fenêtre et de leur montrer ses chères filles travaillant.
Le choix des maîtresses n'était réglé, ni par la noblesse,
ni par la position ; même, à mérite égal, mademoiselle de Sainte-Beuve nommait de préférence, comme
institutrices, les plus destituées de biens et de naissance.
Son caractère répondait à ses actions ; elle était gaie et
ne s'en cachait pas, elle aimait la vie et ne s'en défendait pas. Il n'y a que les misérables et les désespérés,
disait-elle, qui puissent avoir en horreur ce qui est un
présent de Dieu. Quand elle mourut, ses religieuses, par
une touchante habitude, qui semble une idée venue

---

1. *Chronique des Ursulines*, t. I, ch. 1.
2. *Vie de mademoiselle de Sainte-Beuve.*

d'elle-même (nos regrets prennent souvent quelque chose du caractère de ceux que nous regrettons), ses religieuses continuèrent pendant un an à mettre son couvert au réfectoire, et à servir, devant la place qu'elle occupait, sa part accoutumée, pour la distribuer ensuite aux pauvres. Enfin, quand on fit son portrait, ses filles voulurent qu'elle fût représentée devant sa fenêtre, les yeux fixés sur un jardin rempli de ruches, et qu'au bas on écrivît ces mots : *Mère d'abeilles*. Ce nom dit tout : mère d'abeilles, fondatrice de travailleuses. Ne semble-t-il pas que le contraste d'une vie si paisible et si sensée avec les fougueuses et douloureuses vocations des sainte Thérèse annonce une régénération bienfaisante, et que cette existence s'empreint, dans sa douceur, du calme et de la sérénité du nouveau dieu intronisé parmi les femmes, le travail? Bientôt, en effet, ainsi que tous les établissements sur lesquels repose l'avenir, la fondation des Ursulines prit un développement immense, les ruches essaimèrent. Mademoiselle de Sainte-Beuve avait jeté les bases de la première maison vers 1594; en 1668, la France en comptait déjà trois cent dix, toutes s'élevant avec mille intéressants détails de vocation irrésistible, de luttes cruelles et de triomphe.

A Clermont [1], trois pauvres filles de service que devaient occuper tout entières, ce semble, les soucis de la pauvreté, se sentirent pressées du désir d'élever des jeunes filles. Seulement il y avait un obstacle à leur dessein; elles ne savaient ni lire ni écrire. Cet obstacle ne les arrêta pas; elles apprirent les premiers principes, de deux petits enfants de douze ans, écoliers encore, et

---

1. *Chronique des Ursulines*, t. I, fondation de Clermont.

dix-huit mois après, leurs économies réunies payaient les frais de la première fondation des Ursulines à Clermont. A Dijon, la fondatrice fut la fille d'un conseiller au parlement, mademoiselle Françoise de Saintonge, et le récit de ses douleurs remplirait presque un livre. D'abord son père ne lui donne son adhésion qu'après s'être assuré, par une consultation de quatre docteurs, qu'instruire des femmes n'était pas une œuvre du démon [1]; puis bientôt, effrayé de voir toute la ville se soulever contre elle, et les enfants la poursuivre, dans la rue, de cris et de pierres, il lui retire son consentement. Mais Françoise, avec cinquante livres, qui formaient tout son bien, loue une maison et s'y retire un jour de Noël, à minuit, avec cinq jeunes filles qui s'étaient adjointes à elle. Arrivée en ce lieu, elle leur dit : « C'est « ici que nous fonderons la première maison d'Ursu-« lines à Dijon ; seulement, comme j'ai dépensé tout ce « ce que je possédais pour payer la location d'une « année, il nous faudra passer cette nuit en prières, car « nous n'avons pas de lit [2]. » Il ne se trouvait, en effet, dans ce logis, ni coucher, ni feu, ni pain, et elles y demeurèrent jusqu'au lendemain soir, jeûnant et frissonnant, mais fondatrices. Le soir, M. de Saintonge, pris de pitié, leur envoya les restes de sa table. Leur premier repas fut un repas de mendiantes. Eh bien, douze ans après, la ville de Dijon retentissait de cris de fête et de joie ; les cloches sonnaient, les rues étaient jonchées de fleurs ; d'une maison de chétive apparence, sortaient, en procession, cent jeunes filles, vêtues de blanc, avec

---

1. *Chronique des Ursulines*, t. I, fondation de Dijon.
2. *Ibid.*

des cierges en main ; devant elles marchait, comme un ange conducteur, une vierge de leur âge, magnifiquement habillée, et portant sur ses épaules un manteau tout semé de perles et de diamants; enfin, en tête de ce cortége, on voyait, revêtus de leurs costumes, tous les conseillers du parlement, avec huissiers devant pour écarter le peuple... Quelle était donc cette petite maison ? Où cette procession se rendait-elle? Pourquoi cette jeune fille magnifiquement vêtue? Pourquoi ce concours de magistrats? Cette petite demeure était le premier asile de mademoiselle Françoise de Saintonge; ces cent jeunes filles étaient ses élèves, cette procession se dirigeait vers un magnifique établissement acheté par les Ursulines de la ville de Dijon, et cette jeune vierge, si splendidement habillée que, selon le dire d'un chroniqueur, l'éclat de ses pierreries éblouissait les yeux, cette jeune vierge était la représentation de ces paroles de l'Évangile : « Ceux qui enseigneront brilleront ainsi que des étoiles ! »

Voilà ce que les femmes ont fait pour les femmes. Voilà comment s'est inaugurée en France l'éducation féminine : éducation toute de catéchisme, j'en conviens; enseignement de litanies, il est vrai; mais le principe était créé, le germe était jeté, et le monde voyait se manifester devant lui ces deux faits si nouveaux, les femmes élèves et institutrices. De là tout l'avenir d'alors, qui est presque le présent d'aujourd'hui. On demande ce que deviendront les jeunes filles pauvres? Qu'elles enseignent ! qu'elles se fassent, non pas institutrices privées, ce qui ressemble toujours à une servitude, mais professeurs. Déjà Paris seul renferme aujourd'hui plus de trois mille professeurs de musique qui sont des femmes. Pas une ville de province, si petite qu'elle soit, qui n'appelle, en leur assurant des avantages, une ou deux femmes musiciennes dans la ville. Les femmes enseignent l'anglais, l'italien, le français, même l'histoire Je connais un vieux magistrat qui a pour seul soutien, ce qui était jadis une charge accablante, trois filles. Toutes trois partent dès le matin pour ne revenir que le soir, après dix heures de travail, et les fruits réunis de leurs occupations font vivre leur père et commencent leur dot. Plus d'un préjugé, je ne l'ignore pas, attache encore à cette noble profession une sorte d'infériorité, et plus d'une juste prévoyance y découvre des occasions de fautes ou des atteintes à la délicatesse féminine ; mais, préjugés et craintes légitimes d'; paraîtront devant la pratique même de cette vie de travail, et les femmes, épurées par la mâle jouissance du pain gagné, obtiendront justement le droit d'enseigner, et en seront dignes. Déjà la Sorbonne est vaincue ; la grave et masculine Sorbonne, qui exclut encore les femmes de ses cours et ne songe pas à leur ouvrir de colléges, a institué pour elles un concours, des examens, et leur distribue des diplômes et des grades. Chaque année, au mois d'août, s'assemblent trois inspecteurs de l'université, deux prêtres catholiques, un ministre protestant, le grand rabbin, trois dames inspectrices, et devant ces juges paraissent cent quarante ou cent cinquante jeunes filles ou veuves, s'offrant à subir des épreuves complexes ou difficiles pour acquérir le droit d'instruire les filles du peuple. La nécessité d'établir un corps enseignant parmi les femmes, et le besoin qu'elles éprouvent de se relever par l'instruction reçue et donnée, se manifestent sous mille formes intéressantes. La fille d'un de nos plus grands poëtes modernes a passé les examens de la Sorbonne, rien que pour l'honneur de les avoir passés ; la fille d'un des premiers fonctionnaires de Paris, femme d'un haut rang et d'un grand esprit, a été s'asseoir incognito sur les bancs de l'école d'enseignement. Chaque matin, à cinq heures, en hiver, elle arrivait à pied, quel que fût le froid, à la halle au blé où se faisait le cours, et là, mêlée à la foule des pauvres femmes qui cherchent dans l'enseignement primaire un moyen d'existence, elle venait apprendre le métier de professeur. Pourquoi ? Pour avoir le droit, non-seulement d'établir mais de diriger elle-même une école communale dans le village voisin de son château ; or, comme elle ne voulait rien devoir à la faveur, elle cacha son nom, qui lui eût rendu tous les accès faciles, et subit toutes les conséquences de sa pauvreté apparente, pour exercer et surtout mériter les fonctions d'institutrice populaire. Paris compte près de quatre-vingts écoles gratuites qui sont surveillées par quatre inspectrices, qui emploient deux cents maîtresses, et qui élèvent, chaque année, quinze mille jeunes filles pauvres. Institutrices et disciples rivalisent d'ardeur ; les écoles primaires de jeunes filles, au dire d'un inspecteur, sont d'un tiers plus fortes comme instruction que les écoles primaires des jeunes garçons. Aux enfants se mêlent des femmes de quarante à cinquante ans, qui trouvent qu'il n'est jamais trop tard pour apprendre, et le prouvent en réussissant. J'ai vu, à une des écoles du soir du faubourg Saint-Martin, un tableau qui eût inspiré Greuze : une petite fille de douze ans était assise entre deux femmes, l'une déjà loin de la jeunesse, l'autre déjà vieille et en cheveux blancs ; l'enfant leur montrait à lire à toutes deux, elle leur servait de monitrice. Or, quelles étaient ces deux femmes ? Sa mère et sa grand'mère !

Courage donc, courage, vous tous et vous toutes qui gémissez de la longue sujétion féminine ! L'œuvre du progrès est commencée et ne s'arrêtera plus. Les écoles primaires président les écoles professionnelles ; les écoles professionnelles préparent les athénées ; les athénées appelleront les écoles normales ; les écoles normales nécessiteront une université féminine, et soudain se développe devant nous la perspective de plusieurs millions de jeunes filles élevées dans toute la France par plus d'un millier de femmes, trouvant dans cette éducation, les unes une préparation à leur rôle de mère, les autres un instrument de travail ; celle-ci, une position élevée dans les professions permises aux femmes, celle-là un titre à des fonctions nouvelles ; toutes, la lumière, c'est-à-dire l'émancipation ; le travail, c'est-à-dire la vie !

CHAPITRE V

LES FEMMES DANS L'ÉTAT

Les fonctions qu'on peut remplir dans l'État sont de deux sortes : sociales ou politiques. Nous adopterons cette division dans ce chapitre.

Les couvents ont toujours été regardés comme des prisons pour les femmes, et nul lieu n'a entendu, en effet, plus de sanglots et de légitimes cris de révolte ; les femmes n'ont cependant été libres que là, car là seulement elles ont pu montrer ce qu'elles valaient. Une femme, puissante par le cœur et par l'esprit, étouffait dans la geôle du mariage germain ou féodal; dans les cloîtres, elle vivait, elle agissait; supérieure ou chef d'ordre, elle gouvernait. Qui veut juger les femmes doit lire l'histoire des grandes fondations religieuses. Des biens à administrer, des âmes à diriger, des règlements à établir, des voyages à entreprendre, des procès à soutenir, des mémoires à rédiger, tout ce qui constitue enfin le mécanisme des fonctions sociales, sinon politiques, devient pour elles une nécessité, et de cette nécessité elles font une longue suite de vertus.

L'abbaye de Fontevrault nous montre, si l'on peut parler ainsi, toute une série d'hommes éminents dans la succession de ses abbesses supérieures; les religieux s'y trouvaient, comme on le sait, vis-à-vis des religieuses, dans des rapports de soumission, de déférence, même d'obéissance [1].

L'abbesse avait le titre de général de l'ordre.

L'abbesse administrait seule les biens de la communauté.

L'abbesse pouvait seule recevoir une adepte en religion.

L'abbesse décernait les peines ecclésiastiques et civiles.

L'abbesse choisissait les confesseurs pour les diverses maisons de l'ordre.

Les prieures commandaient aux prieurs, et les religieuses aux religieux, comme l'abbesse à l'abbé. Partout, dans tous les monastères de l'ordre, comme dans toutes les fonctions des monastères, la supériorité féminine. Les religieux bêchaient la terre et n'en récol-

1. *Vie de Robert d'Arbrissel.*

taient pas les fruits; c'étaient les religieuses qui leur faisaient passer par un tour leur nourriture comme une aumône. Les débris mêmes de leurs repas ne leur appartenaient point; il fallait qu'ils les rendissent aux religieuses, qui les distribuaient aux pauvres.

Cette concentration des pouvoirs administratifs dans la main des femmes nuisait-elle à la prospérité de l'institut? Non; aucune congrégation ne fut plus riche et plus illustre. Les ennemis ne lui manquèrent pas cependant; pendant six cents ans et sous trente-deux abbesses, pas un seul de ces priviléges qui n'ait été attaqué par l'orgueil ou la violence masculine, et pas un qui n'ait été maintenu par l'énergie des femmes[1].

C'est la première abbesse Pétronille qui, engagée dans un conflit avec le puissant évêque d'Angers, le cite devant le concile de Châteauroux et de Poitiers, y plaide la cause de son ordre et la gagne.

C'est, en 1349, l'abbesse Théophégnie qui refuse au sénéchal du Poitou le droit de juger les religieux de Fontevrault, et le conquiert pour elle-même.

C'est, en 1500, Marie de Bretagne, qui, unie aux délégués du pape, trace d'une main ferme et sûre les nouveaux statuts de l'ordre.

Je cite l'institut de Fontevrault, j'en pourrais citer deux cents autres; car il ne s'agit pas ici de quelques traits isolés, ni de femmes supérieures; c'est par milliers, c'est dans tous les siècles du monde moderne, dans tous les ordres religieux que les femmes ont déployé de véritables qualités d'organisatrices. Parlerons-nous de

---

1. Pièces sur Fontevrault. — *Histoire des abbesses supérieures de Fontevrault.*

sainte Thérèse, cette pauvre carmélite déchaussée, comme elle s'appelle elle-même, chargée de patentes, pleine de bons désirs, mais dénuée de moyens de les exécuter, et qui parvient seule, sans secours, à fonder vingt monastères en Espagne [1]? Nommerons-nous Héloïse, qui, dans le gouvernement du Paraclet, montre un talent de directrice si délicat et si élevé? Mentionnerons-nous la compagnie des filles de la Charité, qui tantôt allaient par troupes de dix, vingt, trente, sur les champs de bataille pour soigner les blessés, comme dans les guerres de 1650 et de 1658; tantôt partaient pour les contrées étrangères, afin de combattre les fléaux publics, comme pendant la grande peste qui dépeupla Varsovie en 1652? Une de ces filles y fit un acte sublime : mourante elle-même, et ne pouvant plus se rendre auprès des mourants, elle les faisait apporter chez elle, à côté de son lit, pour panser leurs plaies, et elle mourut dans le moment même où elle en saignait un [2].

Enfin l'histoire de Port-Royal nous offre, dans les femmes libres d'agir, tous les genres de fermeté et d'esprit de conduite. Quel spectacle que celui de quarante-sept religieuses jetées en captivité, privées de la communion, et luttant, plutôt que de signer un acte contraire à leur conscience, luttant contre une supérieure ennemie qu'on leur impose, contre une sous-supérieure espionne, contre l'archevêque, mais toujours dignes, calmes, et arrachant à monseigneur de Paris cet aveu, qui témoigne de leur grandeur plus encore que de sa

---

1. *Vie de sainte Thérèse*, fondation des monastères de Valladolid, Burgos, etc.
2. *Vie de Louise de Marillac*, veuve de M. Legras, fondatrice de la compagnie des filles de la Charité.

colère : « Vous êtes pures comme des anges et savantes comme des théologiennes, mais orgueilleuses comme Lucifer! » Pour les réduire, l'archevêque arrive au couvent avec quatre-vingts archers, le mousquet sur l'épaule. Elles tressaillent de joie et espèrent le martyre. On les arrache les unes aux autres ; celles-ci sont emmenées et captives ; celles-là restent et sont accablées d'humiliations ; mais rien ne peut ébranler ces jeunes courages. Elles rédigent des mémoires ; elles plaident leur cause par leurs écrits et par leurs actes, et après huit ans de lutte où pas un homme ne leur prête appui, ces héroïnes de la conscience demeurent victorieuses du pouvoir spirituel et du pouvoir temporel[1].

Tant de marques de fermeté, de talent administratif, de sentiment du devoir, d'esprit des affaires, de charité active, de bon sens pratique, tant de mérites de toutes sortes déployés pendant plusieurs siècles par les femmes en masse dans la seule carrière sociale qui leur fût ouverte, tranchent, ce me semble, la moitié de la question que nous nous sommes posée dans ce chapitre. Les femmes doivent avoir une part dans les fonctions sociales au nom de l'intérêt social lui-même. Mais quelle doit être cette part? Dans quelle mesure doit se faire le partage? A quel moment? Est-ce sur tous les points? Est-ce en proportions égales? Ici la question change tout à fait de face.

D'abord nous ne sommes pas de ceux qui proclament, comme une règle absolue, l'application immédiate et complète de tout droit légitime. Rien, au contraire, ne

---

[1]. Voyez, dans les pièces sur Port-Royal, les admirables relation de la mère Agnès, Angélique, etc.

nous paraît souvent demander une réalisation plus mesurée et plus progressive. En outre, la différence de nature de la femme doit nécessairement se reproduire dans son mode d'action. Appeler les femmes concurremment avec les hommes dans les fonctions viriles, ce serait anéantir d'une autre façon le génie féminin ; ce serait ramener les femmes à l'assujettissement en les condamnant à l'infériorité. Il faut qu'elles fassent ce que les hommes ne font pas, ou ce qu'ils font mal. Les fonctions de ce genre ne manquent pas.

Tous les économistes n'ont qu'un cri : Les hôpitaux ne sont pas inspectés, les bureaux de bienfaisance ne sont pas administrés. Les secours manquent moins aux établissements que les distributeurs aux secours. L'État paye, et le malade est mal nourri ; les individus donnent, et les indigents sont mal secourus. La cause en est simple. Quels sont les directeurs du conseil des hospices ? De hauts fonctionnaires pour lesquels cette édilité, qui suffirait à l'emploi d'une existence tout entière, n'est qu'un détail. Quels sont les inspecteurs ? Des hommes de cœur et d'intelligence, mais qui ne savent pas ce que c'est qu'un lit bien fait, une buanderie bien tenue, une lingerie bien en ordre, un pot-au-feu cuit avec soin ; qui ne sont pas femmes enfin. Quel est le directeur suprême des bureaux de bienfaisance ? Le maire de Paris, c'est-à-dire l'homme qui a pour tâche de veiller sur Paris tout entier. Qui les administre ? Des députés, des banquiers, de grands négociants, tous gens pour qui ces fonctions ne sont qu'une croix d'honneur de plus.

Qu'en advient-il ? Interrogez les scènes honteuses qui éclataient, il y a quelques mois à peine, devant les bureaux de bienfaisance les jours où avaient lieu les distributions de bons de pain. Le croirait-on ? Un seul homme était chargé de délivrer, en quelques heures, plusieurs centaines de ces bons. Dès le jour levé, arrivait devant cette porte une foule affamée d'enfants et de femmes en haillons. Pas de salle pour les abriter pendant cette journée d'attente, pas même de paille sur le pavé de la rue; la pluie et la neige tombaient sur leur corps et baignaient leurs pieds. Chaque demi-heure, lorsque la porte du bureau s'ouvrait, c'étaient des cris effroyables, des hommes qui frappaient les femmes pour entrer avant elles, des vêtements mis en lambeaux, des membres brisés dans l'embrasure de la porte. J'ai vu un ouvrier donner un soufflet à une femme en cheveux blancs ; j'ai vu une femme enceinte s'évanouir à moitié étouffée ; une jeune enfant de douze ans, qui avait conquis la première place par six heures d'attente, fut si violemment refoulée contre la muraille, qu'elle tomba meurtrie, et qu'on l'emporta à demi-morte.

Ces scandales ont disparu, je le sais; mais il s'en reproduira d'autres, tant que les femmes ne seront pas mises à la tête de tout le trésor de la charité. A elles, l'administration de tous les hospices (la direction de l'hôpital de la Maternité est confiée à un homme!). A elles la tutelle légale des enfants trouvés ; à elles la surveillance de leur apprentissage et de leur éducation; à elles enfin l'organisation de tous les bureaux de bienfaisance! Je voudrais plus : il faudrait que ces fonctions fussent pour elles non-seulement un honneur, mais un devoir.

Une lettre éloquente écrite à la Convention, l'an II de

la République, par une femme jeune et belle, bien obscure alors, bien célèbre depuis, expliquera ma pensée.

« Citoyens représentants, écrivait-elle, dans une ré-
« publique, tout doit être républicain ; et nul être doué
« de raison ne peut sans honte s'exiler ou être exilé de
« l'honorable emploi de servir la patrie. Tous les hom-
« mes payent leur dette à la France ; ou ils défendent le
« sol natal contre l'étranger, ou ils veillent, sentinelles
« assidues, autour de la demeure des citoyens, et mon-
« tent la garde dans nos murs, pour écarter les dan-
« gers qui peuvent menacer leurs frères. Citoyens re-
« présentants, les femmes demandent une charge pa-
« reille ! Toutes, elles veulent faire la garde autour des
« malheureux pour écarter d'eux le besoin, la douleur
« et le sentiment anticipé de la mort, plus affreux que
« la mort même. Il faut que toutes les jeunes filles,
« avant de prendre un époux, aillent, pendant un an
« au moins, passer quelques heures chaque jour dans
« les hôpitaux, dans les bureaux de bienfaisance, dans
« tous les asiles de la pauvreté, afin d'y apprendre à
« changer l'émotion passagère et stérile de leur natu-
« relle compassion en un sentiment actif, afin de se-
« courir les malheureux sous les lois d'un régime orga-
« nisé par vous. Voilà leurs devoirs et leurs droits
« Elles sont pressées de les voir convertis en décrets
« et d'entrer, à votre voix, dans l'exercice des insti-
« tutions de la patrie.

« Celle qui vous adresse cette lettre, citoyens repré-
« sentants, est jeune, âgée de vingt ans ; elle est mère,
« elle n'est plus épouse, et toute son ambition est de se
« voir appelée, la première, à ces honorables fonc-
« tions. »

Qui avait écrit cette lettre? La marquise de Fontenay. Quelle était cette marquise de Fontenay? La femme qui sauva la ville de Bordeaux du massacre, et arracha Paris au régime de la terreur, madame Tallien. Sa lettre ne nous paraît pas seulement admirable d'élan et de cœur, il y règne une pensée profonde.

Pour rattacher les femmes à la France, il ne faut pas seulement leur y créer des droits, il faut surtout leur y chercher des devoirs. L'image de la patrie est d'autant plus vivante dans les cœurs qu'on en fait l'objet d'un culte plus rigoureux. On aime son pays en raison de ce qu'on lui donne. Pour inspirer à la femme l'amour de la France, lions-la donc à la France par le nœud sacré d'une dette. Or, quelle dette plus sacrée et plus douce que cette conscription? Il conviendrait d'entourer l'inauguration de ces emplois de cérémonies solennelles et touchantes; il faudrait instituer des grades, des récompenses dans cette armée comme dans l'autre; il faudrait que les femmes prêtassent serment de fidélité, non à la République ou aux lois, mais à Dieu et aux pauvres, et qu'elles pussent, enfin, après quelque temps écoulé dans ce noble travail, s'approprier ce beau mot qui signifie à la fois devoir et bienfait, qu'elles pussent dire, ainsi que le soldat : J'ai servi !

Voilà quelques-uns des emplois sociaux qui réclament les femmes; ils ne sont pas les seuls. La ville de Paris confie déjà aux femmes l'inspection de toutes les écoles primaires de jeunes filles et des salles d'asile; nous pourrions demander encore pour elles la surveillance et une partie de la direction des prisons de femmes, mais nous avons hâte d'arriver à la dernière question, le rôle des femmes dans les fonctions politiques.

« Au nom de quel principe, au nom de quel droit,
« disait Condorcet[1], écarte-t-on dans un État républi-
« cain les femmes des fonctions publiques? Je ne le vois
« pas. Le mot représentation nationale signifie repré-
« sentation de la nation. Est-ce que les femmes ne font
« point partie de la nation? Cette assemblée a pour but
« de constituer et de maintenir les droits du peuple
« français. Est-ce que les femmes ne font point partie
« du peuple français? Le droit d'élire et d'être élu est
« fondé pour les hommes sur leur titre de créatures in-
« telligentes et libres. Est-ce que les femmes ne sont pas
« des créatures libres et intelligentes? Les seules limites
« posées à ce droit sont la condamnation à une peine
« afflictive ou infamante et la minorité. Est-ce que
« toutes les femmes ont eu des démêlés avec le procu-
« reur de la république; et ne lit-on pas dans nos lois
« cette déclaration : « *Tout individu des deux sexes, âgé*
« *de vingt et un ans, est majeur?* » Arguera-t-on de la
« faiblesse corporelle des femmes? Alors il faudra faire
« passer les représentants devant un jury médical, et
« réformer tous ceux qui ont la goutte chaque hiver.
« Opposera-t-on aux femmes leur défaut d'instruction,
« leur manque de génie politique? Il me semble qu'il y
« a bien des représentants qui s'en passent. Plus on in-
« terroge le bon sens et les principes républicains,
« moins on trouve un motif sérieux pour écarter les
« femmes de la politique. L'objection capitale elle-
« même, celle qui se trouve dans toutes les bouches,
« l'argument qui consiste à dire, qu'ouvrir aux femmes
« la carrière politique, c'est les arracher à la famille,

---

1. *Journal de la Société de* 1789, n° 5, juillet 1790.

« cet argument n'a qu'une apparence de solidité. D'a-
« bord il ne s'applique pas au peuple nombreux des
« femmes qui ne sont pas épouses, ou qui ne le sont
« plus ; puis, s'il était décisif, il faudrait au même titre
« leur interdire tous les états manuels et tous les états
« de commerce ; car ces états les arrachent par milliers
« aux devoirs de famille, tandis que les fonctions poli-
« tiques n'en occuperaient pas cent dans toute la France.
« Enfin, une femme célèbre trancha la question par un
« mot sublime : « La femme a le droit de monter à la
« tribune, puisqu'elle a le droit de monter à l'écha-
« faud ! »

Ces arguments semblent sans réplique au nom du droit dans une république. Défendre aux femmes toute intervention dans les affaires publiques, c'est évidemment violer le principe républicain lui-même.

Cependant une question de fait et d'expérience viendrait ici se mêler, même quand nous serions encore en république, à la question de principe, et la compliquer. Les femmes ont pénétré, sous la révolution, dans le domaine politique, elles y ont occupé en masse et pendant trois ans plusieurs des fonctions viriles : la presse, les clubs, l'émeute, les champs de bataille les ont vues au premier rang comme nous, cette expérience leur a-t-elle été favorable ? C'est ce qu'un rapide examen va nous démontrer.

J'ouvre les mémoires du temps, j'interroge le pittoresque journal de la *Mère Duchesne*, et j'y lis ces paroles expressives, auxquelles je laisse toute leur verve :

« Avez-vous remarqué, dit la mère Duchesne à sa
« commère la reine Audu, avez-vous remarqué, depuis
« que les femmes respirent l'air de la liberté, quel chic

« ça leur donne! comme ça vous a l'air leste et déluré
« maintenant! Mille-z-yeux comme ça s'efface! Bonnet
« sur l'oreille, à la dragonne, moustache aux tempes
« dans le genre des crocs du père Duchesne, un air d'aller
« à l'abordage, et avec cela de la décence, quelque chose
« qui impose! Voilà comme j'aime les Françaises! J'aime
« à voir mon sexe lutter de courage avec les hommes qui
« autrefois ne les trouvaient bonnes tout au plus qu'aux
« soins domestiques, et les reléguaient comme de jolis
« animaux dans leur ménagerie. Mille tonnerres! elles
« ont prouvé qu'elles pouvaient manier la quenouille et
« l'épée. Comme ça pérore dans les clubs! Jour de Dieu!
« comme ça vous fait valoir ses raisons; un mot n'attend
« pas l'autre; elles vous défilent leur chapelet.. Ah! que
« les plus habiles s'y frottent! Elles vous le relèvent de la
« sentinelle de la belle manière! Quant à moi, je ne me
« mêle pas de parlage, la gourmade est mon fait, et
« puis je suis accoutumée à faire le coup de poing avec
« mon cher époux. Au premier coup de tambour, je
« prends les armes, je lève un escadron de femmes; je
« me mets à leur tête et j'enfonce les bataillons ennemis
« comme du beurre. Les femmes ont fait plus qu'on ne
« pense dans la révolution [1]. »

Après le journal, l'histoire.

Cinq femmes placées à cinq degrés différents résument d'abord pour nous cette intervention féminine dans les offices virils. C'est Marie-Antoinette sur le trône; madame Roland, au pouvoir; Théroigne de Méricourt, au combat; Rose Lacombe, dans les clubs; Olympe de Gouges dans

---

[1]. *Journal de la mère Duchesne.* — Lairtuillier, *Histoire des femmes de la révolution.*

la presse; c'est-à-dire la première comme roi, la seconde comme homme d'État, la troisième comme soldat, la quatrième comme clubiste, la cinquième comme homme politique.

Mille qualités éminentes et nobles brillent dans Marie-Antoinette; elle est courageuse, elle est fière, elle a un grand cœur maternel. Que produisent tant d'heureux dons? La déchéance pour sa race, l'échafaud pour elle et les siens. S'agit-il de mourir, de souffrir, de consoler, c'est-à-dire d'être femme, elle est sublime. S'agit-il de gouverner, c'est-à dire d'être homme, c'est une enfant, la royauté périt par elle.

L'antiquité n'offre pas de plus noble figure que madame Roland; ses opinions sont ardentes et pures comme l'enthousiasme, profondes comme la conviction; son courage touche à l'héroïsme. Quelle épouse! quelle amie! quelle mère! mais, hélas! quel homme d'État. Elle a des sensations politiques au lieu d'idées, et devient la perte de son parti dès qu'elle en devient l'âme.

Olympe de Gouges [1] est le philosophe de ce groupe : le rôle de Sieyès semble son rêve. Il ne lui manque qu'une chose, des principes. Elle se dit nationale, et propose que chaque parti choisisse le gouvernement qui lui convient le mieux. Elle se dit républicaine, et demande une riche liste civile pour le roi. Elle déclare Louis XVI traître, et un an après elle écrit à la Convention pour réclamer le droit de le défendre. Toujours femme en dépit de ses aspirations viriles, elle flotte à la merci de son cœur; une victime à consoler, un malheur à plaindre,

---

1. Olympe de Gouges a écrit plus de vingt volumes sur toutes les questions sociales ; citons seulement : *Mirabeau aux Champs-Élysées* et les *Biographies humaines et politiques*,

renversent tous ses plans d'organisation politique : c'est une artiste en émancipation.

Théroigne de Méricourt se fait soldat. Elle prend le costume d'un homme, les armes d'un homme ; mais en même temps elle fait ajuster une cassolette au pommeau de son sabre, *afin de neutraliser l'odeur du peuple.* Quel soldat !

Rose Lacombe avait fondé et présidait le club des femmes révolutionnaires. Son éloquence tonnait surtout contre les nobles, qu'elle voulait faire en masse destituer de tous les emplois. Le hasard la met en rapport avec un jeune gentilhomme de Toulouse, prisonnier à la Force. Elle se prend d'amour pour lui : voilà son républicanisme disparu ; elle s'acharne contre Robespierre, elle l'appelle *monsieur ;* elle ne veut pas moins que renverser la Commune. La Commune se fâche ; Rose se cache, et trois mois après, un membre de la Convention rencontre sous le péristyle d'un théâtre une jeune marchande accorte, gracieuse, piquante et pleine d'habileté à distribuer ses lacets et ses aiguilles : c'était Rose Lacombe. Quel tribun[1] !

Derrière ces cinq figures principales s'échelonne le peuple nombreux des femmes, combattantes, émeutières, clubistes. Parmi les nombreux clubs de femmes qui surgirent dans Paris dès 90, deux surtout devinrent bientôt célèbres : la Société fraternelle, affiliée aux Jacobins, et la Société des républicaines révolutionnaires, fondée et présidée par Rose Lacombe. Que furent-elles trop souvent ? un instrument dans la main de tous les chefs, elles servirent aux hommes d'arme et de jouet. Sous la Terreur, voulait-on, à la Commune, voter quel

---

1. Lairtuillier, *Histoire des femmes de la révolution.*

que mesure violente, comme l'érection d'une statue à Marat, ou le droit de visite domiciliaire chez les accapareurs, on la faisait d'abord proposer par la Société fraternelle[1]. Voulait-on dominer la discussion à l'Assemblée, étouffer la voix de Vergniaud, on lançait dans les tribunes les républicaines révolutionnaires. Les jours d'exécution solennelle, les premières places autour de l'échafaud étaient réservées aux furies de la guillotine, qui se cramponnaient aux planches des tréteaux pour assister de plus près à l'agonie, couvraient les cris des victimes sous leurs éclats de rire mêlés au bruit de leurs danses; et un poëte, les comparant aux statues-fontaines dont les mamelles versaient de l'eau sur la place de la Bastille, écrivit sur elles ces terribles vers :

> De ces effrayantes femelles
> Les intarissables mamelles,
> Comme de publiques gamelles,
> Offrent à boire à tout passant.
> Et la liqueur qui toujours coule,
> Et dont l'abominable foule
> Avec avidité se soûle,
> Ce n'est pas de l'eau, c'est du sang.

En échange de ces hideux services, les terroristes accordaient plus d'un privilége honorifique aux femmes révolutionnaires : droit de paraître en public, précédées d'un drapeau avec devise; honneurs fraternels de la séance, soit à la Commune, soit aux Jacobins, soit à la

---

1. *Histoire des femmes de la révolution*, par Lairtuillier. — *Procès-verbaux de la Commune de Paris.* — *Journal des Jacobins.*

Convention; permission d'assister aux séances en tricotant. Mais dès que le triomphe du parti fut assuré par l'arrestation des Girondins, une réaction énergique brisa avec mépris ces instruments désormais inutiles; les sarcasmes amers prirent la place des hommages hypocrites.

Le 9 brumaire, Amar, au nom du Comité de sûreté générale, monte à la tribune de la Convention, et dit[1] : « Les femmes peuvent-elles exercer les droits politiques et prendre une part active au gouvernement? Peuvent-elles délibérer, réunies en sociétés populaires? Le comité s'est décidé pour la négative. Exercer les droits politiques, se réunir en sociétés politiques, c'est prendre part aux résolutions de l'État, c'est éclairer, c'est guider; les femmes sont peu capables de conceptions hautes, de méditations sérieuses, et leur exaltation naturelle sacrifierait toujours les intérêts de l'État à tout ce que la vivacité des passions peut produire de désordres. »

La Convention rendit aussitôt le décret suivant :

« Tous les clubs et toutes les sociétés populaires des femmes, sous quelque dénomination que ce soit, sont défendus. »

Certes, on ne peut pas oublier plus vite ses principes et ses alliés.

Quelques jours après, parut à l'Assemblée une députation des républicaines révolutionnaires, pour réclamer contre le décret; mais à peine le premier mot prononcé, toute la chambre se leva aux cris : L'ordre du jour, l'ordre du jour! et les pétitionnaires se retirèrent préci-

1. *Moniteur* du 9 brumaire 93.

pitamment au milieu des huées et des moqueries des spectateurs et des représentants.

Douze jours plus tard, elles se présentèrent à la séance de la Commune de Paris coiffées du bonnet rouge; mais leur seule présence excita des murmures si violents, que Chaumette, se levant, s'écria :

« Je requiers mention civique au procès-verbal des
« murmures qui viennent d'éclater. C'est un hommage
« aux mœurs! L'enceinte où délibèrent les magistrats du
« peuple doit être interdite à tout être *qui outrage la*
« *nature!* »

Un des membres ayant osé dire que la loi permettait aux femmes de rester : « La loi, reprit Chaumette, ordonne
« de respecter les mœurs; or je les vois méprisées ici.
« Depuis quand est-il permis d'abjurer son sexe? Depuis
« quand est-il décent de voir des femmes abandonner
« les soins pieux de leur ménage pour venir sur la place
« publique, dans les tribunes aux harangues, à la barre
« de l'Assemblée? Femmes impudentes qui voulez deve-
« nir hommes, faire des motions, combattre, souvenez-
« vous que s'il y eut une Jeanne d'Arc, c'est parce qu'il
« y eut un Charles VII; le sort de la France n'a pu repo-
« ser dans les mains d'une femme que sous un roi qui
« n'avait pas la tête d'un homme! »

A ces mots, les républicaines révolutionnaires, aussi faibles et aussi craintives que leurs accusateurs étaient inconséquents, ôtèrent le bonnet rouge qui couvrait leur tête, et le cachèrent sous leurs vêtements, ainsi que des écoliers surpris en faute, qui espèrent à force de soumission désarmer la colère de leur pédant.

Ainsi se termina, presque sans opposition, ce rôle politique qui s'était produit sans un seul acte vraiment grand-

Les femmes avaient cependant donné d'admirables exemples à la France depuis quatre ans, mais c'était par des interventions toutes passagères, comme à la fête de la Fédération ou à la prise de la Bastille; c'était surtout à titre de consolatrices, de conciliatrices, de victimes, d'épouses et de mères. Leur énergique et admirable élan des 5 et 6 octobre, que fut-il lui-même, sinon une émeute maternelle? Elles marchèrent afin d'avoir du pain pour leurs enfants : « *Plus de misère !* criaient-elles en revenant, *nous ramenons le boulanger, la boulangère et le mitron !* » Hors ces jours d'ivresse sublime, hors de ces actions toutes de cœur qui sont la poésie de la politique, mais non la politique même, l'intervention des femmes fut ou fatale, ou inutile, ou ridicule.

Cette sincère étude historique, mise en regard des principes posés par Condorcet, nous semble trancher la question : les femmes ne sont pas faites pour être des hommes d'État; toute tentative d'émancipation politique retardera pour elles, nous l'avons bien vu en 1848, leur légitime émancipation dans la famille.

Notre tâche est achevée; nous avons examiné les principales phases de la vie des femmes dans leurs rôles de filles, d'épouses, de mères, de femmes en comparant le présent au passé, et en cherchant à indiquer l'avenir, c'est-à-dire signalant le mal, constatant le mieux, cherchant le bien.

Quel principe nous a servi de guide? L'égalité dans la différence.

Au nom de ce principe, quelles améliorations avons nous demandées dans les lois et dans les mœurs?

Pour les filles :

— Réforme de l'éducation.

— Loi sur la séduction.

— Éloignement de l'âge du mariage.

— Intervention réelle des fiancées dans la rédaction de leur contrat.

— Abolition des sommations respectueuses qui pèsent sur les pères comme une injure, sur les enfants comme une injustice.

Pour les épouses :

— Une majorité.

— Administration et droit de disposer d'une partie de leurs biens particuliers.

— Droit de paraître en justice sans le consentement de leur mari.

— Limitation du pouvoir du mari sur la personne de la femme.

— Création d'un conseil de famille chargé de contrôler cette part de pouvoir.

Pour les mères :

— Droit de direction.

— Droit d'éducation.

— Droit de consentement au mariage de leurs enfants.

— Loi sur la recherche de la paternité.

— Création d'un conseil de famille pour juger les dissentiments graves entre le père et la mère.

Pour les femmes :

— Admission à la tutelle et au conseil de famille.

— Admission aux professions privées.

— Admission, dans les limites de leurs qualités et de leurs devoirs, aux professions sociales.

Les réformateurs absolus trouveront que nous demandons bien peu ; les adorateurs du passé que nous demandons beaucoup ; cela nous fait espérer que nous demandons assez. Il ne s'agit pas ici de révolution, mais de l'œuvre éternelle et continue du progrès : *posterior dies prioris est discipulus*, Aujourd'hui est l'élève d'Hier. Notre faible voix, en plaidant cette cause, n'est donc que l'écho de cette grande voix du genre humain qui retentit sans cesse à travers les siècles pour réclamer l'émancipation progressive des femmes, c'est-à-dire le perfectionnement de la famille. Leurs destinées, en effet, sont unies par un lien indissoluble. Plus la condition de la femme s'élève, plus la puissance de la famille se complète, s'épure. Affranchir l'une, c'est affermir l'autre. Aussi n'ambitionnons-nous pas de plus douce récompense de ce long travail que l'espoir d'avoir apporté notre pierre, si petite qu'elle soit, à cette institution éternelle, et cependant toujours perfectible, qui était avant les sociétés et qui sera encore après elles, qui a fait la force de toutes les civilisations et qui a survécu aux plus terribles bouleversements d'empires, arche sainte flottant au-dessus de tous les déluges, comme le seul débris impérissable de nos périssables sociétés.

FIN DE L'HISTOIRE MORALE DES FEMMES.

TABLE DES MATIÈRES

Préface... v
Histoire morale des femmes. — Dessein de l'ouvrage.... 1

LIVRE PREMIER

LA FILLE

Chap. I. Naissance.. 13
II. Droit d'héritage.. 25
III. L'éducation.. 45
IV. La séduction... 61
V. Jeunesse; âge du mariage............................. 74
VI. Le consentement....................................... 84
VII. Histoire de la dot et du douaire. — Fiançailles. — Mariage.. 105

LIVRE DEUXIÈME

L'AMANTE   121

LIVRE TROISIÈME

L'ÉPOUSE

Chap. I. 141
II. Pouvoir du mari sur les biens....................... 147
III. Pouvoir du mari sur la personne de la femme... 162
IV. L'adultère de la femme et l'adultère du mari..... 179
V. Formation de l'idéal du mariage.................... 195
VI. Le divorce... 218
VII. La femme libre....................................... 238

LIVRE QUATRIÈME

LA MÈRE

Chap. I. De la maternité dans le monde physique et moral.	245
II. Influence du titre de mère sur la condition de la femme.	261
III. Droit de direction.	265
IV. Droit de direction. — Éducation publique et éducation privée.	272
V. Douleurs et crimes de la maternité. — Mères indigentes. — Belles-mères. — Mères infanticides.	291
VI. Le veuvage.	306

LIVRE CINQUIÈME

LA FEMME

Chap. I.	317
II. Parallèle de l'homme et de la femme. — Qualités distinctives de la femme.	333
III. La femme dans la vie de famille.	355
IV. Les femmes dans les carrières professionnelles.	366
V. Les femmes dans l'État.	390

FIN DE LA TABLE.

Imprimerie Lahure, rue de Fleurus, 9, à Paris.

TABLE ALPHABÉTIQUE

Par Noms d'auteurs

A

Albiot 31
Aldrich. 13, 14
Alone 14, 33
Amyot. 21
Anceau. 7
Andersen 18
Anonyme 28
Anquez 32
Antully (d') 28
Arago (E.) 26, 28
Artoni 22
Aston 14, 33
Audeval. 14, 26, 33
Audoynaud 32
Austin 13

B

Badin. 8, 14, 28
Baignières 28
Barberet 26
Barbier (Mme M.) 8
Barbot. 30
Basset 30
Bastide 28
Baude 19, 32
Beaulieu (de) 13
Becker 20
Bédollière (de la) 13
Bellamy (Ed.) 26
Bénédict 8, 14
Bentzon (Th.) 7, 8, 13, 14, 26
Berr de Turique (J.) 7
Berthoud 30
Berlin 13
Bertrand 14, 22
Biart (L.) . 7, 12, 14, 26, 33, 34
Bignon 13
Birot 29
Bixio (Beppa) 28
Blanc 22
Blandy 8, 13, 14, 34
Block (M.) 18, 32
Boissonnas (Mme) . . . 8, 14
Bos 20
Bouchet 22, 32
Boullon 28
Bouniceau 29
Bourdain 30
Bourgoin d'Orli 31
Bousquet 30
Brachet 19, 28
Bréhat (A. de) 8, 14, 32

Casella 20
Cauvain. 7, 14
Cerisy (R. de) 26
Cervantès 26
Cham. 21
Chamfort 26
Charras 28
Château 30
Château-Verdun (de) . . . 13
Chazel. 7, 13, 14
Chauffour 28
Chennevières (de) 28
Cherville (de) 13
Clausius 29
Clément (Ch.) 12, 14
Coinchon 34
Colin (A.) 19
Courtois-Gérard 31
Crémieux 28
Crétin-Lemaire. . . 7, 13, 32

D

Dana 29
Daryl (Ph.) 26
Daudet (A.) 9
Decourcelle 27
Delahante 22
Demanet 29
D'Ennery 11
Dequet 7
Deschanel (Paul) 26
Desnoyers 9, 15
Dessoye 29
Detaille 20
Devillers 32
Dickens 13
Diény 13
Diplomate (Un) 22
Dinée 29
Dollfus 28
Doneaud 30
Doré (Gustave) 21
Dromart 30
Dubail 19
Dubief 30, 31
Dubois (Félix) 9
Dubos 31
Dumas (Alex.) 7, 13
Dupin de St-André . . . 9, 15
Durand 13, 18
Durande 26
Duvernet 28

Favier 28
Ferry (J.) 28
Feuillet (O.) 13
Flammarion 12
Fleury-Lacoste 31
Font-Réaulx (de) 15
Foucou 15
Franklin 18
Frésénius 29
Frochot 29
Frœlich 20, 21, 34
Froment 20, 34

G

Gaisberg 30
Gaudry 29
Gavarni 21
Gayot 30
Gennevray 26
Gennevraye . . . 7, 9, 13, 15
Génin 13, 32, 33
Geoffroy 20, 34
Geymet 29, 30
Gobin 31
Goëthe 21, 28
Gordon (Lady) 26
Gournot 28
Gouzy 7, 15
Gozlan (L.) 26, 32
Grafligny (de) 30
Gramont (de) 18
Grandville 21
Gratiolet 15
Grimard. 12, 13, 19, 28, 31, 34
Griset 20
Guetlier 29
Guimet 28
Guy 29

H

Habeneck 28
Hetet 29
Hetzel 2
Hippeau 18
Hirtz 15, 31
Hugo (V.) . 9, 13, 19, 22, 23, 25
Houzé 30

I

Ignorant (Un) 28
Immermann 13

Kaulbach 21	Moureaux 29	Sand (G.) 13, 21
Kœchlin-Schwartz 28	Mulder 30	Sandeau (J.) 10, 16
Koltz 31	Muller (E.) 7, 12, 13, 16, 32, 34	Sauvage 10
Kurner 20	Musset (P. de) 13	Sayous 32
		Schüler 20, 21
L	**N**	Séé 28
Lacombe 29	Nagrien 28	Ségur (de) 10
Lacôme 32	Néraud 7	Sérigne 31
Ladreyt (M.-C.) 28	Nodier (Ch.) 13, 16	Sicard 31
Laffineur 29	Noel 16, 32	Siebecker 16
Lafolay 31	Nogues 29	Silva (de) 8, 16
Lafond 28		Simonin 16
La Fontaine . . . 12, 20, 21	**O**	Sourdeval (de) 27
Lalauze 20	Officier en retraite (un) 26	Souviron 19
Lambert 20	Ordinaire 18	Spark 13
Lancret 28	Orne-Jewett (Sarah) . . 26	Stahl (P.-J.) 2, 8, 11, 12,
Laprade (V. de) . 9, 15, 34	Ortolan 29, 30	13, 16, 20, 21, 26, 27, 28
Laurie (A.) . 9, 10, 11, 12,	Ourliac 13	Steel 28
15, 17, 34		Steerk 30
Larbalétrier 31	**P**	Stevenson 11, 16
Lavallée (Th.) . . . 6, 15, 18	Parville (de) 16	Susane (Général) . . 18, 28
Lavalley 28	Paultre 28	
Laverdant 28	Pellegrin 31	**T**
Lecomte 18	Pernot 29	Tartara 30
Lefèvre 28	Perrault (P.) 7, 13	Temple (du) 29, 33
Legouvé (E.) 10, 15, 18,	Perrault 21	Texier 27
19, 22, 26, 28	Petit 18, 19, 31	Thiers 13
Lelay 31	Pichat 27	Tinant 20
Lemonnier 13	Pirmez 28	Tolstoï 11, 16
Lenoir 29	Pirodon 20, 34	Tourguenef 27
Lermont 7, 8, 11, 13, 15, 16	Poidevin 30	Toussenel 21
Lerolle 31	Pontis 18	Trigant-Geneste 18
Leroux 30	Pouriau 31	Trochu 22, 27
Liebig 29	Prouteaux 30	Trojelli 20
Lockroy (S.) 13, 15		Tyndall 16
Lucht (de) 20	**Q**	
Lunel 29, 30, 31	Quatrelles 27	**U**
		Ulbach 11
M	**R**	
Macaulay 18	Rambaud (Alfred) . 12, 25	**V**
Macé (J.) 2, 7, 10, 15, 18, 19, 27	Ratisbonne 10, 16	Vadier (B.) . . 8, 11, 16, 19
Malot (H.) 10, 12	Réal (Antony) 28	Valdés (André) 11
Marie 20	Reclus (Elisée) 8, 16	Vallery-Radot . . . 8, 16, 27
Mariot-Didieux 31	Régamey 31	Vallon 20
Mascart 29	Renard 16	Van Bruyssel 8, 16, 32
Matthis 20	Rey 19, 31, 33	Verne (J.) 2, 4, 5, 6, 11,
Margollé 16, 32	Riche 33	13, 16, 17, 32, 34
Maury 32	Richebot 28	Vidal 30
Mayne-Reid 7, 12, 13, 16,	Rider-Haggard . . . 10, 16	Viollet-le-Duc. 8, 11, 29,
25, 34	Rive (de la) 28	31, 32
Méaulle 20	Robert (A.) 27	Vinot (Voir Lenoir).
Merly 30	Rolland 27	
Méry 20	Roman 30	**W**
Mesta 29	Romeu 31	Wailly (de) 8
Michotte 30	Rouland 30	Wentworth-Higginson . . 18
Miège 29	Rozan 27	Wilkie Collins 27
Molière 12		Wood (Mme) 27
Monier 30	**S**	Worms de Romilly . . . 28
Monin 31	Sacc 29	
Moreau 30	Saintine 8	**Z**
Mortimer d'Ocagne . 22, 31	Saint-Juan (de) 31	Zurcher 16, 32

ENFANCE, JEUNESSE. — LIBRAIRIE SPÉCIALE 3

PRINCIPALES ŒUVRES
contenues dans le
Magasin illustré d'Éducation et de Récréation

Les tomes I à XXX renferment :

Les Aventures du Capitaine Hatteras, Les Enfants du Capitaine Grant, Vingt mille lieues sous les mers, Aventures de 3 Russes et de 3 Anglais, Le Pays des Fourrures, L'Ile mystérieuse, Michel Strogoff, Hector Servadac, Les 500 millions de la Begum, de Jules VERNE. — La Morale familière, Les Contes anglais, La Famille Chester, L'Histoire d'un Ane et de deux jeunes Filles, Une Affaire difficile à arranger, Maroussia, de P.-J. STAHL. — La Roche aux Mouettes, de Jules SANDEAU. — Le Nouveau Robinson Suisse, de STAHL et MULLER. — Romain Kalbris, d'Hector MALOT. — Histoire d'une Maison, de VIOLLET-LE-DUC. — Les Serviteurs de l'Estomac, Le Géant d'Alsace, Le Gulf-Stream, La Grammaire de Mlle Lili, etc., de Jean MACÉ. — Le Denier de la France, La Chasse, Le Travail et la Douleur, La Fée Béquillette, Un premier Symptôme, Sur la Politesse, Lettre à Mlle Lili, etc., de E. LEGOUVÉ. — Le Livre d'un Père, de Victor DE LAPRADE. — La Jeunesse des Hommes célèbres, de MULLER. — Aventures d'un jeune Naturaliste, Entre Frères et Sœurs, Voyages de deux enfants dans un parc, Les Voyages involontaires, de Lucien BIART. — Causeries d'Economie pratique, de Maurice BLOCK. — La Justice des choses, de Lucie B***. — Les Aventures d'un Grillon, La Gileppe, par le Dr CANDÈZE. — Vieux Souvenirs, Bébé aime le rouge, etc., de Gustave DROZ. — Le Pachaberger, par E. LABOULAYE. — La Musique au foyer, par LACOME. — Histoire d'un Aquarium, Les Clients d'un vieux Poirier, de E. VAN BRUYSSEL. — Le Chalet des Sapins, de Prosper CHAZEL. — Le petit Roi, de S. BLANDY. — L'Ami Kips, de G. ASTON. — Hist^{re} de mon Oncle et de ma Tante, par A. DEQUET. — L'Embranchement de Mugby, Hist^{re} de Bebelle, Septante fois sept, de Ch. DICKENS, etc., etc. — Les petites Sœurs et petites Mamans, Les tragédies enfantines et autres séries de dessins, par FRŒLICH, FROMENT, DETAILLE, CHAM ; texte de STAHL, etc., etc.

Les tomes XXXI à LX renferment :

La Maison à vapeur, La Jangada, L'École des Robinsons, Kéraban-le-Têtu, L'Étoile du Sud, Un Billet de Loterie, Nord contre Sud, Deux ans de vacances, Famille sans nom, César Cascabel, Mistress Branican, Le Château des Carpathes, P'tit Bonhomme, les Aventures de Maître Antifer, par Jules VERNE. — L'Épave du Cynthia, par Jules VERNE et ANDRÉ LAURIE. — Leçons de Lecture, Une Élève de seize ans, Ce que La Fontaine doit aux autres, par E. LEGOUVÉ. — Les Quatre filles du docteur Marsch, La Première Cause de l'avocat Juliette, Jack et Jane, La Petite Rose, par P.-J. STAHL. — La Vie de collège en Angleterre, Mémoires d'un Collégien, Une année de collège à Paris, L'Héritier de Robinson, Le Bachelier de Séville, De New-York à Brest, Mémoires d'un Collégien russe, Le Secret du Mage, Axel Ebersen, Le Rubis du grand Lama, par André LAURIE. — Jean Casteyras, par BADIN. — Périnette, par le Dr CANDÈZE. — Les Pupilles de l'Oncle Philibert, par BLANDY. — Geneviève Delmas, par BENTZON. — Le Théâtre de famille, La petite Louisette, Marchand d'Allumettes, Un Château où l'on s'amuse, par GENNEVRAYE. — Les jeunes Filles de Quinnebasset, L'Aînée, Kitty et Bo, par J. LERMONT. — Blanchette, Histoire d'une Poupée, par B. VADIER. — Les Mines de Salomon, par RIDER-HAGGARD. — Marco et Tonino, Les Pigeons de St-Marc, Un Petit Héros, Les Grottes de Plémont, par M. GENIN. — Boulotte, par S. AUSTIN. — Le livre de Trotty, par CRÉTIN-LEMAIRE. — Les Lunettes de grand'maman, Pas pressé, Les Exploits de Mario, par PERRAULT. — Les Jeunes aventuriers de la Floride, par BRUNET. — La Patrie avant tout, par F. DIENY. — Les deux côtés du mur, Les Douze, Voyage au pays des défauts, par M. BERTIN. — Travailleurs et Malfaiteurs microscopiques, par I.-A. REY. — Voyage d'une fillette au pays des étoiles, par GOUZY. — Blanchette et Capitaine, par ANCEAUX. — Les Soirées de Tante Rosy, par Jean MACÉ. — Jasmin Robba, par H. DE NOUSSANNE. — Monsieur Roro, par DE CHATEAU-VERDUN. — La Poupée de Mlle Lili, Pierre et Paul, Les petits Bergers, Une grande journée, Plaisirs d'hiver, Mlle Lili à Paris, Papa en voyage, La mère Bontemps, Albums, texte par STAHL, UN PAPA, etc.

JULES VERNE

Œuvres complètes parues, 34 volumes :

Brochés... 304 fr. — Toile.... 406 fr. — Reliés.... 474 fr.

Voyages Extraordinaires

Couronnés par l'Académie française

TRÈS BELLE ÉDITION GRAND IN-8 ILLUSTRÉE

	Broché	Cartonné toile	Relié
*※**Cinq Semaines en Ballon**, 80 dessins, dont 4 planches en chromotypographie, par RIOU. 1 volume.	4 50	6 »	» »
*※**Voyage au Centre de la Terre**, 56 dessins, dont 4 planches en chromotypographie, par RIOU. 1 volume.	4 50	6 »	» »
Ces deux ouvrages réunis en un seul volume.	9 »	12 »	14 »
*※**Les Aventures du capitaine Hatteras**, 201 dessins par RIOU. 1 volume.	9 »	12 »	14 »
*※**Vingt mille lieues sous les Mers**, 111 dessins, dont 6 planches en chromotypographie, par DE NEUVILLE. 1 volume	9 »	12 »	14 »
*※**Les Enfants du capitaine Grant** (VOYAGE AUTOUR DU MONDE), 177 dessins par RIOU. 1 volume.	10 »	13 »	15 »
*※**L'Ile mystérieuse**, 154 dessins par FÉRAT. 1 volume.	10 »	13 »	15 »
*※**De la Terre à la Lune**, 43 dessins par DE MONTAUT. 1 volume.	4 50	6 »	» »
* **Autour de la Lune** (suite de DE LA TERRE A LA LUNE), 45 dessins, dont 4 planches en chromotypographie, par Émile BAYARD et DE NEUVILLE. 1 volume.	4 50	6 »	» »
Ces deux ouvrages réunis en un seul volume.	9 »	12 »	14 »
*※**Aventures de 3 Russes et de 3 Anglais**, 52 dessins par FÉRAT. 1 volume.	4 50	6 »	» »
*※**Une Ville flottante**, suivie des FORCEURS DE BLOCUS. 44 dessins, dont 3 pl. en chromotypographie, par FÉRAT. 1 vol.	4 50	6 »	» »
Ces deux ouvrages réunis en un seul volume.	9 »	12 »	14 »
*※**Le Pays des Fourrures**, 105 dessins par FÉRAT et DE BEAUREPAIRE. 1 vol.	9 »	12 »	14 »

JULES VERNE (suite)

	Broché	Cartonné toile	Relié

*※**Les Indes-Noires**, 45 dessins par Férat. 1 volume............ 4 50 | 6 » | » »

*※**Le Chancellor**, 58 dessins par Riou et Férat. 1 volume............ 4 50 | 6 » | » »

Ces deux ouvrages réunis en un seul volume..... 9 » | 12 » | 14 »

*※**Le Tour du Monde en 80 jours**, 80 dessins, dont 3 planches en chromotypographie, par de Neuville et L. Benett. 1 volume............ 4 50 | 6 » | » »

※**Le Docteur Ox**, 58 dessins, dont 4 planches en chromotypographie, par Schuler, Bayard, Frœlich, Marie. 1 vol. 4 50 | 6 » | » »

Ces deux ouvrages réunis en un seul volume..... 9 » | 12 » | 14 »

*※**Michel Strogoff**, 95 dessins, dont 8 planches en chromotypographie par Férat. 1 volume............ 9 » | 12 » | 14 »

* **Hector Servadac** (voyages et aventures à travers le monde solaire). 100 dessins par Philippoteaux. 1 volume. 9 » | 12 » | 14 »

*※**Un Capitaine de 15 ans**, 93 dessins par Meyer. 1 volume............ 9 » | 12 » | 14 »

* **Les Cinq cents millions de la Bégum**, 48 dessins par Benett. 1 volume. 4 50 | 6 » | » »

*※**Les Tribulations d'un Chinois en Chine**, 52 dessins par Benett. 1 vol. 4 50 | 6 » | » »

Ces deux ouvrages réunis en un seul volume..... 9 » | 12 » | 14 »

*※**La Maison à vapeur**, 101 dessins par Benett. 1 volume............ 9 » | 12 » | 14 »

La Jangada (800 lieues sur l'Amazone), 95 dessins par Benett. 1 volume... 9 » | 12 » | 14 »

L'Ecole des Robinsons, 51 dessins par Benett. 1 volume............ 4 50 | 6 » | » »

* **Le Rayon vert**, 44 dessins par Benett. 1 volume............ 4 50 | 6 » | » »

Ces deux ouvrages réunis en un seul volume..... 9 » | 12 » | 14 »

* **Kéraban-le-Têtu**, 101 dessins par Benett. 1 volume............ 9 » | 12 » | 14 »

* **L'Etoile du Sud** (Voyage au pays des Diamants), 63 dessins par Benett. 1 volume............ 4 50 | 6 » | » »

* **L'Archipel en feu**, 51 dessins par Benett. 1 volume............ 4 50 | 6 » | » »

Ces deux ouvrages réunis en un seul volume..... 9 » | 12 » | 14 »

* **Mathias Sandorf**, 113 dessins par Benett. 1 volume............ 10 » | 13 » | 15 »

* **Le Billet de Loterie**, 42 dessins par Roux. 1 volume............ 4 50 | 6 » | » »

Robur-le-Conquérant, 45 dessins par Benett. 1 volume............ 4 50 | 6 » | » »

Ces deux ouvrages réunis en un seul volume..... 9 » | 12 » | 14 »

JULES VERNE (*suite*)

	Broché	Cartonné toile	Relié
*※Nord contre Sud, 86 dessins, dont 6 planches en couleurs, par BENETT. 1 volume	9 »	12 »	14 »
* Deux ans de Vacances, 90 dessins dont 8 planches en chromotypographie, de BENETT. 1 volume	9 »	12 »	14 »
* Le Chemin de France, 42 dessins, dont 6 planches en couleurs, par ROUX. 1 vol.	4 50	6 »	» »
* Sans dessus dessous, 36 dessins, dont 6 planches en couleurs, par ROUX, 1 vol.	4 50	6 »	» »
Ces deux ouvrages réunis en un seul volume	9 »	12 »	14 »
* Famille sans Nom, 82 dessins, dont 12 planches en couleurs, par TIRET-BOGNET. 1 volume	9 »	12 »	14 »
※César Cascabel, 85 dessins, dont 12 planches en chromotypographie, par G. ROUX. 1 volume	9 »	12 »	14 »
※Mistress Branican, 83 dessins, dont 12 planches en chromotypographie, par BENETT. 1 volume	9 »	12 »	14 »
Le Château des Carpathes, 40 dessins, dont 6 planches en chromotypographie, par L. BENETT. 1 volume	4 50	6 »	» »
* Claudius Bombarnac (CARNET D'UN REPORTER), 55 dessins, dont 6 planches en chromotypographie, par L. BENETT. 1 volume	4 50	6 »	» »
Ces deux ouvrages réunis en un seul volume	9 »	12 »	14 »
※P'tit Bonhomme, 85 dessins, dont 12 planches en chromotypographie, par L. BENETT. 1 volume	9 »	12 »	14 »
†Mirifiques Aventures de Maître Antifer. 77 dessins, dont 12 planches en chromotypographie, par G. ROUX	9 »	12 »	14 »

LA DÉCOUVERTE DE LA TERRE :

*※Les premiers Explorateurs, 117 dessins et cartes par PHILIPPOTEAUX, BENETT. 1 volume	7 »	10 »	12 »
*※Les grands Navigateurs du XVIIIe siècle, 116 dessins et cartes par P. PHILIPPOTEAUX et MATTHIS. 1 volume	7 »	10 »	12 »
*※Les Voyageurs du XIXe siècle, 108 dessins et cartes par BENETT. 1 vol	7 »	10 »	12 »
Ces trois ouvrages réunis en un seul volume		25 »	30 »
J. VERNE ET TH. LAVALLÉE. *※Géographie illustrée de la France et de ses Colonies. Édition revue par DUBAIL. 108 gravures par CLERGET et RIOU, et 100 cartes. 1 vol. grand in-8	10 »	13 »	15 »

BIBLIOTHÈQUE d'ÉDUCATION et de RÉCRÉATION

VOLUMES ILLUSTRÉS IN-8° CAVALIER

Chaque volume cartonné toile, tranches dorées, **6 fr.**
Broché, 4 fr. 50

ANCEAU............	Blanchette et Capitaine.......	1 vol.
BENTZON..........	※Pierre Casse-Cou...........	1 »
BERR DE TURIQUE.	La petite Chanteuse.........	1 »
BIART (LUCIEN)....	*※Voyages et Aventures de deux enfants dans un parc......	1 »
—	Deux Amis..............	1 »
—	*※Monsieur Pinson..........	1 »
BRUNET..........	Les jeunes Aventuriers de la Floride............	1 »
BUSNACH (W.).....	⊙Le Petit Gosse...........	1 »
CAUVAIN (HENRI)...	Le Grand Vainou...........	1 »
CHAZEL (PROSPER).. *	Le Chalet des Sapins........	1 »
CRETIN-LEMAIRE...	Les Expériences de la petite Madeleine..............	1 »
DEQUET (A.)....... *	H^{re} de mon Oncle et de ma Tante	1 »
DUMAS (ALEXANDRE)	Histoire d'un Casse-noisette..	1 »
ERCKMANN-CHATRIAN *	Les Vieux de la Vieille......	1 »
—	Pour les Enfants..........	1 »
FATH............	Un drôle de Voyage.......	1 »
GENNEVRAYE......	Un château où l'on s'amuse...	1 »
—	Théâtre de famille........	1 »
—	*※La petite Louisette.........	1 »
GOUZY............	*※Promenades d'une Fillette autour d'un Laboratoire......	1 »
LERMONT (J.).....	L'Aînée (*d'après S. Coolidge*)...	1 »
—	Histoire de deux bébés (Kitty et Bo)	1 »
—	Un Heureux Malheur........	1 »
—	*※Les Jeunes filles de Quinnebasset	1 »
MACÉ (JEAN)......	*※Les Contes du Petit Château.	1 »
—	※Le Théâtre du Petit Château.	1 »
MAYNE-REID..... *Aventures de Terre et de Mer. Éditions adaptées pour la jeunesse.*	*※William le Mousse........	1 »
	*※La Sœur perdue..........	1 »
	*※Les Robinsons de terre ferme.	1 »
	*※Le Désert d'eau.........	1 »
	*※Les deux Filles du Squatter.	1 »
	※Le petit Loup de Mer.......	1 »
	Le Chef au bracelet d'or.....	1 »
	* Les Exploits des jeunes Boërs.	1 »
MULLER..........	*※La Jeunesse des Hommes célèbres	1 »
NERAUD.........	La Botanique de ma fille....	1 »
PERRAULT (P.).....	Pas-Pressé...............	1 »

RECLUS (ELISÉE)...	*※Histoire d'une Montagne	1 vol.
—	※Histoire d'un Ruisseau.....	1 »
SAINTINE.........	※Picciola................	1 »
SILVA (DE)........	†Le Livre de Maurice.........	1 »
STAHL ET LERMONT.*	La Petite Rose, ses six tantes et ses sept cousins........	1 »
STAHL ET DE WAILLY.	†Les Vacances de Riquet et Madeleine...............	1 »
VADIER (B.).......	Blanchette	1 »
—	Rose et Rosette...........	1 »
VALLERY-RADOT...◉*※	Journal d'un Volontaire d'un an.	1 »
VAN BRUYSSEL.....	*※Scènes de la Vie des Champs et des Forêts aux États-Unis....	1 »
VIOLLET-LE-DUC....	*※Histoire d'une maison.......	1 »
—	*※Histoire d'un Dessinateur....	1 »

VOLUMES ILLUSTRÉS, GRAND IN-8° RAISIN

Chaque volume relié, tranches dorées, 11 fr. Toile, tranches dorées, 10 fr. Broché, 7 fr.

BADIN (AD.).......	*. Jean Casteyras, ill. par BENETT.	1 vol.
BARBIER (Mme M.).	Les Contes blancs, illustrés par GEOFFROY, ROUX et DESTEZ, et accompagnés de 10 mélodies inédites par C. GOUNOD, E. GUIRAUD, H. MARÉCHAL, J. MASSENET, G. NADAUD, E. REYER, RUBINSTEIN, SAINT-SAENS, H. SALOMON, A. THOMAS	1 »
—	†Bempt (Nouveaux Contes Blancs), illustré par DESTEZ et TIRET-BOGNET et accompagné de 3 mélodies inédites par E. BOULANGER, TH. DUBOIS, V. JONCIÈRES.	1 »
BÉNÉDICT.........	*※La Madone de Guido Reni, illustré par ADRIEN MARIE........	1 »
BENTZON (TH.).....	*※Contes de tous les Pays, illustré par GEOFFROY, DELORT, etc. ...	1 »
—	Geneviève Delmas, illustré par G. ROUX................	1 »
BLANDY (S.).......	※L'Oncle Philibert, illustré par ADRIEN MARIE	1 »
—	* Fils de Veuve, ill. par GEOFFROY.	1 »
BOISSONNAS (Mme B.)※*※	Une Famille pendant la guerre 1870-71, ill. par P. PHILIPPOTEAUX	1 »
BRÉHAT (A. DE)....	*※Les Aventures d'un petit Parisien, illustré par MORIN	1 »

BIBLIOTHÈQUE D'ÉDUCATION ET DE RÉCRÉATION IN-8° 9

BRUNETIÈRE.......†	Chefs-d'œuvre de Corneille (Le Cid, Horace, Cinna, Polyeucte) avec préface et notes de F. BRUNETIÈRE de l'Académie française, illustré par J. DUBOUCHET.	1 vol.
(ÉDITION)		
CANDÈZE (Dr)......*	Périnette. Aventures surprenantes de cinq moineaux, illustré par L. BECKER	1 »
DAUDET (ALPHONSE).	✳Histoire d'un Enfant, le Petit Chose (édition spéciale à l'usage de la jeunesse), illustré par P. PHILIPPOTEAUX.	1 »
—	Contes choisis (Édition spéciale à l'usage de la jeunesse), illustré par BAYARD et A. MARIE.	1 »
DESNOYERS (LOUIS).*	Aventures de Jean-Paul Choppart, ill. par GIACOMELLI et CHAM.	1 »
DUBOIS (FÉLIX)....*	La Vie au Continent noir, illustré par RIOU	1 »
DUPIN DE ST-ANDRÉ.*	Ce qu'on dit à la Maison, illustré par GEOFFROY	1 »
FAUQUEZ.........	Les Adoptés du Boisvallon, illustré par PHILIPPOTEAUX	1 »
GENNEVRAYE.....◉	✳Marchand d'Allumettes, illustré par GEOFFROY	1 »
HUGO (VICTOR)....*	✳Le Livre des Mères (les Enfants), poésies de Victor Hugo ayant trait à l'enfance, illustré par FROMENT.	1 »
LAPRADE (V. DE)... de l'Académie française	✳Le Livre d'un Père, illustré par FROMENT.	1 »
LAURIE (ANDRÉ)..	*✳Mémoires d'un Collégien, illustré par GEOFFROY	1 »

La Vie
de Collège
dans
tous les
Pays :

*✳La Vie de collège en Angleterre, illustré pr PHILIPPOTEAUX.	1 »
*✳Une Année de collège à Paris, illustré par GEOFFROY	1 »
*✳Histoire d'un Écolier hanovrien, illustré par MAILLARD.	1 »
* Tito le Florentin, ill. par ROUX.	1 »
*✳Autour d'un Lycée japonais, illustré par FÉLIX REGAMEY	1 »
*✳Le Bachelier de Séville, illustré par ATALAYA.	1 »
✳Mémoires d'un Collégien russe, illustré par ROUX.	1 »
* Axel Ebersen (Le Gradué d'Upsala), illustré par ROUX.	1 »

LAURIE (ANDRÉ)..	*※Le Capitaine Trafalgar, illustré par Roux	1 vol.
Les Romans d'Aventures :	* De New-York à Brest en 7 heures, illustré par Riou.....	1 »
	Le Secret du Mage, ill. par Benett.	1 »
	* Le Rubis du Grand Lama, illustré par Riou..............	1 »
LEGOUVÉ (ERNEST).. de l'Académie française.	La Lecture en famille, illustré par Benett, Geoffroy.......	1 »
—	......*※Nos Filles et nos Fils, illustré par Philippoteaux.......	1 »
—	......※Une Élève de seize ans, ill. par A. Laurie, Roux, Jankowski, etc.	1 »
—	......* Épis et Bleuets, illustré par P. Destel, Geoffroy, Montégut, etc.	1 »
MACÉ (JEAN).......	*※Histoire d'une Bouchée de pain, illustrée par Frœlich...	1 »
—	......*※Les Serviteurs de l'Estomac, illustré par Frœlich........	1 »
—	......*※Histoire de deux petits Marchands de pommes (*Arithmétique du Grand-Papa*), illustré par Yan'Dargent..........	1 »
MALOT (HECTOR)...*	Romain Kalbris, dessins de E. Bayard.............	1 »
NOUSSANNE (H. DE).†	Jasmin Robba, suivi de *Pierrefond dans l'histoire*, illustré par G. Roux................	1 »
RATISBONNE (L.).🜚	※La Comédie enfantine, illustré par Froment et de Gobert.....	1 »
RIDER-HAGGARD....*	※Découverte des Mines du Roi Salomon, illustré par Riou...	1 »
SANDEAU (JULES)..*	※La Roche aux Mouettes, illustré par Bayard et Férat........	1 »
de l'Académie française —	.. ※Madeleine, illustré par Bayard..	1 »
—	.. ※Mademoiselle de la Seiglière, illustré par Bayard.........	1 »
—	.. La Petite Fée du Village, illustré par Roux.............	1 »
SAUVAGE (ÉLIE)....	La petite Bohémienne, illustré par Frœlich	1 »
SÉGUR (DE).......	Fables, illustré par Frœlich...	1 »

STAHL (P.-J.)	❋*❋Contes et Récits de Morale familière, illustré par divers. .	1 vol.
—	❋ ❋Histoire d'un Ane et de deux jeunes Filles, illustré par TH. SCHULER.	1 »
—	❋*❋Les Patins d'argent (Histoire d'une famille hollandaise), d'après MAPES DODGE, illustré par Th. SCHULER.	1 »
—	❋*❋Maroussia, d'après MARKOVOHZOG, illustré par Th. SCHULER.	1 »
—	. . . . *❋Les Histoires de mon Parrain, illustré par FRŒLICH.	1 »
—	. . . . *❋Les quatre Filles du docteur Marsch, d'après ALCOTT, illustré par A. MARIE.	1 »
—	. . . ❋* Les quatre Peurs de notre général, illustré par BAYARD et A. MARIE.	1 »
—	. . . . . Les Contes de l'Oncle Jacques, 50 illustrations par divers	1 »
STAHL (P.-J.) & J. LERMONT	*❋Jack et Jane, illustré par GEOFFROY.	1 »
STEVENSON	*❋L'Ile au Trésor, adaptation par A. LAURIE, illustré par ROUX. . .	1 »
TOLSTOI (COMTE L.)	*❋Enfance et Adolescence, adaptation par Michel DELINES, illustré par BENETT.	1 »
ULBACH (LOUIS)	Le Parrain de Cendrillon, illustré par Émile BAYARD	1 »
VADIER (B.)	Théâtre à la Maison et à la Pension, illustré par GEOFFROY.	1 »
VALDÈS (ANDRÉ)	Le Roi des Pampas, illustré par ACHET et F. RÉGAMEY.	1 »
VERNE (J.) & A. LAURIE	*L'Épave du Cynthia, 26 dessins par ROUX.	1 »
VERNE (J.) & D'ENNERY	Les Voyages au Théâtre, 65 dessins par BENETT et MEYER. . . .	1 »
VIOLLET-LE-DUC	*❋Histoire d'une Forteresse, dessins par VIOLLET-LE-DUC.	1 »
—	. . . *❋Histoire de l'Habitation humaine. Texte et dessins par VIOLLET-LE-DUC.	1 »
—	. . . *❋Histoire d'un Hôtel de ville et d'une Cathédrale. Texte et dessins par VIOLLET-LE-DUC. . . .	1 »

VOLUMES ILLUSTRÉS GRAND IN-8° RAISIN et JÉSUS

Relié, tr. dorées, 14 fr. Toile, tr. dorées, 12 fr. Broché, 9 fr.

BIART (LUCIEN)....* Les Voyages involontaires (*Monsieur Pinson. — Le Secret de José. — La Frontière indienne. — Lucia*), illustré par MEYER............... 1 vol.

— .... ※Aventures d'un jeune Naturaliste, 156 dessins par BENETT.. 1 »

BLANDY (S.)...... Les Épreuves de Norbert (*Voyage en Chine*), illustré par A. BORGET et BENETT....... 1 »

FLAMMARION (C.)..*※Histoire du Ciel............ 1 »

GRIMARD (ED.)....* Le Jardin d'Acclimatation (*Le Tour du Monde d'un naturaliste*), illustré par BENETT, LALLEMAND, etc............... 1 »

STAHL ET MULLER.*※Le nouveau Robinson Suisse, revu par STAHL et MULLER, mis au courant de la science par J. MACÉ, 150 dessins de YAN'DARGENT... 1 »

VOLUMES ILLUSTRÉS GRAND IN-8° JÉSUS

Relié, tr. dorées, 15 fr. Toile, tr. dorées, 13 fr. Broché, 10 fr.

BIART (LUCIEN).... Don Quichotte, édition spéciale à la jeunesse, illustré de 316 dessins par TONY JOHANNOT..... 1 vol.

CLÉMENT (CH.)....*※Michel-Ange, Raphaël, Léonard de Vinci, illustré de 167 dessins d'après les grands maîtres..... 1 »

LA FONTAINE...... Fables, illustré de 115 grandes compositions d'EUG. LAMBERT..... 1 »

LAURIE (ANDRÉ)...* Les Exilés de la Terre (*Selene Company L^d*), illustré par ROUX. 1 »

MAYNE-REID......*※Aventures de Terre et de Mer, 200 illustrations........... 1 »

— ......† Aventures de Chasses et de Voyages, 200 illustrations.... 1 »

MALOT (HECTOR).☙* Sans Famille, illustré de 109 dessins par E. BAYARD...... 1 »

MOLIÈRE..........* Œuvres complètes, préface de SAINTE-BEUVE, illustré de 630 dessins par TONY JOHANNOT.... 1 »

RAMBAUD (ALFRED).☙*L'Anneau de César, illustré par G. ROUX............... 1 »

Petite Bibliothèque Blanche

VOLUMES ILLUSTRÉS GRAND IN-16

1 FR. 50 BROCHÉS. — 2 FR. CARTONNÉS TOILE, TRANCHES DORÉES

ALDRICH (TH. B.)..	Un Écolier américain (traduit et adapté par Th. BENTZON).....	1 vol.
AUSTIN (S.)........	Boulotte.................	1 »
BEAULIEU (DE).....†	Les Mémoires d'un Passereau.	1 »
BENTZON (TH.)....*	Yette (Hist^{re} d'une jeune Créole).	1 »
BERTIN (M.)......	Les deux côtés du mur......	1 »
— ....*	Voyage au pays des défauts...	1 »
—	Les Douze...............	1 »
BIGNON...........	Un singulier petit homme....	1 »
DE LA BÉDOLLIÈRE.*	Histoire de la Mère Michel et de son Chat...........	1 »
CHATEAU-VERDUN (DE)†	Monsieur Roro............	1 »
CHAZEL (PROSPER).	Riquette.................	1 »
CHERVILLE........	※Histoire d'un trop bon Chien..	1 »
CRETIN-LEMAIRE...	Le Livre de Trotty.........	1 »
DICKENS (CH.).....	L'Embranchement de Mugby.	1 »
DIENY...........*	La Patrie avant tout.......	1 »
DUMAS (ALEX^{re})....	La Bouillie de la Ctesse Berthe	1 »
DURAND (H.)......	Histoire d'une bonne aiguille..	1 »
FEUILLET (OCTAVE).*	La Vie de Polichinelle.....	1 »
GÉNIN (M.)......*	Un petit Héros...........	1 »
—	Les Grottes de Plémont.....	1 »
GENNEVRAYE......	Petit Théâtre de famille....	1 »
LEMONNIER (C.)...	Bébés et Joujoux.........	1 »
— ....*	H^{re} de huit Bêtes et d'une Poupée	1 »
—	Les Joujoux parlants.......	1 »
LERMONT (J)......	Mes Frères et Moi.........	1 »
LOCKROY (S.)......	Les Fées de la Famille......	1 »
MAYNE-REID ......*	Les Exploits des Jeunes Boërs	1 »
MULLER..........	Récits enfantins..........	1 »
MUSSET (P. DE)...	M. le Vent et Mme la Pluie....	1 »
NODIER (CHARLES)..	Trésor des fèves et fleur des pois	1 »
OURLIAC (E.)......	Le Prince Coqueluche......	1 »
PERRAULT........*	Les Lunettes de grand'maman.	1 »
—	Les Exploits de Mario......	1 »
SAND (GEORGE)....	Hist^{re} du véritable Gribouille.	1 »
SPARK...........*	Fabliaux et Paraboles......	1 »
STAHL (P.-J.).....*	Les Aventures de Tom Pouce.	1 »
— ....*	Les Contes de Tante Judith, (d'après Mrs Gatty).......	1 »
— ....*	Le Sultan de Tanguik......	1 »
VERNE (JULES)....*※	Un Hivernage dans les glaces.	1 »

PRIX — ÉTRENNES — BIBLIOTHÈQUES

4 Fr.   **3 Fr.**
Cartonné   Broché

BIBLIOTHÈQUE d'ÉDUCATION et de RÉCRÉATION

VOLUMES IN-18 ILLUSTRÉS

Brochés, 3 fr. — Cartonnés toile, tranches dorées, 4 fr.

ALDRICH	*※Un Écolier américain	1 v.
ALONE	Autour d'un Lapin blanc	1 v.
ASTON (G.)	* L'Ami Kips	1 v.
AUDEVAL	Michel Kagenet	1 v.
BADIN	* Jean Casteyras	1 v.
BENEDICT	*※La Madone de Guido-Reni	1 v.
BENTZON	※Pierre Casse-Cou	1 v.
—	* Yette	1 v.
—	*※Contes de tous les Pays	1 v.
BERTRAND (Alex.)	*※Lettres sur les révolutions du globe	1 v.
—	*※Les Fondateurs de l'Astronomie	1 v.
BIART (Lucien)	※Aventures d'un jeune Naturaliste	1 v.
—	*※Entre Frères et Sœurs	1 v.
	Les Voyages involontaires :	
—	*※Monsieur Pinson	1 v.
—	* La Frontière indienne	1 v.
—	*※Le Secret de José	1 v.
—	* Lucia Avila	1 v.
—	*※Voyage et Aventures de deux enfants dans un parc	1 v.
BLANDY (S.)	※L'Oncle Philibert	1 v.
—	* Fils de Veuve	1 v.
BOISSONNAS (Mme B.)	*※Une Famille pendant la guerre 1870-71 (couronné par l'Académie française)	1 v.
—	*※Un Vaincu	1 v.
BRÉHAT (de)	*※Aventures d'un petit Parisien	1 v.
—	※Aventures de Charlot	1 v.
	Contes et Récits de l'Histoire naturelle :	
CANDÈZE (Dr)	* Aventures d'un Grillon	1 v.
—	* La Gileppe	1 v.
—	* Perinette	1 v.
CAUVAIN	Le grand Vaincu	1 v
CHAZEL (Prosper)	* Le Chalet des Sapins	1 v
CLÉMENT (Ch.)	*※Michel-Ange, Raphaël, Léonard de Vinci	1 v

※ Indique les ouvrages honorés de souscriptions du *Ministère de l'Instruction publique*, ou choisis pour faire partie des catalogues des bibliothèques scolaires ou populaires.
* Indique les ouvrages honorés de souscriptions ou choisis par la *Ville de Paris* pour ses distributions de prix ou ses bibliothèques municipales.
❀ Désigne les ouvrages couronnés par l'*Académie française*.
† Désigne les nouveautés de l'année.

BIBLIOTHÈQUE D'ÉDUCATION ET DE RÉCRÉATION IN-18

Desnoyers (Louis)...	* Mésaventures de Jean-Paul Choppart....	1 v.
Dupin de Saint-André.	* Ce qu'on dit à la maison............	1 v.
Erckmann-Chatrian.	*※Le fou Yégof ou l'Invasion.........	1 v.
—	*※Madame Thérèse...................	1 v.
—	*Histoire d'un Paysan : ※Les États généraux (1789).....	1 v.
—	※La Patrie en danger (1792).....	1 v.
—	※L'An 1 de la République (1793)...	1 v.
—	※Le Citoyen Bonaparte (1794-1815).	1 v.
Faraday (M.)........	*※Histoire d'une Chandelle..........	1 v.
Font-Réaulx (de)....	※Les Canaux......................	1 v.
Foucou.............	* Histoire du Travail...............	1 v.
Gennevraye.........	Théâtre de Famille................	1 v.
—	*※La Petite Louisette...............	1 v.
—	※Marchand d'Allumettes (*couronné par l'Académie française*).................	1 v.
Gouzy.............	*※Voyage d'une Fillette au pays des Étoiles...	1 v.
—	*※Promenade d'une Fillette autour d'un Laboratoire....	1 v.
Gratiolet (P.).......	※De la Physionomie................	1 v.
Grimard............	* Histoire d'une Goutte de sève......	1 v.
Hirtz (Mlle).........	*※Méthode de Coupe et de Confection, 154 gr.	1 v.
Hugo (Victor).......	*※Les Enfants (Le Livre des Mères)...	1 v.
Immermann.........	La Blonde Lisbeth.................	1 v.
Laprade (V. de).....	※Le Livre d'un Père...............	1 v.
	La Vie de Collège dans tous les Pays :	
Laurie (André).....	*※La Vie de collège en Angleterre....	1 v.
—	*※Mémoires d'un Collégien..........	1 v.
—	*※Une année de collège à Paris.....	1 v.
—	*※Un Écolier hanovrien.............	1 v.
—	* Tito le Florentin.................	1 v.
—	*※Autour d'un Lycée japonais.......	1 v.
—	※Le Bachelier de Séville...........	1 v.
—	*※Mémoires d'un Collégien russe....	1 v.
—	* Axel Ebersen (Le gradué d'Upsala)...	1 v.
	Les Romans d'Aventures :	
—	*※L'Héritier de Robinson...........	1 v.
—	*※Le Capitaine Trafalgar...........	1 v.
—	* De New-York à Brest en 7 heures..	1 v.
—	Le Secret du Mage...............	1 v.
—	* Sélène { Le Nain de Rhadameh...	1 v.
—	* Company ld. { Les Naufragés de l'espace.	1 v.
—	*†Le Rubis du Grand Lama........	1 v.
Lavallée (Th.)......	* Les Frontières de la France (*couronné par l'Académie française*)............	1 v.
Legouvé (Ernest)...	*※Les Pères et les Enfants au XIXe siècle : Enfance et Adolescence.............	1 v.
	La Jeunesse.....................	1 v.
—	*※Nos Filles et nos Fils............	1 v.
—	*※L'Art de la lecture...............	1 v.
—	*※La Lecture en action.............	1 v.
—	※Une Élève de seize ans...........	1 v.
—	* Épis et Bleuets..................	1 v.
Lermont...........	*※Les jeunes Filles de Quinnebasset.	1 v.
—	Un Heureux Malheur..............	1 v.
Lockroy (Mme)....	Contes à mes nièces...............	1 v.
Macé (Jean)......	*※Arithmétique du Grand-Papa......	1 v.
—	*※Contes du Petit-Château..........	1 v.
—	*※Histoire d'une Bouchée de Pain....	1 v.
—	*※Les Serviteurs de l'estomac......	1 v.
—	*※Le Théâtre du Petit Château......	1 v.
	(2 fr. broché, 3 fr. cartonné)	

Aventures de Terre et de Mer :

Mayne-Reid	*※William le Mousse	1 v.
—	* Les jeunes Esclaves	1 v.
—	*※Le Désert d'eau	1 v.
—	* Les Exploits des jeunes Boërs	1 v.
—	*※Les Chasseurs de Girafes	1 v.
—	* Les Naufragés de l'île de Bornéo	1 v.
—	*※La Sœur perdue	1 v.
—	*※Les Planteurs de la Jamaïque	1 v.
—	*※Les deux Filles du Squatter	1 v.
—	* Les jeunes Voyageurs	1 v.
—	*※Les Robinsons de Terre ferme	1 v.
—	* Les Chasseurs de Chevelures	1 v.
—	*※Le petit Loup de mer	1 v.
—	* La Montagne perdue	1 v.
—	* La Terre de Feu	1 v.
—	Les Emigrants du Transwaal	1 v.
Muller (Eugène)	*※Jeunesse des Hommes célèbres	1 v.
—	*※Morale en action par l'histoire	1 v.
—	*※Les Animaux célèbres	1 v.
Nodier (Ch.)	Contes choisis	2 v.
Noel (Eugène)	※La Vie des Fleurs	1 v.
Parville (de)	Un Habitant de la planète Mars	1 v.
Ratisbonne (Louis)	*※La Comédie enfantine (*ouvrage couronné par l'Académie française*)	1 v.
Reclus (Élisée)	*※Histoire d'un Ruisseau	1 v.
—	*※Histoire d'une Montagne	1 v.
Renard	*※Le Fond de la mer	1 v.
Rider-Haggard	*※Découverte des Mines du Roi Salomon	1 v.
Sandeau (Jules)	*※La Roche aux Mouettes	1 v.
Siebecker (Édouard)	*※Histoire de l'Alsace	1 v.
Silva (de)	Le Livre de Maurice	1 v.
Simonin	*※Histoire de la Terre	1 v.
Stahl (P.-J.)	*※Contes et Récits de Morale familière	
	(*Ouvrage couronné par l'Académie française*, adopté par les conférences cantonales d'instituteurs et les commissions départementales, et compris dans la circulaire ministérielle du 17 novembre 1883.)	
—	*※Les Patins d'argent (*ouvrage couronné*)	1 v.
—	* La Famille Chester, *adaptation*	1 v.
—	※Histoire d'un Ane et de deux jeunes Filles (*ouvrage couronné*)	1 v.
—	*※Les Histoires de mon Parrain	1 v.
—	*※Maroussia (*ouvrage couronné*)	1 v.
—	* Les quatre Peurs de notre général	1 v.
—	Les quatre Filles du Dr Marsch	1 v.
—	*※Mon premier Voyage en Mer, *adaptation*	1 v.
—	Contes de l'Oncle Jacques	1 v.
Stahl et Lermont	* La petite Rose, ses six Tantes et ses sept Cousins	1 v.
—	*※Jack et Jane	1 v.
Stahl et Muller	*※Le nouveau Robinson suisse	1 v.
Stevenson	*※L'Ile au Trésor	1 v.
Tolstoï (le comte L.)	*※Enfance et Adolescence	1 v.
Tyndall	*※Dans les Montagnes	1 v.
Vadier	Blanchette	1 v.
Vallery-Radot (R.)	*※Journal d'un Volontaire d'un an (*ouvrage couronné par l'Académie française*)	1 v.
Van Bruyssel	*※Scènes de la Vie des Champs et des Forêts aux États-Unis	1 v.
J. Verne et A. Laurie	* L'Épave du Cynthia	1 v.
Zurcher et Margollé	※Histoire de la Navigation	1 v.
—	※Le Monde sous-marin	1 v.

ENFANCE, JEUNESSE. — LIBRAIRIE SPÉCIALE 17

VERNE (Jules). **VOYAGES EXTRAORDINAIRES**
(couronnés par l'Académie française)

— ※Aventures de trois Russes et de trois Anglais. 1 v.

Aventures du capitaine Hatteras :

— ※Les Anglais au pôle Nord............ 1 v.
— ※Le Désert de Glace................. 1 v.
— ※Le Chancellor..................... 1 v.
— ※Cinq semaines en ballon (*couronné*)..... 1 v.
— ※De la Terre à la Lune (*couronné*)...... 1 v.
— Autour de la Lune (*couronné*)......... 1 v.
— ※Le docteur Ox.................... 1 v.

Les Enfants du capitaine Grant :

— ※L'Amérique du Sud................ 1 v.
— ※L'Australie...................... 1 v.
— ※L'Océan Pacifique................. 1 v.

L'Ile Mystérieuse :

— ※Les Naufragés de l'air.............. 1 v.
— ※L'Abandonné.................... 1 v.
— ※Le Secret de l'île................. 1 v.
— ※Le Pays des Fourrures.............. 2 v.
— ※Vingt mille lieues sous les Mers (*couronné*). 2 v.
— ※Le Tour du Monde en 80 jours........ 1 v.
— ※Une Ville flottante................. 1 v.
— ※Voyage au centre de la Terre (*couronné*)... 1 v.
— ※Michel Strogoff................... 2 v.
— ※Les Indes-Noires.................. 1 v.
— Hector Servadac................... 2 v.
— ※Un Capitaine de quinze ans.......... 2 v.
— Les cinq cents Millions de la Bégum..... 1 v.
— ※Les Tribulations d'un Chinois en Chine. 1 v.
— ※La Maison à vapeur................ 2 v.
— La Jangada...................... 2 v.
— L'École des Robinsons.............. 1 v.
— Le Rayon-Vert................... 1 v.
— Kéraban-le-Têtu.................. 2 v.
— L'Archipel en feu................. 1 v.
— L'Étoile du Sud.................. 1 v.
— Mathias Sandorf.................. 3 v.
— Robur-le-Conquérant.............. 1 v.
— Un Billet de Loterie............... 1 v.
— ※Nord contre Sud................. 2 v.
— Le Chemin de France.............. 1 v.
— Deux Ans de Vacances............. 2 v.
— Famille sans Nom................. 2 v.
— Sans dessus dessous............... 1 v.
— ※César Cascabel.................. 2 v.
— ※Mistress Branican................ 2 v.
— Le Château des Carpathes........... 1 v.
— Claudius Bombarnac............... 1 v.
— ※P'tit Bonhomme.................. 2 v.
— †Mirifiques aventures de Maître Antifer.... 2 v.

*Histoire des grands voyages et des grands
voyageurs. — La découverte de la Terre.*

— ※Les premiers Explorateurs........... 2 v.
— ※Les Navigateurs du xviiie siècle....... 2 v.
— ※Les Voyageurs du xixe siècle......... 2 v.

VOLUMES IN-18

Brochés, 3 fr. — Cartonnés toile, tranches dorées, 4 fr.

ANDERSEN............	Nouveaux Contes suédois............	1 v.
DURAND (Hip.)........	* Les grands Prosateurs............	1 v.
—	* Les grands Poètes............	1 v.
EGGER............	*✳Histoire du Livre............	1 v.
FRANKLIN (J.)........	✳Vie des Animaux............	6 v.
GRAMONT (comte de)..	❶Les Vers français et leur prosodie.......	1 v.
HIPPEAU (Mme).....	*✳Cours d'économie domestique.........	1 v.
LAVALLÉE (Th.).......	✳Histoire de la Turquie............	2 v.
LEGOUVÉ (E.)........	Conférences parisiennes............	1 v.
MACAULAY...........	✳Histoire et Critique............	1 v.
ORDINAIRE...........	* Rhétorique nouvelle............	1 v.
SUSANE (général)....	Histoire de la Cavalerie............	3 v.
—	Histoire de l'Artillerie............	1 v.
THIERS............	*✳Histoire de Law............	1 v.
WENTWORTH-HIGGINSON.	*✳Histoire des États-Unis............	1 v.

BIBLIOTHÈQUE DES JEUNES FRANÇAIS

VOLUMES GRAND IN-16

1 FR. 50 BROCHÉS. — 2 FR. CARTONNÉS TOILE, TRANCHES JASPÉES

BLOCK (Maurice) ... *✳Petit Manuel d'Économie pratique (ouvrage couronné).

— \
— *✳*Entretiens* \
familiers \
sur \
— *l'administra-* \
tion de \
notre pays
{ La France................... 1 v.
Le Département............... 1 v.
La Commune.................. 1 v.
(Ouvrages adoptés par les conférences cantonales d'instituteurs et les commissions départementales, et compris dans la circulaire ministérielle du 17 novembre 1883.)
Paris, Organisation municipale 1 vol. — Paris, Institution administrative, 1 vol. — Le Budget, 1 vol. — L'Impôt, 1 vol. — L'Industrie, 1 vol. — L'Agriculture, 1 vol. — Le Commerce, 1 vol.

ERCKMANN-CHATRIAN. ✳Avant 89 (illustré).
LECOMTE (Maxime).. * La Vocation d'Albert.
MACÉ (Jean)...... * La France avant les Francs (illustré).
PONTIS............ ✳Petite Grammaire de la prononciation.
TRIGANT-GENESTE .. ✳Le Budget communal.

✳ Indique les ouvrages honorés de souscriptions du *Ministère de l'Instruction publique*, ou choisis pour faire partie des catalogues des bibliothèques scolaires ou populaires.

* Indique les ouvrages honorés de souscriptions ou choisis par la *Ville de Paris* pour ses distributions de prix ou ses bibliothèques municipales.

❶ Désigne les ouvrages couronnés par l'*Académie française*.

† Désigne les nouveautés de l'année.

Livres Classiques

Cahiers d'une Élève de Saint-Denis

Cours d'études complet et gradué d'éducation pour jeunes filles et jeunes garçons, à suivre en six années soit dans la pension, soit dans la famille
Par deux anciennes Élèves de la Légion d'Honneur
Et **LOUIS BAUDE**, *ancien professeur au Collège Stanislas*

La Collection complète : Brochée, **59 fr.** — Cartonnée, **63 fr. 25**

Tomes		Broché	Cart.	Tomes			Broché	Cart.
CAHIERS préliminaires	1er Cours de lecture........	2 »	2 25	3.	2e année	1er sem.	2 50	2 75
	2e Instruction élémentaire.....	3 »	3 25	4.	—	2e —	2 50	2 75
	3e Instruction élémentaire.....	3 »	3 25	5.	3e —	1er —	3 »	3 25
	4e Cours d'écriture.......	4 »	4 50	6.	—	2e —	3 50	3 75
				7.	4e —	1er —	3 50	3 75
				8.	—	2e —	3 50	3 75
				9.	5e —	1er —	3 50	3 75
1.	1re année 1er sem.	1 50	1 75	10.	—	2e —	4 »	4 25
2.	— 2e —	2 50	2 75	11.	6e —	1er —	4 50	4 75
				12.	—	2e —	4 50	4 75

Atlas classique de Géographie universelle,
Par M. DUBAIL, ex-professeur à l'école de Saint-Cyr. . . . . 8 fr.

✳❋Études d'après les Grands Maîtres — Dessins et Lithographies
Par A. COLIN, professeur de dessin à l'École polytechnique
Ouvrage adopté par le Ministère de l'Instruction publique à l'usage des Lycées et des Écoles
Album in-folio : 20 planches. Prix : cart. bradel, **20 fr.** — Cart. toile, **22 fr.**

LIVRES CLASSIQUES
Adoptés par le Ministère de l'Instruction publique

BRACHET (A.)❋✳Grammaire historique de la langue française. Préface par Littré, 3 fr. Bradel, 3 fr. 25. Cart. toile. ... 4 fr. »
— ❋✳Dictionnaire étymologique de la langue française. Préface par Egger, 8 fr. Bradel, 8 fr. 50. Cartonné toile................. 9 fr. »
DUBAIL. ✳Géographie de l'Alsace-Lorraine............... 1 fr. »
GRIMARD (Ed.). ✳✳La Botanique à la campagne, 4 fr. Cart. toile.. 5 fr. »
HUGO (V.). ✳✳Les Enfants (Le Livre des Mères), 3 fr. Bradel, 3 fr. 25. Cartonné toile.................. 4 fr. »
— ✳✳Œuvres. Extraits. Edition des Ecoles, 2 fr. Cart. toile 3 fr. »
LEGOUVÉ (E.). ✳✳L'Art de la lecture, 3 fr. Cartonné toile. . . . 4 fr. »
— ✳Petit traité de lecture à haute voix, 1 fr. Cartonné bradel..................... 1 fr. 20
PETIT (Arsène). ✳✳La Grammaire de la Lecture à haute voix. . . . 3 fr. »
— ✳La Grammaire de la Ponctuation.. ... 3 fr. »
— Extrait de la Grammaire de la Ponctuation 0 fr. 50

DUBAIL. Cours classique de Géographie............. 3 fr. »
MACÉ (Jean). Arithmétique élémentaire. 1re partie. Cart. bradel. 0 fr. 75
— Arithmétique élémentaire. 2e partie. Cart. bradel. . 0 fr. 75
PETIT (Arsène). †La Grammaire de l'Art d'écrire.......... 3 fr. »
SOUVIRON. ✳Dictionnaire des termes techniques............ 6 fr. »
VADIER (B.). Théâtre à la maison et à la pension. Chaque fascicule ill. 0 fr. 30
21 Comédies et Proverbes pour jeunes filles et jeunes garçons, formant 10 fascicules.

Albums Stahl

Bibliothèque de Mlle Lili et de son cousin Lucien

PREMIER AGE. — ALBUMS IN-4° EN COULEURS

Prix : cartonné bradel, 1 fr.

BECKER. Une drôle d'École.
BOS. Leçon d'Équitation.
CASELLA. Les Chagrins de Dick.
FROELICH. *Chansons et Rondes de l'Enfance.* — Au Clair de la Lune. — La Boulangère a des écus. — Le Roi Dagobert. — Cadet-Roussel. — Il était une Bergère. — Giroflé-Girofla. — La Mère Michel. — Malbrough. — La Marmotte en vie. — Mr de La Palisse. — Nous n'irons plus au bois. — La Tour, prends garde. — Compère Guilleri. Le Pont d'Avignon.

Les Frères de Mlle Lili. — La Revanche de François. — Le Cirque à la maison. — Mr César. — Mlle Furet. — Le Pommier de Robert.
FROMENT. Tambour et Trompette. — †Le Plat mystérieux.

GEOFFROY. Monsieur de Crac. — Don Quichotte. — Le pauvre Ane. — Gulliver. — L'Ane gris.
JAZET. L'Apprentissage du soldat.
KURNER. Une Maison inhabitable.
LUCHT (DE). La Pêche au Tigre. — Les trois Montures de John Cabriole. — L'Homme à la Flûte. — Les Animaux domestiques. — Robinson Crusoé.
MATTHIS. Métamorphoses d'un Papillon.
MÉRY. La Guerre autour d'un Cerisier.
TINANT. Les Pêcheurs ennemis. — La Guerre sur les toits. — La Revanche de Cassandre. — Un Voyage dans la neige. — De haut en bas. — Machin et Chose. — Le Berger ramoneur.
TROJELLI. Alphabet musical de Mlle Lili.

ALBUMS STAHL IN-8°

1re Série. — Prix : relié toile, à biseaux, 4 fr. ; cart. bradel, 2 fr.

BECKER (L.). Alphabet des Oiseaux. Alphabet des Insectes.
DETAILLE. Les bonnes Idées de Mlle Rose.
FATH. Gribouille. — Les Méfaits de Polichinelle. — Le docteur Bilboquet. — Jocrisse et sa sœur.
FROELICH. Alphabet de Mlle Lili. — Arithmétique de Mlle Lili. — Grammaire de Mlle Lili. — L'A perdu de Mlle Babet. — Les Caprices de Manette. — Un drôle de Chien. — La Fête de Papa. — Journée de Mlle Lili. — Le petit Diable. — Mlle Lili à Paris. — La Fête de Mlle Lili. — Mlle Lili aux Champs-Élysées. — Premier Chien et premier Pantalon. — Les deux Jumeaux. — Pierre et Paul. — La Journée de M. Jujules. — Mlle Lili en Suisse. — La Poupée de Mlle Lili. — Les petits Bergers. — Cerf agile. — La première Chasse de Jujules. — Une grande journée de Mlle Lili — La Mère Bontemps. — Papa en voyage. — † La Vocation de Jujules.
FROMENT. La Boîte au lait. — Le petit Escamoteur. — Le petit Acrobate. — Tragédies enfantines. — Scènes familières (*au Château*). — Nouvelles Tragédies enfantines. — Scènes familières (*à la Ferme*).
GEOFFROY. Le Paradis de M. Toto. — L'Age de l'École. — Proverbes en action. — † Fables de La Fontaine en action.
GRISET. La Découverte de Londres.
JUNDT. L'École buissonnière.
LALAUZE. Le Rosier du petit frère.
LAMBERT. Chiens et Chats.
MARIE. Le petit Tyran.
MATTHIS. Les deux Sœurs.
MÉAULLE. Petits Robinsons de Fontainebleau.
PIRODON. Histoire de Bob aîné.
SCHULER (TH.). Les Travaux d'Alsa.
VALTON. Mon petit Frère.

ALBUMS-STAHL IN-8º
2ᵉ série. — *Prix : relié toile, 5 fr. ; cartonné bradel, 3 fr.*

CHAM. — Odyssée de Pataud et de son chien Fricot.
FRŒLICH. — La Révolte punie. — Petites Sœurs et petites Mamans. — Voyage de Mˡˡᵉ Lili autour du monde. — Voyage de découvertes de Mˡˡᵉ Lili. — Chasse au volant.
GRISET. — Aventures de trois vieux Marins. — Pierre le Cruel.
SCHULER (TH.). — Le premier Livre des petits enfants.

LIVRES ET ALBUMS D'AMATEURS

Les Contes de Perrault
PRÉFACE DE P.-J. STAHL

40 GRANDES COMPOSITIONS HORS TEXTE DE **Gustave DORÉ**
1 volume in-4º, cartonnage riche, 25 fr. Reliure d'amateur, 30 fr.
Grande édition in-folio, cartonnage riche, **70 fr.**

Daphnis et Chloé, traduction d'Amyot, complétée par P.-L. Courrier. Préface par Amaury Duval. 42 compositions au trait par Burthe, imprimées en couleur, in-folio, cartonnage riche. **50 fr.**
Gavarni, 6 AQUARELLES fac-similés, exécutées en chromo-lithographie par A. Lemercier et Bocquin, in-folio . . . . **30 fr.**
Frœlich. L'ORAISON DOMINICALE, album in-4, contenant 10 planches à l'eau-forte, relié toile . . . . **18 fr.**
— SEPT FABLES DE LAFONTAINE, album in-4, contenant 10 planches, broché . . . . **5 fr.**

OUVRAGES ILLUSTRÉS DIVERS

GAVARNI-GRANDVILLE. — **Le Diable à Paris**, *Paris à la plume et au crayon*, 1,508 dessins, dont 600 grandes scènes et types avec légendes de GAVARNI et 908 dessins par GRANDVILLE, BERTALL, CHAM, DANTAN, etc. ; texte par BALZAC, A. DE MUSSET, HUGO, GEORGE SAND, STAHL, BARBIER, SUE, de LAPRADE, SOULIÉ, NODIER, GOZLAN, DROZ, ROCHEFORT, VILLEMOT, Mᵐᵉ DE GIRARDIN, etc. 4 beaux volumes in-8º jésus. Relié, tranches dorées, 44 fr. ; toile, tranches dorées, 40 fr.; broché . . . . **28 »**
GRANDVILLE. — **Les Animaux peints par eux-mêmes**, scènes de la vie privée et publique des animaux, publiés sous la direction de P.-J. STAHL, avec la collaboration de BALZAC, G. DROZ, BENJAMIN FRANKLIN, JULES JANIN, A. DE MUSSET, E. SUE, NODIER, SAND. 1 vol. in-8º jésus, contenant 320 dessins. Chef-d'œuvre de Grandville. Relié, tranches dorées, 14 fr. ; cartonné toile, tranches dorées, 12 fr.; broché . . . . **9 »**
GŒTHE ET KAULBACH. — **Le Renard**, traduit par E. GRENIER, illustré de 60 compositions par KAULBACH. 1 vol. in-8º jésus. Relié, tranches dorées, 11 fr. ; toile, tranches dorées, 10 fr. ; broché. **7 »**
Le même ouvrage, en édition populaire in-8º jésus. Toile, tranches dorées, 5 fr. ; broché **2 50**
GEORGE SAND. — **Romans champêtres**. 2 volumes in-8º raisin, illustrés par T. JOHANNOT, brochés . . . . **20 »**
TOUSSENEL. — **L'Esprit des bêtes**. 1 vol. illustré par BAYARD, toile, tranches dorées, 6 fr. ; broché **4 50**

La Marine à l'Exposition française de 1878. Publication faite par ordre du Ministre de la Marine. 2 forts volumes in-8º accompagnés de leur atlas . . . . **80 »**

J. HETZEL ET Cie, 18, RUE JACOB

VICTOR HUGO

ŒUVRES COMPLÈTES NE VARIETUR in-8
✳ ÉDITION DÉFINITIVE SUR LES MANUSCRITS ORIGINAUX
48 VOLUMES IN-8° IMPRIMÉS AVEC LE PLUS GRAND LUXE SUR PAPIER SPÉCIAL

Prix de chaque volume : 7 fr. 50 broché ; 10 fr. relié amateur.

POÉSIE : 17 volumes.

Odes et Ballades (Préface inédite). 1 vol. — *Les Orientales, les Feuilles d'automne.* 1 vol. — *Chants du Crépuscule, Voix intérieures, Rayons et Ombres.* 1 vol. — *Les Châtiments.* 1 vol. — *Les Contemplations.* 2 vol. — *La Légende des Siècles.* 4 vol. — *Chansons des Rues et des Bois.* 1 vol. — *L'Année Terrible.* 1 vol. — *L'Art d'être grand-père.* 1 vol. — *Le Pape, La Pitié suprême, Religions et Religion, L'Ane.* 1 vol. — *Les Quatre vents de l'Esprit.* 2 vol.

PHILOSOPHIE : 2 volumes.

Littérature et Philosophie mêlées 1 vol. — *William Shakespeare.* 1 vol.

VOYAGES

Le Rhin. 2 vol.

DRAME : 5 volumes.

Cromwell. 1 vol. — *Hernani, Marion de Lorme, Le Roi s'amuse.* 1 vol. — *Lucrèce Borgia, Marie Tudor, Angelo* (1 acte inédit). 1 vol. — *Ruy-Blas, La Esmeralda, Les Burgraves.* 1 vol. — *Torquemada, Les Jumeaux, Amy Robsart.* 1 vol.

ROMAN : 14 volumes.

Han d'Islande. 1 vol. — *Bug-Jargal, Dernier jour d'un condamné, Claude Gueux.* 1 vol. — *Notre-Dame de Paris.* 2 vol. — *Les Misérables.* 5 vol. — *Les Travailleurs de la Mer* (précédé de *l'Archipel de la Manche*). 2 vol. *L'Homme qui rit.* 2 vol. — *Quatrevingt-treize.* 1 vol.

HISTOIRE : 3 volumes.

Napoléon le Petit. 1 vol. — *Histoire d'un crime.* 2 vol.

ACTES ET PAROLES : 6 volumes.

Avant l'exil. 1 vol. — *Pendant l'exil.* 1 vol. — *Depuis l'exil.* 2 vol.

VICTOR HUGO raconté. 2 vol.

✳ ŒUVRES INÉDITES POSTHUMES
Prix de chaque volume in-8° : 7 fr. 50 broché.

Le Théâtre en liberté. 1 vol. —
La Fin de Satan. 1 vol.
Choses vues. 1 vol.
Toute la Lyre. 2 vol.
Toute la Lyre, dernière série. 1 vol.
Dieu. 1 vol.
En Voyage : Les Alpes, Les Pyrénées. 1 vol.
En Voyage : France et Belgique. 1 vol.
Les Jumeaux. — Amy Robsart. 1 vol. . . . . 6 francs.

Volumes in-8° divers à 7 fr. 50 brochés.

BERTRAND (J.)	*✳Les Fondateurs de l'astronomie moderne, suivi de Arago et sa vie scientifique.	1 vol.
—	*✳L'Académie et les Académiciens. . . .	1 vol.
BOUCHET (Eugène) . .	✳Précis des Littératures étrangères. . .	1 vol.
BLANC et ARTOM . . .	Œuvre parlementaire du comte de Cavour	1 vol.
DELAHANTE.	Une famille de finance au XVIIIe siècle. .	2 vol.
DIPLOMATE (Un) . . .	L'affaire du Tonkin.	1 vol.
LEGOUVÉ (E.).	*✳Soixante ans de souvenirs	2 vol.
MORTIMER D'OCAGNE .	*✳Les grandes Écoles de France.	1 vol.
TROCHU	L'Empire et la défense de Paris. . . .	1 vol.

VICTOR HUGO

*※ ŒUVRES COMPLÈTES NE VARIETUR In-18
ÉDITION DÉFINITIVE SUR LES MANUSCRITS ORIGINAUX

70 Volumes in-18. Prix de chaque volume, 2 fr. broché.

POÉSIE

Odes et Ballades. 1 vol. — *Les Orientales.* 1 vol. — *Les Feuilles d'automne.* 1 vol. — *Les Chants du crépuscule.* 1 vol. — *Les Voix intérieures.* 1 vol. — *Les Rayons et les Ombres.* 1 vol. — *Les Châtiments.* 1 vol. — *Les Contemplations.* 2 vol. — *La Légende des siècles.* 4 vol. — *Les Chansons des Rues et des Bois.* 1 vol. — *L'Année terrible.* 1 vol. — *L'Art d'être grand-père.* 1 vol. — *Le Pape, La Pitié suprême.* 1 vol. — *Religions et Religion, L'Ane.* 1 vol. — *Les quatre Vents de l'Esprit.* 2 vol.

DRAME

Cromwell. 1 vol. — *Hernani.* 1 vol. — *Marion de Lorme.* 1 vol. — *Le Roi s'amuse.* 1 vol. — *Lucrèce Borgia.* 1 vol. — *Marie Tudor, Esmeralda.* 1 vol. — *Angelo.* 1 vol. — *Ruy Blas.* 1 vol. — *Les Burgraves.* 1 vol. — *Torquemada.* 1 vol.

ROMAN

Han d'Islande. 1 vol. — *Bug-Jargal.* 1 vol. — *Le dernier jour d'un Condamné, Claude Gueux.* 1 vol. — *Notre-Dame de Paris.* 2 vol. — *Les Misérables.* 8 vol. — *Les Travailleurs de la Mer.* 2 vol. — *L'Homme qui rit.* 3 vol. — *Quatrevingt-treize.* 2 vol.

PHILOSOPHIE

Littérature et Philosophie. 1 vol. — *William Shakespeare.* 1 vol.

HISTOIRE

Napoléon le Petit. 1 vol. — *Histoire d'un crime.* 2 vol. — *Paris.* 1 vol.

VOYAGE

Le Rhin. 3 vol.

ACTES ET PAROLES

Avant l'Exil. 2 vol. — *Pendant l'Exil.* 2 vol. — *Depuis l'Exil.* 4 vol.

VICTOR HUGO raconté. . . . . 3 volumes.

L'ŒUVRE DE VICTOR HUGO — EXTRAITS

※Édition du monument. Un volume in-18 de 252 pages . . . 1 franc.
※Édition des écoles. . . . Un volume in-18 de 320 pages . . . 2 francs.
— Cartonné toile . . . . 3 francs.

ŒUVRE POÉTIQUE ELZÉVIRIENNE

Édition in-18 raisin sur papier vergé de Hollande

Dessins et Ornements par E. FROMENT.

Odes et Ballades. 1 vol. . 7 50
Feuilles d'automne 1 v. 4 »
Chants du crépuscule.
  1 vol. . . . . 4 »
Voix intérieures. 1 vol.. 4 »
Rayons et Ombres. 1 v. 4 »

Contemplations. 2 vol. à
  7 fr. 50, ... 15 »
La Légende des siècles,
  1 vol. 7 50
Les Chansons des Rues
  et des Bois. 1 v. 7 50

Éditions populaires grand In-8° illustrées

ERCKMANN-CHATRIAN

ŒUVRES COMPLÈTES
43 fr. 20
BROCHÉES

ROMANS NATIONAUX

ŒUVRES COMPLÈTES
43 fr. 20
BROCHÉES

*※Le Conscrit de 1813..	1 40	* Histoire d'un Homme	
*※Madame Thérèse....	1 40	du peuple.........	1 70
*※L'Invasion	1 60	* La Guerre........	1 40
* Waterloo	1 80	*※Le Blocus.........	1 60

Réunis en un beau volume grand in-8° illustré de 182 dessins
par Th. Schuler, Riou et Fuchs.
Broché, **10** *fr.; toile, tr. dor.,* **13** *fr.; relié, tr. dor.,* **15** *fr.*

CONTES ET ROMANS POPULAIRES

Maître Daniel Rock..	1 20	Joueur de clarinette..	1 60
L'Illustre Dr Matheus.	1 40	La Maison forestière.	1 20
Hugues le Loup.....	1 40	※L'Ami Fritz........	1 50
Les Contes des bords du Rhin.........	1 30	Le Juif polonais.....	1 30

Réunis en un beau volume grand in-8° illustré de 171 dessins
par Bayard, Benett, Gluck et Th. Schuler.
Broché, **10** *fr.; toile, tr. dor.,* **13** *fr.; relié, tr. dor.,* **15** *fr.*

*※HISTOIRE D'UN PAYSAN

La Révolution française racontée par un paysan
Illustrations de Théophile Schuler. L'ouvrage complet, en 1 volume,
broché, **7** fr.; toile, tr. dor., **10** fr.; relié, **12** fr.

CONTES ET ROMANS ALSACIENS

*※Histoire du Plébiscite.	2 »	Une Campagne en Kabylie	1 40
*※Les deux Frères....	1 50	*※Maître Gaspard Fix..	2 »
*※Histoire d'un Sous-Maître.........	1 30	Souvenirs d'un ancien Chef de chantier ...	1 10
*※Le Brigadier Frédéric.	1 20		

Réunis en un beau volume grand-in-8° illustré de 139 dessins
par Schuler.
Broché, **10** *francs; toile, tr. dor.,* **13** *francs; relié,* **15** *francs.*

Contes Vosgiens, illustrés par Philippoteaux........	1 fr. 30
Le Grand-Père Lebigre, illustré par Lallemand et Benett...	1 fr. 30
* Les Vieux de la Vieille, illustré par Lix	1 fr. 40
* Le Banni, illustré par Lix	1 fr. 20
Quelques mots sur l'esprit humain (non illustré)	1 fr. »

*Les œuvres d'*Erckmann-Chatrian *sont publiées aussi en 33 volumes in-18
à 3 fr. chacun et 2 volumes in-18 à 1 fr. 50. — (Voir pages 26 et 28.)*

Éditions populaires grand in-8° illustrées

MAYNE-REID
ŒUVRES CHOISIES
AVENTURES DE TERRE ET DE MER

Le Chef au bracelet d'or | Les deux Filles du Squatter
La Sœur perdue | Le Désert d'eau
Les Émigrants du Transvaal | Le petit Loup de mer
Les Planteurs de la Jamaïque | La Montagne perdue

Chaque ouvrage illustré de 25 gravures, **1 fr. 25** *broché*

RÉUNIS EN UN BEAU VOLUME
GRAND IN-8° ILLUSTRÉ DE 200 DESSINS DE BENETT, RIOU, FERAT, DAVIS :

broché, **10** fr.; toile, tr. dorées, **13** fr.; relié, tr. dorées, **15** fr.

AVENTURES DE CHASSES ET DE VOYAGES

Les Chasseurs de Chevelures | William le Mousse
La Terre de Feu | Les jeunes Esclaves
Les Robinsons de Terre ferme | Les jeunes Voyageurs
Les Exploits des Jeunes Boërs | Les Naufragés de Bornéo

Chaque ouvrage illustré de 25 gravures, **1 fr. 25** *broché*

RÉUNIS EN UN BEAU VOLUME GRAND IN-8°
ILLUSTRÉ DE 200 DESSINS PAR RIOU, FERAT, MEYER, PHILIPPOTEAUX, DAVIS :

broché, **10** fr.; toile, tr. dorées, **13** fr.; relié, tr. dorées, **15** fr.

Alfred RAMBAUD
L'ANNEAU DE CÉSAR
Souvenirs d'un Soldat de Vercingétorix

Ouvrage couronné par l'Académie française

Nouvelle édition gr. in-8°, illustrée de 80 dessins de Georges ROUX

PUBLIÉE EN 20 SÉRIES A **0** FR. **50**

L'ouvrage complet :

Broché, **10** fr.; toile, tr. dorées, **13** fr.; relié, tr. dorées, **15** fr.

VICTOR HUGO

ROMANS ILLUSTRÉS. Un volume grand in-8° contenant :

Notre-Dame de Paris, Han d'Islande, Bug-Jargal
Dernier Jour d'un Condamné, Claude Gueux.

ILLUSTRÉ DE 158 DESSINS DE BRION, GAVARNI, BEAUCE, RIOU

Broché, **9** fr.; toile, tr. dorées, **12** fr.; relié, **14** fr.

HISTOIRE, POÉSIE, VOYAGES, ROMANS
LITTÉRATURE FRANÇAISE ET ÉTRANGÈRE

VOLUMES IN-18 A 3 FR.

ARAGO (E.)..........	L'Hôtel de Ville et le Gouvernement du 4 septembre (1870-71)............	1 v.
AUDEVAL.............	Les Demi-Dots, 1 vol. — La Dernière...	1 v.
BARBERET............	La Bohême du travail.............	1 v.
BENTZON (Th.)......	Un Divorce......................	1 v.

BIBLIOTHÈQUE FRANCO-ÉTRANGÈRE :

Le Roman de la femme médecin, suivi de Récits de la Nouvelle-Angleterre, par Sarah Orne Jewett, préface de Th. Bentzon.......... 1 v.
Nouvelles Mille et une Nuits, par R.-L. Stevenson, préface de Th. Bentzon... 1 v.
※La Sœur de miss Ludington, par Edward Bellamy, traduction de R. Issant, précédé d'une étude sur la littérature américaine, par Th. Bentzon..... 1 v.
La Fille à Lowrie, par F.-H. Burnett, traduction de R. de Cerizy, suivi d'une étude sur F.-H. Burnett, par Th. Bentzon..... 1 v.

CERVANTES..........	Don Quichotte (traduction nouvelle par Lucien Biart).................	1 v.
CHAMFORT...........	Pensées, maximes, anecdotes (précédé de l'histoire de Chamfort par P.-J. Stahl).	1 v.
CRÉMIEUX...........	Autographes. (Collection Crémieux)....	1 v.

DARYL (Ph.) — La Vie partout :

※La Vie publique en Angleterre	1 v.	Wassili Samarin........	1 v.
Signe Meltroë........	1 v.	La petite Lambton.....	1 v.
En Yacht...........	1 v.	A Londres............	1 v.
※Le Monde chinois......	1 v.	※Les Anglais en Irlande...	1 v.
Lettres de Gordon à sa sœur	1 v.	*※Renaissance physique....	1 v.

DESCHANEL (Paul)...	Questions actuelles...............	1 v.
DURANDE (Amédée)...	Carl, Joseph et Horace Vernet.......	1 v.

ERCKMANN-CHATRIAN (Œuvres complètes).

*※Le Blocus........	1 v.	*※Maître Gaspard Fix....	1 v.
*※Le Brigadier Frédéric..	1 v.	Le Grand-Père Lebigre..	1 v.
Une Campagne en Kabylie.	1 v.	La Maison forestière...	1 v.
Joueur de clarinette....	1 v.	* Maître Daniel Rock....	1 v.
Contes de la montagne.	1 v.	* Waterloo...........	1 v.
Contes des bords du Rhin.	1 v.	*※Histoire du Plébiscite...	1 v.
Contes populaires......	1 v.	*※Les deux Frères......	1 v.
Contes vosgiens.......	1 v.	Souvenirs d'un Chef de chantier...........	1 v.
*※Le Fou Yégof.......	1 v.	※L'Ami Fritz, pièce.....	1 v.
* La Guerre........	1 v.	※Alsace.............	1 v.
*※Hre d'un Conscrit de 1813.	1 v.	* Les Vieux de la Vieille..	1 v.
* Hre d'un Homme du peuple.	1 v.	* Le Banni..........	1 v.
*※Histoire d'un Paysan....	4 v.	L'Art et les Gds Idéalistes.	1 v.
*※Histoire d'un Sous-Maître.	1 v.	Quelques mots sur l'esprit humain (nlle édition)...	1 v.
L'illustre docteur Mathéus	1 v.
*※Madame Thérèse.....	1 v.

GENNEVRAY..........	Une Cause secrète................	1 v.
GORDON (Lady)......	Lettres d'Égypte..................	1 v.
GOZLAN (Léon)......	Les Émotions de Polydore Marasquin...	1 v.
JANIN (Jules)........	Variétés littéraires................	1 v.
JAUBERT.............	Souvenirs de Madame Jaubert........	1 v.
LEGOUVÉ (Ernest)...	*※Soixante ans de souvenirs..........	4 v.
OFFICIER EN RETRAITE (Un).	L'Armée française en 1879..........	1 v.

Pichat (Laurent). . . .	Gaston, 1 vol. — Les Poètes de combat. .	1 v.
—	Le Secret de Polichinelle	1 v.
Quatrelles.	Les 1001 Nuits matrimoniales.	1 v.
—	Voyage autour du grand monde	1 v.
—	La Vie à grand orchestre	1 v.
—	Sans Queue ni Tête, 1 vol. — L'Arc-en-Ciel.	1 v.
—	Petit Manuel du parfait Causeur parisien	1 v.
—	Casse-Cou, 1 vol. — Tout feu tout flamme.	1 v.
—	Les Amours extravagantes de la princesse Djalavann. 1 vol. — Mon petit dernier.	1 v.
Robert (Adrien)	Le Nouveau Roman comique	1 v.
Rolland (A.).	Lettres inédites de Mendelssohn.	1 v.
Sourdeval (de).	Le Cheval à côté de l'Homme et dans l'histoire.	1 v.
Stahl (P.-J.)	Les bonnes fortunes parisiennes :	
—	Les Amours d'un Pierrot.	1 v.
—	Les Amours d'un Notaire	1 v.
—	Histoire d'un homme enrhumé. . . . . Voyage d'un Étudiant.	} 1 v.
—	Histoire d'un Prince et d'une Princesse. Voyage où il vous plaira.	} 1 v.
—	L'Esprit des femmes et les Femmes d'esprit. Théorie de l'Amour et de la Jalousie. . . .	} 1 v.
Texier et Kæmpfen. .	Paris capitale du monde	1 v

Tourgueneff (I.) Œuvres :

Dimitri Roudine.	1 v.		Les Reliques vivantes. . .	1 v.
Fumée (préface de Mérimée)	1 v.		Terres vierges.	1 v.
Une Nichée de gentilshommes (traduit par le cte Sollohoud et A. de Calonne)	1 v.		Souvenirs d'Enfance (La Caille. — 30 petits poèmes en prose. — Mme d'un Nihiliste).	1 v.
Nouvelles moscovites (traduit par l'auteur et P. Mérimée).	1 v.		Œuvres dernières avec une étude sur Tourgueneff, sa Vie et son Œuvre, par le vte E. M. de Vogüé.	1 v.
Étranges histoires.	1 v.		Un Bulgare (traduit par Halpérine)	1 v
Les Eaux printanières. . .	1 v.			

Trochu (général). . . .	Pour la vérité et pour la Justice	1 v.
—	La Politique et le Siège de Paris	1 v.
Vallery-Radot (René)	L'Étudiant d'aujourd'hui	1 v.
Wilkie-Collins	La Femme en blanc. 2 v. — Sans Nom. .	2 v.
H. Wood (Mme).	Lady Isabel.	2 v.

VOLUMES IN-32

Decourcelle (A.) . . .	Les Formules du docteur Grégoire .	1 vol.	2 »
Macé (Jean).	Philosophie de poche.	1 vol.	1 25
—	† Saint-Évremond	1 vol.	1 25

THÉATRE

Erckmann-Chatrian . .	Le Juif polonais. 1 vol. in-18.	1 50
—	Les Rantzau. 1 vol. in-18.	1 50
—	Le Fou Chopine. 1 vol. in-8°.	» 50
Quatrelles.	Une Date fatale. 1 vol.	1 »
Verne (Jules).	Un Neveu d'Amérique. 1 vol. in-18.	1 50
—	Le Tour du Monde en 80 Jours. 1 vol. in-8°.	» 50
—	Les Enfants du capitaine Grant. 1 vol. in-8°.	» 50
—	Michel Strogoff. 1 vol. in-8°.	» 50

LIVRES DE FORMATS ET PRIX DIVERS EN COMMISSION

VOLUMES IN-18

Anonyme.	Mary Briant.	1 v.	3 »
Arago.	Les Bleus et les Blancs.	2 v.	6 »
Badin.	Marie Chassaing.	1 v.	3 »
Baignières	Histoires modernes.	1 v.	3 »
—	Histoires anciennes.	1 v.	3 »
Bastide (A.).	Le Christianisme et l'esprit moderne.	1 v.	3 »
Bixio (Beppa).	Vie du général Nino Bixio.	1 v.	3 »
Boullon (E.).	Chez nous.	1 v.	3 »
Charras.	H^{re} de la Guerre de 1815. 2 vol. et 1 album.		7 »
Chauffour.	Les Réformateurs du xvie siècle.	2 v.	6 »
Chennevières (De).	Aventures du Petit Roi Saint-Louis devant Bellesme.	1 v.	5 »
Deschanel.	Vie des Comédiens.	1 v.	3 »
Dollfus (Charles).	La Confession de Madeleine.	1 v.	3 »
Duvernet.	La Canne de Me Desrieux.	1 v.	3 »
Erckmann-Chatrian.	Lettre d'un électeur à son député.	1 v.	» 50
Favre (Jules).	* Conférences et Mélanges.	1 v.	3 50
Favier (F.).	L'Héritage d'un Misanthrope.	1 v.	3 »
Ferry (Jules).	Les Affaires de Tunisie.	1 v.	2 »
Gournot.	Essai sur la Jeunesse contemporaine.	1 v.	3 »
Grimard.	✵ L'Enfant, son passé, son avenir.	1 v.	3 »
Guimet (Emile).	L'Orient d'Europe au fusain.	1 v.	2 »
—	Esquisses scandinaves.	1 v.	3 »
—	Aquarelles africaines.	1 v.	2 50
Habeneck (Ch.).	Chefs-d'œuvre du théâtre espagnol.	1 v.	3 »
Ignorant (Un).	*✵ Monsieur Pasteur. — Histoire d'un savant par un ignorant.	1 v.	3 50
Kœchlin-Schwartz.	Un Touriste au Caucase.	1 v.	3 »
Ladreyt (M.-C.).	L'Instruction publique en France et les Écoles Américaines.	1 v.	3 »
Lancret (A.).	Les Fausses Passions.	1 v.	3 »
Lavalley (Gaston).	Aurélien.	1 v.	3 »
Laverdant (Désiré).	Don Juan converti.	1 v.	3 »
—	La Renaissance de Don Juan.	2 v.	6 »
Lefèvre (André).	La Lyre intime.	1 v.	3 »
—	Les Bucoliques de Virgile.	1 v.	3 »
Legouvé (E.)	Samson et ses élèves, 2 fr. — ✵ Lamartine, 1 fr. 50. — Maria Malibran, 0 fr. 75. — La Question des femmes, 1 fr. — ✵ Une Education de jeune fille.	1 v.	1 »
Nagrien (X.)	Prodigieuse Découverte.	1 v.	3 »
Réal (Antony)	Les Atomes.	1 v.	3 »
Rive (De la).	Souvenirs sur M. de Cavour.	1 v.	3 »
Sée (C.).	* La Loi Camille Sée.	1 v.	3 50
Stahl (P.-J.).	Entre bourgeois.	1 v.	» 50
Steel.	Haôma.	1 v.	3 »
Susane (général).	L'Artillerie avant et depuis la guerre.	1 v.	» 50
Worms de Romilly.	Horace (traduction).	1 v.	3 »

VOLUMES IN-8°

Antully (A. d').	Fantaisie.	1 v.	2 »
Brachet (Auguste).	L'Italie qu'on voit et l'Italie qu'on ne voit pas	1 v.	3 »
Lafond (Ernest)	Les Contemporains de Shakespeare.	5 v. à 6 »
—	Ben Johnson, 2 vol. — Massinger, 1 vol. — Beaumont et Fletcher, 1 vol. — Webster et Ford, 1 vol.		
Laverdant.	Appel aux Artistes.	1 v.	1 »
Paultre (E.)	Capharnaüm.	1 v.	6 »
Pirmez.	Jours de solitude.	1 v.	6 »
Richelot	✵ Gœthe, ses Mémoires, sa Vie.	4 v. à 6 »

ENSEIGNEMENT PROFESSIONNEL

BIBLIOTHÈQUE DES PROFESSIONS

Industrielles, Commerciales, Agricoles et Libérales

Le cartonnage de chaque volume se paye 0,30 c. en sus des prix marqués

Série A. — Sciences exactes

Volumes à 4 fr. : Lenoir (A.). ✳ Calculs et comptes faits. — Ortolan et Mesta. Dessin linéaire, avec planches. — Rozan (Ch.). Leçons de géométrie, avec planches.
Volume à 6 fr. : Lacombe. Manuel de l'Escompteur.

Série B. — Sciences d'observation

Volumes à 2 fr. : B. Miége. Télégraphie électrique. — Fresenius. Potasses, soudes. — Liebig. Introduction à l'étude de la Chimie. — J. Brun. Fraudes et maladies du vin. — Laffineur. Hydraulique et hydrologie. — Mascart et Moureaux. Météorologie, Prévision du temps.
Volumes à 4 fr. : D' Sacc. Chimie pure. — Hetet. Chimie générale élémentaire, 2 vol. — Gaudry. Essai des matières industrielles. — Du Temple. * Introduction à l'étude de la Physique. — D' Lunel. Les falsifications. — Noguès. Minéralogie appliquée. 2 vol. — Du Temple. *✳ Transmissions de la pensée et de la voix. — R. Clausius. Théorie mécanique de la chaleur. 2 vol. — Geymet. Traité pratique de Photographie, revu par Dumoulin.

Série C. — Art de l'ingénieur

Volumes à 2 fr. : Laffineur. Roues hydrauliques. — Dinée. Engrenages.
Volumes à 4 fr. : Guy. *Guide du géomètre-arpenteur. — Birot. *Guide du Conducteur des Ponts et Chaussées et de l'agent voyer*, 1'° partie, ROUTES. 1 vol. avec planches. — 2° partie, PONTS. 1 vol. avec planches. — Viollet-le-Duc. *✳ Comment on construit une maison. — Frochot. Cubage et estimation des bois. — Pernot. *✳ Guide du constructeur. — Demanet. ✳ Maçonnerie. Bouniceau. Constructions à la mer. 1 vol. de texte et 1 vol. d'atlas.

Série D. — Mines et Métallurgie

Volume à 2 fr. : Guettier. Alliages métalliques.
Volumes à 4 fr. : Dana. * Manuel du géologue. — J.-B.-J. Dessoye. Emploi de l'acier.

Série E. — Professions Commerciales

Volume à 2 fr. : Bourdain (Ed.).*Manuel du commerce des tissus.
Volume à 4 fr. : Emion (V. et G.). Traité du commerce des vins.

Série F. — Professions Militaires et Maritimes

Volumes à 2 fr. : Doneaud. Droit maritime. — Bousquet. Architecture navale.
Volumes à 4 fr. : Tartara. Code des bris et naufrages. — Steerk. Poudres et salpêtres. — Juven. Comment on devient Officier.

Série G. — Arts et Métiers

Volumes à 2 fr. : Basset. Culture et alcoolisation de la betterave. — Gaisberg. *Montage des appareils d'éclairage électrique. — Jaunez. Manuel du chauffeur. — Moreau (L.). * Guide du bijoutier. — Dʳ Lunel. *Guide de l'épicerie. — Monier. Essai et analyse des sucres.
Volumes à 4 fr. : Rouland. Nouveaux barèmes de serrurerie. — Dubief. Guide du féculier et de l'amidonnier. — Dromart. Carbonisation des bois. — A. Ortolan. * ✴ *Guide de l'ouvrier mécanicien :* Mécanique élémentaire. 1 vol. — Mécanique de l'atelier. 1 vol. — Principes et pratique de la machine à vapeur. 1 vol. — Th. Chateau. Corps gras industriels. — Mulder. *Guide du brasseur. — Prouteaux. Fabrication du papier et du carton. — Berthoud. ✴ La charcuterie pratique. — Graffigny (H. de). *L'ingénieur électricien. — Dʳ Lunel. Guide du parfumeur. — Dubief. Fabrication des liqueurs. — Vinification. — Fabrication des vins factices et immense trésor des vignerons et des marchands de vins. — Michotte (F.). Fabrication des eaux gazeuses. — Poitevin et Vidal. Traité des impressions photographiques. — Geymet. Traité de Galvanoplastie et d'Electrolyse. — Graffigny (H.). † Manuel pratique de l'Horloger. — Barbot. *Guide du joaillier.
Volume à 15 fr. : Leroux. Filature de la laine.

Série H. — Agriculture

Volumes à 2 fr. : Gayot. ✴ *Habitations des animaux :* Bergeries, porcheries. — Dubos. Choix de la vache laitière. — Canu et Larbalétrier. *✴ Manuel de météorologie agricole. — Koltz. Culture du saule et du roseau. — Sicard. Culture du cotonnier.

Volumes à 4 fr. : Grimard. Manuel de l'herboriseur. — Roman. Manuel du Magnanier. — **Gobin.** Entomologie agricole. — **Fleury-Lacoste.** ✵Guide du vigneron, suivi des maladies de la vigne, par Serigne. — **Bourgoin-d'Orli.** Cultures exotiques. — **Mariot-Didieux.** ✵ L'éducateur des lapins, des oies et des canards. — Éducation lucrative des poules. — **Larbalétrier.** ✵ Manuel de pisciculture. — **Courtois-Gérard.** ✵ Jardinage. — *✵Culture maraîchère. — **Gobin.** Culture des plantes fourragères. — **Pouriau.** Chimiste agriculteur. — Sciences physiques appliquées à l'agriculture. — **Lerolle.** *Botanique appliquée.

Série I. — Économie domestique. — Mélanges

Volumes à 2 fr. : Lunel. Économie domestique. — **Dubief.** Le liquoriste des dames. — **Petit (A.).** L'art de s'assurer contre l'incendie. — ✵ L'art de s'assurer sur la vie.

Volume à 3 fr. : Hirtz. *✵ Coupe et confection des vêtements de femmes et d'enfants.

Volumes à 4 fr. : Monin (D^r). *✵ Hygiène du travail. — **Rey.** *Ferments et fermentation. — **Baude.** Calligraphie. — **Saint-Juan (De).** La Cuisine pratique.

Série J. — Fonctions, Service public

Volumes à 4 fr. : Mortimer d'Ocagne. ✵*Les Grandes Écoles de France :* Carrières civiles. 2 vol. — Services de l'État. — **J. Albiot.** Manuel des conseillers généraux. — **Lelay.** Lois et règlements sur la douane. — **Lafolay.** Nouveau manuel des octrois.

Série K. — Beaux-Arts, Décoration

Volume à 2 fr. : Pellegrin. Traité de la Perspective.

Volumes à 4 fr. : Carteron. Introduction à l'étude des beaux-arts. — **Viollet-le-Duc.** *✵ Comment on devient un dessinateur. — **Regamey.** *✵ Le Japon pratique. — **Romeu.** L'Art du pianiste.

Le cartonnage de chaque volume se paye 0 fr. 50 en sus des prix marqués.

Le Catalogue spécial à la *Bibliothèque des Professions* est envoyé franco sur demande.

✵ Indique les ouvrages honorés de souscriptions du *Ministère de l'Instruction publique*, ou choisis pour faire partie des catalogues des bibliothèques scolaires ou populaires.

* Indique les ouvrages honorés de souscriptions ou choisis par la *Ville de Paris* pour ses distributions de prix ou ses bibliothèques municipales.

◯ Désigne les ouvrages couronnés par l'*Académie française.*

† Désigne les nouveautés de l'année.

NOUVELLE COLLECTION SPÉCIALE
POUR
Distributions de Prix

PREMIÈRE SÉRIE
VOLUMES IN-18
En feuilles, 1 fr. 60; Cartonnés toile, tranches jaspées, 2 fr.

ANQUEZ.........	*※Histoire de France (illustré)....	1 vol.
AUDOYNAUD.......	*※Entretiens familiers sur la Cosmographie (illustré).......	1 »
BLOCK (MAURICE).	※Principes de législation pratique	1 »
BOUCHET........	*※Précis des Littératures étrangères.................	1 »
CRÉTIN-LEMAIRE..	Les Expériences de la petite Madeleine (illustré)..........	1 »
GENIN..........	La Famille Martin (illustré).....	1 »
GRIMARD........	Le Jardin d'Acclimatation (illustré).................	1 »
MAURY.........	*※Géographie physique (illustré)..	
SAYOUS........	※Principes de littérature........	1 »
—	*※Conseils à une mère sur l'éducation littéraire de ses enfants..	
ZURCHER ET MARGOLLÉ.	Les Tempêtes (illustré)........	1 »

DEUXIÈME SÉRIE
VOLUMES GRAND IN-10 ILLUSTRÉS
Cartonnés imitation toile, tranches jaspées, 2 f. 40

BAUDE.........	Mythologie de la Jeunesse......	Réunis. 269 illustrations par BERTALL et BENETT.......	1 vol.
LACOME........	Musique en Famille		
GOZLAN (LÉON)...	Aventures du prince Chènevis....	Réunis. 149 illustrations par BERTALL et LORENTZ......	1 »
KARR (ALPHONSE).	Les Fées de la Mer..		
NOEL (EUGÈNE)..	La Vie des Fleurs...	Réunis. 125 illustrations par YAN'DARGENT et BECKER....	1 »
VAN BRUYSSEL...	※Les Clients d'un vieux Poirier....		
GENIN..........	Le petit Tailleur Bouton........	Réunis. 36 illustrations par FESQUET et BELLANGER...	1 »
—	Marco et Tonino..		
VERNE (JULES)...	Christophe Colomb.	Réunis. 38 illustrations par BENETT, MATTHIS, VIOLLET-LE-DUC......	1 »
VIOLLET-LE-DUC.	*※Le Siège de la Rochepont........		
DEVILLERS	Les Souliers de mon voisin........	Réunis. 42 illustrations par BENETT et A. MARIE.....	1 »
GENIN.........	Les Pigeons de St-Marc........		

TROISIÈME SÉRIE

GRAND IN-8° JÉSUS ou COLOMBIER ILLUSTRÉS

En feuilles, **2** *fr.* **20**; *Cartonnés, tranches jaspées,* **2** *fr.* **80**
Cartonnés toile, tranches jaspées, **3** *fr.* **20**

Choix des Voyages involontaires :
BIART (LUCIEN) ..* La Frontière indienne. 26 illustrations par H. MEYER .... 1 vol.
— ..*✻Le Secret de José. 26 illustrations par H. MEYER .... 1 »

Choix de Romans alsaciens :
ERCKMANN-CHATRIAN.*✻Le Brigadier Frédéric.—*Le Banni. 1 »
34 illustrations par SCHULER et LIX.

Choix d'Aventures de terre et de mer :
MAYNE-REID... {* Le Chef au Bracelet d'or ...... } 1 »
{*✻Le petit Loup de mer .... }
53 illustrations par BENETT.

QUATRIÈME SÉRIE

VOLUMES GRAND IN-8° COLOMBIER ILLUSTRÉS

En feuilles, **3** *fr.*; *Cartonnés toile, tranches jaspées,* **4** *fr.*

Choix de Romans nationaux :
ERCKMANN-CHATRIAN. .*✻L'Invasion. — Mme Thérèse ..... 1 vol.
47 illustrations par RIOU et FUCHS.
— *✻Le Conscrit de 1813. — Waterloo. 1 »
53 illustrations par RIOU.
{*✻Les États Généraux (Extraits de }
{ l'*Histoire d'un Paysan*) ..... } 1 »
{*✻Histoire d'un sous-maître .... }
49 illustrations par SCHULER.

CINQUIÈME SÉRIE

VOLUMES IN-8° CAVALIER ILLUSTRÉS

En feuilles, **3** *fr.*; *Cartonnés toile, tranches jaspées,* **3** *fr.* **60**.
Cartonnés toile, tranches dorées, **3** *fr.* **80**.

ALONE .... Autour d'un Lapin blanc. 26 illustrations .... 1 vol.
ASTON ....* L'Ami Kips. 31 illustrations ..... 1 »
AUDEVAL .... La Famille de Michel Kagenet. 26 illustrations .... 1 »
BRÉHAT (A. DE) .. ✻Aventures de Charlot. 26 illust^ons. 1 »
CAHOURS ET RICHE ✻Chimie des Demoiselles. 78 figures 1 »
GENIN .... La Famille Martin. 26 illustrations. 1 »
GOUZY ....*✻Voyage d'une Fillette au Pays des Étoiles. 10 illustrations et 92 fig. . 1 »
KAEMPFEN ...... La Tasse à Thé. 49 illustrations... 1 »
MULLER (EUG.) . .*✻La Morale en Action par l'Histoire. 26 illustrations .... 1 »
REY (I.-A.) ..... *Travailleurs et Malfaiteurs microscopiques. 78 illustrations. .. 1 »
STAHL (P.-J.) ....*✻Mon premier Voyage en Mer. 39 ill. 1 »

SIXIÈME SÉRIE
VOLUMES IN-8° RAISIN ILLUSTRÉS
En feuilles, 4 fr. 40; Cartonnés toile, tranches dorées, 5 fr. 40

BIART (LUCIEN)...*※	**Le Secret de José**, 26 ill. par MEYER. 1 vol.
— ....*	**Lucia Avila**, 26 ill. par MEYER ... 1 »
BLANDY (S.)......*※	**Le petit Roi**. 68 ill. par E. BAYARD. 1 »
CANDEZE (D^r).... *	**La Gileppe**. 68 ill. par BECKER ... 1 »
— ...*	**Aventures d'un Grillon**. 68 illustrations par RENARD.........
GRIMARD (ED.)...*※	**La Plante**. 300 ill. par YAN'DARGENT. 1 »
LAPRADE (V. DE). ※	**Le Livre d'un Père**. 44 illustrations par FROMENT........... 1 »
de l'Académie française	
LAURIE (ANDRÉ)..*	**L'Héritier de Robinson**. 26 illustrations par BENETT......... 1 »
MAYNE-REID......	**Les Émigrants du Transwaal**. 26 illustrations par RIOU...... 1 »
— .....*	**La Montagne perdue**. 26 illustrations par RIOU........... 1 »
—	**La Terre de Feu**. 26 ill. par RIOU. 1 »
— ....*	**Les jeunes Esclaves**. 26 illustrations par RIOU.......... 1 »
— .....※*	**Les Planteurs de la Jamaïque**. 26 illustrations par FÉRAT... 1 »
MULLER (EUGÈNE)*	**Les Animaux célèbres**. 26 illustrations par GEOFFROY....... 1 »
DU TEMPLE (L.).*※	**Communication de la pensée et de la voix**. Illustré de 150 figures. 1 »
Capitaine de frégate.	
....	**Les Sciences usuelles et leurs applications**. Illustré de 226 figures. 1 »
STAHL..........*	**Histoire de la Famille Chester**. 76 illustr. par FRŒLICH et E. YON.
VERNE (JULES).◎*※	**Cinq semaines en Ballon**. 80 illustrations par RIOU........ 1 »
— ...*※	**Aventures de 3 Russes et de 3 Anglais**. 50 illustrations par FÉRAT.. 1 »

SEPTIÈME SÉRIE
ALBUMS STAHL IN-8° JÉSUS
Cartonnage imitation toile, tranches blanches, **1 fr. 50**

COINCHON.......	H^{re} d'une mère (*Journal de Minette*). 1 vol.
FATH..........	Une folle Soirée chez Paillasse . 1 »
—	La Famille Gringalet........ 1 »
FRŒLICH.......	L'Ours de Sibérie.......... 1 »
—	La Salade de la grande Jeanne.. 1 »
—	Le Jardin de Monsieur Jujules.. 1 »
FROMENT.......	La Petite Devineresse........ 1 »
GEOFFROY......	La 1re Cause de l'Avocat Juliette. 1 »
PIRODON.......	Histoire d'un Perroquet....... 1 »
—	La Pie de Marguerite........ 1 »

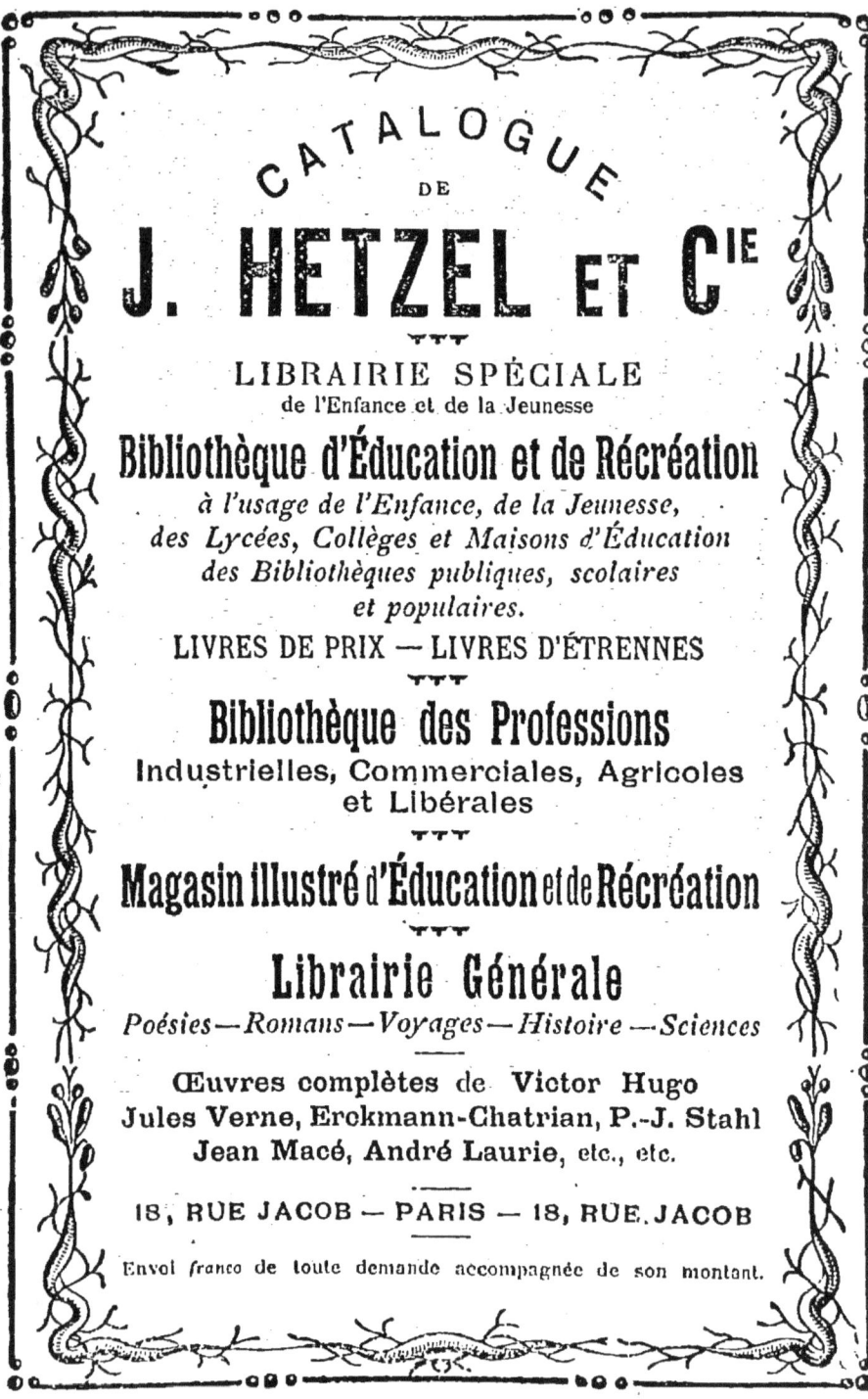

CATALOGUE
DE
J. HETZEL ET CIE

LIBRAIRIE SPÉCIALE
de l'Enfance et de la Jeunesse

Bibliothèque d'Éducation et de Récréation
*à l'usage de l'Enfance, de la Jeunesse,
des Lycées, Collèges et Maisons d'Éducation
des Bibliothèques publiques, scolaires
et populaires.*

LIVRES DE PRIX — LIVRES D'ÉTRENNES

Bibliothèque des Professions
Industrielles, Commerciales, Agricoles
et Libérales

Magasin illustré d'Éducation et de Récréation

Librairie Générale
Poésies — Romans — Voyages — Histoire — Sciences

Œuvres complètes de Victor Hugo
Jules Verne, Erckmann-Chatrian, P.-J. Stahl
Jean Macé, André Laurie, etc., etc.

18, RUE JACOB — PARIS — 18, RUE JACOB

Envoi franco de toute demande accompagnée de son montant.

※ Indique les ouvrages honorés de souscriptions du *Ministère de l'Instruction publique*, ou choisis pour faire partie des catalogues des bibliothèques scolaires ou populaires.
* Indique les ouvrages honorés de souscriptions ou choisis par la *Ville de Paris* pour ses distributions de prix ou ses bibliothèques municipales.
() Désigne les ouvrages couronnés par l'*Académie française*.
† Désigne les nouveautés de l'année.

J. HETZEL ET Cie, 18, RUE JACOB

Seul Recueil collectif à l'usage de la Jeunesse

Couronné par
L'ACADÉMIE FRANÇAISE

60 Volumes   60 Volumes

MAGASIN ILLUSTRÉ d'Éducation et de Récréation

Fondé par P.-J. STAHL

et SEMAINE DES ENFANTS réunis
Journal de toute la Famille
Encyclopédie morale de l'Enfance et de la Jeunesse

DIRIGÉ PAR

Jules VERNE ◆ J. HETZEL ◆ Jean MACÉ

Avec le concours des
ÉCRIVAINS, SAVANTS ET ARTISTES LES PLUS RÉPUTÉS

Les soixante volumes parus du *Magasin d'Éducation et de Récréation* constituent à eux seuls toute une bibliothèque de l'enfance et de la jeunesse. L'examen de la table générale montrera que les œuvres principales, et pour ainsi dire complètes, de JULES VERNE, de P.-J. STAHL, de JULES SANDEAU, de E. LEGOUVÉ, de J. MACÉ, de L. BIART, d'ANDRÉ LAURIE et de bien d'autres; que les plus heureuses séries de dessins de FRŒLICH, FROMENT, GEOFFROY, et d'un grand nombre d'artistes éminents, écrites ou dessinées avec un soin scrupuleux, à l'usage spécial de la jeunesse et de la famille, sont contenues dans ces volumes.

Cette collection grand in-8° représente par le fait la matière de plus de deux cents volumes in-18 ordinaires. Elle est en outre illustrée de plus de sept mille dessins, créés expressément pour le *Magasin d'Éducation*.

ABONNEMENT ANNUEL

Paris : 14 fr.; Départements : 16 fr.; Union postale : 17 fr.

Les abonnements partent du 1er janvier ou du 1er juillet.
Il paraît une livraison de 32 pages le 1er et le 15 de chaque mois et 2 volumes par an

Chaque volume br., 7 fr.; cart. toile, tr. dor., 10 fr.; relié, tr. dor., 12 fr.
COLLECTION COMPLÈTE : 60 VOLUMES
Brochés : 420 francs; cart. toile, tr. dor. : 600 fr.; reliés, tr. dor. : 720 fr.

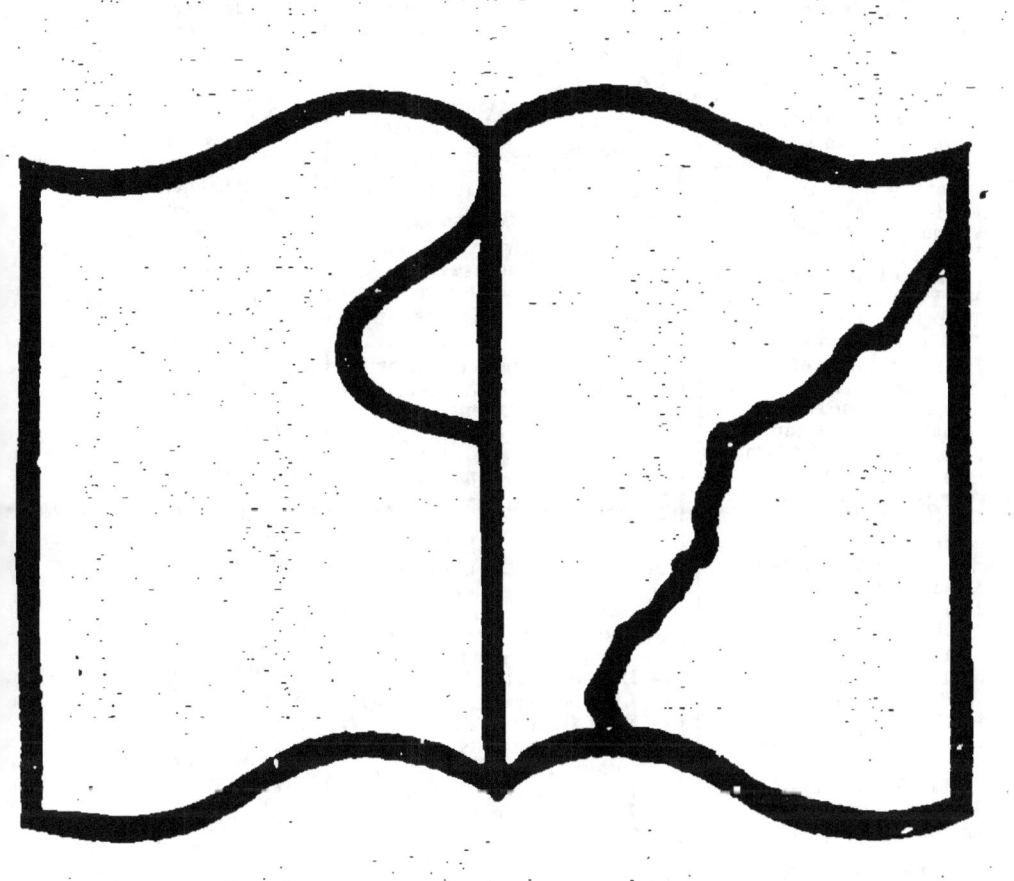

Texte détérioré — reliure défectueuse
NF Z 43-120-11

COLLECTION J. HETZEL & Cⁱᵉ

HISTOIRE, POÉSIE, VOYAGES, ROMANS, LITTÉRATURE FRANÇAISE ET ÉTRANGÈRE

Volumes in-18 à 3 francs.

	vol.
ODEVAL. Les Demi-Dots	1
La Dernière	1
ADIN (A.). Marie Chassaing	1
(Lucie). Une maman qui ne punit pas	1
Aventures d'Édouard	1
ENTZON (Th.). Un Divorce	1
IART (Lucien). Don Quichotte	4
HAMFORT (édition Stahl)	
ARYL (Ph.). La Vie partout	
Vie publique en Angleterre	1
Signe Meltroë	1
Lettres de Gordon à sa sœur	1
En Yacht	1
Wassili Samarin	1
Le Monde chinois	1
La Petite Lambton	1
A Londres	1
Les Anglais en Irlande	1
Renaissance physique	1
DOMENECH (l'abbé). La Chaussée des Géants	1
Voyageur Avent. en Irlande	1
DURANDE (A.). Carl, Joseph et Horace Vernet	1
ERCKMANN-CHATRIAN. Blocus	1
Alsace, drame	1
L'Ami Fritz, comédie	1
Le Brigadier Frédéric	1
Une Campagne en Kabylie	1
Joueur de clarinette	1
Contes de la montagne	1
Contes des bords du Rhin	1
Contes populaires	1
Contes Vosgiens	1
Le Fou Yégof	1
Le Grand-Père Lebigre	1
La Guerre	1
Conscrit de 1813	1
Hist. d'un homme du peuple	1
Histoire d'un paysan	4
Histoire d'un sous-maître	1
L'illustre docteur Mathéus	1
Madame Thérèse	1
Édit. allemande avec dessins	
La Maison forestière	1
Maître Daniel Rock	1
Maître Gaspard Fix	1
Waterloo	1
Histoire du Plébiscite	1
Les Deux Frères	1
Ancien chef de chantier	1
Vieux de la Vieille	1
Le Banni	1
Quelq. mots sur l'esp. hum.	1
L'Art et les grands Idéalistes	1
Juif polonais, pièce à 1,50	1
ERCKMANN (Emile). Alsaciens et Vosgiens d'autrefois	1
FAVRE (J.). Disc. du bâtonnat	1
Conférences et Mélanges	1
FLAVIO. Où mènent les chemins de traverse	1
FONVILLE (W. DE) Le Siège de Paris vu à vol d'oiseau	1

	vol.
GENEVRAY. Une Cause secrète	1
GOURNOT. Essai sur la jeunesse contemporaine	1
GOZLAN (L.). Émotions de Polydore Marasquin	1
GRAMONT (comte de). Les Gentilshommes pauvres	1
Les Gentilshommes riches	1
JANIN (J.). Variétés littéraires	1
JAUBERT (Mᵐᵉ). Souvenirs, 3,50	1
KOECHLIN-SCHWARTZ. Un Touriste au Caucase	1
LAVALLÉE (Th.). Jean sans Peur	1
LEGOUVÉ (E.), Soixante ans de souvenirs	4
MORALE UNIVERSELLE. Esprit des Allemands	1
Esprit des Italiens	1
OFFICIER EN RETRAITE. L'armée française en 1879	1
OLIVIER. Batelier de Clarens	2
PICHAT (L.). Gaston	1
Les Poètes de combat	1
Le Secret de Polichinelle	1
POUJARD'HIEU. Chemins de fer	
La Liberté et les Intérêts matériels	1
QUATRELLES. Voyage autour du grand monde	1
L'Arc-en-ciel	1
La Vie à grand orchestre	1
Sans Queue ni Tête	1
Mille et une nuits matrimoniales	1
Parfait Causeur parisien	1
Princesse Djalavann	1
Casse-Cou	1
Tout feu tout flamme	1
Mon petit dernier	1
RIVE (DE LA). Souvenirs sur M. de Cavour	1
ROBERT (Adrien). Le Nouveau Roman comique	1
ROLLAND. Lettres de Mendelssohn	1
SAND (George). Promenade autour d'un village	1
DE SOURDEVAL. Le Cheval	1
STAHL (P.-J.). LES BONNES FORTUNES PARISIENNES :	
Amours d'un pierrot	1
Amours d'un notaire	1
Hist. homme enrhumé	1
Voyage d'un étudiant	1
Histoire d'un prince	1
Voyage où il vous plaira	1
Les 4 peurs de notre général	1
L'Esprit des Femmes et Théorie de l'Amour	1
TEXIER et KÆMPFEN. Paris, capitale du monde	1
TOURGUÉNEFF. Dimitri Roudine	1
Fumée (préf. de MÉRIMÉE)	1
Étranges histoires	1

	vol.
TOURGUÉNEFF. Terres vie...	
Nichée de gentilshomm...	
Nouvelles moscovites	
Les Reliques vivantes	
Les Eaux printanières	
Souvenirs d'enfance	
Œuvres dernières	
Un Bulgare	
TROCHU (Général). Pour la vérité et pour la justice	
Politique de siège de Paris	
VALLERY-RADOT (René). L'étudiant d'auj...	
WILKIE COLLINS sans n...	
La Femme en blanc	
WOOD (Mᵐᵉ). Lady Isabe...	

Livres in-18 en commi...

ANONYME. Mary Briant	
ARAGO (Ét.). Bleus et Bl...	
BAIGNIÈRES. Hist. mod...	
Histoires ancien...	
BASTIDE (A.). Le C... et l'Esprit n...	
BENCHÈRE. L'Isth...	
BIXIO (B.). Vie g...	
BOUILLON (E.). C...	
CHAUFFOUR. Les ...ifés... teurs du XVIᵉ siècle	
CRÉMIEUX. Autographes	
DOLLFUS (Charles). La Co...sion de Madeleine	
DUFF GORDON (lady Luc...). Lettres d'Égypte	
DUVERNET. La Cann... Mᵉ Desrieux	
FAVIER (F.). L'Héritage misanthrope	
GRENIER. Poèmes dram...	
HABENECK (Ch.). Chefs... vre du théâtre espa...	
HUET (F.). Histoire de l... Dumoulin	
LADREIT (M.-C.). L'instr... publique en France... Écoles Américaines	
LANCRET (A.). Fausses Pa...	
LAVALLEY (Gaston). Au...	
LAVERDANT (Désiré). Juan converti	
Renaissances de don...	
LEFÈVRE (A.). La Flûte...	
La Lyre intime	
Les Bucoliques de V...	
LEZAACK (Dʳ). Eaux de...	
NAGRIEN (X.). Prodigie... couverte	
RÉAL (Antony). Les A...	
STEEL. Hadma	
UN IGNORANT. M. P... Histoire d'un savant... un ignorant (3,50)	
VALLORY (Mᵐᵉ). A l'a... en Algérie	
WORMS DE ROMILLY	

5146 B. — Paris, Imp. Gauthier-Villars et fils.

www.ingramcontent.com/pod-product-compliance
Lightning Source LLC
Chambersburg PA
CBHW070215240426
43671CB00007B/662